普通高等学校“十四五”规划行政管理专业新形态精品教材
南昌大学行政管理国家级一流专业建设点示范教材

南昌大学“十四五”双一流建设专项基金资助成果

人力资源开发与管理

（第二版）

刘建生 主编

吕雅慧 刘卫平 贾清萍 副主编

HUMAN RESOURCE DEVELOPMENT AND MANAGEMENT

華中科技大學出版社

http://www.hustp.com

中国·武汉

图书在版编目(CIP)数据

人力资源开发与管理:第二版/刘建生主编.一武汉:华中科技大学出版社,2022.4
ISBN 978-7-5680-8059-0

Ⅰ.①人… Ⅱ.①刘… Ⅲ.①人力资源开发 ②人力资源管理 Ⅳ.①F241 ②F243

中国版本图书馆 CIP 数据核字(2022)第 056107 号

人力资源开发与管理(第二版)
Renli Ziyuan Kaifa yu Guanli(Di-er Ban)　　　　刘建生　主编

策划编辑:周晓方　宋　焱
责任编辑:刘　凯
封面设计:廖亚萍
责任校对:张汇娟
责任监印:周治超
出版发行:华中科技大学出版社(中国·武汉)　　电话:(027)81321913
　　　　　武汉市东湖新技术开发区华工科技园　　邮编:430223
录　　排:华中科技大学惠友文印中心
印　　刷:武汉市籍缘印刷厂
开　　本:787mm×1092mm　1/16
印　　张:25.75　　插页:2
字　　数:578 千字
版　　次:2022 年 4 月第 1 版第 1 次印刷
定　　价:59.90 元

华中出版

本书若有印装质量问题,请向出版社营销中心调换
全国免费服务热线:400-6679-118　竭诚为您服务

内容提要

劳动力和土地、资本被认为是三种最重要的生产要素。劳动力是生产力诸要素中活的、能动的要素，是社会经济生活中的重要范畴。人力资源是存在于人体中以体能、知识、技能、个性行为特征与倾向等为具体表现的经济资源。

当前，人力资源开发与管理已经成为管理学科的核心课程。本书着重对组织结构与工作分析、培训与开发、薪酬管理及设计、员工关系与福利、人力资源管理现代化等内容进行修订，同时紧扣国家新时期现代化建设的需要和人力资源管理实践的发展，将社会经济背景、相关政策法规的最新变化融入教材，将2021年9月中央人才工作会议精神和中共中央办公厅、国务院办公厅印发的《关于加快推进乡村人才振兴的意见》以及《中华人民共和国劳动法》《中华人民共和国劳动合同法》《中华人民共和国就业促进法》等新修正法律法规的新精神与新内容纳入教材。

本书具有三个特点。第一，组织形式丰富，充分发挥数字资源优势。本书在传统教材的基础上增加了“微贴”“案例”“视频”等数字资源。第二，内容系统性强，修订及时。本书阐述的相关问题涉及人力资源开发与管理的方方面面，同时与全面建设社会主义现代化国家的新时代、新征程背景密切接轨，在第二个百年奋斗目标的开局之年，编者紧跟形势进行修订、发展和完善。第三，兼顾经典性与现实形势、理论与实践。本书既可作为公共管理和经济管理专业的本科生、研究生，尤其是MBA、MPA学生的专业课教材，也可作为人力资源管理专业的学生用书，还可作为人力资源管理工作人员和其他各类管理者的培训用书。

总 序

当前，全球化、信息化、市场化构成了现代社会的主基调，它们不仅促进了生产力的快速发展，也带动了一系列的社会变革。可以说，变化才是这个时代永恒的主题。无论在经济还是社会、政治等领域，协同、合作、共享、共同体等成为关键词，而这些又与“治理”紧紧联系在一起。传统的“管理”过渡到现代的“治理”，这表明治理主体与客体的权力观念、利益关系及身份地位等都发生了不同程度的改变，而这种改变正是推动社会迈向现代性的基本力量。

在迈向现代社会的过程中，政府的力量是不可或缺的，或者说，现代国家的政府正在以某种方式介入或承担着广泛的公共服务职能，为现代社会的转型提供动力。因此，从这个意义上说，一个高效服务型的政府是现代社会的重要标志。正基于此，我们提出要构建国家治理体系和治理能力的现代化，建设高效的服务型政府，以加快中国向现代社会转型。构建国家治理体系和治理能力现代化的时代需求，不仅推动了公共管理学科重心的转移，而且也带来了公共管理专业结构的变化。现代经济学、社会学、政治学、心理学和法学等理论的相互交叉和借鉴成为现代学科发展的主流，新文科概念的出现加速了学科间相互跨界的行动，以更好地服务于社会经济发展的需要。显然，公共管理作为一门应用性很强的学科，也应该广开门路，以开放包容的姿态，从其他学科吸收更多的营养，带动本学科的快速发展。可喜的是，近些年，我国公共管理学科不断从心理学、法学、经济学等学科中汲取资源，形成学科交叉，从而使公共管理学科呈现出蓬勃的发展态势，这不仅缩小了我国公共管理学科与国际公共管理学科的差距，而且提升了其社会服务能力，为我国国家治理体系和治理能力现代化的建设提供了智力支持。

党的十八大报告指出，要推动高等教育的内涵式发展。那么，如何来推动高等教育的内涵式发展？在笔者看来，除了遵循教育发展、知识发展和人的发展的基本规律外，就是要重视学科的发展和建设，而学科建设的根本目的是培养高水平人才。显然，在学科建设的环节中，课程建设不可或缺，换言之，学科建设的层次需要通过高水平的教材建设来实现。因此，国内外著名高校都非常重视通过高质量、高水平的教材建设来推动课程建设,进而提高学科建设的水平,最终实现高水平人才培养的目标。

1887年,伍德罗·威尔逊发表的《行政学之研究》标志着公共行政学的诞生。公共行政学经历了传统的公共行政、行为公共行政、新公共行政和现代公共行政几个重要的发展阶段,后又发展到公共管理、新公共管理和公共服务,至今已有百余年的历史。在中国,公共管理仍然是一门新兴的学科,仍然处在从国外引进、借鉴和消化的阶段,公共管理学科的本土化还没有完成,为此,中国人民大学出版社引进了多种公共管理的经典教材,将"经典教材"系列、"公共管理实务"系列、"政府治理与改革"系列、"学术前沿"系列、"案例"系列和"学术经典"系列全方位引入中国。同时,该社还积极推进公共管理学科教材的本土化,组织国内著名的公共管理学者编写教材,积极向各大高校推送,这些举措对推进公共管理学科的发展起到了很重要的作用。

尽管如此,由于公共管理学科还处在不断发展的过程中,我国也正在进行大规模的政府机构改革,如"放管服"的改革、"省直管县"的改革、行政管理体制的改革等,这些改革的最新成果应该反映在公共管理学科的教材中,而现有的教材并没有体现这一趋势,没有把最新的改革成果嵌入教材中。为了弥补这一缺憾,我们与华中科技大学出版社合作,组织编写了这套教材。与已有的公共管理类教材相比,本系列教材具有以下几个特点。

第一,前沿性。系列教材注重把最新的公共管理研究成果引入教材中,反映公共管理最新研究的理论和学术主张,在内容上凸显其前沿性。比如,公共管理的前沿研究包括公共服务动机、公共服务的共同生产、绩效管理、数字政府、技术治理等,这些最新的研究内容在《公共组织理论》《绩效管理》等教材中得到系统的体现。

第二,时代性。立足于新时代的背景,瞄准乡村振兴等国家战略需求,将人才振兴、乡村规划、乡村建设行动等内容纳入系列教材,比如,《人力资源开发与管理》《乡村振兴与乡村规划十讲》《乡村振兴综合服务与社会实践十讲》等教材具有明显的时代性和战略需求导向。

第三,交叉性。公共管理学科越来越注重借鉴其他学科的资源来丰富本学科的内涵,因此,本系列教材除了涉及传统的公共管理外,还注意吸收其他学科资源,充实和丰富教材的内容。比如,与其他同类教材相比,《管理心理学》《乡村振兴与乡村规划十讲》《社会工作理论》等教材吸收了心理学、社会学、政治学等学科资源,具有明显的学科交叉性。

第四,数字化。本系列教材充分利用现代数字技术,把相关的知识点串联起来,每个章节都有二维码链接,既方便教师教学,又方便学生使用,加深对知识点的理解,达到融会贯通的效果。

本系列教材是南昌大学行政管理国家级一流专业建设点示范教材的一部分,《乡村振兴综合服务与社会实践创新》等是省级一流课程的配套教材,由南昌大学公共管理学院与华中科技大学出版社共同组织策划,得到了华中科技大学出版社人文社科图书分社周晓方社长的大力支持。为保证教材的质量,编写本系列教材之初,成立了由该领域诸多学者组成的编辑委员会来具体组织实施。另外,本系列教材的出版得到了南昌大学"十四五"双一流建设专项经费的支持,借此,谨向所有为本系列教材出版付出艰辛努力和大力支持的单位和个人表达崇高的敬意和衷心的感谢!

丛书编委会

2021 年 11 月 8 日

第二版前言

我们编写的《人力资源开发与管理》第一版自 2015 年出版至今，已经过去了 6 年，其间，国际形势发生了巨大变化，我国经济社会也发生了质的飞跃，所处的发展阶段和具体需求日新月异，人力资源管理领域面临着全新的、重大的变革。国家发展靠人才，民族振兴靠人才，因此必须增强忧患意识，更加重视人才自主培养，加快建立人才资源竞争优势。2021 年 9 月 27 日至 28 日，中央人才工作会议在北京召开，习近平总书记在会上强调，要坚持党管人才，坚持面向世界科技前沿、面向经济主战场、面向国家重大需求、面向人民生命健康，深入实施新时代人才强国战略，全方位培养、引进、用好人才，加快建设世界重要人才中心和创新高地，为 2035 年基本实现社会主义现代化提供人才支撑，为 2050 年全面建成社会主义现代化强国打好人才基础。同年 6 月，人力资源和社会保障部印发了《人力资源和社会保障事业发展“十四五”规划》，全面贯彻十九届五中全会精神、细化落实《中华人民共和国国民经济和社会发展第十四个五年规划和 2035 年远景目标纲要》中关于人力资源和社会保障领域的目标任务，成为未来五年人力资源和社会保障事业发展的重要指导性文件。同年 2 月，中共中央办公厅、国务院办公厅印发了《关于加快推进乡村人才振兴的意见》，系统论述了相关工作的指导思想、目标任务、工作原则和内容，进一步明确了在农业生产经营、农村二三产业发展、乡村公共服务、乡村治理、农业农村科技等领域迫切的人才需求。以上内容均成为我们再版《人力资源开发与管理》的指导原则。除此之外，下述时代发展趋势也成为我们再版的重要依据。

第一，创新具有中国特色的人力资源管理实践。近年来，中国学习和引进发达国家的人力资源管理创新实践变得非常迅速，如腾讯采用的三柱模式、阿米巴经营模式等。在这个过程中，企业结合中国实际进行的大量具有中国特色的人力资源管理创新实践得到越来越多的关注，如华为的员工持股计划、海尔集团的“按单聚散、人单合一”模式、苏宁的事业经理人制度等。在这个时期，中国企业的管理实践为理论创新与学科发展提供了大量的原料和养分，激励中国人力资源管理学科的从业者们去尝试重新阐述原有理论，或者借此机遇发展新理论来诠释新实践、新现象，进而逐步发展具有国际领先水平、兼具中国特色的人力资源管理理论体系。

第二，思考人的全面发展的本质。人的全面发展在于人的社会属性和社会关系、社会性需要和精神需要、社会素质和能力素质的全面发展，表现为：人的主体性不断提升和发展；人的思想和精神生活全面发展；人与自然、社会的协调发展。这些都是人的全面发展的本质要求，人力资源的开发成为人的全面发展的主要目标。

第三，知识时代、互联网时代下的人力资源管理创新和改革。知识时代带来了一场前所未有的革命，对人们的生产方式、思想方式和生活方式产生了巨大的影响。企业的人力资源开发与管理，主要是企业在当前已有的人力资源基础上，根据战略目标、结构组织、人力资源进行规划与调整，以期提升人力资源管理水平和效率，为企业创造更多的价值。在互联网时代，企业需要构建互联网时代的人力资源管理组织框架。这个框架既要体现出互联网时代的特点，又要满足人力资源管理的功能需求，要将企业的业务方向、人员配置考虑进去，实现企业内员工的整体评价和全面评估，各部门根据评估的结果再结合企业的经营模式和发展目标进行人才调配。

此次，我们对全书的体系架构和章节内容等进行了全面修订。体系架构上，删除了各章的“学习目标”；针对关键知识点增加了“经典案例”，进行理论与实践相结合的解读；在重难点处以二维码的形式增加了“微贴”“案例”“视频”等数字资源进行相关内容的补充阐述；删除了“本章小结”；针对“复习思考题”和“案例分析题”，给出了参考答案和解题要点，辅助读者理解知识难点；增加了“本章自测题”和“本章拓展阅读材料”，引导读者回顾章节重要知识点，课后及时自测和纠正，并通过拓展阅读达到夯实学习效果的目的。

章节内容中，各章均有明显的修订，以提高本书的可读性、实时性、逻辑性、系统性和全面性为根本目标，具体内容包括围绕新时期人力资源管理新动向、新要求进行的增补、精简和更新等。增补的主要是新形势下需要明确的重要内容、第一版论述不足的相应内容、国内外的实践经典案例、读者反馈较为晦涩难懂部分的补充说明，以及关键知识点的详细介绍、具体过程和数字资源等；精简的主要是与新时期人力资源管理需求及内容脱节的知识点、与国内外人力资源管理发展趋势不契合的章节、与中国人力资源管理实践相关性较弱的内容，以及读者反馈较为烦琐或易懂的部分等；更新的主要是章节组织架构、部分知识点的新解读、政策制度及法律法规的新修内容，以及各章节的复习思考题、案例分析材料及思考题等。

《人力资源开发与管理》第一版自 2015 年出版以来，已经历四次印刷，而此次再版，旨在为公共管理、经济管理、人力资源管理等专业的学生提供更加专业的教材，为人力资源管理工作人员和其他各类管理者提供更加全面的培训内容。

本书由刘建生教授担任主编，全面负责整个书稿的框架设计、统稿审稿、部分章节编写等工作，吕雅慧、刘卫平、贾清萍担任副主编，负责部分章节编写和“经典案例”“复习思考题”“案例分析题”的编写，以及“本章自测题”“本章拓展阅读材料”“微贴”“案例”“视频”等数字资源的制作。本书编写的章节分工如下：第一章、第三章、第九章和第十章由刘建生编写；第二章、第四章和第五章由吕雅慧编写；第六章和第八章由刘卫平编写；第七章由贾清萍编写。学院陈美华博士、林琼博士、王海英博士三位主讲老师，也提供了支持和建议。上海链家房地产经纪有限公司总部人力资源中心校园品牌部项目经理孙嘉秀、武汉大学政治与公共管理学院研究生赵敏萱、南昌大学人力资源管理专业学生雍云霞参与了文献查新、材料整理等工作，硕士生张文婷、周莉、叶琳等参与了文稿的复校工作。

本书得到了南昌大学“十四五”双一流建设专项经费的支持，在此表示特别感谢！

还必须感谢华中科技大学出版社的宋焱编辑，正是由于她的信任和督促，这本教材才能够如期出版。

在本书的编写过程中参阅并借鉴了大量的相关学术论文、图书资料，特别感谢这些文献的作者！

尽管我们已竭力进行修订工作，但限于学术水平与编写能力，书中仍可能存在疏漏之处，再一次恳请各位同仁和读者批评指正，我们在今后将进一步提高教材的理论水平和可读性，满足广大读者的需求。

编　者

2021 年 9 月

第一版前言

正如诺贝尔经济学奖获得者西奥多·W.舒尔茨(Theodore W. Schultz)所说，人力资源是蕴藏在人类机体中的知识和技能在形成与起作用的过程中能力资本化的结果，在经济起飞的时代，人力资源绝对是经济增长的主体力量。而且，人力资源或人力资本在未来经济发展中的作用将会越来越重要。因此，国内外企业都把人力资源开发与管理作为战略决策的核心要素，他们通过将人力资源管理与企业资源进行优化整合，促进人力资源管理与各项活动相匹配，共同实现企业与个人的目标。

人的问题很复杂，选人、用人、育人、留人都必须考察人的学科基础和专业知识。同时，互联网时代对企业战略、人力资源战略以及人力资源的开发与管理都提出了新的挑战。如何应对这种挑战，使自己立于不败之地？只有系统学习和全面掌握人力资源开发与管理的基础理论，并娴熟地运用于实践，才能促进人力资源开发与管理更加科学化、专业化、规范化，以满足企业和社会的发展需要。

本书在参考同类教材逻辑结构和知识体系的基础上，吸纳了国内外近期的优秀研究成果和最新的学术观点，融入了最近几年出现的新的管理理念，阐述了人力资源开发与管理的基本理论、方法与实践。编者在结合教学大纲及教学实践的基础上，联系新时代背景下人力资源管理的新趋势，并在综合各种同类教材逻辑结构和知识体系的基础上编写了本书。本书系统论述了人力资源开发与管理及各职能环节的有关问题，包括人力资源管理概论、组织结构与工作分析、人力资源战略与规划、人员招聘与录用、培训与开发、绩效管理、薪酬管理及设计、员工关系与福利、公共部门人力资源管理、人力资源管理现代化等内容。教材以学生为本，注重知识的运用与案例的结合、以学生学习体验良好为指导思想，从学习目标、引例、理论基础、操作流程、知识微贴、注意事项、小结、复习习题到案例运用，形成了一套有效的知识学习体系，并尽可能地将国外的先进理论、方法和实践经验与我国实际需要、国内的案例紧密结合起来。本书既可作为公共管理和经济管理专业的本科生、研究生，尤其是MBA、MPA学生的专业课教材，还可作为人力资源管理专业的学生用书，也可作为人力资源管理工作人员和其他各类管理者的培训用书。

本书的编写团队由南昌大学公共管理学院、经济管理学院、人文学院的师生组成。

刘建生博士担任主编,全面负责整个书稿的框架、风格的设计及统稿审稿等工作,李茂荣、魏丹、王佳、罗宝勇、李艾丽莎、刘子健担任副主编,负责思考题、案例分析题的解答及考试测试卷的制作。本书编写的章节分工如下:第一章、第三章、第七章、第九章和第十章由刘建生编写;第二章由罗宝勇编写;第四章由李艾丽莎编写;第五章由李茂荣编写;第六章由王佳编写;第八章由魏丹编写;刘子健参与第十章编写。南昌大学公共管理学院人力资源管理专业2014级的同学为本书出版提供了帮助,特别感谢他们。刘子健、陈橙、邹圆梦、曹思洁、吴丽五位同学全程跟踪教材的进度,体现出了优秀的团队精神;乔政、兰金林、王亚婧、李莎、刘丽芳、廖誉辉、吴云飞、周涵婧、刘志敏、雷锦琼、刘豫安、张犖、张小芳、余琪等在本书的编写过程中收集资料、校对初稿,承担了许多工作量,感谢他们!

本书得到了南昌大学2015年教材出版经费的资助(南大教函〔2015〕36号),特别感谢!

还必须感谢出版社的编辑,正是由于他们的信任和督促,这本教材才能够如期出版。

在本书的编写过程中参阅与借鉴了大量的相关学术论文、图书资料,特别感谢这些文献的作者!

由于时间仓促,更由于编者学识有限、水平浅薄,书中难免存在疏漏之处,恳请各位同仁和读者批评指正,我们都会认真对待。

编　者

2015年10月

目录 | contents

第一章

人力资源管理概论

本章引例

选人、用人、育人、留人环环相扣?

宝洁公司名列美国“最受MBA欢迎的50家企业”名单之中,在一份中国“最受大学生欢迎的外企”的调查报告中,宝洁公司同样名列前茅,这与其独特的人力资源管理密不可分。

1. 获取(选人)——在沙海中淘金

宝洁(中国)公司每年都要在全国各重点大学举办大规模的招聘会,通过严格有序的招聘,吸引大批富有才干的年轻人。宝洁在大学校园给人的感觉是“太难进了”,有限的几个名额,就有十倍甚至上百倍的人去应聘。填表、第一轮面试、解难能力测试、TOEIC(托业)英文测试、第二轮面试……整个选人过程真可谓大浪淘金。当然,“留下来的就是宝洁所需要的一流人才”。宝洁人力资源部的高级经理张伟认为:“宝洁员工应该是具备领导能力、诚实正直、能发展自己、能承担风险、团结合作、具有专业技能和积极地创新以解决问题的人。”宝洁招聘人员通过一轮轮的挑选来发现具有潜能的人。

2. 激励(用人)——在想象中长跑

宝洁公司是当今为数不多的采用内部晋升制度的企业。要实现内部晋升制度,必须具备如下条件:一是公司员工必须具有发展潜力;二是认同公司的价值观;三是职业生涯设计相当明确;四是必须建立完善的培训体系;五是晋升制度必须透明化。张伟结合自己的经历描述了一个人力资源经理的职业成长之路:“最初你会是一个人力资源管理培训生,然后你将成为负责培训、招聘或者工资福利制度的助理经理。下一步,你将成为人力资源部的某一专业领域的经理,负责公司政策制度的实施、招聘等工作。然后,你会作为分公司的人力资源部经理,全面负责所属合资公司的人力资源系统的整体管理工作,或者负责人力资源某个领域系统的完善发展。而后,你会成为人力资源部的经理。”这种清晰的职业发展之路在公司得到了充分的展现,内部晋升制度得到了严格的执行,宝洁公司大中华区总裁潘纳友先生也是从底层逐步晋升的。

3. 开发(育人)——在学习中成长

宝洁公司的培训体系在业内堪称一流。公司专门的培训学院为每一位员工提供独具特色的培训计划和极具针对性的个人发展计划，使他们的潜力得到了最大限度的发挥。培训包括入职培训、语言培训、管理技能和商业知识的培训，以及专业技术的在职培训。其特点有三个：一是全员性，公司所有员工都有机会参加各种培训；二是全程性，内部晋升制的客观要求，当一个人到了更高阶段，需要相应的培训来帮助其发展和成功；三是针对性，公司根据雇员能力的强弱和工作需要提供不同的培训。并且，随着工作职位的提高，公司提供的培训越来越多，范围也越来越广，培训地也越来越远。

张伟第一次晋升时，参加了有效管理下属的培训。其中，一个案例说的是，当翻一堵墙时，一个有效的管理者会很有效率地带领他的队伍翻过去，一个领导者必须先判断翻墙的目的是什么，什么方式翻墙最有效，这些都是不同的思维方式导致的不同行为模式。通过这种培训，宝洁的经理会明白，如何工作更有效，如何能够更快地成长。

4. 保持(留人)——在激励中提升

宝洁的经济激励主要靠薪酬福利来形成对人才的吸引力。宝洁公司每年都会请国际知名的咨询公司做市场调查，内容包括同类行业的薪酬水平、知名跨国公司的薪酬水平，然后根据调查结果及时调整薪酬水平，从而使宝洁的薪酬能够具有足够的竞争力。具体的薪酬包括两大部分：一部分是工资，实行年薪制；另一部分是全方位的福利，其中包括公司给员工购买的福利、公司在国际上统一的福利，以及根据中国实际给予的福利(比如休假，公司会同时结合中国和外国的休假情况给予员工假期)。精神上的奖励也是不可缺少的。在宝洁，上级经常过问下属的工作情况，尊重下属的意见。下属取得成绩时，上级会及时致谢，以感谢信或表扬信的方式对下属进行激励。

获取、激励、开发、保持及整合是人力资源管理的主要功能，宝洁在这些方面做得非常出色。

资料来源　张爱卿，钱振波：《人力资源管理：理论与实践》(第2版)，清华大学出版社，2008年。

第一节 人力资源概述

一 人力资源的内涵

(一) 人力资源的含义

人力资源(human resource,HR)有狭义与广义之分。狭义的人力资源是指具有劳动能力的劳动适龄人口;广义的人力资源是指劳动适龄人口再加上未达到法定劳动年龄或超过劳动年龄仍有劳动能力的那部分人口。一般意义上说,人力资源是指能够推动整个经济和社会的发展,为组织创造价值的具有智力劳动能力和体力劳动能力的人口总称。

1. 人力资源的数量

人力资源的数量包括绝对数量和相对数量。

从宏观上看,人力资源的绝对数量指的是一个国家或地区中具有劳动能力,从事社会劳动的人口总数,它是一个国家或地区劳动适龄人口减去其中丧失劳动能力的人口,加上非劳动适龄人口中具有劳动能力的人口总和,人力资源的绝对数量构成如图1-1所示。

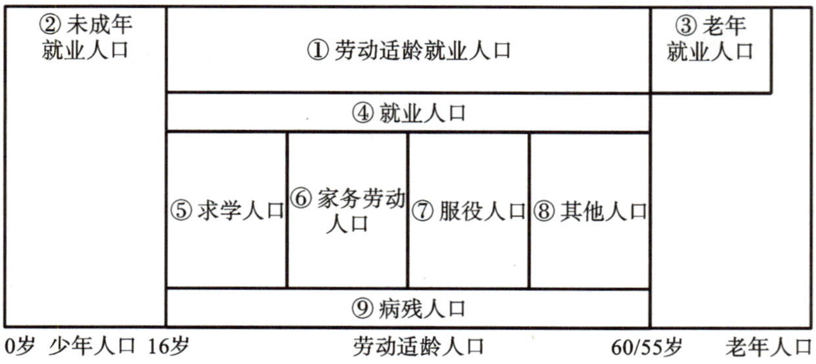

图 1-1 人力资源的绝对数量构成

人力资源的相对数量一般用人力资源率表示。人力资源率是指人力资源的绝对数量占总人口的比例,是反映经济实力的重要指标之一。一个国家或地区的人力资源率越高,表明该国家或地区经济具有的人力资源优势越大。

2. 人力资源的质量

人力资源的质量是人力资源所具有的体质、智力、知识和技能的水平以及劳动者的劳动态度等。人力资源的质量一般体现在劳动者的体质水平、文化水平、专业技术水平以及劳动的积极性等方面，往往用健康卫生指标、受教育情况、劳动者技术等级状况和劳动态度指标等来衡量。人力资源的质量构成如表 1-1 所示。

表 1-1　人力资源的质量构成

质量构成的项目要素	项目要素主要指标	具体指标
体质水平	健康卫生指标	平均寿命 婴儿死亡率 每万人口拥有医务人员数 人均日摄入热量
文化水平	受教育情况	人均受教育年限 每万人中大学生拥有量 大、中、小学入学比例
专业技术水平	劳动者技术等级状况	技术职称等级结构 每万人中高职人员所占的比例
劳动的积极性	劳动态度指标	对工作的满意程度 对工作的负责程度 与他人的合作性

人力资源的数量和质量是密切联系的两个方面，既要有数量，也要有质量，数量是基础，质量是关键。数量适中、质量精良，是人力资源管理的理想目标之一。

（二）人口资源、人力资源与人才资源

人力资源是一个内容涵盖面很广的理论概括，它的提出开拓了社会学，特别是经济学对人和劳动力研究的全新领域。分析人口资源、人力资源与人才资源的关系有助于更准确地理解人力资源的实质、内容及其重要性。

（1）人口资源。人口资源是指一个国家或地区在一定时期内所有人口的总和，其主要表现为数量概念，是人力资源和人才资源的基础和来源。只有拥有一定的人口资源才能保证一定的人力资源和人才资源。

（2）人力资源。人力资源是指一个国家或地区一切具有为社会创造物质财富和精神、文化财富的，从事体力劳动和智力劳动的劳动者总和。

（3）人才资源。人才资源则是指一个国家或地区具有较强的管理能力、研究能力、创造能力和专门技术能力的人的总称，它重点强调人的质量方面，强调人力资源中较杰出、优秀的那一部分，表明一个国家或地区所拥有的人才质量，反映了一个国家的

民族素质。

人口资源、人力资源与人才资源三者在数量上存在着一种包含关系(见图 1-2):人口资源数量的多少是人力资源形成的数量基础;人口资源中具备一定脑力和体力的人是人力资源;而人才资源又是人力资源的一部分,是人力资源中质量较高、数量较少的那部分。我国人口众多,从数量上看,人口资源居世界首位,人力资源数量也名列前茅,但从质量上看,人力资源和人才资源却比较落后,人力资源的整体文化水平不高、素质参差。因此,我国人力资源的潜力很大,如何大力开发和合理使用,成为理论和实践的重要研究课题。

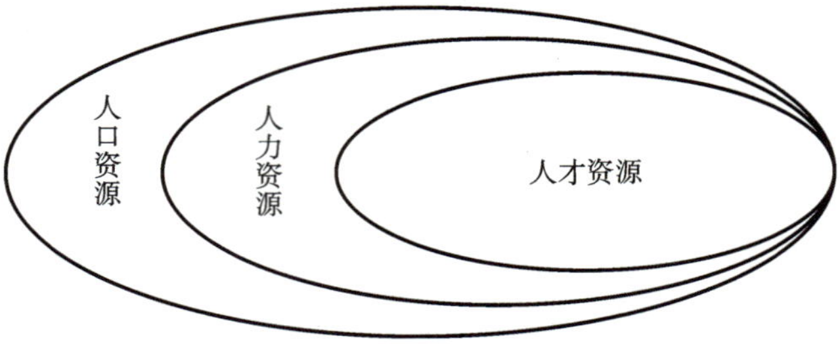

图 1-2 人口资源、人力资源、人才资源三者的包含关系

二 人力资源的基本特征

微贴 1-1:人力资源浪费的十大表现

1. 时代性和社会性

一方面,组成人力资源的人都生活在一定的历史条件下和社会环境中,不同时期社会经济发展的总体水平必然决定了人力资源的整体素质与水平,影响人们的认知能力、创造能力,因此,人力资源是具有时代性的,它本身反映不同时代的社会生产力水平,同时,它又反作用于现实社会,决定着现实社会的发展能力。另一方面,人力资源总是与一定的社会环境相联系的,具有明显的社会性。人力资源的形成和配置都要依赖社会,它的开发和使用要处于社会经济的分工体系中。人类劳动是群体性劳动,不同的劳动者在社会经济运行中一般分别处于各个地区的劳动组织中,从本质上讲,人力资源是一种社会资源。

2. 能动性

在价值创造过程中,人力资源总是处在主动的地位,是劳动过程中最积极、最活跃的因素。劳动者是有思想的、有情感的,总是有目的地、有计划地运用自己的劳动能力进行活动,能动地改造客观世界。劳动者不仅仅是被开发和被利用的对象,而且具有自我开发的能力。劳动者按照在劳动过程开始之前已确定的目的，积极、主动、创造性地进行相应活动。

3. 双重性

人力资源的双重性指的是人力资源的生产性和消费性。人力资源的生产性强调其首先是物质财富的创造者，而且是有条件的创造。例如，人力资源必须与自然资源等其他资源相结合，有足够的活动空间和时间，有相应的活动条件。而人力资源的消费性则强调人力资源的保持和维持需要消费一定量的物质财富，并且这种消费是无条件的。但是，就生产性和消费性而言，生产性总是大于消费性的，否则社会就不会发展了。当然，人力资源数量过剩，质量结构和现行经济结构以及社会需求相互脱产或不匹配，就会造成人力资源和物力资源的双重浪费，有碍社会发展。

4. 再生性和持续性

人力资源是一种再生资源，这种再生是基于人口再生和劳动者能力再开发的。就劳动者个体而言，他的劳动能力在劳动过程中消耗之后，通过适当的休息和补充需要的营养物质，劳动能力又会再生产出来；就劳动者总体而言，随着人类的不断繁衍，劳动者又会不断地再生产出来。人力资源的持续性是指人力资源是可以不断开发、反复开发的资源，这种持续性说明，人力资源的使用过程是开发的过程，培训、积累、提高、创造的过程也是开发的过程，人力资源是一个可以“多次开发”的资源。因此，国家、社会和企业利用这一特征促进人力资源数量、结构和素质的可持续发展(例如，十八届五中全会通过普遍二孩政策，现三孩政策)。

5. 阶段性和时效性

作为生物有机体的人有其生命的周期和阶段特征，每个人都要经过幼年期、青少年期、中年期和老年期。不同时期人的体能和智能都不同，因而在各个时期的学习能力和劳动能力也不同，这就要求对人力资源的培养要遵循人的成长规律，在不同阶段提供不同的学习与培训项目，对人力资源讲究时效，适时开发，及时利用。

第二节　人力资源管理概述

一　人力资源管理的含义与内容

(一) 人力资源管理的含义

人力资源管理(human resource management)作为企业的一种职能性管理活动的

提出,最早源于工业关系和社会学家怀特·巴克(Wight Bakke)于1958年出版的《人力资源功能》一书,该书首次将人力资源管理作为管理的普遍职能来加以讨论。

国外诸多人力资源管理专家对人力资源管理进行了定义。雷蒙德·A.诺伊(Raymond A. Noe)等在《人力资源管理:赢得竞争优势》一书中提出:人力资源管理是指影响雇员的行为、态度以及绩效的各种政策、管理实践和制度。罗纳德·舒勒(Ronald Schuler)在《管理人力资源》一书中提出:人力资源管理是指采用一系列管理活动来保证对人力资源进行有效管理,其目的是实现个人、社会和企业的利益。加里·德斯勒(Gary Dessler)在《管理人力资源》一书中提出:人力资源管理是为了完成管理工作中涉及人或人事方面的任务所需要掌握的各种概念和技术。

我国学者对人力资源管理的内涵也进行了探索。赵曙明认为:人力资源管理是依据组织和个人发展的需要,对组织中的人力这一特殊资源进行有效开发、合理利用与科学管理的机制、制度、流程、技术和方法的总和。[①] 刘昕则认为:人力资源管理是指一个组织为了实现自己的战略或经营目标,围绕一整套员工管理理念而展开的吸引、保留、激励以及开发员工的政策、制度以及管理实践。[②] 冯光明等认为:人力资源管理是指在科学发展观指导下,为实现组织和个人当前及未来发展目标的需要,对组织所拥有的人力资源进行有效开发、合理利用和科学管理的活动过程。[③] 台湾学者黄英忠则提出:人力资源管理是将组织所有人力资源做最适当的确保(acquisition)、开发(development)、维持(maintenance)和使用(utilization),以及为此进行规划、执行和控制的过程。

综合以上观点,本书认为:人力资源管理是指通过招聘、甄选、培训、报酬等管理形式对组织内外相关人力资源进行有效配置与运用,满足组织当前及未来发展的需要,保证组织及其成员的可持续发展的一系列活动的总称。

(二) 人力资源管理的内容

现代人力资源管理是为了完成管理工作中涉及人或人事方面的任务所需要掌握的各种概念和技术。其重要内容包括人力资源规划、工作分析、招聘与甄选、培训与开发、绩效管理、薪酬管理和劳动关系等,具体如图1-3所示。

1. 人力资源规划

人力资源规划的概念有广义和狭义之分,广义的人力资源规划是企业所有人力资源计划的总称,是战略规划与战术计划(即具体的实施计划)的统一;狭义的人力资源规划是指为实施企业的发展战略,完成企业的生产经营目标,根据企业内外部环境和条件的变化,运用科学的方法,对企业人力资源的需求和供给进行预测,制定相应的政

① 赵曙明:《人力资源战略与规划》,中国人民大学出版社,2012年。
② 刘昕:《人力资源管理》,中国人民大学出版社,2012年。
③ 冯光明等:《人力资源开发与管理》,机械工业出版社,2013年。

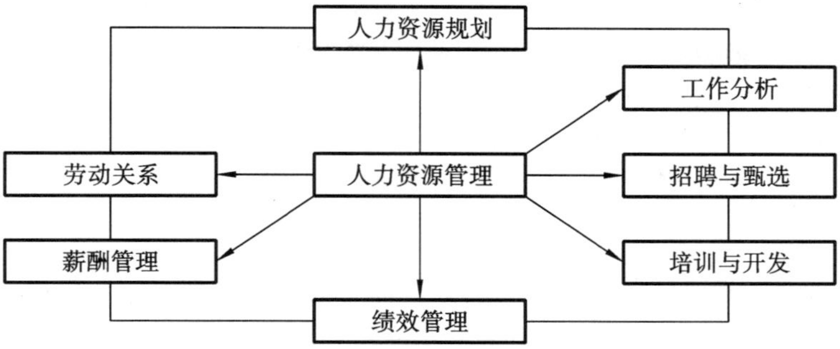

图 1-3 人力资源管理的内容

资料来源 冯光明等:《人力资源开发与管理》,机械工业出版社,2013 年,第 17 页。

策和措施,从而使企业人力资源供给和需求达到平衡,实现人力资源合理配置,有效激励员工的过程。

从规划的期限上看,人力资源规划可区分为长期规划(5 年以上的计划)和短期计划(1 年及以内的计划),介于两者之间的为中期规划。

2. 工作分析

工作分析也叫职务分析或工作岗位分析,是对各类工作岗位的任务性质、职责权限、岗位关系、劳动条件和环境,以及员工承担本岗位任务应具备的资格条件所进行的系统研究,并制定出工作说明书等岗位人事规范的过程。[①] 工作分析的基础是职务设计,职务设计决定组织内如何进行专业分工和任务分解,决定不同职位的权限、责任和职能范围。工作分析则对组织中各个工作职位的特征、规范、要求和流程,以及能够胜任该职位的人的素质、知识、技能等要求进行描述,形成工作描述和工作说明书。它是全面了解一项具体工作或具体职务的管理活动。

3. 招聘与甄选

招聘是指根据人力资源规划和工作分析要求,为组织获得所需要的人力资源的过程。人员招聘包括招聘准备、招聘实施和招聘评估三个阶段。甄选是指组织为了辨别求职者是否具有帮助组织达成目标所必需的知识、技能、能力以及其他性格特征的一个过程。致力于不同战略的组织所需要的员工类型、数量是不同的,组织能否招聘和甄选到满足工作需要的人才,直接关系到组织的生存和发展。

4. 培训与开发

培训是指利用各种方式使员工具备完成现在或者将来工作需要的知识、技能并改变他们的工作态度,以改善员工在现在或将来的职位上的工作业绩,并最终实现企业整体绩效提升的一种计划性和连续性的活动。开发是通过培训与其他工作,改进员工

---

① 中国就业培训技术指导中心:《企业人力资源管理师(三级)》,中国劳动社会保障出版社,2014 年,第 13 页。

能力水平和企业业绩的一种计划的、连续的工作。为了提高组织的适应能力和竞争力,组织需要对员工进行培训与开发,使他们明确自己的任务、职责和目标,提高知识和技能,具备与实现组织目标相适应的素质和技术业务能力。

5. 绩效管理

绩效管理就是指通过制定员工的绩效目标并收集与其绩效有关的信息,定期对员工的绩效目标完成情况做出评价和反馈,以改善员工工作绩效并最终提高企业整体绩效,并且使这些绩效与组织的战略目标保持一致的持续过程。因此,绩效管理是一系列以员工为中心的干预活动过程。

6. 薪酬管理

微贴 1-2:人力资源管理的一个中心、两个基本点、四大匹配

薪酬管理旨在根据企业总体发展战略的要求,通过管理制度的设计与完善、薪酬激励计划的编制与实施,最大限度地发挥各种薪酬形式(如工资、奖金和福利等)的激励作用,为企业创造更大的价值,薪酬和福利是其重要组成部分。薪酬(compensation)泛指员工获得的一切形式的报酬,包括薪资、福利和保险等各种直接或间接的报酬。薪酬有不同的表现形式:精神的与物质的、有形的与无形的、货币的与非货币的、内在的与外在的,等等。从某种意义上说,薪酬是组织对员工的贡献包括员工的态度、行为和业绩等所给予的各种回报。其中,包括工资、奖金、休假等外部回报,也包括参与决策、承担更大的责任等内部回报。福利是指组织向员工提供的除工资、奖金之外的各种保障计划、补贴、服务以及实物报酬。合理有效的薪酬与福利制度能够为组织吸引和留住人才,激励员工工作,发挥人力资源效能。①

7. 劳动关系

劳动关系是劳动者与用人单位在劳动过程中发生的关系,也叫劳资关系。人力资源管理涉及劳动关系的各个方面,如劳动时间、劳动报酬、劳动保护、劳动争议等。劳动关系是否健康和融洽,直接关系到人力资源管理活动能否有效开展。同时,用人单位要依法实施各种劳动保护制度,确保劳动者在生产过程中的安全健康,防止和消除职业危害。

人力资源管理的各项内容、各环节之间相互联系,相互影响。人力资源规划是其他工作的基础,薪酬和福利是绩效管理的一种有效方式,劳动关系贯穿整个人力资源管理过程。总之,人力资源管理各个环节要连贯并形成一个系统,否则,不能有效发挥作用。人力资源管理的核心是经营

---

① 中国就业培训技术指导中心:《企业人力资源管理师(三级)》,中国劳动社会保障出版社,2014 年,第 282-284 页。

“人才”与“人效”，即如何挖掘人才潜能、提升组织绩效。俗称的人力资源六大模块的核心有二，一是招对人，二是激励人，即如何公平地进行利益分配与驱动（薪酬与福利），实现共赢。

二　人力资源管理的产生与发展

人力资源这一概念既可以从宏观经济层面来加以界定和理解，也可以从组织内部的微观层面来加以理解。而人力资源管理一词从一开始就是作为组织内部尤其是企业的一种职能型管理活动被界定的。人力资源管理诞生于农业社会向工业社会转型时期出现的工业生产和工业管理的过程中，而西方现代企业制度的发展和成熟以及市场经济的不断深化，则是促进人力资源管理理论和实践不断趋于繁荣的催化剂。进入20世纪90年代，网络经济、知识经济时代的到来及其所导致的人才争夺战终于将人力资源管理的地位和作用推向了一个新高潮。从历史的角度，人力资源管理这一学科的起源和发展，与西方企业管理实践的产生与发展是相伴相随的，同时也与整个管理学的奠基和发展过程密不可分。人力资源管理的理念和实践是在20世纪90年代引入中国的，在实践中发展得很快，中国企业以及政府对人力资源管理的理解也越来越深刻。

（一）西方人力资源管理发展历史

1. 人事管理阶段

人事管理是人力资源管理发展的第一阶段（有时也作为广义的“人力资源管理”的代称），是有关人事方面的计划、组织、指挥、协调、信息和控制等一系列管理工作的总称。这一阶段的人事管理通过科学的方法、正确的用人原则和合理的管理制度，调整人与人、人与事、人与组织的关系，谋求对工作人员的体力、心力和智力做最适当的利用，并保护其合法的利益。人事管理是伴随着工业革命的产生而发展起来的。工业革命的爆发导致大机器生产方式的产生，出现了大规模的劳动力雇佣，因而必须有人处理组织中涉及与人有关的一系列事务和活动，例如管理福利计划、人事档案、上岗培训、工时记录、报酬支付等事宜。所以，早期的人事管理主要承担的是福利方面的工作。美国全国现金公司在1897年首次设立了一个叫作“福利工作”的部门，此后，“福利部”“福利秘书”等名称相继出现。设立这些部门或职位的目的是改善工人的境遇、听取并处理工人的不满、提供娱乐和教育活动、安排工人的工作调动、管理膳食等。总之，这种关心工人福利的主张是现代人事管理思想的来源之一。到第二次世界大战期间，人事管理基本成熟，在招募、甄选、培训、考核、劳动关系管理方面发挥越来越大的作用。人事工作者也主要在管理层和操作层（工人）之间起着桥梁作用。人事管理阶段又可具体分为以下几个阶段：科学管理阶段、工业心理学阶段、人际关系管理阶段。

1) 科学管理阶段

工业革命的产生导致专业化水平和生产率的提高,在引起专业化分工形成的同时对生产过程提出建立监督层级的需要,由此管理人员产生了。而与之相适应的技术进步的加快又不断促使人事管理方式发生变革。

从 19 世纪开始的科学管理运动成为现代人事管理的另外一条线索。在这一阶段,人力资源管理实质上是对劳动的管理。随着资本主义由自由竞争到垄断的发展,美国的弗雷德里克·温斯洛·泰勒(Frederick Winslow Taylor)和德国的马克斯·韦伯(Max Weber)都提出了一系列比较科学合理的方式来完成一项工作。其中泰勒提出的科学管理理论是科学管理阶段的代表,泰勒认为最佳的管理方法是任务管理方法。为了解决他认为的工人存在的消极怠工问题,他对工人的工作效率进行了研究,试图找到一种"最好的工作方式"。这种最好的工作方式最有效率:速度最快、成本最低。为此,泰勒认为需将工作分为最基本的机械元素并对其进行分析,然后再让它们以最有效的方式重新组合起来。所以,他在对工作进行动作研究和时间研究的基础上,制定了公平日工作标准,并且进一步强调要挑选一流的工人,对工人进行培训,倡导劳资合作等,他还发明了著名的差别计件工资制。所有这些观点对现代人事管理理论与实践的发展都起到了非常积极的作用,许多观点直到今天仍然具有十分显著的现实意义。

在泰勒提出科学管理思想四五年之后,企业中便开始出现了人事部门,该部门负责企业员工的雇佣、挑选和安置工作。由于对改进人事工作日益重视,当时"雇佣部门"甚至成为企业地位的一个标志,即使那些规模较小的企业,也设置了专门的雇佣经理。1922 年,美国全国人事协会成立,这标志着企业界对雇佣工作以及雇佣工作中的关系已经普遍开始重视起来。在这一时期,人力资源管理思想有以下 4 个特点。①出现劳动定额、劳动定时工作制,首次科学而合理地对劳动成果进行计算,使得劳动力标准化。②企业根据标准方法有目的地对工人进行在职培训,并根据工人的特点给工人分配适当的工作。③明确划分了管理职能和作业职能,出现了劳动人事管理职能。劳动人事管理部门除了负责招工外,还要负责协调人力和调配人力。④已经能组织起各级的指挥体系,各种职务和职能按照职权的等级原则加以组织,对人的管理灌输了下级服从上级的严格的等级观念。

2) 工业心理学阶段

20 世纪初至第二次世界大战前这一时期,是人力资源管理思想最活跃的时期,产生了专门的人事工作部门,是从"经济人"的管理思想到"社会人"的管理思想的转变时期,这是人力资源管理思想的一个质的飞跃阶段。社会因素在机器化大生产中的作用是在著名的霍桑实验中发现的。

视频 1-1: 工会的由来及含义

1924—1932年，哈佛大学商学院乔治·埃尔顿·梅奥(George Elton Mayo)和罗特利斯伯格(Fritz Roethlisberger)等人在芝加哥的西方电器公司霍桑工厂进行的霍桑实验提供了有史以来最著名的行为研究成果之一：在工作中，影响生产效率的关键变量不是外界条件，而是员工的心理状态。后来的研究成果进一步表明，生产率直接与集体合作及其协调程度有关，而这又取决于主管人员对工作群体的重视程度、非强制性地改善生产率的方法以及参与变革的程度。泰勒认为企业是一个技术经济系统，而霍桑实验的结果却表明企业是一个社会系统，该实验启发人们进一步研究与工作有关的社会因素的作用，强调组织要理解员工的需要，这样才能让员工满意并提高生产效率。

这一时期，人力资源管理有以下几个特点：承认人是社会人，人除了物质、金钱的需要外，还有社会、心理、精神等方面的需要，在这一时期，已开始萌发了对人性的尊重、对人的心理需求的尊重；在管理形式上，承认非正式组织和法定的组织存在之外，另有权威人物的存在，属于非正式组织的权威同样能影响和左右人们的行为和意愿，同时重视工会和民间团体的利益；在管理方法上，承认领导是一门艺术，而且应以人为核心改善管理方法；重视对个体与群体的心理和行为的管理。

3）人际关系管理阶段

第二次世界大战至20世纪70年代，美国颁布了《民权法案》，推动了企业人事管理的发展，其主要是针对反歧视、公平就业等立法和守法问题。由于企业对员工的各种歧视会遭到法律诉讼、严厉处罚或巨额赔偿，因此合法有效的劳资关系和人事管理活动开始变得日益重要。人事管理在企业经营管理中的地位和作用得到进一步提升，它为企业确定法律许可的劳动关系和人事政策，为企业设计合理的薪资激励和绩效考核制度，可以使企业免受许多问题的困扰。这一阶段有以下几个特点：就业机会均等；人事管理越来越规范化；美国人力资源法律日趋完善，较大程度地开发了人力资源；弹性管理开始出现。

2. 人力资源管理阶段

20世纪80年代以来，人事管理演变为人力资源管理，人力资源管理体系和理论历经建立和不断发展，逐步走向健全和完善。传统的人事管理工作开始持续不断地从企业员工的保护者、甄选者以及有关人事方面的管理者、操作者，向企业事业发展的规划者和变革发起者角色发生根本的转变。许多企业已经意识到，人力资源管理不仅对企业经营和发展起到重要作用，而且还起着决定企业命运的战略性作用，并且战略性人力资源管理正成为人力资源发展的一个新的趋向。战略性人力资源管理观点的实质是，在将员工看成一种价值极高的资产的基础上，制订和执行一套完整的计划，从而借助一系列有助于组织总体经营战略实现的具有内部一致性的整体人力资源管理实践，来管理这些人力资产，以达到赢得并维持竞争优势的目的。如何突破传统的人力资源管理，通过参与战略制定，尤其是确保战略的有效执行，来帮助企业不断提升组织绩效、赢得竞争优势并实现组织目标，越来越成为现代人力资源管理的一个主要关注点。战略性人力资源管理指出，企业的人力资源管理要与企业的经营战略相结合。在知识经济环境下，还必须与人才的招聘和录用挂钩，从人才的角度制订人力资源管理计划。

人事管理向人力资源管理的转变表明人力资源管理已经到达一个新的阶段。它的内容已经全面覆盖了人力资源战略与规划、职位分析、员工招募与甄选、绩效评估与整理、培训与开发、薪酬福利与激励计划、员工关系与劳资关系等各项职能。这一阶段有以下几个特点：管理转为以“人”为中心，重视个体需要，尊重隐私权；以管理为主转为以开发为主，培训员工的技能和自觉性；管理刚性转为管理柔性，实现个性化管理和人性化管理；重视团队建设、员工的协作和沟通，员工参与管理企业中的事务。

3. 人力资本管理阶段

人力资本（human capital）是指劳动者受到教育、培训、实践经验、迁移、保健等方面的投资而获得的知识和技能的积累，亦称“非物力资本”。由于这种知识与技能可以为其所有者带来工资等收益，因而形成了一种特定的资本——人力资本。人力资本兼有“人力资源”与“资本”两种属性。作为人力资源的一种资本化形式，人力资本仍然保持了人力资源固有的“战略性”，其往往根据企业发展的战略性要求而进行安排，做出相应的变动，服务于企业科学、健康、可持续发展的目标。而作为资本，人力资本又具有良好的流动性、增值性，其布局和功能极具灵活性。这样的属性决定了对人力资本的管理不同于原有的人力资源，也不同于普通的货币资本等物质资本，而是需要结合人力资本的特点构建一个资本管理平台来实现对人力资本的专业化管理。[①]

微贴 1-3：人力资本之父

人力资本管理（human capital management，HCM）不是一个全新的系统，而是建立在人力资源管理的基础之上，综合了“人”的管理与经济学的“资本投资回报”两大分析维度，将企业中的人作为资本来进行投资与管理，并根据不断变化的人力资本市场情况和投资收益率等信息，及时调整管理措施，从而获得长期的价值回报。它将人视为一种资本来进行管理。人作为资本参与生产活动，具有以下特点：人力资本可以产生利润；人作为资本，可以自然地升值；对人力资本的投资，可以产生利润；人作为一种资本，参与利润分配。

（二）中国人力资源管理发展历史

1. 古代人事管理的思想

中国具有五千年文明史，在古代文化典籍之中蕴藏着丰富的人事管理的思想，对有关人才的重要性、如何选拔人才、如何用好人才等方面都

---

① 徐滢：《人力资本管理平台建设与员工持股激励探讨》，《中国商贸》，2015 年，第 2 期。

有过精辟的论述。例如，有关人才的重要性，唐太宗认为“为政之要，惟在得人”，把“得人”看作“为政”的关键，康熙更是将人才提到治国的首要位置，认为“政治之道，首重人才”。有关如何选拔人才，汉朝的王符指出，“德不称其任，其祸必酷，能不称其位，其殃必大”，强调人员的品行和能力必须与其职位相符，否则会带来严重的后果。有关如何用好人才，诸葛亮曾说过：“古之善将者，养人如养己子，有难，则以身先之；有功，则以身后之；伤者，泣而抚之；死者，哀而丧之；饥者，舍食而食之；寒者，解衣而衣之；智者，礼而录之；勇者，赏而劝之。将能如此，所向必捷矣。”这段话说明作为将军，如果能爱兵如子，以心换心，以情感人，满足每个士兵不同的需要，就能调动士兵的积极性，军队必将战无不胜。宋代政治家王安石指出，“一人之身，才有长短，取其长则不问其短”，则是强调应用人之长。这些思想对于今天企业的人力资源管理者来说都具有值得借鉴之处。

2. 中国近代人事管理的概况

鸦片战争之后，中国沦为半殖民地半封建社会，这时的人事管理具有两个基本特点。一是带有浓厚的封建色彩，企业大多是家族性质的小型私人企业。许多企业实行包工制度，将工作交给包工头，然后包工头招收工人，组织生产，进行监督，发放工资。二是学习引进西方资本主义国家的科学管理方法。一些规模较大的企业学习引进了泰勒科学管理的方法，开始对人员进行比较规范的管理，如天津东亚毛纺公司开始按照“雇佣工人程序图”招工，同时取消学徒制，举办艺徒培训班，培训技术熟练的工人。该公司还引进了时间动作研究，确定劳动定额，实行差别计件工资制，制定了一套厂训、口号等，以提高企业的凝聚力。

3. 新中国成立以来人力资源管理的发展

随着新中国成立和社会主义改造的完成，我国建立起了社会主义制度，同时也确定了计划经济体制，企业归国家所有，企业员工是企业的主人。与经济体制相适应，我国实行了“统包统配”的就业制度，企业没有用人的自主权，不能自行招聘所需的人员；人员只进不出，没有形成正常的退出机制；同时在企业内部，对工人的工作没有考核，大家干好干坏一个样，干多干少一个样；工资分配中存在着严重的平均主义，与工作业绩和工作岗位没有任何关系，人事管理停留在简单的档案管理和资料统计阶段，与现代的人力资源管理相去甚远，人们对“人力资源”也没有概念。可以说这个时期没有真正意义上的人力资源管理。

改革开放以后，随着我国经济体制改革的不断深入，国有企业的劳动人事工作也在不断进步。1979 年，国务院颁发了《关于扩大国营工业企业经营自主权的若干规定》，重新规定了企业人事管理的职责权限范围。企业在用人方面有了更大的空间，正常的进出渠道逐步形成；劳动人事管理制度逐渐完善，劳动定额管理、定员定编管理、技术职称评聘、岗位责任制等在企业中推广；工资管理规范化，打破了分配的平均主义，增强了工资的激励作用；推行了对工人的工作业绩考核。所有这些都表明，我国企业的人事管理工作已经初步具备了人力资源管理的某些功能和作用。可以说，国有企业人事管理的改革,为人力资源管理在我国的发展奠定了实践基础。

1988年9月,在贵阳召开的中国人力资源开发研究中心成立大会暨首届学术研讨会,以及随后举行的人力资源开发理论研讨会,对人力资源管理的基本概念、基本思想进行了探讨,人力资源管理在我国开始传播。1992年,中国人民大学劳动人事学院将下属的人事管理教研室改名为人力资源管理教研室,将人事管理专业调整为人力资源管理专业,并且在1993年招收了首届人力资源管理的本科生,这在我国人力资源管理发展过程中具有里程碑的意义,标志着我国人力资源管理的发展进入了专业化的阶段。1995年以后,随着MBA教育的推广,人力资源管理在社会上逐渐得到了普及。目前,全国大多数高校都设置了人力资源管理专业,人力资源管理的培养也不局限于本科生,还有硕士研究生和博士研究生。所有这些都为人力资源管理在我国的发展进行了理论和人才准备。

企业对人力资源管理的重视达到了前所未有的程度。但是,我们也应清醒地认识到,我国人力资源管理的发展和发达国家相比还有很大的差距,很多理论、技术和方法还只是借鉴西方,没有形成自己的体系;从业人员的专业化程度不高,没有接受系统的教育和培训,不利于人力资源管理作用的发挥;企业的人力资源管理水平不高,人力资源管理的战略作用没有得到体现等。人力资源管理在我国的发展可以说是机遇和挑战并存,需要人力资源管理的理论工作者和实际工作者共同努力,积极探讨,以不断提高我国人力资源管理的理论和实践水平。

(三)新时期的人力资源管理发展阶段

在过去的半个世纪中,人力资源专业已经历了三次大的阶段演变,而第四次演变正在进行中。每一阶段都有着相似的随时间变化的曲线:开始、学习、成长,然后进入稳定状态。

1. 行政事务性的人力资源管理师

这一阶段强调人力资源管理师的行政事务性工作,人事部门关注的是劳动协议的条款与条件、提供人力资源管理服务及保证法规遵从性。人力资源管理部门通常被形容为“行政和事务性机构”。所以,人力资源管理师只要能够提供始终如一、低本高效的基础服务——薪酬结算、养老金管理、出勤监控、员工招聘等——就算担当职责了。人力资源管理师的角色主要由优秀的行政人员担当,这不是指人力资源管理师没有做出其他重要的贡献,他在员工培训、员工满意度和敬业度评估及人才发展计划实施等工作中都有所贡献,只是指人力资源管理部门的首要职责是行政和事务性工作。即使到了今天,人力资源管理师的行政与事务性工作的需求也依然存在,如著名的人力资源咨询公司美世(Mercer)研究了EMEA区域(即欧洲、中东和非洲)内的人力资源管理实践情况,发现尽管大多数人力资源管理部门所承担的职责已经超出传统的行政管理角色,仍然有16%现在还不愿改变行政管理的角色。

2. 职能专业性的人力资源管理师

这阶段强调人力资源管理师在人才搜寻、报酬与奖励、学习、沟通等方面进行的创新实践设计。例如，通用电气公司的高管们意识到，公司能否快速地、高质量地在各个管理层级上培养出能够支撑国际业务成长的领导者，对公司长远的业绩表现会有深远影响，这直接促成了克罗顿维尔学院的建立。类似的改革创新活动也发生在奖励、沟通、继任者计划及其他的人力资源管理实践领域。这些人力资源管理实践不仅在“做什么”和“怎么做”方面进行了创新，它们之间相互影响的关系也得到了重视，这就提高了人力资源管理实践的系统一致性。职能专业性的人力资源管理师的效能体现在人力资源管理实践的创新和整合，人力资源管理师的信誉来自他们所提供的最佳实践。

3. 战略性的人力资源管理师

这阶段的关注点是通过战略性人力资源管理，使员工个体与已整合过的人力资源管理实践体系能够促进企业经营成功。在过去的 20～25 年间，人力资源管理师们致力于将人力资源工作同企业的战略或业务目标关联起来。他们的努力使人力资源管理实践的关注点得到了扩展，除了最基础的“人才”方面，还包括“对企业文化与领导力的贡献”。当企业明确了经营战略后，人力资源管理人员就要担负起评估和改善人才、文化和领导力水平的重任，目的是使这三项要素足以协助企业达成战略目标。在这一阶段，人力资源管理人员要将企业战略转化为人力资源工作的具体计划，以便真正实现战略意图，人力资源管理人员的专业知识水平需要升级，人力资源管理部门的架构也需要重新规划。战略性的人力资源管理效能体现在：能够在企业战略与人力资源管理师的行动之间建立起清晰的关联路径，人力资源管理师的信誉来自战略制定过程中的参与及贡献。

4. 由外而内的人力资源管理师

人力资源管理的第四阶段要利用人力资源管理的政策流程等实践活动来促成某些外部经营条件的变化，以及对外部变化及时做出回应。我们将这一阶段称为“由外而内的人力资源管理师（HR from the outside in）”阶段。“由外而内”的人力资源管理师比战略性人力资源管理师走得更远，他们会根据企业的商业环境、利益相关者需求而调整自身的工作。人力资源管理的前三个阶段所代表的都是必须完美实现的人力资源管理工作——行政事务性的人力资源管理工作必须完成得毫无瑕疵，人力资源管理的政策流程等实践活动必须进行创新和整合，人力资源管理师还必须将战略性的远大志向转化为人力资源管理方面的具体行动。但着眼未来的人力资源管理师并未停留在前三个阶段，而是将眼光投向组织之外的客户、投资者和社区，以他们的视角来定义成功的人力资源管理师是什么样。[①]

---

① 戴维·尤里奇：《高绩效的 HR》，钱峰译，中国电力出版社，2015 年。

三 人力资源管理的目标、职责与功能

(一) 人力资源管理的目标

人力资源管理的目标是帮助组织更好地实现其目标。自20世纪90年代以来,随着战略性人力资源管理的产生,人力资源及其管理的地位变得日益重要。衡量人力资源管理的贡献不仅在于完成了多少职能性工作或者效率的高低,而且取决于对战略目标的贡献。然而,要实现这一目标,人力资源管理部门必须最大限度地发挥员工的潜能,从而提高劳动生产效率,并通过人力资源创造竞争优势。人力资源管理的具体目标包括以下几个方面:创造良好的工作环境;增加工作的满足感;增强员工的责任感和义务感;发挥员工的积极性和创造性;减少员工流动;提高劳动生产率;开发人力资本;创造竞争优势;实现组织目标。

(二) 人力资源管理的职责

人力资源管理的一般目标是通过人力资源合理的配置、激励与开发实现劳动生产率的提高,进而促进组织目标的实现。然而,对人力资源产生影响的不仅来自人力资源职能的各项政策、制度及其实施过程,直线管理人员(line managers)因其直线权力(line authority)也承担着各项人力资源政策、制度的实施角色,从而对人力资源管理有着重要的影响。因此,人力资源管理不仅是职能管理人员(staff managers)的责任,而且也是每个直线管理人员的责任。可以说,每一项人力资源管理的职责都是由直线管理人员和职能管理人员共同完成的。

直线权力和职能权力(staff authority)共同作用于管理的过程。直线权力赋予管理者向其他管理人员或员工发布命令的权力,它建立了一种上下级之间的关系。职能权力则赋予管理者向其他管理人员或员工提供建议的权力,它所建立的是一种咨询的关系。直线管理人员拥有直线权力,职能管理人员拥有职能权力,后者通常不能通过命令链自上而下地直接发布命令(除非是在他们自己的部门中)。通常情况下,管理者一般是指直线管理人员,他们负责管理那些对于组织的生存来说至关重要的职责(如销售或生产)。职能管理人员则通常管理那些属于咨询性或支持性的部门,如采购、人力资源管理和质量控制等。如果职能部门确实纯粹属于咨询性的,那么上述这种区分就是有道理的。然而,决定一位管理者到底属于直线管理人员还是职能管理人员的,并不是这位管理者所负责的部门的类型或名称,而是工作关系的性质。直线管理人员能够发布命令,职能管理人员可以提供建议。

人力资源管理职责同样由直线管理人员和职能管理人员共同担负。人力资源管

理者负责企业职员的招募、雇用以及支付报酬等方面，向直线管理人员提供帮助和建议。直线管理人员也有自己的人力资源管理职责。

1. 直线管理人员的人力资源管理职责

在每位直线管理人员——上到公司总裁，下到一线管理人员——的职责中，直接处理与人有关的问题始终都是其整体管理职责中一个不可或缺的组成部分。例如，一家大公司将其直线管理人员应当承担的有效管理人力资源的职责概括为以下几个主要方面：把正确的人配置到正确的职位上；使新员工融入组织（定位）；培训员工承担新的职位；改进每位员工的工作绩效；争取他人的合作，建立顺畅的工作关系；解释公司的政策和程序；控制劳动力成本；开发每位员工的能力；创造并维持部门员工的工作士气；保护员工的健康和身体状况。

在一些小型组织中，直线管理人员可能会在没有人协助的情况下，独自承担上述所有这些人力资源管理职责。但是，随着组织规模的扩大，这些直线管理人员需要得到独立的人力资源管理职能人员所提供的帮助、相关的专业知识以及建议，人力资源管理部门能够提供这种专业化的帮助。

2. 职能管理人员的人力资源管理职责

在提供专业化帮助的过程中，人力资源管理经理主要履行以下三种不同的职能。

（1）直线职能。人力资源经理需要直接指挥本部门员工以及其他一些相关领域（比如工厂中的餐厅）的员工的工作活动。

（2）协调职能。人力资源经理需要对各种人力资源管理活动进行协调，这种职责通常称为职能权力（function authority）或职能控制。这里是指人力资源经理要确保直线管理人员能够执行企业的人力资源管理政策和实务（比如执行公司关于防止性骚扰的相关政策规定）。

（3）人事（协调与建议）职能。对于人力资源经理来说，协调直线管理人员开展工作并向他们提供建议是其本职工作的核心所在。人力资源经理要向首席执行官提供建议，以使其更好地理解公司的战略选择所涉及的人力资源管理问题。人力资源经理还需要协助直线管理人员完成员工的雇用、培训、评价、支付报酬、咨询、晋升以及解雇等方面的工作。此外，人力资源经理还负责管理各种福利计划（如健康和意外保险计划、退休金计划以及休假计划等）。他们还要协助直线管理人员遵守公平就业机会和职业安全方面的法律规定，并且在处理各种争议以及劳资关系方面扮演重要角色。

不仅如此，人力资源经理和人力资源部门还扮演着“创新者”的角色，他们需要为直线管理人员提供关于各种发展趋势的最新信息，以及有助于员工（或“人力资源”）更好地发挥作用的最新方法方面的信息。另外，人力资源经理和人力资源部门还有扮演员工利益维护者（employee advocacy）的角色，即他们要在自己承担的主要职责框架范围内，在高层管理者面前代表员工的利益。尽管人力资源经理通常不能（在本部门之外）行使直线权力，但他们却可以行使一种隐性权力，这是因为人力资源经理经常会与公司的高层管理者谈论甄选测试以及积极的反歧视行动等这样一些人力资源管理问题。

3. 直线管理人员和职能管理人员的工作区别

尽管职能管理人员与直线管理人员都对人力资源管理负有责任，然而，职能管理人员的重要职能是帮助直线管理人员更有效地管理员工。一般来说，职能管理部门为公司各个部门的员工管理提供制度、技术和咨询服务建议。就具体的职能而言，职能管理人员与直线管理人员的工作存在区别，如表 1-2 所示。

表 1-2 直线管理人员与职能管理人员的职责分工

人力资源管理环节	直线管理人员的工作	职能管理人员的工作
招聘与录用	(1) 对所讨论的工作职责范围做出说明，为工作分析人员提供帮助 (2) 提出未来的人员需求以及需要雇佣的人员类型 (3) 说明工作对人员的要求，为人力资源部门的选聘测试提供依据 (4) 面试应聘人员并做出录用决策	(1) 根据部门主管提供的信息编写或组织工作说明书 (2) 制订人事安排计划，对员工的晋升做出安排 (3) 开展招聘活动，并不断扩大应聘人员队伍 (4) 进行初步筛选，并将合格的候选人推荐给部门主管
培训与开发	(1) 根据公司的工作要求安排员工，对新员工进行指导和培训 (2) 为新业务的开展评估、推荐管理人员 (3) 进行领导和授权，建立高效的工作团队 (4) 运用公司的绩效评估表格对员工进行绩效评估 (5) 对下属的进步给予评价并就其职业发展提出建议	(1) 准备培训材料、文件 (2) 根据公司既定的未来需要，就管理人员的发展向总经理提出建议 (3) 在规定和实际运作企业质量改进计划以及团队建设方面充当信息源 (4) 开发绩效评估工作，保存评估记录
薪酬管理	(1) 向人力资源部门提供各项工作性质及其相对价值方面的信息，作为薪酬决策的基础 (2) 决定给下属奖励的方式和数量 (3) 决定公司提供给员工的福利和服务 (4) 开发包括保健护理、退休金等在内的服务、福利项目，并与一线经理协商	(1) 实施工作评估程序，决定每项工作在公司的相对价值 (2) 开展薪资调查，了解同样或近似的职位在其他公司的工资水平 (3) 在奖金和工资计划方面向一线经理提出建议

续表

人力资源管理环节	直线管理人员的工作	职能管理人员的工作
劳资管理	(1) 营造相互尊重、相互信任的氛围，维持健康的劳资关系 (2) 坚持贯彻劳资协议的各项条款 (3) 确保公司的员工申诉程序按劳资协议执行，申诉的最终裁决 (4) 与人力资源部门一起参与劳资谈判	(1) 分析导致员工不满的深层原因 (2) 对一线经理进行培训，帮助他们了解和理解协议条款及法规方面犯的错误 (3) 在如何处理员工投诉方面向一线经理提出建议，帮助有关各方面就投诉问题达成最终协议

资料来源　于桂兰、魏海燕:《人力资源管理》，清华大学出版社，2004 年；冯光明等:《人力资源开发与管理》，机械工业出版社，2013 年。

(三) 人力资源管理的功能

人力资源管理的功能是指它自身所具备或应该具备的作用，这种作用并不是相对其他事物而言的，而是具有一定的独立性，反映了人力资源管理自身的属性。人力资源管理的功能主要有五个：获取、整合、保持和激励、控制和调整，以及开发，如图 1-4 所示。

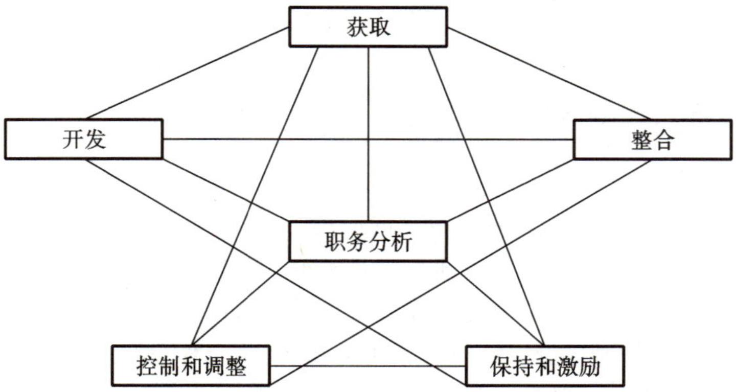

图 1-4　人力资源管理主要功能与关系模型

(1) 获取。人力资源管理工作的第一步是获取人力资源。这项工作包括：明确组织中工作岗位的要求，提出人员补充计划，对有资格的求职提供均等就业机会，采用科学方法确定岗位需求的最合格的优秀人才。

(2) 整合。人力资源管理工作就是使被招收的员工了解组织的宗旨和价值观，建立和强化员工对组织的认同感与责任感。

(3) 保持和激励。人力资源管理工作就是要保持员工有效工作的积极性、主动性和创造性，并得以充分发挥；保持安全、健康、舒适的作业环境和良好的工作氛围。

(4) 控制和调整。人力资源管理工作是对员工基本素质、劳动态度和行为、技能水平、工作成果等进行全面考核和评价，做出相应的奖惩、升迁、离退或解雇等决策，并通过一系列定编定岗、培训开发以及人事调整等方法和手段，使员工技能水平和工作效率达到并超过工作岗位的基本要求。

(5) 开发。人力资源管理通过对员工实施培训，促进员工知识、技能、能力和其他方面素质的提高，不断保持和增强员工在工作中的竞争地位，使员工的综合素质得到全面提高和发展。

以上人力资源的各项功能是相互联系、相互作用的整体，且都以职务分析为核心。人力资源管理不是各种功能的简单集合，而是通过这些功能来协调和管理组织中的人力资源，从而有效地实现组织目标。

微贴 1-4：HR的关键责任领域

在人力资源管理的实践过程中，人力资源管理的功能通常被概括为求才、用才、育才、激才、护才和留才。“求才”就是吸收、寻求优秀人才和组织适用的人力资源；“用才”就是恰当地使用组织的人才资源，唯才是举，人尽其才，才尽其用，发挥人力资源对经济发展的推动作用；“育才”就是通过培训、教育、发展、提高人力资源的质量；“激才”就是通过激励机制和措施，调动员工的工作积极性，激发员工潜力，发挥人才资源的能动性；“护才”就是通过卫生保健、劳动安全、平等就业等措施保护劳动者的合法权益，保护人力资源的持续劳动能力；“留才”就是尊重人才、爱惜人才，保持员工队伍的稳定性，留住组织所需要的各类人才。

四 知识经济时代的人力资源管理

21世纪互联网的普及和计算机技术的应用，正在给我们的经济、社会与文化生活带来前所未有的变化。当地理和空间不再是障碍，当地球越来越像个地球村，人类社会的发展也随之进入瞬息万变的知识经济时代。在知识经济新时代条件下，全球经济正日益成为一个不可分割的整体，形成你中有我、我中有你，相互依存、相互促进、相互制约的荣衰与共的态势。随着经济时代的来临，知识成为最主要的生产要素。企业间关于设备和财力的竞争也开始向知识和智力的竞争转变。在这种情况下，作为知识和智力拥有者的“人”就成了企业创新发展的特殊资源，拥有知识型人才的企业无疑成为企业经济发展的关键。知识经济的发展引发了剧烈的社会变革，人力资源管理的重要性在进一步增强，因此，知识经济发展对企业人力资源管理提出新要求，当前人力资源管理需要新内涵、新思维、新理念来应对这种深刻的转变。[①]

（一）知识经济条件下人力资源管理的内涵

知识经济的最大特征在于人力等无形资源已经取代了实际的物质资源成为最重要的生产要素。在知识经济条件下，最重要的资源是人才，人才已经成为现代企业最重要的生产要素，是生产力中最活跃的因素。只有对人力资源管理进行新的定位，才能真正使人力资源管理成为整个企业管理的轴心。知识经济条件下的人力资源管理的新内涵：知识经济时代是人才主权时代；员工是客户，企业人力资源管理的新职能就是向员工持续提供客户化的人力资源产品与服务；人力资源管理的重心是知识型员工；人力资源管理的核心是人力资源价值链管理，它包括招聘、培训、开发、使用、考核等一系列的管理工作；人力资源管理在组织中的战略地位上升，管理重心下移；企业与员工关系的新模式——以心理和契约为双重纽带的战略合作伙伴关系；人力资源管理的全球化、信息化趋势日益明显；沟通、共识、信任、承诺、尊重、自主、服务、支持、创新、学习、合作、支援、授权、赋能将成为人力资源管理的新准则。

知识经济时代的人力资源管理首先应该重视人力资源规划、绩效考评、知识型员工管理、薪酬管理等方面的内容，人力资源管理具体内容包括：进行招聘和录用，即什么岗位用什么样的人；确定薪酬和福利，即根据贡献大小进行公平分配；进行考核和奖惩，即量化考核标准，奖惩并举；进行培训和晋升，即为员工提供职业生涯发展之路，并提供发展机会；合理处理冲突和有效激励，在人力资源管理过程中，冲突时刻存在，处理不好就会出问题，正面引导和激励是必要的。

（二）知识经济条件下人力资源管理的五个转变

当知识及知识管理日益成为企业核心竞争力的内核，人力资源管理也正经历着前所未有的挑战与冲击，呈现出一些新趋势，具体可以概括为以下五个方面。

（1）人力资源管理地位的提升。在知识经济时代人力资源管理的地位已经提升到了战略性的高度，人力资源管理已不再只是人力资源部门内部的事务，日益成为包括其他管理人员、企业决策层和内部员工的“全员管理”模式，这种模式已成为企业中的基本组织单位。同时，人力资源管理的从业人员日益专业化、职业化，由事务型向专家型转变。他们不仅需要对商业有深刻的认识，而且需要擅长组织设计和组织变革，需要具备一定的分析能力和人际关系能力。人力资源管理不再只是企业发展战略的一个执行者，而是逐步上升到获取竞争优势的战略性层面，在参与甚至主导企业战略的决策过程中发挥至关重要的作用，人力资源管理已经从职能战略日益提升到企业战略和经营战略的层次，日益成为企业在严酷竞争中取胜的法宝。

（2）人力资源管理对象的转移。人力资源管理的重心从原来对资源可用性的重

① 朱洪杰：《浅谈知识经济环境下企业的人力资源管理》，《人力资源管理》，2015 年，第 2 期。

视逐渐转向了对知识型员工发展性的重视，建立以知识和知识员工为中心的人力资源管理体系成为一种新趋势。越来越多的企业已开始加强对知识的管理，组织学习的有效性和知识的贡献率成为衡量人力资源工作绩效的重要标准。正如卢斯卡所说，只有拥有专业化智力资本的人力资源才是推动经济增长的真正源泉。在知识经济条件下，知识的生产、传递及更新速度急剧加快，运用知识推陈出新的创造能力成为决定企业生死存亡的关键因素之一。因此，在知识经济条件下，人力资源管理的对象已经转变为创造知识、传播知识以及应用知识的知识员工。

(3) 人力资源管理模式的改变。随着人力资源管理的重心逐渐向知识及知识员工转移，传统意义上的金字塔式、刚性的人力资源管理模式已经不能适应这种新的趋势，管理方式向网络型扁平化方向发展，逐步实行“柔性化管理”。柔性化管理是指在企业员工素质日益提高、领导者与被领导者的知识鸿沟日渐缩小的情况下，企业与受聘者的关系从契约演变为盟约关系，并结成利益共同体，其本质是以人为中心的方式去开发和管理人力资源。它的最大特点是依靠人性解放、权力平等和民主管理，强调从内心深处激发每个员工的内在潜力、主动性和创造性，增加员工的凝聚力与归属感，使员工能真正做到心情舒畅、不遗余力地为企业开拓新的平台，并逐步形成企业全体员工的共同愿景。柔性化管理作为一种反应敏捷、灵活多变、崭新的人力资源管理模式，有助于实现组织的和谐、融洽、协作、灵活、敏捷、韧性，将成为知识经济条件下人力资源管理的新模式。

(4) 人力资源管理职能的分散。在知识经济条件下，现代信息技术迅猛发展，它在人力资源管理领域的应用直接导致了人力资源管理的虚拟化。它使人力资源管理开始借助“外脑”来整合企业的资源，主要目标在于突破企业间有形的界限，弱化具体的组织结构形式，以达到全方位利用资源的效果，企业间形成了“共脑集智”“知识联盟”“战略联盟”等新的管理形式，企业借助“外脑”进行优势互补的人力资源整合，增强综合竞争力。

(5) 人力资源管理手段的规范。传统的人事管理更多地依靠个人的直觉和经验，尚属于经验管理时代的方法。知识经济条件下的现代人力资源管理应该是科学管理，管理手段应该趋向于制度化，由人治走向法治。管理者要在严密的科学分析基础上建立一整套严谨、规范、科学的人力资源管理制度，并要树立制度的权威性，可以将基于互联网的技术应用到人力资源管理中来，使管理流程化与自动化，实现现代科技与人的完美结合，使人力资源部门从提供简单的人事管理信息转变为提供人力资源管理知识和解决方案的支持体系。

(三) 知识经济发展对企业人力资源管理提出新要求

知识经济作为一种全新的经济形态，其典型特征是创新化、网络化、持续化、知识化。具有知识的人力资源即人才资源成为知识经济的主体。知识经济发展对企业人力资源管理提出的新要求主要表现在以下几个方面。

1. 适应企业环境、组织结构变革的要求，管理方式网络化

知识经济时代企业竞争的重点逐渐转向对人力资源的争夺，人才自身面临着前所未有的宽松、自由的选择。同时，信息技术的普及和应用改变了传统的时空观念，使企业组织结构扁平化成为可能，对企业人力管理方式产生了重大的冲击。网络技术的发展使千里之外的员工也如近在咫尺，这使原来维持企业正常运作必需的中间环节或中层管理者逐渐变得多余。这种扁平化企业组织结构的趋势的出现，需要企业授权给较低层次的员工决策权，进而提高企业的竞争力。在扁平化的组织结构中，创造性的工作愈发重要，管理的参与性色彩更加浓厚。人力资源管理要实现网络化，利用信息化技术给企业的人力资源管理搭建一个标准化、规范化、网络化的工作平台，这不仅改变了广大员工个人的生活和工作方式，也是适应企业环境、组织结构变革的要求，增强员工与企业之间的联系和协作，让企业各级管理者与普通员工都参与人力资源管理活动，更好地发挥人才资源的力量，取得事业的成功。

2. “以人为本”价值观

作为知识经济时代的企业，树立人本管理导向不仅是时代提出的变革要求，也是对自身经济发展合理性的考虑。企业管理者要把促进人才健康成长和充分发挥人才作用放在重要位置，更加注意人的潜能的发挥和能力的提高与人的全面发展，努力营造鼓励人才工作、生活的良好环境，使人力资源的活力充分迸发出来。在以人为本的战略下，企业要变革旧有的人力资源管理体制，增强人本观念，大力营造有利于人才成长的体制、机制和环境，建立公平、公开、竞争择优的人才选拔使用机制。以人为本的管理思想还要求管理者努力培育共同的企业文化意识，营造出企业共同的文化价值观和行为规范，使个人的发展、企业的壮大与经济社会环境的现实相吻合。

3. 从被动到主动、从行政性事务到高层次的战略制定者

人力资源管理不再是被动工作，而是主动协助企业寻找最佳的人力资源配置、组织形态和管理模式。人力资源管理应该得到企业高层管理者的高度重视，人力资源管理必须与企业战略结合起来。企业的人力资源管理需要逐步从作业性、行政性事务中解放出来，从维持和辅助型的管理职能上升为具有重要战略意义的管理职能，转为战略的参与者和制定者，使管理层在宏观上获取和分配人力资源，保证战略规划的贯彻落实，在操作层根据管理层人力资源计划进行日常管理。人力资源管理还必须在职能上扩展，应该承担企业变革与发展、企业结构设计、企业文化建设、高效团队建设等职能，并不断进行人力资源管理职能的创新，以保证人力

微贴 1-5：传统 HR 和现代 HR

资源管理能够为企业的发展提供有效的支持。

4. 建立动态发展的人力资源管理模式

人力资源管理既要体现在对员工生命过程的纵向管理,使人员的选拔、录用、培训、考评、薪酬奖惩和退休保障等有机地联系起来,也要体现在横向上跨越企业内部部门分割的局限,将内部人员作为一个整体进行统一管理,将员工的发展与企业的发展紧密结合起来,在员工与企业共同承担风险的同时也让个人能够分享企业的成果。管理者要建立一种让员工能够在既定的战略方向上完成工作业绩,并获得相应劳动报酬的奖励制度,这种奖励制度既要适合企业的发展又要与个人的业绩挂钩,使个人与企业同成长,这种全方位、有效的激励制度也是人力资源管理的关键。

5. 营造创新型企业文化理念

企业文化是企业为解决生存和发展的问题而形成的,被企业成员认为有效而共享并共同遵循的基本信念和认知。企业文化集中体现了一个企业经营管理的核心主张,以及由此产生的组织行为。企业文化(corporate culture),或称组织文化(organizational culture),是一个企业由其价值观、信念、仪式、符号、处事方式等组成的特有的文化形象。人力资源管理部门应该致力于创造一种激励型、充满创新气氛的企业文化,以利于激发员工的创造性,增强员工的竞争能力,同时吸引大批优秀人员。

经典案例 1-1

一、案例材料

微软公司的人力资源管理方式

微软公司由比尔·盖茨和保罗·艾伦创建于1975年,是目前全球最大的电脑软件提供商,现有雇员6.4万人,主要产品为Windows操作系统、Internet Explorer浏览器及Microsoft Office办公软件套件,造就了数以千计的百万富翁,位列2021福布斯全球企业2000强的第15位。2021年6月23日,微软市值突破2万亿美元,是继苹果之后美国第二家市值突破2万亿美元的企业。微软被称为"世界上迄今为止致力于PC软件开发的最大最富有的公司",并被视为知识经济的代表。其长期、高效的运作和发展离不开优秀的人才。微软的人力资源体系在吸引、培养和留住国际化高素质人才方面独具一格。微软始终强调以业绩为导向的公司文化,并不遗余力地吸纳、培养和奖励业绩优异和高潜质的员工。

精英俱乐部

微软十分重视人才招聘且策略独到。微软不重视工作经验，而是锁定刚刚毕业且极其聪明的年轻人，聪明才智代表创造力，年轻的心充满活力和改变世界的动力，这些因素远比知识和经验更重要。但聪明并非其选用人才的首要因素，更重要的是选拔适合公司的人才，即在最适合的基础上挑选最聪明的人，只有站在战略的高度决定选择人才的标准，才能保证团队朝着共同的方向前进。因此，微软在招聘中重视个人特质，看到别人看不到的东西，兼顾对成本和风险的考虑。

微软的人才标准并非恪守教条。20世纪80年代后期微软快速成长，只招聘刚毕业的人才已不能满足公司扩张需要，因此将75%的空缺职位用于在业界招募有经验的人才，并成立猎头小组，及时发现人才，主动锁定目标对象，为实现微软的战略计划打下坚实的才智基础。微软坚信，只有合适的才是最好的，任何条条框框都应据实而变、因地制宜、应时而新。

可以说，微软是一个由聪明人组成的"精英俱乐部"，坚持着非良才不用的选人机制，以及百里挑一、优中选优、宁缺毋滥的招聘原则，奉行着技术和经营不可分割的企业信条。

激励机制和差别化氛围

微软致力于营造一种差别氛围，让员工时刻保持危机感和紧迫感，使雇员最大限度地发挥聪明才智并将其转化为经济效益。比如，在公司内部，软件开发人员比非软件开发人员享有更多的特权，包括分红、办公环境优先权、资金供给等方面，借此掌握了未来方向，并保持企业产品的开发竞争力。微软对员工的业绩考核采用经理和员工双向沟通的形式，采取"年初商讨目标—年中对照评价—年底衡量分配"的模式，来决定员工的年度奖金和配股数量，在将公司发展目标与员工业务目标相结合的同时，尊重员工意愿，充分调动其主动性。微软的员工福利周到而全面，涉及非指令性福利、餐饮补助、医疗保健、带薪产假等方面。同时，微软采用低工资高股份的模式激励员工，是第一家用股票期权来奖励普通员工的企业，股票升值成为员工主要收益来源。

用人理念和公司文化

微软喜欢启用比工作需要更少的人，不断培育和强化危机意识，将"n-1"的思想贯穿企业工作，用尽可能少的人，以极限挑战的方式，完成尽可能多的工作。"微软离破产永远只有18个月"，微软时刻向员工灌输"在这个行业内，没有一家公司拥有万无一失的地位"的思想。从公司战略的高度来做人力资源管理工作，将公司文化与业务所在地文化相融合，充分彰显全球战略和本地行动思维。微软关注对人才的培育和团队合作精神的建立,重视员工在良性竞争中建立自信心和创新能力,其素有的咖啡因文化,能够确保员工在极快的工作节奏和极强的工作压力中拥有高涨的士气,有利于员工发挥自己的最大潜能,营造一种实现自我价值的良好公司文化氛围,有利于留住人才。

资料来源 微软公司人力资源案例研究,https://www.docin.com/p-2348024468.html,有增减。

二、阅读并思考

1. 在巨大的工作压力下,微软公司靠什么留住人才?

2. 微软公司人力资源管理的成就,为我国人力资源管理模式的发展提供了哪些借鉴?

第三节 人力资源管理的理论基础

一 人性假设理论

人力资源管理是对人所进行的管理,因此,对人的看法不一样,所制定的管理政策与所采用的管理措施也就会有所不同,也将直接决定着人力资源管理具体的管理方式与管理方法,正如麦格雷戈在其著作《企业的人性面》所说:“每项管理的决策与措施,都是依据有关人性与其行为的假设。”因此,人性假设是人力资源管理的一个重要理论基础。[①]

关于人性假设理论,很多学者都进行过深入的研究,其中最有代表性的就是麦格雷戈提出的“X理论—Y理论”以及美国科学家埃德加·H.沙因(Edgar H. Schei)提出的“四种人性假设理论”。

(一) X理论—Y理论

麦格雷戈认为,有关人的性质和人的行为的假设在某种程度上决定着管理人员的

① 董克用:《人力资源管理概论》(第3版),中国人民大学出版社,2011年。

工作方式。不同的管理人员之所以会采用不同的方式来组织、控制和激励人们，原因就在于他们对人的性质的假设是不同的。他经过长期研究后，在 1957 年 11 月号的美国《管理评论》杂志上发表了《企业的人性方面》一文，提出了“X 理论—Y 理论”，并在以后的著作中进一步拓展和完善。

1. X 理论

麦格雷戈将人们对人性的传统假设称为 X 理论(Theory X)，其观点非常类似于我国古代的性恶论，认为“人之初，性本恶”，在这种理论的指导下，组织必然会形成严格控制的管理方式，以金钱作为激励人们努力工作的主要手段，对消极怠工的行为采取严厉的惩罚，以权力或控制体系来保护组织本身和引导员工。

2. Y 理论

基于 X 理论，麦格雷戈提出了与之完全相反的 Y 理论(Theory Y)，这一理论的观点非常类似于我国古代的性善论，认为“人之初，性本善”。以这一理论为指导，组织的管理方式必然也会不同，管理者的重要任务不再是监督控制，而是创造一个员工得以发挥才能的工作环境，使员工发挥出潜力，在完成组织目标的同时也达到自己的个人目标；同时用工作本身激励员工，让员工担当具有挑战性的工作，担负更多的责任，满足其自我实现的需要。

麦格雷戈认为 Y 理论比 X 理论更优越，因此管理应当按照 Y 理论来行事。约翰·J. 莫尔斯(John J. Morse)和杰伊·W. 洛尔施(Jay W. Lorsch)于 1970 年在《哈佛商业评论》上发表了《超 Y 理论》一文，对“X 理论—Y 理论”做了进一步的完善，主要观点如下。

(1) 人们是抱着各种各样的愿望和需要加入企业组织的，人们的需要和愿望有不同的类型。有的人愿意在正规化、有严格规章制度的组织中工作；有的人却需要更多的自治和更多的责任，需要有更多发挥创造性的机会。

(2) 组织形式和管理方法要与工作性质和人们的需要相适应，不同的人对管理方式的要求是不一样的。组织对上述第一种人应当以 X 理论为指导来进行管理，而对第二种人则应当以 Y 理论为指导来进行管理。

(3) 组织机构和管理层次的划分，员工的培训和工作的分配，工资报酬、控制程度的安排都要从工作的性质、工作的目标和员工的素质等方面考虑，不可能完全一样。

(4) 当一个目标达成以后，员工的胜任感和满足感被激起，使其为达成新的更高的目标而努力。

按照超 Y 理论的观点，在进行人力资源管理活动时要根据不同的情况，采取不同的管理方式。

(二) 四种人性假设理论

美国行为科学家埃德加·H. 沙因在其 1965 年出版的《组织心理学》一书中，把前人对人性假设的研究成果归纳为“经济人假设”“社会人假设”“自我实现人假设”,并在此基础上提出了“复杂人假设”,将这四种假设统称为“四种人性假设”,这可以说是到目前为止对人性假设所做的最为全面的概括和研究。

1. 经济人假设

这种假设就相当于X理论的理论基础,主要观点如下。

(1) 人是由经济诱因来引发工作动机的,其目的在于获得最大的经济利益。

(2) 经济诱因在组织的控制之下,因此,人总是被动地在组织的操纵、激励和控制下从事工作。

(3) 人以一种合乎理性的、精打细算的方式行事,总是力图用最少的投入获得满意的报酬。

(4) 人的情感是非理性的,会干预人对经济利益的合理追求,组织必须设法控制人的感情。

2. 社会人假设

这种假设是人际关系学派的倡导者梅奥等人提出的,它最初的依据就是霍桑实验,管理的重点就是要营造和谐融洽的人际关系,主要观点如下。

(1) 人类工作的主要动机是社会需要,人们要求有一个良好的工作氛围,要求与同事建立良好的人际关系,通过与同事的关系获得基本的认同感。

(2) 工业革命和工作合理化的结果,使工作变得单调而无意义,因此人们必须从工作的社会关系中寻求工作的意义。

(3) 非正式组织有利于满足人们的社会需要,因此非正式组织的社会影响比正式组织的经济诱因对人有更大的影响力。

(4) 人们对领导者最强烈的期望是能够承认并满足他们的社会需要。

3. 自我实现人假设

这种假设相当于Y理论的理论假设,此外,马斯洛的需求层次理论中自我实现的需要也属于自我实现人的假设。主要观点如下。

(1) 人的需要有低级和高级的区别,从低级到高级可以划分为多个层次,人的最终目的是满足自我实现的需求,寻求工作上的意义。

(2) 人们力求在工作上有所成就,实现自治和独立,发展自己的能力和技术,以便富有弹性,能适应环境。

(3) 人们能够自我激励和自我控制,外部的激励和控制会对人产生威胁,造成不良的后果。

(4) 个人自我实现的目标和组织的目标并不是冲突的,而是能够达成一致的,在适合的条件,个人会自动地调整自己的目标使之与组织目标相配合。

4. 复杂人假设

这种假设类似于超Y理论,沙因认为,经济人假设、社会人假设和自我实现人假设并不是绝对的，它们在不同的环境下针对不同的人分别具有一定的合理性，人们的需要是复杂的，因此不能简单地相信或使用某一种假设，为此他提出了复杂人假设。复杂人假设认为，实际上不存在一种适用于任何时代和任何人的通用的管理方式，管理必须是权变的，要根据不同人的不同需要和不同情况，采取相应的管理方式。

二 激励理论

人力资源管理的最终目的是实现企业的整体战略和目标，这一目的的达成是以每个员工个人绩效的实现为基本前提的。在外部环境条件一定的前提下，员工的个人绩效又是由工作能力和工作态度这两大因素决定的。一般来说，一个人的工作能力具有相对稳定性，在短期内很难发生大的变化，工作态度却是可以改变的，正因为如此，如何激发员工的工作热情、调动他们的工作积极性和主动性就成为人力资源管理需要解决的首要问题。从这一角度理解，激励理论就构成了人力资源管理的另一个理论基础，它包括内容型激励理论、过程型激励理论和行为改造型激励理论。激励理论的流程如图 1-5 所示。

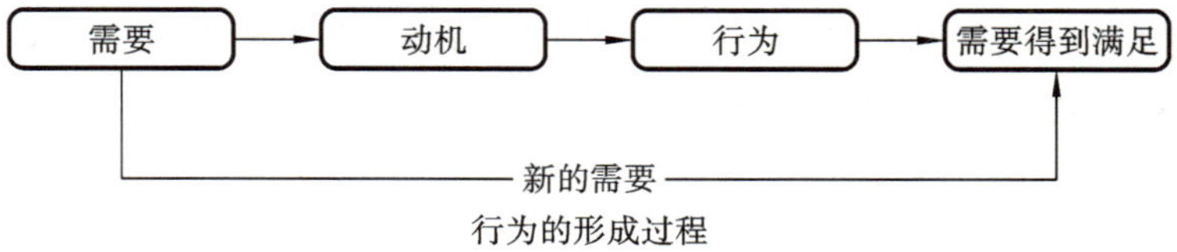

图 1-5　激励理论的流程

（一）内容型激励理论

内容型激励理论主要是研究激励的原因和起激励作用的因素的具体内容。代表性的内容型激励理论有：需求层次理论、ERG 理论、双因素理论和成就激励理论。

1. 需求层次理论

美国心理学家马斯洛在 1943 年出版的《人类激励的一种理论》一书中首次提出了需求层次理论，1954 年在《激励与个性》一书中又对该理论做了进一步的阐述，他将人们的需求划分为五个层次：生理需求、安全需求、社交需求、尊重需求和自我实现需求。马斯洛的需求层次理论将人们的需求进行了内容上的区分，揭示了人类心理发展的一般规律，这对于管理的实践具有一定的指导意义，但同时也存在一些问题，马斯洛自己也承认，这一理论并没有得到实证研究的证明。此外，他将需求层次看成是固定的机械上升模式，没有考虑到人们的主观能动性，他认为已经被满足的需求将不再成为人们行动的动机，但是对于满足的意义解释却不是很明确。在现实中，当一种需求得到满足以后，很难预测哪一种更高层次的需求会成为下一个必须满足的需求。

2. ERG 理论

美国心理学家克雷顿·阿尔德佛(Clayton Alderfer)对马斯洛的需求层次理论进行了修正,认为人的需求主要有三种:生存需求(existence),包括心理与安全的需求;关系需求(relatedness),包括有意义的社会人际关系;成长需求(growth),包括人类潜能的发展、自尊和自我实现。因此又被称为 ERG 理论。

阿尔德佛认为,哪个层次的需求得到的满足越少,人们就越希望满足这种需求;较低层次的需求越是得到越多的满足,人们就越渴望得到较高层次的需求,但是如果较高层次的需求受到挫折、得不到满足,人们的需求就会退到较低层次,重新追求低层次的需求。尽管 ERG 理论假定激励行为沿着类似于马斯洛理论的层次而上升,两者间仍然有两个重大区别。第一,ERG 理论认为可以同时有两种或两种以上的需求占主导地位。例如,人们可以同时被对金钱的欲望(生存需求)、友情(关系需求)和学习新技能的机会(成长需求)所激励。第二,ERG 理论有"挫折—倒退"的机制。如果需求迟迟不能得到满足,个体会感受到挫折,退回到较低的层次,并对较低层次的需求有更强烈的欲望。

根据马斯洛与阿尔德佛的理论,在人力资源管理的过程中,为了调动员工的工作积极性和主动性,管理者必须首先明确员工的哪些需求没有得到满足,以及员工最希望得到满足的是哪些需求,然后再有针对性地满足员工的这些需求,这样才能最大限度地刺激员工的动机,发挥激励的效果。

3. 双因素理论

美国行为科学家弗雷德里克·赫茨伯格(Frederick Herzberg)研究哪些事情使人们在工作中得到快乐和满足,哪些事情造成不愉快和不满足,在此基础上,他提出双因素理论。

研究表明,员工感到满意的因素往往与工作本身或工作内容有关,赫茨伯格将其称为"激励因素",包括成就、认可、工作本身、责任、晋升、成长六个方面;而员工感到不满意的因素则大多与工作环境和工作条件有关,赫茨伯格将其称为"保健因素",主要体现在公司的政策和管理、监督、与主管的关系、工作条件、薪酬、与同事的关系、个人生活、与下属的关系、地位、安全感十个方面。

赫茨伯格的双因素理论对于人力资源管理的指导意义在于,能够促使管理者注意工作内容方面因素的重要性,特别是其与工作丰富化和工作满足的关系。该理论促使管理者在激励员工时区分激励因素和保健因素,对于保健因素不能无限制地满足,因为这样做并不能激发员工的动机,调动他们的积极性,而应当更多地从激励因素入手,满足员工在这方面的需求,这样才能使员工更加积极主动地工作。也就是说,物质需求的满足是必要的,它的缺乏会导致不满意,但是,它的作用往往是有限的、不能持久的。要调动人的积极性,管理者不仅要注意物质利益和工作条件等外部因素,更重要的是要注意工作安排、量才适用,各得其所,给予认可,注重给人以成长、发展、晋升的机会。此外，管理者在人力资源管理过程中要采取有效的措施，将保健因素尽可能转化为激励因素，从而扩大激励的范围，例如，工资本来是属于保健因素的，但是如果将工资与员工的绩效水平挂钩，把工资变成结果好坏的一种反映，那么它就会在一定程度上变为与工作本身有关的激励因素，这样就能使工资发挥更大的效用。

4. 成就激励理论

美国心理学家戴维·麦克利兰(David McClelland)等人自20世纪50年代开始，经过大量的调查和实验，尤其是对企业家等高级人才的激励进行了广泛的研究之后，提出了这一理论。由于这些人的生存条件和物质需求得到了相对的满足，因此麦克利兰的研究主要集中于人们在生理需求得到满足的前提下还有哪些需求，他的结论是权力需求、归属需求和成就需求。

成就激励理论对于管理者来说具有非常重要的指导意义，首先，在人员的选拔和安置上，测量一个人需求体系的特征对于如何分派工作和安排职位有重要的意义。其次，由于具有不同需求的人需要不同的激励方式，了解员工的需求和动机有利于建立合理的激励机制。最后，麦克利兰认为动机是可以训练和激发的，因此可以训练和提高员工的成就动机，以提高生产率。在进行人力资源管理时，管理者应当充分发掘和培养员工的成就需求，给员工安排具有一定挑战性的工作和任务，从而使员工具有内在的工作动力。

（二）过程型激励理论

过程型激励理论关注激励是如何发生的，并不试图去弄清楚有哪些激励因素，而是关注人们为什么选择特定的行为来满足其需求，为了激励员工，管理者在激励过程中应该如何做。代表性的过程型激励理论有期望理论(Expectancy Theory)与公平理论(Equity Theory)。

1. 期望理论

有很多学者研究期望理论，其中以美国心理学家维克多·弗洛姆(Victor Vroom)于1964年在其著作《工作与激励》一书中提出的理论最有代表性。弗洛姆认为，人之所以能够从事某项工作并达成目标，是因为这些工作与组织目标的达成反过来会帮助他们达成自己的目标，满足自己某些方面的需求。因此，激励的效果取决于效价和期望值两个因素。按照期望理论的观点，人力资源管理要达到激励员工的目的，就必须对绩效管理系统和薪酬管理系统进行相应的改善。在绩效管理中，给员工制定的绩效目标要切实可行，必须是员工经过努力能够实现的；同时，要及时地对员工进行绩效反馈，帮助员工更好地实现目标。对于薪酬管理而言，一方面，要根据绩效考核的结果及时给予各种报酬和奖励；另一方面，要根据员工不同的需求设计个性化的报酬体系，以满足员工不同的需求。

2. 公平理论

公平理论是美国心理学家 J. S. 亚当斯(J. S. Adams)于 1956 年从人的认识角度出发提出的一种激励理论,这一理论以社会比较理论为基础,研究个人所做的贡献和所得的报酬与他人(或自己)比较之后的结果,及其对员工积极性的影响。亚当斯认为,员工的工作积极性不仅受到绝对报酬的影响,还受到相对报酬的影响,也就是说,每个人都会自觉或不自觉地把自己获得的报酬和投入的比率与他人或自己过去的报酬和投入的比率进行比较。

(三) 行为改造型激励理论

这一理论主要研究如何来改造和转化人们的行为,变消极为积极,以期达到预期的目标。代表性的行为改造型激励理论有目标理论(Goal-Setting Theory)和强化理论(Reinforcement Theory)。

1. 目标理论

目标理论也称作目标设置理论,是美国马里兰大学心理学教授 E. A. 洛克(E. A. Locke)于 1968 年提出来的。他和同事经过大量研究发现,对人们的激励大多是通过设置目标来实现的,目标具有引导员工工作方向和努力程度的作用,因此应当重视目标在激励过程中的作用。

激励的效果主要取决于目标明确度和目标难度两个因素。洛克的研究表明,就激励的效果来说,有目标的任务比没有目标的任务要好;有具体目标的任务比只有笼统目标的任务要好;有一定难度但经努力能够实现的目标的任务比没有难度或者难度过大的任务要好。当然,目标理论发挥作用还必须有一个前提,那就是员工必须承认并接受这一目标。

与公平理论相比,目标理论对人力资源管理的意义更多地体现在绩效管理方面。目标理论认为在制定员工的绩效目标时要注意以下几个问题:一是目标必须具体、明确;二是目标要有一定的难度,通俗地说就是让员工“跳一跳能够摘到果子”;三是制定目标时要让员工一起参与,使员工能够认同和接受这一目标。

2. 强化理论

斯金纳于 1938 年在《有机体的行为》一书中提出了强化理论。所谓强化,从其最基本的形式来说,指的是对一种行为的肯定或否定的后果(报酬或惩罚),它至少在一定程度上会决定这种行为在今后是否会重复发生。这一理论认为人的行为只是对外部环境刺激所做出的反应,当行为的结果对自己有利时,这种行为就会加强或反复出现;当行为的结果对自己不利时,这种行为就会减弱或停止。因此,只要控制行为的后果,就可以达到控制和改变人们行为的目的。改变行为可以通过正强化、负强化、惩罚、撤销等手段来实现。

强化理论对人力资源管理的借鉴意义在于要建立完善的绩效管理体系和奖惩制度，对员工的绩效考核不仅要注重目标，还要注意过程，要及时发现员工的有效行为和不良行为并及时给予奖励或惩罚，以达到纠正和引导员工行为的目的。此外，还要加强人力资源管理的培训活动，通过培训对员工的行为进行有计划、有目的的训练并不断强化，使员工的行为与组织的目标紧密结合起来。

以上是几种最具代表性的激励理论，应当说，这些理论对激励问题做了比较深入和准确的研究，这对人力资源管理的实践活动具有非常重要的指导意义。但需要注意的是，这些理论都是在一定的条件和环境下得出的，因此都有相应的适用范围，并不是绝对的真理，在实践中，我们必须根据具体的情况灵活运用，绝对不能生搬硬套；此外，这些理论对激励的解释基本都是从不同角度入手的，不可避免地具有一定的片面性，因此，在实践中，我们应当综合运用这些理论。

中英文关键术语

人力资源(human resource)
人力资源管理(human resource management)
人事管理(personnel management)
人力资本(human capital)
人力资本管理(human capital management)
知识经济(knowledge economy)
人性假设理论(Humanity Assumption Theory)
激励理论(Motivation Theory)

复习思考题

1. 人口资源、人力资源、人才资源之间的区别与联系分别是什么？
2. 直线管理人员和职能管理人员分别有哪些职责？
3. 人力资源管理的功能主要有哪些？
4. 中国人力资源管理发展的有利和不利条件有哪些？
5. 举例说明当今人力资源与传统人力资源管理有什么不同。
6. 人性假设理论和激励理论对人力资源管理有什么指导意义？
7. 当今人力资源管理热门议题有哪些？

本章自测题

本章拓展阅读材料

案例分析题

一、案例材料

独特的海底捞

海底捞餐饮有限责任公司始创于1994年,是一家以经营川味火锅为主,融各地火锅特色于一体的大型跨省直营餐饮民营企业。公司自成立之日起,始终奉行"服务至上,顾客至上"的理念,以贴心、周到、优质的服务,赢来了纷至沓来的顾客和社会的广泛赞誉。经过十多年的发展,公司从一个不知名的小火锅店,逐步发展成为一个拥有4000多名员工,其中包括一大批饮食、营养、工程、仓储、管理等方面的专家和专业技术人员的大型餐饮企业。就是这样一家企业,先后在四川、陕西、河南等省获得"先进企业""消费者满意单位""名优火锅""中国餐饮百强企业"等十几项称号和荣誉,并连续多次被评为"最受欢迎10佳火锅店""最受欢迎20佳餐馆"。如今海底捞更是成为高校商学院和不同行业研究的典范。

细致入微的服务

几乎每一位第一次来到海底捞就餐的顾客都会对在这家火锅店的消费体验感到新奇。可以说,这家火锅店中的每个环节(停车、等位、点菜、中途上洗手间、结账离开)都体现了服务的周到。顾客来到海底捞之后,马上会感受到服务的热情。穿着整齐的服务生除了指引顾客进行车辆停靠,还努力让顾客等位的过程也充满快乐。如果顾客需要等位,热心的服务员会安排顾客到专门的等待区,同时会免费提供西瓜、橙子、苹果等水果,以及花生、炸虾片等各式小吃,还有豆浆、柠檬水、薄荷水等饮料。顾客还可以在此打牌、下棋和免费上网。更令人惊奇的是,女士可以享受免费修甲服务,男士则可以免费享受擦皮鞋服务等。排队等位服务成了海底捞的特色和招牌之一。

海底捞的点菜服务可以说是节约当道,当顾客所点的菜量可能超过了实际需要量时,服务员会及时善意地提醒顾客,同时,服务员还会主动告诉顾客,各式食材都可以点半份,因而可以用更少的价钱品尝更多的菜色。海底捞的席间服务非常及时到位。服务员在席间会主动为顾客更换热毛巾,会给长发女士提供橡皮筋和小发夹来整理头发,会给带手机的朋友提供小塑料袋装手机,如果需要的话,戴眼镜的朋友还可以免费获得擦眼镜布,而服务员给每位进餐者提供的围裙更是一道靓丽的风景线。不仅如此,海底捞的服务员还会暂时充当孩子的保姆。带小孩上餐馆经常是父母的两难,有时淘气的小孩会破坏就餐的氛围。为此，海底捞一方面创建了儿童天地，让孩子们可以在其中尽情玩耍，暂时让父母全身心投入到品尝美味之中；另一方面，海底捞的服务员还可以免费帮顾客带小孩玩一会儿，给小孩喂饭，从而让这些小家伙的父母们安心吃饭。

海底捞的卫生间提供的也算得上是星级服务，不仅环境卫生干净，而且还配备了一名专职人员帮客人挤洗手液，递擦手纸巾，洗手间里甚至还有牙刷和纸杯供顾客洗漱。在海底捞，如果你向服务员提出再给一个果盘的要求，他们都会面带笑容地说没问题，随后立即从冰柜里拿出果盘送给你。在顾客用餐完毕时，服务员还会马上送上口香糖，并向你微笑道别。在顾客结账时，泊车服务生就会主动询问客人是否需要帮忙取车。顾客如果是在周一到周五的中午去海底捞用餐，还可以享受到额外的免费擦车服务。

善待员工

在惊叹于这样一些细致入微的贴心服务之余，很多顾客更会惊讶于海底捞员工服务的热情程度。很多人都感到奇怪：海底捞究竟有什么魔力能够让自己的员工一个个精神饱满、热情洋溢？它怎么能做到使每一位员工都在意顾客是否吃好，下次能否再来，就像他们自己就是这家火锅店的老板一样？

为了实施客户服务战略，海底捞力图建设一支高效率、高满意度且具有强烈的服务精神的员工队伍。公司认为，要想让顾客满意，就必须使自己的员工对他们自己的生活状态满意，并且拥有为顾客服务的激情和热情，这样才能不断提高服务水平和工作效率。时任公司总经理袁华强认为，要想让员工在工作中充满激情和自信地去面对顾客，首先要给他们提供良好的工作和生活环境。海底捞服务员的月平均工资在同行中属于中等偏上，再加上其他福利，员工的平均工资就更高了。海底捞的员工都住在公司附近的正规公寓楼里，公寓有 24 小时供应的热水和空调设施。考虑到年轻员工喜欢上网，公司甚至为每套公寓都配置了可以上网的电脑，从而减少员工因外出上网而可能遇到的各种风险。除了关怀员工外，海底捞还会给每个店长的父母发工资，他们的子女在海底捞做得越好，他们父母拿的工资会越多。海底捞还在四川简阳建了一所私立寄宿制学校，海底捞员工的孩子可以免费在那里上学，只需要交书本费。另外，在海底捞工作满一年的员工，若一年累计三次或连续三次被评为先进个人，该员工的父母就可来公司探亲一次，往返车票公司全部报销，该员工还有 3 天陪同假，父母享受在店就餐一次。这一系列的福利计划体现的理念就是："海底捞"火锅永远把员工的利益和生活摆在第一位，企业会尽最大的努力照顾好企业最重要的资产。

善待员工还得信任员工，而信任的标志就是授权。海底捞董事长张勇在公司的签字权是 100 万元以上，100 万元以下是由副总、财务总监和大区经理负责，大宗采购部长、工程部长和小区经理有 30 万元签字权，店长有 3 万元签字权。这种放心大胆的授权在民营企业实属少见，对一线员工的信任更让同行匪夷所思。一线普通员工有给客人打折和免单权。不论什么原因,只要员工认为有必要,就可以给顾客免单一个菜或加赠一个菜,甚至免一餐。这等于海底捞的服务员都是经理——这种权力在其他所有餐馆都是经理才有的。

海底捞的平等主义

袁华强每个月都有一项特殊的任务:去员工的宿舍生活3天,目的在于体验员工的衣、食、住、行是否舒适,以便及时地改善。员工从来不称他"袁总",而是亲切地叫他"袁哥"。在海底捞分店,他与同乡的服务生随意地开着玩笑,互相拍着肩膀。"在海底捞,店长也可以跟普通员工一起,去给顾客端锅打扫。"

在袁华强看来,这很大程度上得益于张勇充满理想主义的"人生而平等"的价值观念。现在海底捞的核心高管,除了财务和工程师是外聘外,其他都是在海底捞从基层开始,一步步走到现在的。袁华强几乎干过海底捞所有的职务:门童,厨师,洗碗工……至今他还记得刚进入海底捞时,曾连续三个月吃菜花的经历,这让他到现在对这种寻常蔬菜还留有阴影,同时,这种从苦难中成长起来的亲身经历也让他保持着一颗平常心。在公司高层会议,员工早餐被重新提到议事日程上。"希望能够尽量让员工每天都可以品尝到不同的饭菜,如果某日员工不吃饭,我们会反省,是不是你给他提供的饭菜不够好?"袁华强说,"太多人往高处走的时候,都忘记自己原本的样子了,其实尊重员工不过是人的本能。"

鼓励创新，给员工成长的平台

关于海底捞被人广为称道的细节服务——发圈、眼镜布等,最初只是一个自发的想法。袁华强说:"员工提出新建议,大家讨论后觉得可行就会去实施。""包丹袋"就是这个想法的代表,这是一个防止顾客手机被溅湿的塑料袋子。这是一名叫包丹的员工提出的创意,所以用员工的名字命名。"这种命名的方式既能实现他的价值,也是对他的尊重,很多员工都有很多不错的创意,要给他们提供机会。"当其他店也开始使用包丹袋时,这些店会给这位员工交纳一定的费用。

当然,不是每一个创意都可以得到应用和推广,但海底捞鼓励员工自由提出想法,允许员工犯错误。为了鼓励员工创新,海底捞已经形成一个代表着创新意识的红黄蓝榜机制。在海底捞总部的办公室墙上,每月以店为单位进行创意统计。每个月9号,各个片区的店经理都要向总部提交一份创新的评估报告,上面将详细列出各店员最近的一些想法和创意,而几位核心高层则会在月底讨论,负责对此进行总结和评比,确定哪些是在本店可行的,哪些是可以推广到全国连锁应用的。"如果一个店这个月是蓝榜,那代表无创新,黄榜则代表本店可以应用,红榜则代表全国可以推广。"

海底捞这种开放的平台还体现在培养员工的兴趣爱好上。一名员工在和外国顾客交流时,说起了流利的英语,随后公司为此举行了一次英语竞赛,并为优胜者请来了外语老师。“让员工能够发挥自己的特长，从而在工作中获得乐趣，使工作变得更有价值。”

良好的晋升渠道

在海底捞，只有两个岗位有学历的特殊要求：技术总监与办公室主任合并由一个人担任；财务总监与物流董事长合并由一个人担任。这两个岗位从外部招聘，要求有学历和专业的管理水平。而其他所有员工、干部，都是从最基层服务员培养起来的，而且都具备同样的素质——勤奋、诚实和善良。

除了入职前的集训，工作期间并不进行额外的培训。所有问题在例会上都会得到解决方案，员工有什么创意、工作上有什么疑问和困难，在例会上提出来，大家进行讨论和沟通，所有人都得到了进步。在具备了基本品质与共同进步的基础上，谁的能力提高得最快，显现出来了，谁就有机会晋升。

在海底捞，公司会给员工明确的晋升方向：从管理线、技术线、后勤线三个通道让不同岗位的员工都有机会晋升；所有的高管，包括店长，必须从最基层的员工开始做起，一步一步升级上来。按照张勇的说法，管理者要是没有做过服务员，再换位思考也是“近台看戏”——看戏的，哪怕是票友，也不能完全体会真正靠唱戏为生的压力和追求。

这种晋升制度，让所有的员工都感受到公平——哪怕你今天是一个切菜的厨房小工，也有机会升级。这样让有能力和追求的员工都能够在这里找到发展的方向，几乎没有晋升的天花板。即使你当上了店长，也还有更大的区域和连锁店给你提供施展才华的空间，只要你想，海底捞早就给你设计好了职业生涯的舞台。

激发员工工作热情的考核制度

海底捞超越了一般企业最重要的一点是，它更大程度地发挥了员工的热情，并把这个热情传递下去。如果一个人的热情只有30，即使能力有90，也只能有2700的效用；倘若一个人的能力只有60，若热情被激发到90，就能产生5400的效用。

对于餐饮连锁企业来说，店长起着极其重要的作用。在张勇的办公室墙上，贴着对店长以上干部的考核表，目的就是检测干部和员工的热情度。考核分为多个项目，除了业务方面的内容以外，还有创新、员工激情、顾客满意度、后备干部的培养。每项内容都必须达到规定的标准，唯独缺少的就是业绩指标。“我们优秀店长的产生并不跟他所管理的店的命运成正比，评选优秀店长不看他为公司赚了多少钱，看的是员工激情，看的是顾客满意度，看的是后备干部的培养。他哪怕为公司赚很多钱，他的利润始终是公司最高，也很可能由于在这几个问题上出了漏洞而被撤掉。”张勇解释说。

这几项不易评价的考核内容,海底捞都有自己衡量的标准。例如"员工激情",总部不定期地会对各个分店进行检查,看员工的注意力是不是放在顾客的身上,看员工的工作热情和服务的效率。如果有员工没有达到要求,就要追究店长的责任。"你平时是怎么要求的?你是怎么带动的?"一次可以原谅,可以给机会,几天后会再次派人检查,看员工的服务是否快速、准确、热情,是否能够马上满足顾客的要求,是否快速准确、大方得体。

直到现在,海底捞单店仍然没有财务报表,"过度强调数字会伤害员工工作的积极性和顾客满意度"。换个角度来看,这笔看似糊涂实则聪明的生意账恰恰是张勇的高明之处,他并非不看重财务指标,而是他把完成财务指标要具备的条件都琢磨清楚了,只要关注这几个条件是否完成,也就意味着关注了财务指标是否完成。

资料来源 刘昕:《人力资源管理》,中国人民大学出版社,2012年。有增减。

二、讨论题

1. 海底捞的人力资源管理有何特色?
2. 海底捞的人力资源管理实践很容易被其他同类企业复制吗?为什么?
3. 哪些人性假设理论在海底捞得到了应用?是如何应用的?
4. 海底捞应用了哪些激励理论?是如何应用的?
5. 海底捞的员工管理对你有什么启示?

第二章

组织结构与工作分析

二
本章引例

组织框架随战略而变

同时入选世界经理人2012年度十大影响力人物的马化腾和方洪波，似乎做了两件相反的事情。2012年5月，马化腾宣布腾讯将进行架构调整，将原来的业务系统制升级为事业群制；8月，方洪波在接手美的权杖的同时，也在推进美的组织架构调整，取消美的二级集团，由美的集团直接管辖各事业部。这两种看似相反的做法，实则体现了一致的领导力要求——让组织框架为企业战略服务。管理学家钱德勒在《战略与结构》一书中指出："战略决定结构，结构追随战略。"

2005年，腾讯上市之初，腾讯原组织框架由职能线、服务线、安全架构线、企业发展线、无线业务线、互联网业务线、互动娱乐线、网络媒体线这八大系统构成，每个系统内部为系统、部门、小组的三级体系。业务线的小组与部门开发并维护腾讯的每一款产品，在内部争抢QQ平台的渠道推广资源，在外部与市场上的同类产品竞争，员工的职业生涯则与产品命运息息相关。

中大咨询合伙人及咨询总监、组织变革专家白洪山认为，腾讯根据当时所关注业务设立了这样的机构，使腾讯的业务单元有较强捕捉市场机会的能力。但腾讯由2005年的2000人的公司扩张到2012年的20000人，业务单元将市场敏感传递到决策层，并从决策层获得足够关注的链条也过长了，无法将价值链做强。同时，依靠单一的QQ平台去支撑五大业务线中几十个、上百个项目组，必然会导致内部资源的损耗。

2012年5月18日，马化腾宣布将业务线重组为企业发展事业群、互动娱乐事业群、移动互联网事业群、网络媒体事业群、社交网络事业群，成立电子商务控股公司专营电子商务业务。白洪山认为，这样的架构相当于形成了共生、开放的六大事业平台，用六大平台支撑其中的每个项目，可以增强机会产生效益的能力。

美的撤销二级集团，看似与腾讯相反，却同样是让组织架构随战略而变的选择。美的引入事业部制始于1997年，当时家电市场处于高速发展期，拥有空调、小家电、厨电共超过200种产品的美的需要整合产品经营资源，每个事业部拥有独立的市场、财务、服务职能系统，借此服务于产品的营销与市场机会的把握。2002年美的跨入百亿俱乐部，事业部增至8个，为了进一步提升竞争能力，美的又进行了事业部向二级管理集团的集中。此次分权奠定了美的迅速扩张的基础。

随着市场环境的变化，美的已经无法靠外延式扩张维持企业发展。2012年4月，方洪波在股东大会上指出："伴随着年初家电政策陆续退出和房地产行业的低迷，行业连续几年来的高增长有所回落。在这种背景下，美的电器适时提出战略转型，将发展目标由过去单纯追求市场份额、降低成本提升到追求企业盈利的持续增长上来。"美的从追求规模走向追求效益，其组织框架调整为战略转型的深化奠定了基石。

白洪山认为，组织框架调整意味着根据战略做出权衡与取舍，在家电市场增速放缓的情况下，美的将四套二级平台的职能部门变为一套集团的支撑平台，虽然对市场一线的支持相对变少，但能够减少资源投入，专注于提升管理效率，符合在当前形势下的战略发展需求。

资料来源　郭嘉：《重塑组织架构》，《世界经理人》，2013年，1月下半月刊。

第一节　组织结构与组织设计

一　组织结构概述

（一）组织结构的含义

组织结构(organizational structure)是指对于工作任务如何进行分工、分组和协调合作。组织结构是表明组织各部分排列顺序、空间位置、聚散状态、联系方式以及各要素之间相互关系的一种模式，是整个管理系统的"框架"。组织结构是组织的全体成员为实现组织目标，在管理工作中进行分工协作，在职务范围、责任、权力方面所形成的结构体系。组织结构是组织在职、责、权方面的动态结构体系，其本质是为实现组织战略目标而采取的一种分工协作体系，组织结构必须随着组织的重大战略调整而调整。

（二）组织结构的基本模式及其特点

组织结构是企业的流程运转、部门设置及职能规划等最基本的结构依据，常见的组织结构形式包括直线制、职能制、直线职能制、事业部制、矩阵制和虚拟组织结构等，它们各有优缺点，如表 2-1 所示。

表 2-1 组织结构基本类型的对比表

类型	概念	优点	缺点	适用范围
直线制	组织中每一位管理者对其直接下属有直接特权；组织中每个人只能向一位直接上级报告	①结构简单，命令统一；②责权分明；③联系便捷；④管理成本低	①有违专业化分工原则；②权力过于集中；③成员与组织之间横向联系差	劳动密集、机械化程度比较高、规模较小的企业
职能制	采用按职能分工实行专业化的管理办法来代替直线型的全能管理者；各职能机构在自己的业务范围内可以向下级下达命令，直接指挥下属	①管理工作分工较细；②减轻上层管理者的压力	①多头领导，不利于组织的集中领导和统一指挥；②各职能机构往往不能很好地配合；③过分强调专业化	劳动密集型、重复劳动的大中型企业
直线职能制	直线职能制是直线制与职能制的结合；在组织内部既有保证组织目标实现的直线部门，也有按专业分工设置的职能部门	①保证了集中统一的指挥；②发挥了各种专家业务管理的作用	①轻视信息的横向沟通，降低效率；②直线指挥命令系统易被干扰；③职能部门会缺乏弹性；④可能增加管理费用	产品相对单一、销量大、决策信息少的企业
事业部制	集中政策、分散经营；规模化企业经营单位，双重职能权力与责任明确界定	①决策效率高；②能更好地满足客户需求；③减轻了组织的管理压力；④有利于组织内部培养未来的高层管理者	①可能造成资源浪费；②容易出现部门本位主义；③不利于组织技术的开发和推广	独立经营、单独核算的大型的或跨国的企业
矩阵制	既能按职能划分成垂直领导系统，又有按项目划分的横向领导系统的结构	①灵活性、适应性强；②有利于把组织垂直联系与横向联系更好地结合起来，加强各职能部门之间的协作	①小组是临时性的，稳定性较差；②双重领导可能会使小组成员无所适从；③需对组织成员进行密集的培训；④增加组织管理成本	集权、分权优化组合，员工素质较高，技术复杂的企业

续表

类型	概念	优点	缺点	适用范围
虚拟组织	围绕核心能力，利用计算机信息技术、网络技术及通信技术，与全球企业进行互补、互利的合作，合作目的达到后，合作关系随即解散的结构	①能够快速获取全球各处的资料，缩短“从观念到现金流”的周期；②灵活，可避免环境剧变给组织带来的冲击，降低长期风险和成本，使有创意但缺乏资金的“组织”能够与大公司展开竞争	①由于持续的变动和重组，角色、目标、责任不明确；②成员间互动程度很低，文化认同和共同目标会被遗忘；③地理位置分散，随机而短暂的沟通使信息和知识的共享变得十分困难，这会限制创新，并延长反应时间	高度集权化、部门化程度很低的企业，结构中各单位之间没有正式的资本所有关系和行政隶属关系，而通过相对松散的契约纽带形成合作

1. 直线制组织结构

直线制组织结构又称单线型组织结构，是最古老、最简单的一种组织结构类型。其特点是组织系统职权从组织上层“流向”组织基层。上下级关系是直线关系，即命令与服从的关系，如图 2-1 所示。其优点是组织结构比较简单，责任与职权明确，命令统一，控制严密，信息交流少。但在组织规模较大的情况下，所有管理职能都集中于一个人，这是比较困难的，同时，部门协调性也较差。

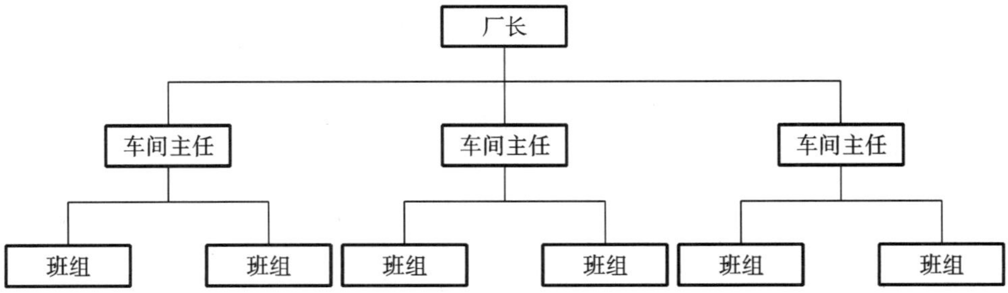

图 2-1 直线制组织结构示意图

2. 职能制组织结构

职能型组织结构又称多线型组织结构。其特点是采用按职能分工实行专业化的管理办法来代替直线制的全能管理者，各职能部门在分管业务范围内直接指挥下属，如图 2-2 所示。其优势是各级直线管理者都有相应的职能机构和人员作为参谋和助手，因而能够对本部门进行有效管理，以适应现代管理类工作比较复杂而细致的特点；每个部门都有直线人员统一指挥，这就满足了现代组织活动需要统一指挥和实行严格的责任制度的要求。但其相应的缺点也显现了出来：多头领导妨碍了组织的统一指挥,容易造成管理混乱,不利于明确划分职责与职权;各职能机构往往从本机构的业务出发考虑工作,横向联系差;对环境发展变化的适应性差、不够灵活;强调专业化,管理者忽略了本专业以外的知识,不利于培养上层管理者。

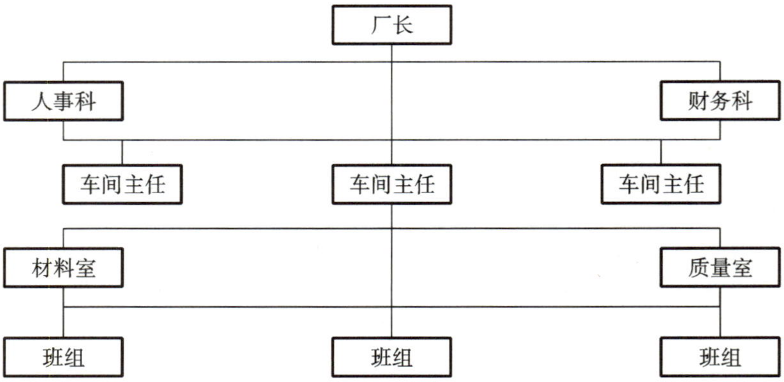

图 2-2 职能制组织结构示意图

3. 直线职能制组织结构

直线职能制组织结构是以直线制为基础的,在各级行政领导下,设置相应的职能部门,即在直线制组织统一指挥的原则下,增加了参谋机构。直线职能制仍被我国绝大多数企业采用,如图 2-3 所示。

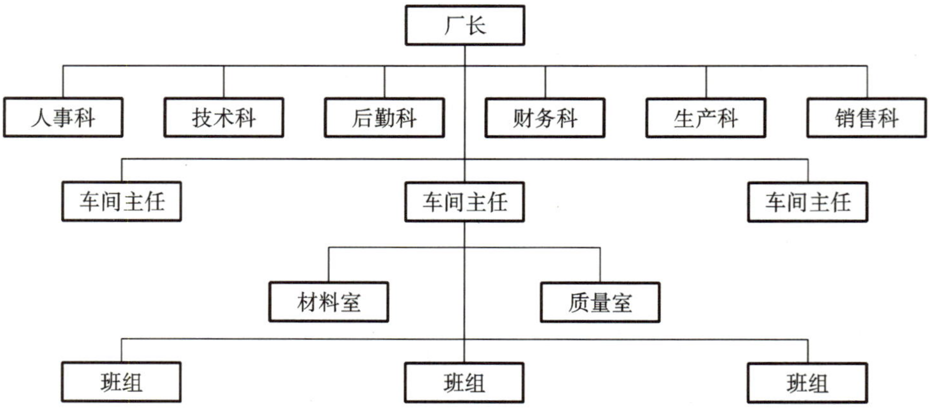

图 2-3 直线职能制组织结构示意图

直线职能制组织结构保留了直线制组织结构统一指挥的优点,权力和责任划分清楚,组织结构稳定,每个组织成员都有明确的归属,都能了解自己的工作任务及其与其他成员之间的关系。直线职能制把直线制组织结构和职能制组织结构的优点结合起来,既能保持统一指挥,又能发挥参谋人员的作用;且分工精细,责任清楚,各部门仅对自己应做的工作负责,效率较高;组织稳定性较高,在外部环境变化不大的情况下,易于发挥组织的集团效率。其缺点主要有:各职能单位自成体系,不重视信息的横向沟通,工作易重复,造成效率不高;如果授权职能部门权力过大,容易干扰直线指挥命令系统;职能部门缺乏弹性,对环境变化的反应迟钝;可能增加管理费用。具体来说,当企业规模扩大后,职能部门往往会增多,界定职能职权的范围就成了一件困难的事情,横向联系和协作也变得更加复杂和困难。此外,容易导致各部门出现本位主义的问题,只注意自己的任务完成情况,而忽视组织整体目标的实现,同时还会导致组织创新能力较差,对外界环境的变化往往反应迟缓,在组织需要迅速做出应对策略时错过时机。

4. 事业部制组织结构

事业部结构指的是一个组织以产品或服务、产品群组、大型项目或计划、服务对象、地域、业务或利润中心等为依据,把组织分解为若干个相互独立并且具有较大自主权的事业部。事业部制是一种决策集中度相对较低的部门化组织结构,具有准自治的特征,各事业部甚至可以像一个独立的企业一样思考问题和采取行动,如图 2-4 所示。事业部制是欧美、日本大型企业所采用的典型的组织形式,有时也被称作“联邦分权化”,因为它是一种分权制的组织形式。

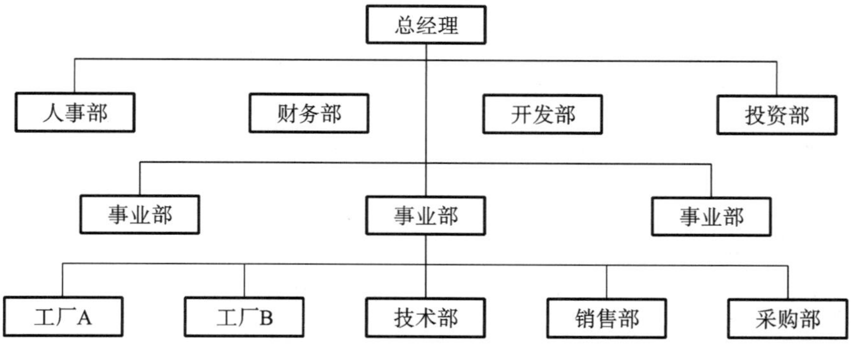

图 2-4　事业部制组织结构示意图

事业部制是在一个企业内对具有独立产品市场、独立责任和利益的部门实行分权管理的一种组织形式。其优点在于:决策是分散在各事业部层面做出的,所以决策效率很高,有助于组织根据不确定的外部环境出现的各种变化快速做出反应。事业部以结果为导向,产品责任明确,其服务的客户群体具有一定的同质性,从而能够更为迅速地从特定客户群体身上发现并抓住机会,更好地满足客户的需要,同时更具有创新性。事业部制结构减轻了组织的管理压力,组织的各职能管理部门主要通过监督和指导对各事业部进行监控,这样就可以专注于组织的总体目标或战略规划。事业部制结构有利于在组织内部培养未来的高层管理者,因为每位事业部的负责人在掌握事业部的过程中,都会掌握广泛的管理经验,事业部为其成为组织的高层管理者提供了必备的能力锻炼和视野培养机会。

事业部制结构的不足在于:它容易造成组织活动的交叉重叠和资源的浪费,无法实现职能管理领域中的规模经济,这是因为每个事业部都会针对相同的职能拥有自己的职能专家,各事业部可能都会有负责人力资源管理、生产管理等职能的管理者;相互独立和准自治的特征导致各事业部容易出现部门本位主义的问题,各事业部可能为了各自部门的利益而损害组织整体利益，甚至相互排斥；事业部制不利于组织的技术开发和推广，跨产品线的整合及各产品之间的协调可能会变得比较困难。由于各事业部都拥有很大的自主权，在部门成本大于部门利益的情况下，它就会拒绝接受组织的协调、统一以及标准化要求，这样也不利于组织管理效益的改善。①

5. 矩阵制组织结构

矩阵制组织结构是按照组织职能和特定的目标任务这一双重标准构建的组织结构，是职能部门化和产品部门化的融合，兼具职能型组织和事业部制组织的双重特点。矩阵制结构最明显的特征是它突破了统一指挥的框架，员工受到职能经理和产品经理的双重领导，如图 2-5 所示。

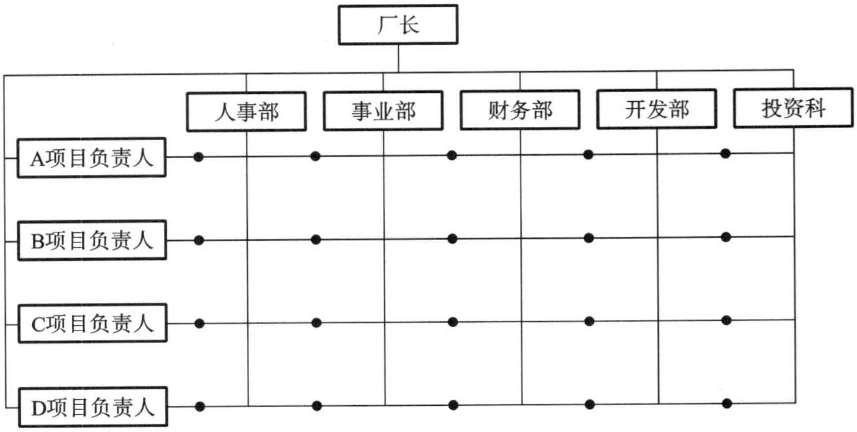

图 2-5 矩阵制组织结构示意图

职能部门化的优点主要是能够将同类专业人员组织在一起，从而最大限度地减少对人员的需求，在生产不同产品时能够实现资源的集中和共享。但这种结构难以协调不同专业人员之间的工作任务，确保他们在预算范围内按时完成任务。而产品部门化的优势和劣势正好和职能部门化互补，它有利于协调不同专业人员之间的工作，可以确保他们在预算范围内按时完成任务。矩阵制结构结合二者的优点，同时又避免了二者的不足，它既可以利用专业化分工的好处，又可以发挥职能分工的优势，同时为职能和产品两个方面的发展都提供了机会。

矩阵制组织结构的缺点在于：由于这种结构中从事操作工作的组织成员面临职能经理和产品经理的双重领导，致出多门可能会使员工感到无所适从，组织指挥系统的紊乱不利于组织效率的提高；为了避免混乱，就必须加强职能部门和产品部门之间的信息沟通和协调，频繁地开会和讨论冲突的解决方案需要耗费大量的时间，从而增加了组织的管理成本，有时还会引起组织内部的权力斗争；这种组织结构对于员工的人际关系技能和冲突解决技能要求很高，组织必须对他们就此展开密集的培训；矩阵制组织结构容易造成组织内部责任不清的现象，当出现指挥失误的时候，各部门都有推

---

① 刘昕：《人力资源管理》，中国人民大学出版社，2012 年，第 86 页。

诿责任的偏好，增加了解决困难的难度。①

6. 虚拟组织结构

虚拟组织结构是指临时把人员召集起来，以利用特定的机遇，待目标完成后即行解散的一种临时组织。虚拟组织结构，也称为网络型组织，虚拟组织结构是一种只有很精干的核心机构，以契约关系的建立和维持为基础，依靠外部机构进行制造、销售或其他重要业务经营活动的组织结构形式。

（1）虚拟组织结构具有以下特征：虚拟组织具有较大的灵活性；虚拟组织具有较大的适应性；在内部组织结构、规章制度等方面具有灵捷性；虚拟组织是一个以机会为基础的各种核心能力的统一体，这些核心能力分散在许多实际组织中，它被用来使各种类型的组织部分或全部结合起来以抓住机会。当机会消失后，虚拟组织就解散。所以，虚拟组织可能存在几个月或者几十年。虚拟组织是通过整合和共享各成员的资源、技术、顾客市场机会而形成的。它的价值就在于能够整合各成员的核心能力和资源，从而降低时间、费用和风险，提高服务能力。如波音777型客机开发小组的某些成员具有互补性核心能力，某些成员具有协同操作能力，而另一些成员则能提供进入非波音公司市场的途径。

现在，建立这样一个特殊工作团体并非难事，把实现既定目标所需要的理想资源整合到一起，又不改变团体成员的生活方式，像组成体育运动队中的全明星队那样集中了各代表队中最优秀的运动员，去面对每天的变革所带来的挑战。显然，在相同的市场机会下、虚拟组织会优于各成员公司。对于顾客而言，整合的特征是无形的、无边界的。

（2）虚拟组织中的成员必须相互信任。合作是虚拟组织存在的基础，但由于虚拟组织突破了以内部组织制度为基础的传统的管理方法，各成员又保持着自己原有的风格，势必在成员的协调合作中出现问题。然而，各个成员为了获取一个共同的市场机会而结合在一起，他们在合作中必须彼此信任。当信任成为分享成功的必要条件时，各成员之间就会形成一种强烈的依赖关系。否则，这些成员无法取得成功，顾客们也不会同他们开展业务。

一些企业因为拥有突出的能力而处于虚拟组织的中心，并对其他成员产生有力的影响，使虚拟组织的协调变得相对容易。如耐克公司凭借设计和营销方面的卓越能力，将负责生产的亚洲合作伙伴紧密地联系在一起，实施有效的控制和协调。

二　组织结构的设计

（一）组织设计的含义

现代管理理论“鼻祖”切斯特·巴纳德(Chester Barnard)认为：组织就是通过有意

① 刘昕：《人力资源管理》，中国人民大学出版社，2012年，第86页。

识的协调而形成的两个或两个以上的人的活动或力量的协作系统。哈罗德·孔茨(Harold Koontz)则把"组织"定义为正式的有意形成的职务结构和职位结构。事实上,前者强调了组织的内容,后者则强调了组织的形式。从这两个定义中可以看出,组织不仅是简单的人的集合,而且是一种特定的体系。而组织结构就是对于组织中的工作任务如何进行分工、分组和协调合作的一种结构体系。

组织是管理的载体,是管理职能得以发挥的平台。经营管理理论之父法约尔把管理分为五个职能,即计划、组织、指挥、协调、控制,组织是管理过程中不可或缺的手段之一。在组织目标明确后,就必须考虑进行有效的组织设计以保证组织目标的实现。

而所谓组织设计,是指在组织理论的指导下,以组织结构的构造和运行为主要内容的组织系统的整体设计工作,它是一项操作性和应用性都很强的工作。具体来说,组织结构设计是通过组织资源的整合和优化,确立组织某一阶段的最合理的管控模式,实现组织资源价值最大化和组织绩效最大化。狭义地、通俗地说,组织结构设计就是在人员有限的状况下通过组织结构设计提高组织的执行力和战斗力。

根据研究对象的不同,组织理论有广义和狭义之分。所谓广义组织理论,就是研究一个组织在运行过程中的所有问题,包括组织运行的环境、目标、结构、技术、规模、权力、信息沟通等;而狭义的组织理论则主要研究企业的组织结构的设计和运行,而组织的环境、技术、目标等问题则是作为影响组织结构设计的因素来研究的,而不是研究对象本身。故而,在某种意义上可以把狭义的组织理论称为组织设计理论。

组织设计理论又可分为静态组织设计理论和动态组织设计理论。静态组织设计理论主要研究的是组织的结构安排和规章制度等;而动态组织设计理论就是在静态组织设计理论的基础上,注重研究组织结构设计完成以后组织运行过程中存在的各种问题,包括职权划分、流程设计、人的因素等,现代组织理论大多致力于此方面的研究,而且仍在不断发展和完善。

从现代组织理论的研究内容可以看出,组织结构设计就是对构成组织的各要素进行排列组合,明确管理层次,分清各部门、各岗位之间的职责和相互协作关系,并使其在战略目标过程中,获得最佳的工作业绩。

(二)组织设计的内容

1. 职能和职务的分析与设计

职能设计是指组织的经营职能与管理职能的设计,根据组织的战略任务设计经营职能和管理职能。如果组织的有些职能不合理,那就需要进行调整或取消。

组织首先需要将总的任务目标进行层层分解,分析并确定完成组织任务究竟需要哪些基本的职能与职务,然后设计和确定组织内从事具体管理工作所需要的各类职能部门,以及各项管理职务的类别和数量,分析每位职务人员应具备的资格条件、应享有的权利和应负的职责。

在创构时,组织可以根据其宗旨、任务目标及内外环境的变化,自上而下地确定组织运行所需要的部门、职位以及相应的权责。另外,组织设计也可以根据组织内部的资源条件,在组织目标层层分解的基础上从基层开始自下而上地进行。

2. 部门设计

根据每位职务人员所从事的工作性质及职务间的区别和联系,按照组织职能的相似、活动相似或关系紧密的原则,组织将每个职务人员聚集在部门这一基本管理单位内。由于组织活动的特点、环境和条件不同,划分部门所依据的标准也是不一样的。对同一组织来说,在不同时期不同战略目标的指导下,划分部门的标准可以根据需要进行动态调整。

常见的部门设计有职能部门设计、产品部门设计、地区部门设计、流程部门设计、客户部门设计,以及将几种设计组合在一起的混合部门设计。职能部门设计是按照职能分工,将同一类职能划分为同一个部门的设计。产品部门设计是根据一个组织所生产的产品类型而进行的工作任务设计。地区部门设计是指根据组织的生产经营活动所开展的地理区域而进行的部门设计。流程部门设计是指根据产品生产或客户服务的流程进行的部门划分和组织。客户部门设计是指根据客户的特征来对客户分类,然后由不同的部门分别为不同类型的客户提供服务,每一个部门都专门针对某一类具有相同需要或问题的客户进行集中化、专业化的服务。

3. 层级设计

在职能与职务设计和部门划分的基础上,组织必须根据组织内外能够获取的现有人力资源情况,对初步设计的职能和职务进行调整和平衡。同时,组织要根据每项工作的性质和内容确定管理层级并规定相应的职责、权限,通过规范化的制度安排,各个职能部门和各项职务之间形成一个严密、有序的活动网络。

4. 协调设计

协调设计即协调方式的设计。框架设计主要研究分工,有分工就必须要有协作。协调方式设计就是研究分工的各个层次、各个部门之间如何进行合理的协调、联系以及配合,以保证高效率的协作,发挥管理系统的整体效应。

5. 规范设计

规范设计就是管理规范的设计。管理规范就是企业的规章制度,组织务必将其落到实处严格执行。管理规范保证了各个层次、部门和岗位按照统一的要求和标准进行配合和行动。

6. 人员设计

人员设计就是管理人员的设计。企业结构本身设计和规范设计,都以管理者为依托,并由管理者来执行。因此,按照组织设计的要求,必须进行人员设计,配备相应数量和质量的人员。

7. 激励设计

激励设计就是设计激励制度,对管理人员进行激励,其中包括正激励和负激励。正激励包括工资、福利等,负激励包括各种约束机制,也就是所谓的奖惩制度。激励机制既有利于调动管理人员的积极性,也有利于防止一些不正当和不规范的行为。

(三)组织设计的原则

1. 目标导向原则

任何一个组织都应有其特定的目标和任务,组织及其每一个部门都应该与该任务目标相关联,以实现组织的战略目标为最终目的。根据这一原则,企业在进行组织设计时首先应当明确组织的发展方向是什么,任务目标是什么等问题,然后分析为了保证组织任务目标的实现需要办哪些事,设置什么样的机构和职能,再据此做到因事设职、因职设人,以目标和任务为主要依据和着陆点。

2. 分工与协作原则

组织部门的划分、业务的归口,应兼顾专业分工及协作配合,做到分工合理、协作明确。根据这一原则,首先要做好分工,组织需要做哪些事,分别归哪个部门、哪个岗位完成。同时,分工应粗细适当,一般来说,分工越细越专业化,责任越明确,效率也会越高,但过细的分工会导致机构增多,协作困难,协调成本变高等问题;而分工粗则会倒逼员工技能多样化发展,同时机构减少,协调工作量降低,但会导致责任不明确、各部门之间相互推诿、效率较低的问题。企业领导者在进行组织设计时可根据实际情况,如组织管理工作的简繁程度、人员素质高低等来具体确定。同时,这一原则也要求把协调中的各项工作规范化、程序化,形成具体可行的协调配合方法,以及相应的奖惩措施。

3. 统一命令原则

只有在管理工作中实行统一领导,才能保证组织协调,消除多头领导和无人负责的现象;只有分级管理,才有利于发挥各级组织成员的积极性和创造性,才能保证组织高效和灵活性。这一原则要求任何一级组织只有一个人负责,实行首长负责制,同时各个等级形成一个连续、明确的等级链。下级由其直接上级负责,对其直接上级汇报工作,听其直接上级指挥,原则上不得越级请示或越级指挥。

4. 集权与分权相结合原则

集权与分权是辩证统一的两个概念,集权有助于加强组织的集中统一领导,提高管理工作效率,精简机构,充分发挥领导者的领导才干和工作能力;分权则使组织更加灵活,更能发挥基层领导者的聪明才智,从而培养一批精干的管理队伍。这一原则要求组织进行统一领导，分级管理，具体权力该集中到什么程度则需要根据组织实际情况来看，做到适当集中而又不影响基层人员的积极性。

5. 权、责、利相适应的原则

整个组织中权责应是对等的，必须严格保证组织中每一职位拥有者的权力与其承担的责任相称，权责相等是发挥组织成员能力的必要条件。权责的不相适应对于组织的危害也是相当大的，有权无责或是权大责小容易造成瞎指挥或是权力滥用，而有责无权或是责大权小则会导致职责不能顺利实现，束缚了管理人员的积极性、主动性和创造性。在组织结构中，除了要协调不同职位的权责关系外，还应注意做好职责和利益的统一，避免尽责无利的情况出现。

6. 精干实际的原则

精干高效，不仅是组织设计的原则，也是组织联系和运转的要求。队伍精干不是指越少越好，而是在满足组织运行发展需要的前提下尽可能少。这一原则可以使组织成员有充分施展才能的余地，在能位对应的基础上，促使组织具有高效率和灵活性。

7. 有效管理幅度原则

管理幅度是同管理层次相互联系、相互制约的，二者成反比例的关系，即管理幅度越大，则管理的层次越少。一个领导者的管理幅度到底以多大为宜，至今还没有一个完整的解决方案，而这一问题对于确定组织的管理层次等问题至关重要。从理论上来说，当直接指挥的下级人数呈算术级数增长时，主管领导人需要协调的关系呈几何级数增长。如格拉丘纳斯认为的，$C=n[2n-1+(n-1)]$，C 表示可能存在的联系总数，n 为管理幅度。

8. 稳定性和适应性结合原则

一方面，一个企业的组织管理应该保持一定的稳定性。企业管理组织是保证企业正常运行的重要机制，其变动将引起人员、分工、职责、协调等各个方面的调整，对组织内人员的情绪、工作习惯、工作效率都会带来影响，需要一段时间的适应期，所以相应的组织设计稳定性是组织运行稳定的需要。另一方面，随着组织的环境、资源、技术、规模的条件的变化，组织的战略目标不可能是一成不变的。当组织战略发生改变时，管理组织就需要进行相应的调整，以保持与经营战略的适应性。

所以，企业领导的责任就是把企业组织的稳定性与适应性恰当地结合起来，使企业不至于因为一成不变而导致僵化，也不至于因为经常变动而缺乏业绩。

（四）组织设计的依据

由于面对的外部环境日趋复杂及市场竞争日益激烈，以前简单的静态的组织设计方式明显已经不能满足组织更好生存的需要，这就要求组织将权变的观点引入组织设计工作中来。所谓权变,即把组织看作一个与外部环境有着密切联系的开放式的组织系统,用系统的、动态的思想来思考和设计组织。因此,管理学家西拉季认为影响组织设计的因素有4个,即环境、战略、技术、组织的规模和生命周期。

1. 环境对组织设计的影响

环境包括如政治、经济、社会文化及技术等一般环境,也包括政府、顾客、竞争对手及供应商这样的特定环境。组织是环境中的组织,所以组织设计必须要与各种内、外部环境相适应。

环境对组织设计的影响具体表现在两个不同层次上:一是对职务和部门设计的影响;二是对部门关系的影响。

(1) 对职务和部门设计的影响。社会化大生产决定了社会必须存在分工,而社会分工方式的不同决定了组织内部工作内容的不同,从而决定了其内部所需要完成的任务以及需要设立的职务和部门也不一样。组织设计必须考虑环境的因素,随着环境的变化而调整某些部门和职务,使其能够保持足够的竞争力。

(2) 对部门关系的影响。环境不同,组织中不同部门的工作难度也会不一样。在计划经济下,产品的生产是一个企业组织关注的重点,而生产出来的产品由国家统一渠道流出,所以销售成为一件非常简单的工作;而在当今市场化经济时代,顾客成为取胜关键,营销职能也会得到强化。

同时,外部环境的稳定与否,对组织结构的要求也是不一样的:稳定的环境中,"机械式管理系统"的稳固结构成为需要,管理部门与人员的职责明确,工作内容清晰,等级结构严谨;而多变的环境则需要更加灵活的组织结构关系,这种结构被称为"有机的管理系统",各个部门的权责关系和工作内容需要经常做出适应性的调整,等级关系不甚严密,更加强调部门之间的横向沟通而非纵向沟通。

2. 战略对组织设计的影响

企业史学家艾尔弗雷德·钱德勒在《战略与结构》一书中提出组织结构因战略而变的观点。他把战略分为四个不同的阶段,每个阶段应设计与之相适应的组织结构。

第一阶段:数量扩大阶段,品种尚单一,组织结构简单。

第二阶段:地区开拓阶段,产生协调、标准化、专业化的问题,要求建立职能部门。

第三阶段:纵向联合发展阶段,由同一领域向其他领域发展,要求建立与之相应的职能结构。

第四阶段:产品多样化阶段,要考虑新产品与新服务的评价和考核,建立相应的产品型组织结构。

3. 技术对组织设计的影响

琼·伍德沃德认为,成功企业是那些能根据技术要求而采取合适的结构安排的企业。他提出的技术、结构与组织绩效的关系,见表2-2。

表 2-2 技术、结构与组织绩效的关系表

项目	单件生产	大量生产	连续生产
结构特征	低度纵向化 低度横向化 低度正规化	中度纵向化 高度横向化 高度正规化	高度纵向化 低度横向化 低度正规化
有效结构	有机式	机械式	有机式

4. 组织规模与生命周期对组织设计的影响

组织规模是影响组织结构的重要因素，组织规模越大，组织复杂性、专业化、规范化程度越高。在创业阶段，组织是小规模、非官僚制和非规范化的；成长阶段的组织结构处于调整阶段；到了成熟阶段，组织开始变得更加规范化、程序化；而衰退阶段的组织规模变大，官僚制明显，要进行组织重构以重塑组织形象，否则将会限制组织进一步发展。

经典案例 2-1

一、案例材料

简单化分权的陷阱

上海某化工生产企业（M 企业）是一个年产值 3.4 亿元的企业，下面有 5 个事业部（实际上是以车间为主体的小业务部）。1996 年前，M 企业有 6 个职能部门和 7 个车间，其中市场部是企业的龙头部门，全厂 1000 多名职工全靠市场部的 10 多人拿订单吃饭。随着市场竞争的加剧，市场部的订单不能满足生产的需要，于是个别车间依靠自己的力量，在市场上拉零活。渐渐地，统一的经营体制被打破，车间逐渐成为经营主体，但因为订单主要是由各车间自己争取来的，总部也在对车间的生产及质量管理等方面逐渐失去实际控制。在这种变化的过程中，总部相关部门和车间之间经常发生管理冲突——本质上是集权与分权之间的冲突。到 1996 年，M 企业对业务部门进行了重组，并重新设计了组织结构：将 7 个车间重组为 5 个独立的产品部门，并分别称为事业部；取消了市场部、生产管理部、技术质量部，并将相应工作和权力下放给各事业部，总部仅保留了原办公室、人事部和财务部，并增设综合管理部，负责一般性的协调和统计工作。事业部自主经营、自我发展，总部仅从其业务收入中提存 15%。

南京某安全和环保工程公司（Y 企业）原有 10 个二级业务部门，在经营上采

取"双重经营"的模式,即以公司层面的经营为主,以各业务部门的经营参与为辅。在双重经营模式下,公司和业务部门处于一种暂时的集/分权平衡上,但是,随着业务部门在经营中的贡献逐渐增大,公司层面的经营逐渐失去地位,业务部门和公司层面的有关职能部门之间的管理冲突开始出现,到2003年,激化程度已相当严重。此时,恰逢国家进一步要求企业改制,而且Y企业又是国资退出的对象,于是Y企业没有继续演化为"业务部门类公司管理"的强分权模式,而是直接对业务部门进行改制,把业务部门分别改制为子公司。Y公司的10个主要业务部门经重组后,已经改为7个子公司了。与此同时,总部赋予子公司独立经营、生产自主权,总部的相应功能一次性弱化,相关部门得到撤并。

二、阅读并思考

1. 案例中的两个企业原先采用的是什么样的组织结构形式?

2. M企业和Y企业为什么要进行组织结构调整,调整后的组织结构形式有哪些优势和不足?

3. 企业在进行组织结构设计时应注意哪些问题?

第二节 工作分析的基本原理

一 工作分析的含义及内容

工作分析(job analysis)又称为职位分析,是指全面了解、获取与工作岗位有关的详细信息的过程,具体来说是分析人员采用科学的手段和技术,收集、比较、综合有关工作的信息,就工作岗位的基本状况、工作职责、任职资格要求等做出规范的描述与说明,为组织特定的发展战略、组织规划、人力资源管理及其他管理行为提供基本依据的管理活动过程。[①] 工作分析能够提供关于工作内容及承担工作的人所应具备的特征等信息,这种以工作说明书及工作规范形式描述的信息,将有助于管理者做出聘用什么样的人来完成工作的决策。工作分析的直接成果就是形成工作说明书,即工作描述和工作规范。

① 冯光明等:《人力资源开发与管理》,机械工业出版社,2013年,第63页。

岗位分析的主要内容有以下几方面。

（1）岗位名称的分析。用简洁、准确的文字对本岗位工作任务进行概括，内容包括工种、职务、职称、等级等。

（2）岗位任务的分析。任务是为达到某一特定目的而进行的活动，当有足够的相关任务时，一个岗位便产生了。岗位任务分析就是要调查研究企业中各个岗位的任务性质、内容、形式，执行任务的步骤、方法，使用的设备、器具，以及加工影响的对象。

（3）岗位职责的分析。职责是职务与责任的统一。岗位职责的分析，不仅包括对本岗位任务范围的分析，还包括对岗位责任大小、重要程度的分析。分析的项目有：①资金、设备、仪器仪表、工具器皿，以及原材料的使用、保管；②与他人的分工、协作，安全生产；③完成工作任务的数量、质量，以及劳动效率；④维护企业信誉、市场开发、产品设计、生产工艺、质量检验、行政管理、政治思想、素质培养等。

（4）岗位关系的分析。虽然企业中每个岗位都具有独特的功能，但各个岗位之间又存在一定的不可分割的联系。

（5）岗位劳动强度和劳动环境的分析。

（6）岗位对员工的知识、技能、经验、体格、体力等必备条件的分析。

以上第（1）～（5）项的综合分析构成岗位描述的主要内容，而第（6）项主要侧重岗位对员工必备资格条件的分析研究。

在企业中，每一个劳动岗位都有它的名称、工作地点、劳动对象和劳动资料。岗位分析的第一步就是要了解特定岗位的具体内容。通过岗位调查，在取得有关信息的基础上，对岗位的名称、性质、任务、程序、内外部环境、条件等做出比较系统的描述，并加以规范。在规定了岗位的各项工作任务以后，第二步确定承担本岗位工作的员工所应具备的资格、条件。岗位分析的中心任务是为企业人力资源管理提供依据，保证职得其人，人尽其才，能位对应。

可以看出，工作分析所要解决的问题可以归纳为6个“W”和1个“H”。

Who：职位需要哪些人来做？

What：这些职位的工作活动、工作内容是什么，主要做什么？

Where：这些职位要求在哪里工作？

When：工作的时间要求？

Why：为什么需要安排这些职位，这些职位有哪些意义？

For who：职位的工作服务对象是谁？

How：职位的工作要怎么做？

二　工作分析的作用

工作分析在人力资源管理中主要起着铺垫和引领的作用，没有工作分析，后续的人力资源的工作都无法进行。如果把人力资源的整个过程比作一串珠子，工作分析就如同穿珠的线，虽然看不见，但是起着重要的作用。

(一)工作分析在人力资源管理中的作用

工作分析是人力资源管理的基础,招聘选拔、培训开发、晋升考核、绩效评价、工作设计、工作评价和薪酬管理都建立在工作分析的基础之上。

1. 工作分析与岗位定编

工作分析可以科学地衡量出企业工作岗位人员配备的数量。依据客观的组织工作任务量和在职员工的平均绩效水平,岗位定编可以合理地确定出某种类型的工作岗位人员配备的数量。要准确、有效地为工作岗位配备适当数量的员工,就要分析工作岗位承担工作量的大小、员工承担的工作负担、正常情况下的产出标准。过多的岗位定编会产生浪费,给企业增加不必要的负担,过少的岗位定编会增加员工的工作负担,加大工作压力,可能造成不当的职业病或因工作负荷太重而引发人员流失。过多或过少的岗位定编均对组织不利。

2. 工作分析与人力资源规划

工作分析可以为企业人力资源规划提供基本的信息,如组织中有哪些工作任务,有多少个工作岗位,这些岗位的权力传递链条及汇报关系如何,每个岗位目前是否取得了理想的结果。根据岗位责任的要求,组织应配备员工的年龄结构、知识结构、能力结构怎样,在岗员工与岗位要求的差距多大,由此确定培训需求和工作岗位的调整等。如果没有进行翔实的工作分析,就没有对企业人力资源现状的充分认识,不可能制定出适合企业发展的人力资源规划。

3. 工作分析与招募甄选

工作分析可以提供一项工作的任职者资格信息,从而为人力资源招募、甄选决策提供依据,大大提高人员甄选技术的信度和效度,把不合格的人员排除于组织之外。

4. 工作分析与培训开发

工作分析可以提供做好工作所需的知识和技能信息,从而为分析员工的培训需求提供依据,这有利于提高整个培训活动的效果和效率。

5. 工作分析与绩效管理

工作分析可以为绩效评价提供明确的绩效标准,从而使绩效评价有据可依,大大减少评价的主观性和随意性,真正为员工的报酬决策和员工晋升决策提供依据。同时,工作分析为从事该工作的员工设立了一个标杆,能使其有目标地改进自己的工作,提高工作绩效。

6. 工作分析与薪酬设计

企业可以通过工作分析对一个工作岗位的工作职责、技能要求、教育水平要求、工作环境等有明确的了解和认识，根据这些因素判断这个岗位对于企业的重要程度的排序，并通过工作评价的量化形式来帮助组织确定每个岗位的报酬水平。因此，工作分析是工作评价的前提，有效的工作评价又是建立岗位职能工资制的基础，有利于优化组织内部的工资结构，提高报酬的内部公平性。

7. 工作分析与职业生涯规划

工作分析可以明确工作岗位之间在工作内容及任职资格上的逻辑关系与内在差异，形成以工作岗位为基础的职业生涯通道，以及职业生涯发展路径，提高员工岗位升迁的合理性，从而实现人与工作的最优匹配。

（二）工作分析在组织优化中的作用

工作分析不仅是人力资源工作的起点，对于企业的战略管理与组织的优化也具有十分重要的意义。

1. 工作分析与组织战略

通过工作分析，组织可以明确工作岗位设置的目的，明确该岗位在企业的战略目标与部门目标实现过程中的作用，以及在组织价值创造过程中的地位。

2. 工作分析与权责对等

通过工作分析，组织可以根据工作岗位的职责来确定或者调整组织的权力分配体系，从而在工作层面上实现权责一致。

3. 工作分析与业务流程

通过工作分析，组织可以理顺工作岗位与业务流程上下游环节的关系，明确工作岗位在业务流程中的角色与权限，消除由于岗位设置或者职权界定不明导致的流程不畅、效率低下等现象。

4. 工作分析与岗位职责

通过工作分析，组织可以明确每一个工作岗位的职责，明确界定每个人的职责和权力，在确保每项职责落实到人头的同时，划清岗位间的边界，从而减少员工之间的相互冲突、推诿、纠纷所造成的内耗，提高整个组织的运作效率。

5. 工作分析与职业管理

通过工作分析，组织在明确工作岗位的职责、权限、任职资格等的基础上，形成该岗位的基本规范，从而为员工职业发展提供约束机制。

三 工作分析的流程

工作分析是一项十分复杂、繁重的工作，因此安排好工作分析的步骤，使之有条不紊地进行，对于提高工作分析的质量、减少资源耗费十分重要。工作分析要经过以下几个步骤：准备阶段、调查阶段、分析阶段、完成阶段和运用阶段，如图 2-6 所示。

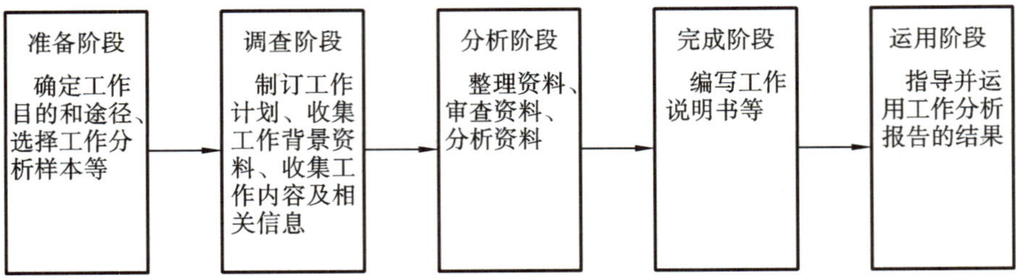

图 2-6 工作分析的流程图[①]

（一）准备阶段

(1) 确定工作分析的目的和途径。一项工作包含的信息很多，一次工作分析不可能挖掘出所有的信息，因此首先要确定工作分析信息的用途，从而确定收集何种信息以及采用什么手段和方法来收集信息。

(2) 选择分析样本。组织中的工作有很多，逐个分析必然耗费时间，因此有必要在彼此相似的工作中选择有代表性的典型工作(样本岗位)进行分析，剩下的部分可以在外部专家的指导下由任职者自行填写，以节省时间和费用。

(3) 成立工作分析小组。工作分析小组成员最好包括实际工作承担者、该工作的直接主管和人力资源专家，这样能更为客观、全面地获得该工作的信息。

(4) 对工作分析人员进行培训。对工作分析人员进行培训是为了保证工作分析的效果。

(5) 做好其他必要的准备。例如，抽调相关工作人员，在企业内部对该项工作进行宣传，管理人员对工作计划进行适当调整以保证有足够的时间开展工作等。

（二）调查阶段

(1) 制订工作分析的时间计划，以保证这项工作能够按部就班地进行。

(2) 根据工作分析的目的，选择收集工作内容及相关信息的方法。

---

① 冯光明等：《人力资源开发与管理》，机械工业出版社，2013 年，第 75 页。

(3) 收集工作岗位的背景资料。资料包括组织结构图、工作流程圈以及国家的岗位分类标准，条件允许的话，还可以找以前保留的工作分析资料。

微贴 2-1：工作分析中需要收集的资料类型

（三）分析阶段

(1) 整理资料。将收集到的信息按照工作说明书的各项要求进行归类整理。

(2) 审查资料。工作分析结果可能会有一定的偏颇，因此有必要让任职者与其直接主管、外部专家对工作分析的结果进行审查，由此赢得他们对其结果的认可，并将工作分析结果运用到实际工作中去。

(3) 分析资料。归纳总结工作分析的必备材料和要素，解释各个岗位的主要成分的关键因素。

（四）完成阶段

(1) 编写工作说明书。先写出工作说明书的初稿，然后反馈给相关人员进行核实，再进行讨论，最后得出工作说明书的定稿。

(2) 对整个工作分析构成进行总结。找出其中成功的经验和存在的问题，以利于以后更好地进行工作分析。

（五）运用阶段

微贴 2-2：工作分析的小指南

将工作分析过程的结果用于人力资源管理以及企业管理的相关方面是对工作分析的验证，只有通过实践的检验，工作分析才具有可行性和有效性，才能不断适应外部环境的变化，从而不断完善工作分析的运行程序。此阶段的工作主要有两部分。一是培训工作分析的运用人员。编写人员在很大程度上影响着分析程序运行的准确性、运行速度及费用，因此，培训运用人员可以增强管理活动的科学性和规范性。二是编制各种具体的应用文件。

四　工作分析的原则

为了提高工作分析研究的科学性、合理性，在组织实施工作分析时应注意遵循以下几条原则。

(一)目标原则

组织的存在是为了实现特定的目标,不论是对组织内部还是对部门内各岗位职责的分析,都必须以完成组织目标为依据,检查部门职责和岗位职责如何为实现组织目标做贡献。全面的工作分析要从组织目标、经营业务开始,将组织内需要达成的任务分解为各部门的目标、职责,将部门职责分解到岗位职责,岗位任务也必须体现岗位职责是对部门职责、组织目标的分解,如图 2-7 所示。

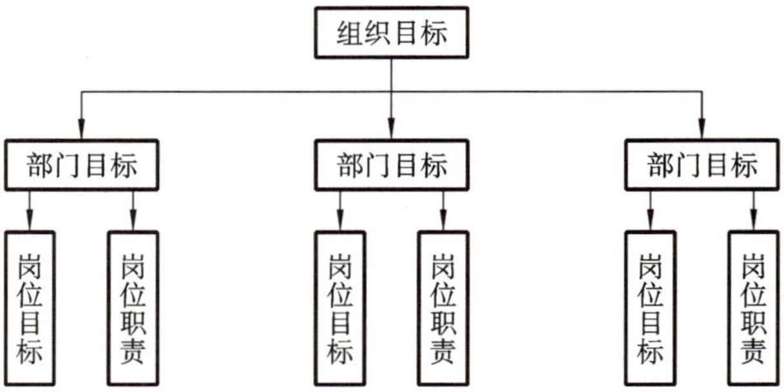

图 2-7 工作分析的目标原则①

(二)系统原则

工作分析不是对职责、任务、业绩标准、任职资格等要素的简单罗列,而是要在分析的基础上对其进行系统的把握。在对某一工作岗位进行分析时,要注意该岗位与其他岗位的关系,在业务流程中的位置与角色,以及内在各要素的互动与制约关系,从总体上把握该岗位的特点以及人员的要求,从而完成该工作岗位全方位的系统思考。

(三)动态原则

工作分析是一项常规性的工作。一方面,工作分析必须以岗位的现实状况为基础;另一方面,也要根据企业战略、环境变化、技术变革、组织与流程再造、业务调整,经常性地对工作分析进行调整。

(四)目的原则

工作分析的目的不同,其侧重点也不一样。比如,如果工作分析是为了明确岗位职责,那么分析的重点在于工作范围、工作职能、工作任务的划分;如果工作分析的目

① 冯光明等:《人力资源开发与管理》,机械工业出版社,2013 年,第 68 页。

的在于选聘人才，那么分析重点在于任职资格的界定；如果工作分析的目的在于决定薪酬标准，那么分析重点又在于工作责任、工作量、工作环境、工作条件等因素的界定等。

（五）参与原则

工作分析尽管是由人力资源部主持开展的工作，但它需要各级管理人员与员工的广泛参与，尤其需要高层管理者的重视和业务部门的大力配合。

（六）经济原则

任何组织都需要以有限的资源最有效地实现组织目标。因此，在工作分析过程中，必须分析组织目前的工作设置是否能以最有效的方法、合理的成本实现组织预定目标。成本包括时间、物质资源、人力资源等一切为实现组织目标的有形和无形的投入。同时，组织要有效控制工作分析过程中的成本。

（七）岗位原则

岗位原则工作分析的出发点是工作岗位，分析岗位的内容、性质、关系、环境以及人员胜任特征，即完成这个岗位工作的从业人员需具备什么样的资格与条件，而不是分析在岗的人员如何。工作分析并不关注任职者的业绩、风格、特性、职业历史或任何其他事情。

（八）应用原则

应用原则是指组织要及时应用工作分析的结果，包括工作描述与工作规范。职位说明书一旦形成，就应及时应用于企业管理的各个方面。无论是人员招聘选拔、培训开发，还是绩效考核、激励，都需要严格按职位说明书的要求来。

经典案例 2-2

一、案例材料

岗位分析遭到谁的阻拦

林刚被一家私营企业录用为人力资源经理，这家企业规模不大，员工只有

30人。他进公司不久就发现公司管理有些混乱,员工职责不清,工作流程也不科学。每当发生问题,A部门说"归B部门管",B部门称"不知道",让他找C部门。他希望进行岗位分析,重新安排组织架构。林刚和岗位分析小组的成员积极筹备一番后开始行动。不料,员工的反应和态度相当不配合。"我们部门可是最忙的部门了,我一个人就要干3个人的活。""我每天都要加班到9点以后才回去,你们可别再给我加工作量了。""哦,是不是要裁员啦?怎么突然要进行工作分析了呢?""真抱歉,手头忙,等过一阵再谈吧。"胆小者支支吾吾,疑心重重,态度冷淡不配合的更不在少数。一周下来,林刚筋疲力尽,收获却寥寥。经多方了解后,林刚才知道前任人力资源经理也做过岗位分析。该经理不但做了岗位分析,还立即根据分析结果进行了人员的大调整,不但删减大量人员或合并了大量岗位,而且还调整了员工的工作量,每个人的工作量有增无减。有了这个"前车之鉴",大家忙不迭地夸大了自己的工作量,生怕岗位分析把自己"分析掉了",或者给自己增加工作量。

二、阅读并思考

1. 岗位分析是不是为了增加员工的现有工作量?如果不是,你认为岗位分析在人力资源管理中处于怎样的位置?

2. 员工对于人力资源管理部门组织的岗位分析,通常都持不满的态度。你认为这一情绪产生的原因是什么?有何良策可以缓解这种情绪?

3. 你认为工作的交叉和重叠在岗位分析后是否可能全部消失,如果不能,你认为有何方法能弥补这一不足?

第三节 职位分析方法与职位说明书的编写

一 职位分析的主要方法

职位分析的方法可以分为定性的职位分析方法和定量的职位分析方法。定性的职位分析方法包括访谈法、问卷调查法、观察法、工作日志法等,而定量的职位分析方法则包括职位分析问卷、美国劳工部职位分析法以及职能性职位分析法等。

（一）访谈法

访谈法是指职位分析人员通过访谈的方式来获取职位信息的职位分析方法。该方法以口头形式，根据被询问者的答复收集客观的、不带偏见的事实材料，准确地说明样本所要代表的总体。在研究比较复杂的问题时，需要向不同类型的人了解不同类型的材料。

访谈法是通过研究者与被调查对象面对面直接交谈的方式实现信息资料收集的，具有较好的灵活性和适应性。访谈广泛适用于教育调查、求职、咨询等，既有事实的调查，也有意见的征询，更多用于个性、个别化研究。

访谈法的优点有：具有很大的灵活性，可以对问题进行深入的探索；有效地控制交谈的过程，对被访者的各种疑问进行解释；根据交谈时被访者的非言语行为和表现，验证访问资料的信度与效度。

访谈法的缺点有：组织工作复杂，会耗费较多的人力、时间与经费；访问员与被访者之间的直接交谈，有可能让被访者出现猜测和迎合访问员意图的倾向，也可能让被访者感到调查不具备保密性，不愿提供敏感性的资料。

根据访谈对象的不同，访谈法可以划分为个人访谈、群体访谈以及任职者上级访谈。

（1）个人访谈。个人访谈是指对任职者单独进行的访谈。对职位信息最为了解的是任职者本人，任职者最了解职位所承担的工作任务是什么，如何才能完成这些工作，在职位中存在哪些困难，以及如何解决这些困难等。在与任职者进行访谈的过程中收集职位信息，往往需要结合使用其他方法，以保证信息的真实性和可靠性。

（2）群体访谈。群体访谈是指对承担同类职位的任职者进行的多人访谈。对于有多位员工承担的职位，可以采用对多个任职者同时进行访谈的做法，从而更为全面和充分地了解与职位有关的各方面信息。群体访谈法可以避免对单个任职者进行访谈产生的信息遗漏，或者是由单个任职者对职位的片面理解而造成的信息偏差。

（3）任职者上级访谈。任职者上级访谈是指与熟悉被分析职位的任职者上级进行访谈。在实际工作中，主管人员对下属所承担的主要工作较为了解，很多主管人员本身就是从被分析职位上晋升的，对此职位通常有比较清楚的了解，即使是通过个人访谈或群体访谈来收集与职位相关的信息时，往往也需要向该职位的上级主管人员确认信息的真实性与可靠性。

访谈法还可分为结构型访谈和非结构型访谈，前者的特点是按定向的标准程序进行，通常采用问卷或调查表，后者指没有定向标准化程序的自由交谈。

根据访谈员掌握主导性的程度，可分为指导性访谈和非指导性访谈。

作为心理学研究手段的访谈法，还可以分为访谈检测法和访谈调查法。

访谈检测是指在心理学研究过程中，一边访谈，一边观察受访人，对实验、测验、诊断中观察到的有关心理学问题进行检验。访谈调查是对许多受访人逐个进行访谈，进行社会心理学调查、舆论调查和态度调查等。

为了追寻受访人更深层的东西(如无意识动机或遭受过的挫折等)还可进行投射法访谈,这种深入受访人自我深层的访谈称为深层访谈。深层访谈在临床心理学中有广泛的应用。访谈法在心理学领域中的应用,有较久远的历史,它几乎是和内省法、观察法同时出现的。使用访谈法进行心理学研究时,访员都必须受过专门的训练,学习由心理学家撰写的访谈手册,掌握访谈法的专门知识和技能。

运用访谈进行职位分析,一般采用以下步骤:①设计访谈提纲;②恰当地进行提问;③准确捕捉信息,及时收集有关资料;④适当地做出回应;⑤及时做好访谈记录,一般还要录音或录像。

访谈法收集资料的主要形式是倾听,倾听可以在不同的层面上进行,包括三个层次。

(1) 在态度层面上,访谈者应该是"积极关注地听",而不应该"表面地或消极地听"。

(2) 在情感层面上,访谈者要"有感情地听"和"共情地听",避免"无感情地听"。

(3) 在认知层面上,要随时将受访者所说的话或信息迅速纳入自己的认知结构中加以理解和同化,必要时还要与对方进行对话,与对方进行平等的交流,共同建构新的认识和意义。

(二) 问卷调查法

问卷调查法也称为"书面调查法",或"填表法",即通过让职位上的在职人员或相关人员填写与其工作职责有关的调查问卷来进行职位分析的方法,是用书面形式间接收集研究材料的一种调查手段。该方法通过向被调查者发出简明扼要的征询单(表),提示其填写对有关问题的意见和建议来间接获得材料和信息。

问卷调查法的优点主要有:它可以在较短的时间内向众多任职者收集到所需的资料,是一种快速高效地从任职者中获取信息的方法,比访谈法要省时省事得多。当然,问卷调查法也有其缺点:它对设计问卷并进行测算的技术要求很高,可能是一项花费较多而且耗费时间的工作,而且不同的任职者对问卷中同一问题的理解可能不一致,这样所收集到的资料信息就会偏离职位分析的主旨。为了规避这一缺点,问卷调查法需要同其他方法结合一起使用。

问卷调查法涉及的问题的种类具体如下。

(1) 背景性问题,主要是被调查者个人的基本情况。

(2) 客观性问题,是指已经发生和正在发生的各种事实和行为。

(3) 主观性问题,是指人们的思想、感情、态度、愿望等一切主观状况方面的问题。

(4) 检验性问题,为检验回答是否真实、准确而设计的问题。

设计问题的原则具体如下。

(1) 客观性原则,即设计的问题必须符合客观实际情况。

(2) 必要性原则,即必须围绕调查课题和研究假设设计最必要的问题。

(3) 可能性原则,即必须符合被调查者回答问题的能力。凡是超越被调查者理解能力、记忆能力、计算能力、回答能力的问题，都不应该提出。

（4）自愿性原则，即必须考虑被调查者是否自愿真实回答问题。凡被调查者不可能自愿真实回答的问题，都不应该正面提出。

（三）观察法

观察法是指研究者根据一定的研究目的、研究提纲或观察表，用自己的感官和辅助工具去直接观察被研究对象，从而获得资料的一种方法。科学的观察具有目的性、计划性、系统性和可重复性。常见的观察方法有核对清单法、级别量表法、记叙性描述。观察一般利用眼睛、耳朵等感觉器官去感知观察对象。由于人的感觉器官具有一定的局限性，观察者往往要借助各种现代化的仪器和手段，如照相机、录音机、显微录像机等来辅助观察。

根据环境差异，观察可分为自然观察和设计观察两类。自然观察是指调查员在一个自然环境中（包括超市、展示地点、服务中心等）观察被调查对象的行为和举止。设计观察是指调查机构事先设计模拟一种场景，调查员在一个已经设计好的并接近自然的环境中观察被调查对象的行为和举止。所设置的场景越接近自然，被观察者的行为就越接近真实。

众所周知，如果被观察人知道自己被观察，其行为可能会有所不同，观察的结果也就不同，调查所获得的数据也会出现偏差。掩饰观察法就是在不为被观察人、物、或者事件所知的情况下监视他们的行为过程。

在某些情况下，用机器观察取代人员观察是可能的甚至是研究者所希望的。在一些特定的环境中，机器可能比人工更便宜、更精确，更容易完成工作。

观察法的优点有：能通过观察直接获得资料，不需要其他中间环节，因此，观察获得的资料比较真实；在自然状态下的观察，能获得生动的资料；具有及时性的优点，能捕捉到正在发生的现象；能收集到一些无法言表的材料。

观察法的缺点有：受时间的限制，某些事件的发生是有一定时间限制的，过了这段时间就不会再发生；受观察对象或观察者本身限制，不适于大面积调查。

观察法通常与访谈法结合使用：首先，对任职者在一个完整工作周期中所完成的工作进行观察，并把所观察到的工作活动都记录下来。当积累的信息足够多的时候，再同任职者进行面谈。其次，在任职者工作时，一边对其进行观察一边进行访谈，两者同时进行。

（四）工作日志法

工作日志法，是指任职者按时间顺序，详细记录自己在一段时间内的工作内容与工作过程，经过归纳、分析，达到工作分析的目的。

工作日志法的优点有：信息可靠性强，适用于确定有关工作职责、工作内容、工作关系、劳动强度等方面的信息；所需费用较低；对于高水平与复杂性工作的分析，比较经济有效。

工作日志法的缺点有:将注意力集中于活动过程,而不是结果;使用范围较小,只适用于工作循环周期较短、工作状态稳定的职位;信息整理的工作量大,归纳工作烦琐;填写日志在一定程度上会影响正常工作;存在误差,需要对记录分析结果进行必要的检查。

日志的形式可以是不固定的,也可以是组织提供的统一格式,如事先由职务分析人员设计好详细的工作日志清单,让员工按照要求及时地填写职务内容,按时间顺序记录工作过程,然后进行归纳、提炼、总结,从而取得所需工作信息。需注意的是,工作日志应该随时填写,如以 10 分钟、15 分钟为一个周期,而不应该在下班前一次性填写,这样是为了保证填写内容的真实性和有效性。同时,记录日志是为了能从日志中查看每天计划的完成情况,记录的是最基础的数据,以保证通过日志控制工作的准确性和及时性。

(五)职位分析问卷法

职位分析问卷(position analysis questionnaire,PAQ)是一种应用最为广泛的量化职位分析法。该问卷描述了从不同的职位中概括出来的各种比较抽象的工作行为和能力要求,其中的每一项描述都与通用能力系列测试中的一些分数联系在一起,通过对任职者在信息加工、体力活动、脑力活动、人际关系、工作环境中的互动行为、所需能力等的衡量,在计算机系统中形成一个组织中不同职位之间的相对价值体系,表明各职位在组织中的相对贡献程度,从而对职位进行量化评估。PAQ 由 5 个维度、195 个工作要素构成,其主要要素如表 2-3 所示。

表 2-3 PAQ 维度与要素简要介绍[①]

维　　度	要　　素
信息加工	书面材料的使用、信息的使用等
体力活动	运用工具或设备、手工活动等
脑力活动	交谈/谈判、决策等
人际关系	决策/沟通、监督/协调等
工作环境	高温下作业、压力环境等

职位分析问卷法的优点:能够迅速得到进行工作分析所需要的资料,速度快;节省时间和人力,实施费用一般比其他方法低;调查表可以在工作之余填写,不会影响工作时间;调查的样本量可以很大,适用于需要对很多人进行调查的情况;调查的资料可以数量化,由计算机进行数据处理。

职位分析问卷法的缺点:设计理想的调查表要花费很多的时间、人力和物力,设计费用比较高;调查表的填写是单独进行的,缺少交流;被调查者可能不会积极配合并认

① 冯光明等:《人力资源开发与管理》,机械工业出版社,2013 年,第 80 页。

真填写问卷，从而影响调查的质量。

二　职位说明书的含义

职位分析的直接结果通常表现为职位说明书，职位说明书通常包括两大部分内容，即职位描述和任职资格条件要求。职位描述是描述一个职位上的任职者做什么、如何做以及在何种条件下做（包括职位的物理环境和组织环境）的正式的陈述性书面文件。这些有关职位上的任职者所应完成的工作任务的信息又可用来编制任职资格条件，即职位对任职者的基本要求（包括要求任职者具备的知识、技能、能力、经验和其他方面的条件），任职资格条件说明了职位承担者为了圆满完成职位上的各项工作任任务所必须具备的知识、能力和技术。需要指出的是，有些时候，企业也会使用广义的职位描述概念，这时职位描述实际上也包括任职资格条件，所以广义的职位描述概念实际上相当于职位说明书的概念。

职位说明书在人力资源管理中具有重要的作用，它是人力资源管理活动的基本依据。在招聘时，招聘者可以根据职位说明书向求职者传达职位所承担的工作内容、所处的工作环境以及工作的基本绩效要求等方面的基本信息；同时，职位说明书中的内容也为甄选测试过程提供了客观的依据。甄选雇用人员要根据职位说明书中的工作职责、工作任务内容，对应聘者是否具备适当的工作能力进行验证。对于新上岗的工作人员来说，职位说明书对需要完成的工作职责进行了全面的描述，并指明了需要做什么，如何完成职位上的工作任务，需要达到何种绩效标准。在进行绩效评价时，职位说明书中有关职责和主要工作任务的内容是评估员工工作业绩的基础，这是因为根据职位所承担的工作任务来进行绩效评价的评估体系才是有针对性的、有效的。如果员工的工作技能、工作能力不足，则需要根据职位说明书所列明的工作内容，逐项检查员工的知识、技能、能力方面的欠缺，安排适当的培训，以提高员工的工作胜任度。最后，由于职位说明书所描述的不同职位的工作职责和任务等存在不同，所以，对组织内各个职位之间的相对价值进行评价也就有了相对可观的基础。

职位说明书是关于任职者实际上在做什么、如何做以及在怎么样的工作条件下做的一种书面描述。职位说明书是建立在工作分析的基础上的，是工作分析的成果之一，也是一份包含了职位职责、责任、汇报关系、工作环境和监督责任的清单。

（一）职位描述部分

1. 职位标识

职位标识好比职位的一个标签，让人们能够对职位有一个直观的印象，一般包括以下几项内容：职位编号、职位名称、所属部门、直接上级和职位薪点等信息。

职位编号主要是为了方便职位的管理，企业可以根据自己的实际情况来决定所包含的信息。例如,在某企业中,有一个职位的编号为 HR-03-06,其中 HR 表示人力资源部,03 表示主管级,06 表示人力资源部全部员工的顺序编号。

职位标识是工作说明书的具体项目之一,在制作工作说明书时,职位名称的确定应当简洁明确,尽可能反映职位的主要职责内容,还要反映出职位的职务,如销售副总经理、人力资源经理、招聘主管、培训专员等。在确定职位名称时,最好要参照社会上通行的做法。

职位薪点是职位评价得到的结果,反映某一职位在企业内部的相对重要性程度,是确定这一职位基本工资标准的基础。

2. 职位概述

职位概述是对职位性质的总结,包括其承担的重要职能或需要完成的主要活动。例如,物料经理这一职位的职位概述可以是“物料经理负责以经济的方式采购、规范地运输、储存以及配送生产线上所需要的所有材料”。

为避免模糊性,职位概述应当清楚地写明企业期望任职者高效、认真、负责地履行自己的各项工作职责。

3. 工作关系

工作关系主要是说明该职位与组织内部外部的其他人之间的相互关系。以人力资源经理职位为例,表 2-4 列举了人力资源经理的各种工作关系。

表 2-4 人力资源经理工作关系

工作报告对象	员工关系副总裁
监督管理对象	人力资源专员、甄选测试专员、劳资关系主任以及一位秘书
工作合作对象	所有其他部门经理以及公司高层管理人员
公司外部联系	就业机构、高层管理人员代理招募机构、工会代表、政府就业服务办公室,以及其他各种服务供应商

4. 工作职责

职位的工作职责与任务部分列明了任职者所担任的职位在组织中承担的具体职责、所需完成的工作活动和工作内容,在必要的情况下,可以列明某些工作活动的要求。职责是指任职者在组织中的特定职位上所承担的责任,而工作任务是为了履行职责所需要做的更为具体的事情。在对职责和任务进行描述时,需要注意以下几点。

第一,以动词开头,在动词后使用简明的短语,说明动词作用的对象。在描述中尽量避免使用形容词,因为,如果在职位说明书中使用形容词,容易造成形容词的堆砌,反而弱化了工作的重要性。

第二,在职责和任务项目的排序中,按职位的职能性任务的完成顺序,或职责、任务的重要性,或职责、任务的时间来进行,以确保职位描述更系统化。在某些情况下,可以用职位中相应的工作流程作为排列顺序的依据。

第三，在各项职责后，可要求注明该项工作在整体工作中所占的时间百分比和相对重要性，用以衡量、分析工作中的时间分配与职责的重要性。

第四，如果可能，需要注明工作任务应完成的时间、应达到的工作结果，以便于任职者对工作要求的结果有清楚的认识，有利于对工作进行检查。工作结果可以从数量要求、质量要求、时间要求、成本要求等几个方面进行衡量。

第五，选用专业化的词汇表达职位的种类、复杂程度、技能要求程度、任职者对工作和各方面所承担的责任大小。通常情况下，较低职位上的工作任务较为简单，容易确定其工作任务及工作的操作流程等细节，而且工作内容的变化通常不大。层级相对较高的职位则包含更多的不确定性，只能确定职位的大概范围或框架，具体的工作要求需要在具体的环境中确定。

5. 绩效标准

根据工作职责、工作任务和工作内容的要求，在职位说明书中还可以列明每项职责、任务的基本绩效要求。对于生产操作类和销售类的职位，可能容易确定产出的标准；对于其他各类职位，可能不易直接得出职位的工作绩效标准，比如文员职位所承担的文件打印、排版工作的绩效标准就不那么容易确定，而需要结合实际情况，按任职者的操作标准来衡量。

对职位说明书中的各项职责、任务的工作绩效界定将形成具体的工作业绩标准。基于职位职责的客观、具体的绩效考核体系要比基于对任职者的工作态度进行的主观、抽象的绩效评价体系更为有效。绩效标准是指企业期望员工在履行工作说明书中的每一项主要工作职责时达到的标准。

6. 职位权限

职位说明书中还应当界定职位承担者的工作权限范围，包括决策的权限、对其他人实施监督的权限，以及经费预算管理的权限等。比如，职位承担者有权批准购买一定金额以下的物品，有权批准员工请假或缺勤的时间，有权对部门内的人员实施惩罚，有权建议为优秀员工加薪，有权对求职者进行面试并且参与雇用与否的决定，等等。

7. 工作条件

职位说明书中可能还包括职位所处的工作环境条件，如室内还是室外，工作环境中是否存在危险和对任职者身体健康有害的因素，如高湿、高温、粉尘、噪音、施工现场的危险因素等。工作环境条件的信息表明工作对任职者的身体、心理要求，工作环境中的危险性因素或特定的工作要求对任职者的身体、心理健康带来的危害，这些内容将在职位评价中作为一种补偿性薪资差别因素予以考虑。

（二）任职资格条件

任职资格说明书是在职位说明书基础之上的，说明“要做好这个职位的工作，任职者必须具备什么样的特点与经验”。任职资格说明书既可以作为职位说明书的一部分,也可以形成一份单独的文件。

1. 编写类型

(1) 针对受过培训者与未受过培训者编写的任职资格说明书。为受过培训的员工来编写任职资格说明书比较简单,比如,招簿记员,该职位的任职资格说明书可能大部分集中于任职者过去的工作经验、接受过的相关培训的质量,以及过去的工作业绩等方面。

当需要任用未经培训的人时,就比较复杂,需要明确候选人为了承担该职位必须具备哪些潜质或者受训后应具备哪些潜质,这些潜质可能包括身体特征、人格特点、兴趣或感知能力等。

(2) 基于主观判断编写的任职资格说明书。任职资格说明书也可以通过一些经验判断,运用常识来编写。

(3) 基于统计分析编写的任职资格说明书。根据统计分析来编写任职资格说明书会更有说服力,只是会比较复杂。需要运用统计方法确定以下两者之间的关系:某种预测因素(如身高、智力或手指灵活性等个人特征),工作有效性的衡量指标或标准(如直接上级评价的工作绩效等级)。

2. 编写步骤

具体编写步骤如下:对职位进行分析,决定如何对工作绩效进行评价;挑选出你认为最能预测优秀绩效的个人特征;对候选人的这些特征进行测试;对这些候选人实际任职后的工作绩效进行评价;用统计方法分析这种个人特征与工作绩效之间的关系。

三 现代化的工作分析

(一) 从职位的专业化到丰富化

早期的经济学家亚当·斯密提出了工作专门化的观点,认为重复地做同样一件事更有效率,能达到熟能生巧的效果。到 20 世纪中期,有些人认为这样高度重复做一件事情是不人性化的,因此提出了工作丰富化的观点,提出了职位扩大化的解决方案。

1. 职位的变化

(1) 工作专门化。组织把工作任务划分成若干步骤来完成的细化程度,这是从纵向来对组织机构进行划分,其实质是:一个人不是承担一项工作的全部,而只是完成某一步骤或某一环节的工作。

(2) 工作丰富化。在工作中赋予员工更多的责任、自主权和控制权。工作丰富化与工作扩大化、工作轮调都不同，它不是水平地增加员工工作的内容，而是垂直地增加工作内容。这样员工会承担更多重要的任务、更大的责任，员工有更大的自主权和更高程度的自我管理，还有对工作绩效的反馈。

(3) 职位扩大化。给员工额外地分派一些属于同一难度水平的工作任务。

(4) 职位轮换。系统地安排员工在各种不同职位之间进行轮换。其优点是可以克服职业倦怠，有利于职位人才的匹配优化。

(5) 职位丰富化。对职位进行重新设计，使员工有更多的机会体会到责任感、成就感、进步感，以及被认可的感觉。其实施途径一般是对员工进行授权，让员工拥有检查自己工作的能力。赫茨伯格提出，受到授权的员工会把自己的工作做好，因为他们乐意去做好。

2. 工作中的其他变化

工作中的其他变化主要体现在组织结构变化上，以下介绍两种组织结构变化。

(1) 扁平型组织。扁平型组织结构的特点是管理层次较少，通常只有三四个管理层次，中间的管理阶层减少，信息传播较迅速；管理幅度较大，员工的自由空间变大，有能力的员工有较大的发挥空间，组织不易官僚化；管理阶层的费用减少。

(2) 业务流程再造(流程再造)与自我管理团队。以前的业务流程就像一个接力比赛，要不断地通过各个部门的合作流动完成，这样无形之间增加了业务流程的负担，非常费时。为了解决这个问题，一种新的对工作业务流程进行再造的实践出现了，即重新设计业务流程，让那些来自不同领域的员工组成一个小型的自我管理团队，一次性完成工作。这样的业务流程再造使得工作的效率提高，而且这种自我管理团队的成员时常需要分工，员工的胜任素质也会相应地提高。

(二) 基于胜任素质的工作分析

胜任素质，也称胜任能力，是指能够达成绩效的人所具有的一些可展示特征，具体来说就是可观察、可衡量的工作行为，也就是“为圆满完成这个任务，作为任职者的员工需要做什么”。基于胜任素质的工作分析是指根据承担某一职位的员工为把工作做好表现出来的那些可衡量、可观察、行为化的胜任素质(如知识、技能或工作行为)对职位进行描述。

将传统的工作分析与基于胜任素质的工作分析进行比较，可以看出以下几点。

(1) 传统的工作分析主要是以工作为中心，基于胜任素质的工作分析则以人为中心。

(2) 传统的工作分析一般是这样的——“这个职业的职责有哪些”；基于胜任素质的工作分析一般是这样——“为了完成这项工作，员工需要有哪些能力，需要做些什么来配合”。

(3) 传统的工作分析强调一直重复地做一件事，从而达到熟能生巧的效果；基于胜任素质的工作分析主张灵活地从事工作、协调工作，员工的责任更大，通过职位丰富、职位轮换等达到员工可以做很多自己擅长的工作的效果。

基于胜任素质的工作分析能够为企业带来如下几点优势。

(1) 有利于实现高绩效的工作系统(high performance work systems，HPWS)。高绩效的工作系统的主旨是鼓励员工能够以自我激励的方式去工作。企业通过授权给员工，让员工自己安排、自己监督管理，承担更多的责任；采用自由轮换的方式，让员工拥有在不同职位所需的技能，减少“那个不是我的事情，不应该由我来做”的观念及现象。

(2) 有利于设计战略聚焦的工作说明书。胜任素质的分析，可以促使员工更好地了解企业的战略，并在工作的时候更好地发展战略。

(3) 有利于企业开展绩效管理。通过培育、衡量、回报几种能力(一般能力、领导能力、技术胜任力)来支持绩效管理活动。

中英文关键术语

组织结构(organizational structure)

组织设计(organizational design)

工作分析(job analysis)

职位分析(position analysis)

职位说明书(position description)

职位分析问卷(position analysis questionnaire，PAQ)

任职资格说明书(qualification specification)

职位分类(position classification)

复习思考题

1. 为什么大型公司倾向于运用混合型组织结构?
2. 现代组织设计的发展趋势是什么?
3. 工作分析的内涵及意义是什么?
4. 职位分析的主要方法有哪些? 它们各自有什么优缺点?
5. 试对熟悉的某个职位编写一份职位说明书。

本章自测题

本章拓展阅读材料

案例分析题

一、案例材料

小王为何要辞职

小王来到公司的人力资源部，"张经理，"小王说，"可能我无法适应目前的工作，我希望在这个月末试用期结束时离开公司。"张经理听了很惊讶。小王是两个月以前到公司销售部担任销售部经理助理的。在这段时间的工作中，人力资源部通过销售部经理及销售部其他同事了解小王试用期的工作情况，大家都反映很好，想不到小王会主动提出辞职。

三个月以前，销售部经理提出了增加经理助理职位的需求，因为销售部将加强与国外厂商的业务联系，急需熟练使用英语口语和处理英语书面文件的员工，并希望新增加的员工具有一定的计算机水平，同时可兼顾公司对外网站的管理工作。人力资源部就所需增加的工作岗位进行分析，经过与销售部经理协商，编写了该岗位的工作说明书。其中对岗位职责的描述是：

1. 协助经理处理国外业务的联系及英文书面文件、合同；
2. 在需要的情况下可担任英文翻译；
3. 整理销售部内部业务文档；
4. 负责在网站上发布有关公司的业务信息，并进行公司网页的更新、调整。

工作岗位对语言能力方面的要求决定了应聘人员最好是英语专业的毕业生或在国外生活过的人员；而计算机网站管理又对应聘人员的计算机水平提出了较高的要求，要求能制作网页和进行数据库处理，应聘者最好是具备计算机专业学历的人员。

看到这样的任职资格要求，人力资源部感到这个岗位的招聘工作难度较大。当招聘信息在人才招聘渠道发布后，应聘的人员不多。小王是华南地区某商学院毕业的学生，毕业后在广告公司做过业务工作，后来到英国留学，在国外所学的专业是计算机应用，留学回国才一个月，各方面的条件完全符合招聘岗位的要求。经过两次面试后，销售部和人力资源部都觉得小王是这个岗位的最佳人选，于是通知小王来公司报到上班。

"为什么你会觉得自己不能适应这项工作呢？"张经理问小王。

小王说："工作中业务文件处理、与客户的业务联系都没问题，内部文档也能按要求管理好，但是我不了解我们公司生产产品的技术参数和生产能力，在与客户联系的过程中，需要根据客户的需要为客户量身定制产品的技术参数并在合同中注明交货期限。销售部要求我向客户提供技术方案和我们能为客户量身定制的产品的规格、型号,有时还要决定我们什么时候能给客户供应哪些类型的产品。这些工作需要较多技术方面的知识,何况我不是销售部经理,我也无法决定。目前我承担的工作与应聘时对我提出的工作要求完全不一样。”

二、讨论题

1. 小王为什么要辞职?
2. 销售经理助理这一职位的工作说明书存在什么问题?有何影响?
3. 如果你是人力资源部经理,你需要做什么?

第三章

人力资源战略与规划

本章引例

手忙脚乱的人力资源经理

D集团在短短5年之内由一家手工作坊发展成为国内著名的食品制造商，企业最初从来不制订什么计划，缺人了就去人才市场招聘。企业日益成熟后，开始在每年年初制订计划：收入多少、利润多少、产量多少、员工定编人数多少。人数少的部门可以进行招聘，人数超编的部门就要裁员，一般是在年初招聘新员工。可是，因为公司不时有升职、平调、降职和辞职的人员异动，年初又有编制限制不能多招聘，而且人力资源部也不知道应当招多少人或者招什么样的人，结果人力资源经理一年到头老往人才市场跑。

近来由于3名高级技术工人退休，2名工人跳槽，生产线立即瘫痪。集团总经理召开紧急会议，命令人力资源经理要在3天之内招到合适的人员填补空缺，恢复生产。人力资源经理两个晚上没睡觉，频繁奔走于全国各地人才市场和面试现场之间，最后勉强招到2名已经退休的高级技术工人，使生产线重新开始运转。人力资源经理刚刚喘口气，地区经理又打电话给他说自己的公司超编了，不能接收前几天过去的5名大学生，人力资源经理不由怒气冲冲地说："是你自己说缺人，我才招来的，现在你又不要了！"地区经理说："是啊，我两个月前缺人，你现在才给我，现在不缺人了。"人力资源经理辩解道："招人也是需要时间的，我又不是孙悟空，你一说缺人，我就变出一个给你？"

资料来源　冯光明等：《人力资源开发与管理》，机械工业出版社，2013年，第32页。

第一节　人力资源战略与规划

一　企业战略、人力资源战略与规划

企业战略是一个自上而下的整体性规划过程，分为公司战略、职能战略、业务战略及产品战略等几个层次。标准的企业战略类型分为：多元化战略（指企业通过增加新的产品线的方式来实现扩张）、纵向一体化战略（指企业通过自行生产原材料或者自己直接销售产品来实现扩张）、收缩战略（指一种缩减企业规模的战略）、地域扩张战略（指企业通过拓展海外业务来实现扩张）、集中战略（一家企业通常只在单一市场提供一种产品或者是从事一种产品的生产）。职能战略又称职能支持战略，一般可分为生产运营型职能战略、资源保障型职能战略和战略支持型职能战略。[①]

企业战略直接决定企业的重大走向，同时也对企业的人力资源战略与规划起基础作用，如图 3-1 和图 3-2 所示。

企业战略 →	人力资源规划 →	人力资源战略
• 企业的使命是什么？ • 有什么商业活动？ • 采取何种（投资、技术、市场、组织）策略？ • 有哪些实现变化的活动？ • 如何辨识、评价它们？	• 人力资源目标是什么？如何为商业活动服务？ • 企业现有HR状况如何？ • 采取什么活动使HR达到预期的贡献？ • 如何评价活动的结果？	• 实现企业战略的人力资源需求如何？ • 企业面临的供给如何？ • 如何协调需求与供给的差异？ • 企业具体采取哪些活动？

图 3-1　企业战略、人力资源战略与规划关系图

人力资源战略[②]是企业根据内部和外部环境分析，确定企业目标，从而制定出企业的人力资源管理目标，进而通过各种人力资源管理职能活动实现企业目标和人力资源目标的过程。人力资源战略是为实现企业总体战略服务的，因此，必须以企业总体战略的要求，来确定人力资源战略的目标。这些目标包括以下几点。

（1）根据企业中长期发展的要求，保证其对人力资源总量的需求。

（2）优化人力资源结构，形成合理的人才结构，满足企业各层次、各专业对人才的需要。

---

① 加里·德斯勒：《人力资源管理》（第 12 版），刘昕译，中国人民大学出版社，2012 年。

② 赵曙明：《人力资源战略与规划》（第 3 版），中国人民大学出版社，2012 年。

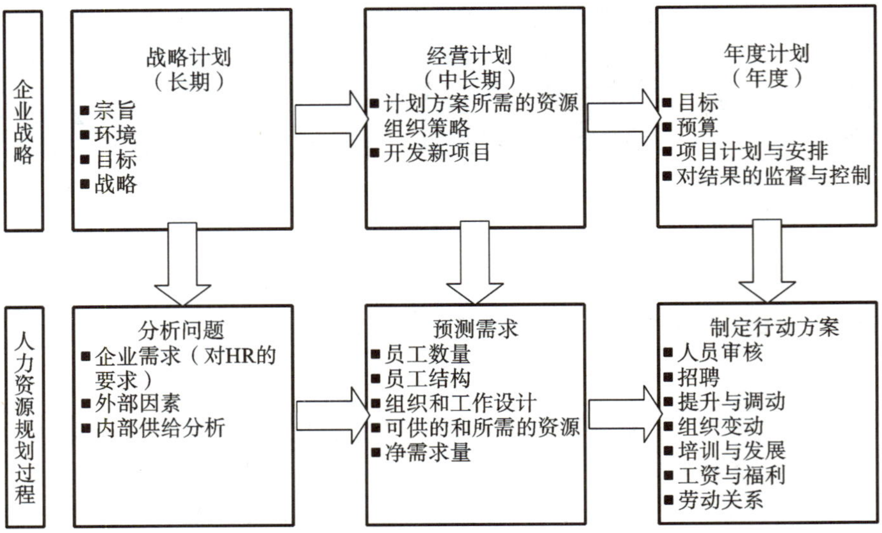

图 3-2 三个层次的企业战略对 HRP 的影响图

(3) 提高每个劳动者的素质,使之与其岗位工作的要求相适应,提高员工队伍的整体素质,发挥人力资源的整体效能。

(4) 努力把人力转化为人才,促进每个劳动者都能成才,发挥他们的积极性、进取性和创造性,为企业发展和进步做出应有的贡献。

微贴 3-1:把人力资源战略与企业战略相结合的步骤

人力资源规划①分为广义和狭义两个层面。广义的人力资源规划是企业各类人力资源计划的总称,是战略规划与战术计划(即具体的实施计划)的统一。狭义的人力资源规划则是指实施企业的发展战略,完成企业的生产经营目标,根据企业内外的环境和条件的变化,运用科学的方法,对企业人力资源的需求和供给进行预测,制定相应的政策和措施,从而使企业人力资源供给和需求达到平衡,实现人力资源合理配置,有效激励员工的过程。

二 人力资源战略的因素分析

企业的内外部环境是人力资源战略的影响因素,人力资源战略与所处的环境因素之间是相互促进和相互制约的,如图 3-3 所示。

(一) 外部环境

与人力资源战略相关的外部环境因素主要包括政治法律环境、社会文化环境、经

① 中国就业培训技术指导中心:《企业人力资源管理师(三级)》(第 3 版),中国劳动社会保障出版社,2014 年。

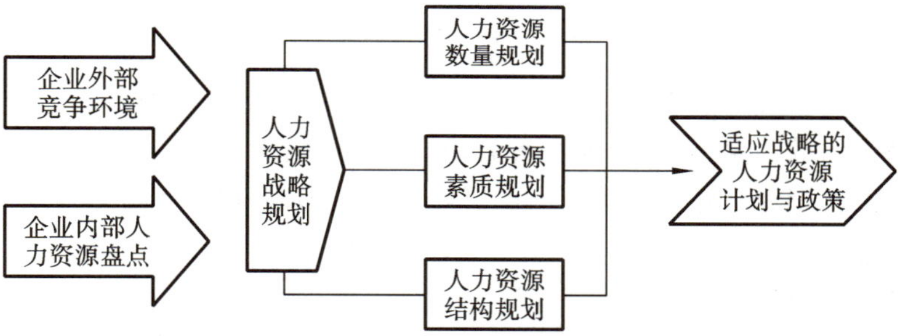

图 3-3　人力资源战略影响因素图

济环境、科学技术环境、人口环境、组织所处的行业环境等。

1. 政治法律环境

政治法律环境是指一个国家或地区的政治制度、体制、方针政策以及法律、法规等方面的因素。这些因素制约、影响着组织的发展，政治因素主要针对国家的方针、政策，它对组织的生存与发展有着深远的影响。

2. 社会文化环境

社会文化环境是指一个国家或地区的居民受教育程度和文化水平、宗教信仰、风俗习惯、审美观点、价值观念等。这些环境是经过千百年逐渐形成的，它影响和制约着人们的观念和思维，影响着人们的行为。其中，受教育程度和文化水平会直接影响劳动者的基本素质；宗教信仰和风俗习惯会抵制某些活动的进行，这对组织的人力资源管理有特殊的要求；审美观点则会影响劳动者对组织活动内容、活动方式以及活动成果的态度；价值观念会影响到劳动者对组织目标、组织活动以及组织本身的认可程度，也会影响组织文化的形成。

3. 经济环境

经济环境可分为宏观经济环境和微观经济环境。经济的繁荣为组织的发展提供了机会，增加了组织对人才的需求，相反，如果经济处于萧条状态，人力资源战略就需要做好精简人员的工作。另外，随着我国经济产业结构的调整，就业和职业模式也将会产生极大的改变。

4. 科学技术环境

科学技术环境是一个极活跃的因素，它对人力资源战略的影响是多重的。

组织机械化和自动化的提高使劳动变得单调，一线的员工容易感到疲倦和枯燥，从而影响其工作效率。为了避免这些，组织需要采用岗位轮换、技术考评、激励等多种方式提高工作的丰富化程度。知识经济时代的到来、电脑网络化的普及使得知识的更新换代越来越快，组织中人员的技能和知识结构逐渐老化，需要持续地、不断地更新。科技进步进一步加深了组织对掌握先进科学知识的人力资源的依赖。

5. 人口环境

人口环境是指人口的数量、质量和结构，劳动力的供需状况及其趋势，经济发展速度与劳动力供需的关系，政府和组织对劳动力素质的投入等。人口环境从人力资源供给的角度对人力资源战略带来了巨大的影响，尤其是人员招聘和培训开发等环节。

6. 行业环境

行业环境的特点直接影响着组织的竞争能力。美国学者波特认为，影响行业内竞争结构及其强度的主要有现有厂商、潜在的参与竞争者、替代品制造商、原材料供应商以及产品用户五种环境因素。人力资源战略在设计的时候也需要考虑行业中其他成员所采用的人力资源战略并以此作为本组织制定人力资源战略的参考依据。

（二）内部环境

组织的内部环境也会对人力资源战略产生很大的影响，而组织内部影响人力资源战略的因素有以下几种。

1. 现有组织的人力资源状况

组织现有的人力资源是人力资源战略的基础，也是将来发展的起点。组织目标的实现需要有充足的相匹配的人力资源。因此，需要对组织现有的人力资源状况进行一个全面的了解，如人力资源数量、人力资源质量、人力资源分布、人力资源的利用状况等，并建立相关的档案来进行管理。

2. 组织战略

组织战略是组织发展的目标，组织在制定战略的时候需要将组织的人力资源状况考虑在内，而人力资源战略则为组织目标的实现提供支持，配合整体战略的实现，因此，可以把组织特定的战略目标看作是影响人力资源战略实践的一个重要的内部因素。

3. 组织文化

组织文化是组织在一定社会经济文化背景下逐步形成和发展起来的趋于稳定的价值观、企业精神、行为规范、道德准则、生活信念、传统习惯等。组织文化在组织的日常管理中不仅可以激励员工不断进取，还能促进成员团结、凝聚团队向心力，促使人们在实践中自觉地符合组织目标。文化是长时间形成的，它深入组织的每个部门，会在较长时间内对成员的思想感情和行为产生影响。因此，组织在制定人力资源战略时需要对组织文化进行分析。

4. 组织的其他部门

组织的运作需要组织中部门与部门之间的良好配合，一个部门的产出可能是另一个部门的投入。人力资源部门与组织的其他部门之间都有着紧密的联系，如果想要使工作进行得更有效，人力资源部门就需要加强与其他部门的配合。同时，人力资源战略的实施不仅针对人力资源部门，也针对整个组织。因此，在制定人力资源战略时必须对组织内的其他部门进行分析研究。

三　战略性人力资源规划的基本内容

每个企业都需要本企业的人力资源管理政策和活动能够与组织的总体战略目标相吻合。战略性人力资源管理(strategic human resource management)意味着制定和实施有助于组织获得为实现其战略目标所需的员工胜任素质和行为的一系列人力资源政策和措施。①

战略性人力资源规划是人力资源工作的起点，是企业人事行动的指南和工作纲领。在战略规划层次上，影响战略性人力资源规划的主要因素有企业的外部环境与条件(包括劳动力市场的完善程度、外部劳动力市场和内部劳动力市场情况等)和企业的内部环境与条件(包括政府劳动法律法规的健全程度等)。

战略性人力资源规划涉及的内容包括企业外部环境因素分析、预计未来企业总需求中对人力资源的需求、估计远期的企业内部人力资源数量、人力资源规划的调整等。

战略性人力资源规划所涉及的内容可以归纳为以下六个子规划(见表 3-1)。

表 3-1　各种子规划目标政策(计划)一览表

子规划	目标	政策	预算
人员补充与退休解聘规划	类型、数量、层次、人员素质结构改善	人员资格标准、来源范围、起点待遇	招聘选拔费用
人员配置计划	部门编制、结构优化、职位匹配、职位轮换	任职条件、职位轮换的范围和时间	按使用规模类别和人员状况决定薪酬预算
人员接替提升及职业生涯规划	后备人员数量保持、人员结构改善	选拔标准、提升比例、未提升人员安置	职位变动引起的工资变动
培训开发计划	培训数量和类型、提供内部供给、提高效率	培训计划的安排、培训时间和效果的保证	培训开发总成本
薪酬激励计划	劳动力供给增加、士气提高、绩效改善	工资政策、激励政策、激励方式	增加工资奖金数额
员工关系及组织文化规划	提高劳动效率、改善员工关系、降低离职率	民主管理、加强沟通	法律诉讼费用

① 加里・德斯勒:《人力资源管理》(第 12 版)，刘昕译，中国人民大学出版社，2012 年。

(1) 人员补充与退休解聘规划。人员补充规划指根据组织内、外部环境变化和组织发展战略,通过有计划地吸收外部人员,对组织中长期可能产生的空缺职位加以补充的规划。退休解聘规划指根据内、外部环境变化和组织发展战略,通过有计划地让达到退休标准人员和不合格人员离开组织,从而使组织的人员结构得到更合理的规划。

(2) 人员配置计划。也称内部人员流动规划,指根据组织内、外部环境变化和组织发展战略,通过有计划地组织内部人员流动,实现在未来职位上配置内部人员的规划。

(3) 人员接替提升及职业生涯规划。指以后备人员数量保持、人员结构改善为目标,根据组织内、外部环境变化和组织发展战略引导员工职业发展方向,员工根据个人能力、兴趣、个性和可能的机会制订个人职业发展计划,组织系统安排内部员工职业发展的规划。

(4) 培训开发计划。指根据组织内、外部环境变化和组织发展战略,考虑员工发展需要,对员工进行有计划的培训和开发,提高员工能力、引导员工态度,使员工适应未来岗位的规划。

(5) 薪酬激励规划。指根据组织内、外部环境变化和组织发展战略,使员工结构保持在一个恰当的水平,同时为了提高员工工作绩效,激发员工工作热情,制定一系列薪酬激励政策的规划。

(6) 员工关系及组织文化规划。指根据组织内、外部环境变化和组织发展战略的需要,以提高劳动效率、改善员工关系、降低离职率为目标,不断完善组织长期积累形成的组织文化,使其在未来能更好地引导和激励员工,从而为组织提供更优秀的人力资源的规划。

四 人力资源战略规划的基本程序

人力资源战略规划的基本程序首先是确认企业的经营战略,盘点企业现有的人力资源,其次,对企业人力资源的供给与需求进行科学预测,然后,根据供需平衡制定企业的人力资源战略规划,最后对规划进行监控与评估,如图 3-4 所示。

(1) 根据企业现在的实际情况及战略要求制定合理的人才资源管理体系,对所有重点岗位进行职务描述,明确每个员工的责权利。

(2) 建立完善的人才配置资源制度是实现优化人员配置、合理分配的前提条件。

(3) 建立合理的薪酬等级管理制度,避免因薪酬分配不均和不合理而导致员工情绪不满的情况。

(4) 建立合理完善的薪酬绩效考核系统,合理可行的薪酬绩效考核系统可以激发

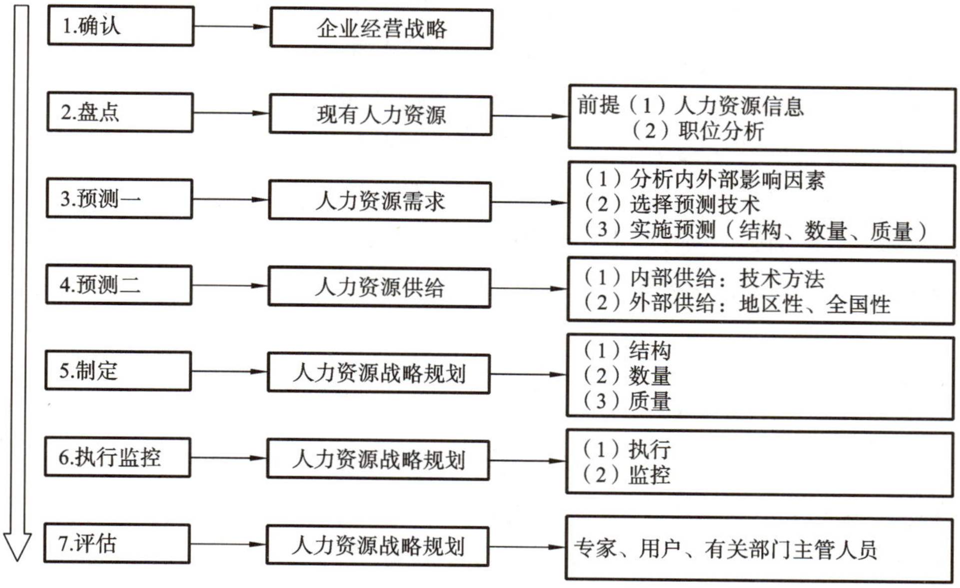

图 3-4 人力资源战略规划的基本程序图

人才的工作热情。

(5) 建立、完善培训规划体系，人力资源培训计划的目的是培养人才。

(6) 制订招聘计划，招聘方式分为内聘和外聘。主要从储备人才、技术人才、管理人才、营销人才等方面考虑招聘计划。

(7) 规范企业人才资源管理，建立一套关于人才招聘、录用、培训、晋升和辞退等科学、合理的制度规范和操作程序。

五 国际人力资源战略

因为不同公司存在不同组织特征和战略重点，针对跨国经营公司的类型应当分别采用当地化人力资源战略、全球化人力资源战略、平衡化人力资源战略和网络化人力资源战略，来实现不同的跨国经营中的一体化——当地化的协同效应，为公司建立持续的国际竞争优势。[①]

（一）当地化人力资源战略

"强龙压不过地头蛇"。多国型公司致力于发展对当地需求的快速响应能力，各子公司拥有很高的决策权，采用当地化人力资源战略。对当地需求的快速响应能力是一

① 苏方国：《跨国经营与国际人力资源战略研究》，《现代管理科学》，2014 年，第 8 期。

种难以快速复制和模仿的资源,能够为公司建立持续的竞争优势。当地化人力资源战略特点是具有高度当地化与低度一体化的需求,易受到不同所在国的国家文化的影响。跨国型公司主要进行各子公司横向协调,各子公司人员横向信息交流非常频繁。为了更好地适应不同国家的风俗习惯、宗教信仰、地方惯例,人才招聘更多偏向当地化标准,且具备较高的当地化运作素质和能力,在培训规划和设计方面更强调当地化运作素质和能力的训练。人才晋升路径从各子公司普通岗位晋升到各子公司重要岗位,根据各子公司当地的薪酬水平设计薪酬计划。

(二) 全球化人力资源战略

全球型公司发展全球一体化程度,发展全球资源高效配置能力,总公司拥有很高决策权,全球化人力资源战略特点是具有高度一体化与低度当地化的需求。全球型公司更强调母公司与各子公司的纵向协调,母公司通过集中控制大多数战略性资产、权力、信息来影响各子公司。为了发挥全球规模经济和生产效率,人才招聘标准更多偏向全球化人才标准,强调人才的全球化思维和视野素质,在培训方面重视全球化思维训练。人才通常的晋升路径是从母公司晋升至各子公司的重要岗位。不过,人才在各子公司任职往往被理解为阶段外派,在母公司获得职位才是许多人才的终极职业目标,因为在母公司较受重视,薪酬更加丰厚,职业声望更高。

(三) 平衡化人力资源战略

跨国型公司非常重视发展学习能力,强化知识和能力的创新与转移,母公司拥有较高决策权,同时各子公司也拥有一定决策权。平衡化人力资源战略特点是具有中度一体化与中度当地化的需求,母公司与各子公司进行中等水平的横向和纵向协调。为了平衡全球规模经济和当地化运作,人才招聘标准兼顾全球化与当地化人才标准,并实施广泛的培训规划。人才从各子公司晋升到公司全球的重要岗位,奖励为实现公司总部和地方目标做出突出贡献者。

(四) 网络化人力资源战略

跨国型公司寻求发展资源高效配置能力、快速响应能力和全球学习能力的多层次综合能力,母公司与子公司分享决策权。网络化人力资源战略特点是具有高度一体化与高度当地化的需求,母公司与各子公司之间进行高水平的横向和纵向协调。人力资源理念采用全球一体化标准,同时各子公司可以自行决定人才的招聘、甄选、开发、晋升和奖赏。

经典案例 3-1

一、案例材料

香港中资企业的人力资源规划

香港的中资企业是属于社会主义公有制性质的企业，但实行的是资本主义的经营管理方式。企业与员工的关系是雇主与员工的雇佣关系。香港的中资企业在制定人力资源总体规划时的指导思想是积极为业务发展服务，最大限度地激励全体员工的积极性、创造性，完成和超额完成企业的目标任务。根据这一总的规划指导思想，各单位制定的具体政策内容非常广泛，几乎涉及员工的衣、食、住、行、康、乐等各个方面。

香港中资企业的人力资源规划具有以下特点：

(1) 具有较大的灵活性。在制定具体的人事政策时，必须考虑到公司的经济承担能力，人员编制、工资福利、晋升、奖励、招聘、辞退等各个方面都必须根据需要和可能来决定。中旅集团介绍说，他们企业是根据业务发展，广泛收集人力，补充流失，既适当增加又防止人浮于事，从严控制，在执行过程中，各所需单位还可以根据需要增加或减少。业务不好的公司，即使总公司在规划时多给编制数，这些单位也不会要。

(2) 具有很强的竞争性。人才竞争是企业竞争最突出的表现，在总体规划下的具体人事政策必须适应竞争的需要。在劳动力短缺的香港，人事政策更需要具有吸引力、凝聚力，才能留住人才。根据华润、中银、中旅集团人事部的负责人介绍，这几家大的中资企业员工的工资水平属于同行业的中上等，在福利待遇、教育和工作环境上优于同行业，这一点正好适应了当代香港人做工不仅讲工资，而且讲发展、讲环境的就业观点。因此，香港员工的平均流动率为 25%～30%，而这三家中资企业只有 13%左右。

(3) 严肃性。中资企业制定当地员工管理人事政策时，必须遵守当地的法律规定，并且必须根据法律规定的修改或变动，随时修订企业的人事政策，如果违反了法律规定，公司或员工可以随时投诉。香港政府专门设有劳资审判处解决此类问题，各集团公司人事部也专门有熟悉当地法律规定的人员负责当地员工的管理，公司与员工相互都必须按“雇佣合约”议定的条款办事，谁违反了谁就得负法律责任。

(4) 具有相对自主权。中资企业的人事政策，在不违背当地法律规定的前提下，各单位可以根据具体情况对一些特殊问题做出决定。如高于规定标准的各种福利待遇、奖金多少等，各个企业不尽相同。

资料来源　爱问共享资料网，案例-香港的中资企业的人力资源规划，https://ishare.iask.sina.com.cn/f/cz7gA2dk5.html。

二、阅读并思考

请用人力资源规划理论分析上述案例。

第二节 人力资源规划的内容与原则

一 人力资源规划的分类①

按照不同的维度,人力资源战略规划可以划分为不同的类型。从时限上划分,可以划分为长期战略规划和中短期战略规划;从层级和内容上划分,可以划分为人力资源总体发展规划、组织变革与创新规划、员工培训开发规划、专才培养选拔规划、员工招聘规划、绩效管理规划、薪酬福利与保险规划、员工激励与发展规划、劳动关系管理规划;从性质上可以划分为吸引规划、参与规划、投资规划,如表 3-2 所示。

表 3-2 人力资源战略规划的分类②

分类维度	分类	备注
从时限上	长期战略规划	5 年以上
	中期战略规划	3～5 年,也叫"人力资源策略"
	短期战略规划	1 年以内
从层级和内容上	人力资源总体发展规划	实质上是按人力资源模块、内容来划分
	组织变革与创新规划	
	员工培训开发规划	
	专才培养选拔规划	
	员工招聘规划	
	绩效管理规划	
	薪酬福利与保险规划	
	员工激励与发展规划	
	劳动关系管理规划	

① 中国就业培训技术指导中心:《企业人力资源管理师(三级)》(第 3 版),中国劳动社会保障出版社,2014 年。

② 加里·德斯勒:《人力资源管理》(第 12 版),刘昕译,中国人民大学出版社,2012 年。

续表

分类维度	分　类	备　注
从性质上	吸引规划 参与规划 投资规划	其实质为人力资源规划，注意规划内容与企业竞争策略的对应

二　人力资源规划的内容

总的来说，人力资源规划的主要内容有战略发展规划、组织人事规划、制度建设规划以及员工开发规划，如图 3-5 所示。

战略发展规划是根据企业总体发展战略的目标，对企业人力资源开发和利用的大政方针、政策和策略的规定，是各种人力资源具体计划的核心，是事关全局的关键性计划。

组织人事规划是人力资源规划中必不可少的部分，一般包括组织结构调整、劳动组织调整发展计划以及劳动定员定额计划。

制度建设规划是企业人力资源管理系统有效运行的制度保障，企业要保证人力资源总体规划目标的实现，就必须不断建立、健全和完善企业人力资源管理的制度体系，使人力资源管理的吸引、录用、维持、评价、调整、发展这六项基本职能得到充分发挥。

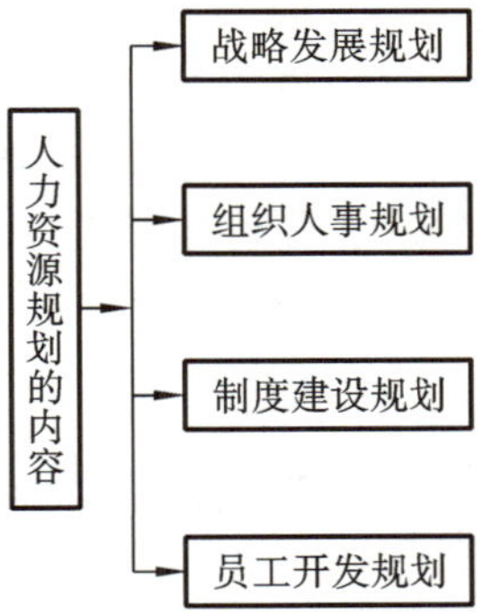

图 3-5　人力资源规划的内容

员工开发规划是人力资源规划的重点，包括培训开发规划、员工职业道德教育计划、员工职业技能培训计划、专门人才培养计划等，有利于提高企业整体素质和员工个体素质，增加企业智力资本的竞争优势。

具体来说，人力资源规划主要包括战略规划、组织规划、制度规划、人员规划、费用规划、职务编制规划、关键任务的风险分析对策规划、人力资源战略规划的期限规划等方面。

(1) 战略规划。人力资源战略规划是根据企业总体发展战略的目标，对企业人力资源开发和利用的大政方针、政策和策略的规定，是各种人力资源具体计划的核心，是事关全局的关键性规划。

(2) 组织规划。组织规划是对企业整体框架的设计，主要包括组织信息的采集、处理和应用，组织结构图的绘制，组织调查、诊断和评价，组织设计与调整，以及组织机构的设置等。

(3) 制度规划。企业人力资源管理制度规划是人力资源总规划目标实现的重要保证,包括人力资源管理制度体系建设的程序、制度化管理等内容。

(4) 人员规划。人员规划是企业对人员总量、构成、流动的整体规划,包括人力资源现状的分析、企业定员定额、人员需求与供给预测、人员供需平衡等。

(5) 费用规划。人力资源费用规划是对企业人工成本、人力资源管理费用的整体规划,包括人力资源费用预算、核算、审核、结算,以及人力资源费用的控制。

(6) 职务编制规划。根据组织发展计划,结合职务分析报告的内容,制定职务编制规划。职务编制规划阐述了组织结构、职务设置、职务描述和职务资格等内容。制定职务编制规划的目的是描述组织未来的组织职能规模和模式。

(7) 关键任务的风险分析对策规划。每个组织在人力资源管理中都可能遇到风险,如招聘失败、新政策引起员工不满等,这些事件可能会影响企业的正常运转,甚至会对企业造成致命的打击。风险分析就是通过风险识别、风险估计、风险驾驭、风险监控等一系列活动来防范风险的发生。

(8) 人力资源战略规划的期限规划。人力资源规划的期限是短期(1 年以内)、中期(3～5 年),还是长期(5 年以上),一般来说要与企业总规模相一致。它主要取决于企业所处环境的确定性、稳定性以及对人力资源素质的要求。通常,经营环境不确定、不稳定,或对人力资源素质要求低,随时可以从劳动力市场上补充,则以短期计划为主;相反,若经营环境相对确定和稳定,而对人力资源素质要求高,补充比较困难时,就应当制定中、长期规划。

三 人力资源规划的主要原则

不论组织内部采取何种有效的人力资源管理手段,组织竞争力提高到一定程度就必然会受到来自外部环境的制约。为了冲破这种桎梏,组织要策划如何有效利用来自外部的人力资源在特定的时间、空间和特定任务中直接或间接为实现组织的发展目标服务。因此,在人力资源规划中要注意系统性原则、适应性原则、目的性原则、发展性原则以及协作性原则。①

(一) 系统性原则

人力资源规划的实施是一个整体,实施过程的每一个环节都相互联系,相互影响。上一个阶段的实施活动势必会影响到下一个阶段的规划实施和反馈调整,每一阶段规划实施是否到位也会影响到整体实施效果,而及时的反馈调整是确保规划顺利实施的有效保障。因此,系统的实施才能起到良好效果,部分的实施难以达到预期效果。

① 赵曙明:《人力资源战略与规划》(第 3 版),中国人民大学出版社,2012 年。

（二）适应性原则

人力资源规划的实施只有充分考虑了内外环境的变化，才能适应环境的需要，真正做到为企业发展目标服务。内部变化主要是指销售状况的变化、产品开发的变化、企业发展战略的变化，以及公司员工流动的变化等；外部变化主要是指社会消费市场的变化、政府有关人力资源政策的变化、人才市场的供需矛盾的变化，等等。为了能够更好地适应这些变化，人力资源规划应该对可能出现的情况做出预测和风险分析，并寻求面对风险的应急策略。

（三）目的性原则

明确人力资源规划的根本目的，确保企业的人力资源规划的有效实施。企业的人力资源保障问题是人力资源规划实施中应解决的核心问题，它包括人员的流入预测、流出预测、人员的内部流动预测、社会人力资源供给状况分析、人员流动的损益分析等。只有有效地保证了对企业的人力资源供给，才可能进行更深层次的人力资源管理与开发。

（四）发展性原则

人力资源规划的最终目的是使企业和员工都得到发展，达到预期目标。人力资源规划的实施不仅是面向企业的规划，也是面向员工的规划。企业的发展和员工的发展是相互依托、相互促进的关系，如果只考虑企业的发展需要，忽视了员工的发展，将阻碍企业发展目标的达成。优质的人力资源规划的制定与实施，能够使企业和员工得到长期利益的规划，能够使企业和员工的长期利益得到共同发展。

（五）协作性原则

有效的人力资源规划是由企业内部相关人员共同完成的，而绝非单靠人力资源部就能解决。因此，人力资源部在进行人力资源规划时，一定要注意充分调动各个部门以及高层管理者的参与积极性。只有这样，人力资源规划才能够符合企业实际并落到实处。

微贴 3-2：人力资源规划的要诀

第三节 人力资源规划的制定与实施

人力资源规划是人力资源工作的起点，是人事行动的指南和工作纲领。在经营计划的层次上，人力资源规划涉及对人力资源需求与供给量的预测，并根据人力资源的方针政策，制定具体的行动方案。

一 调查和分析人力资源规划信息

在调查分析阶段，要认清总体发展战略目标方向和内、外部环境的变化趋势。首先，要调查企业与人力资源相关的基本信息，如企业组织结构的设置状况、职位的设置及必要性，企业现有员工的工作情况、劳动定额及劳动负荷情况，企业未来的发展目标及任务计划，生产因素的可能变动情况等。

同时，需要特别注意对组织内人力资源的调查分析。这一部分通常包括现有员工的基本状况、员工具有的知识与经验、员工具备的能力与潜力开发、员工的普遍兴趣与爱好、员工的个人目标与发展需求、员工的绩效与成果、近几年人力资源流动情况、人力资源结构与现行的人力资源政策等。

另外，对企业外在人力资源进行相关调查分析，如包括劳动力市场的供给与需要的现状、教育培训政策与教育工作、劳动力择业心理、外在劳动力市场的有关因素等。这些信息都是企业人力资源规划制定的基础。

二 人力资源需求预测及方法

人力资源需求预测(prediction of human resource demand)是在掌握了组织内部和外部信息资料后，结合组织内、外部环境条件对其未来的人力资源需求进行分析和预测。[①]

(一) 人力资源需求的影响因素

影响人力资源需求的因素很复杂，既有社会、政治、经济方面的因素，也有企业的战略、经营状况、管理水平及现有员工素质等因素，我们将分别从宏观层面和微观层面

---

① 冯光明等:《人力资源开发与管理》，机械工业出版社，2013 年。

加以分析。

1. 宏观层面

（1）经济环境。经济环境影响企业未来的发展趋势和社会经济发展状况，对企业人力资源需求也有很大的影响。这里所说的经济环境既包括国家或地区的经济状况、行业的经济状况，也包括世界的经济状况。特别是在经济全球化的今天，企业越来越多地参与世界范围的竞争，各国经济状况都可能会对一国企业的人力资源需求和配置产生直接或间接的影响。

（2）社会、政治和法律环境。包括社会习惯、法律法规、国家政策和行政体制等方面的因素。社会政治环境因素如政局的动荡会影响人力资源需求，进而影响企业的人力资源规划。

（3）劳动力市场。劳动力市场是企业获取合格人才的潜在场所，而企业员工的能力在很大程度上决定着企业能否顺利地实现自己的目标，因此劳动力市场是人力资源管理必须考虑的一个重要的外部因素。劳动力市场是随时变化的，这也引起企业内部劳动力质量和数量的变化。劳动力市场是影响企业人力资源需求的一个重要因素，企业只有对劳动力市场进行分析，才能够准确地进行人力资源需求预测。

（4）技术进步。技术进步对人力资源需求的影响较大。市场竞争推动技术进步，技术创新和升级换代通常伴随着对技术水平低的工人的需求减少，对有技能的工人的需求增加。技术的创新和升级经常在不同行业中出现，不同技术也需要不同类型、不同专业的人力资源。

（5）外部竞争者。竞争者一直是影响企业人员需求的一个重要因素。一方面，竞争者之间可能相互争夺人才，直接影响企业的人力资源配置和需求；另一方面，竞争对手的易变性导致社会对企业产品或劳动力的需求变化，这种对产品或劳动力的需求变化必然引起企业人力资源的需求变化。

2. 微观层面

（1）企业战略。企业战略是影响人力资源需求的重要因素，企业的发展战略目标规划为企业规定了发展方向和目标，决定了企业发展速度，以及企业发展需要什么人来完成。战略的实施一般需要较长的时间，因此在制定企业战略时，既要考虑现有的人员状况，也要为未来的发展储备人才，要么进行培训开发，要么从外部招聘。战略一旦制定，就会对企业未来的人力资源需求和配置产生决定性影响。

（2）企业的经营状况。组织的经营效率也是影响人力资源需求的重要因素。高效率的组织为了满足企业高速扩张的需要，可能需要的人员数量较少，但是质量要求较高。如果组织经营效率低下，则需要分析现有人员的配备是否合理，甚至涉及裁员问题。其他与经营状况有关的影响企业人力资源需求的具体指标有组织的工作任务（如销售量和销售额）、完成工作量的决定因素等。

（3）企业的管理水平和组织结构。企业的管理水平是指组织、管理生产经营活动的技术和方法所达到的先进程度。管理水平高，则企业可以充分利用现有人员。不过,管理水平的高低首先取决于管理人员的素质,管理水平高,企业对高水平管理者的需求就较大。此外,现有组织高层发生重大变化时,企业战略及人事政策都会随之改变,也会影响人力资源需求。

组织结构对人力资源需求也会产生影响。随着组织趋于扁平化,管理幅度增加,员工跨层级升迁的机会也就有所减少,同一级别的人员供给相对过剩。对一般员工的需求减少,对具有较高管理能力的高层管理人员的需求增加;对现有员工的需求减少,而对从外部招聘新人的需求增加。组织结构对人力资源需求的影响,还体现在要求员工有更高的素质、能学习适应新角色等方面。

(4) 现有人员的素质和流动情况。人力资源需求预测其实不仅仅是预测未来所需的人才,合理使用现有的人才资源显得更重要。首先,要看现有的人员能否满足企业增加产量、提高效率的需要,能否适应市场竞争的需求。如果现有的人员配置合理,则相对来说,现有工作对人力资源的需求就不太重要,而可以着眼于未来。此外,还要考虑组织中人员因为辞职、调动、升迁或中止合同而发生的流动比例或流动频率等因素。

(二) 人力资源需求预测方法①

人力资源需求预测是从企业发展长远利益出发,对企业所需要的人力资源数量和质量等进行科学分析和预测的过程。进行人力资源需求预测需要考虑各种影响因素,主要包括企业外部环境因素、企业内部因素及人力资源自身因素等。人力资源需求预测的分析方法可以区分为定性法和定量法。

1. 定性法

常见的定性法包括经验预测法、德尔菲法和趋势分析法等。

(1) 经验预测法。根据管理人员以往工作的经验,综合各方面的因素进行分析,而得出企业发展对人力资源需要数量、质量和结构的预测。

(2) 德尔菲法。通过采用"背对背"的通信方式征询专家小组成员的预测意见,经过多轮意见反馈使专家小组的预测意见趋于集中。该方法又被称为专家意见法,即通过专家采用匿名方式发表意见,最后形成一致意见用来帮助企业解决发展中的重大难题。

微贴 3-3:德尔菲法的步骤

(3) 趋势分析法。根据以往经验,凭借主观判断,对未来趋势进行的主观估量。每个人的主观判断标准不同,所以对趋势的判断也会有差别。

① 孟祥林:《人力资源管理》,机械工业出版社,2014 年。

2. 定量法

定量法包括人员比率法、趋势外推法、回归分析法、计算机模拟法等。

(1) 人员比率法。采用人员比率法需要一个前提，即在招聘新员工时，需要知道企业在先前发展中各类人员之间的大致比例。如果没有这样的经验数据，该方法就无法付诸实施。根据这样的经验比例，可以动态地计算当一类人员发生变化后，其他人员的相应变化情况。

(2) 趋势外推法。趋势外推法就是根据事情发展的一般趋势进行预测的方法，一般可以根据两个要素之间的变化关系模拟出变化曲线或者数学方程式，然后进行所需要数据的计算。

(3) 回归分析法。回归分析法是根据事物发展变化的相互关系对事物发展变化的未来趋势进行预测的过程。这是一种研究变量之间变化关系的定量预测方法，最简单的是两个变量之间关系的预测方法。

(4) 计算机模拟法。计算机模拟法是通过比较复杂的数学运算，模拟各种情况下企业在运行中需要的人员配比状况，从而对企业中各个岗位的人员需求情况进行模拟预测。采用计算机模拟方法进行人员需求预测，需要事先对企业运行中出现的各种状况进行调查，并且要将企业各个岗位的情况进行数字化处理后输入计算机中，采用事先编写的程序对数据进行处理。这是一个非常复杂的系统，但是如果数据足够详细，就能够得出比较准确的结果。

三　人力资源供给预测及其方法

（一）人力资源供给预测的概述

人力资源供给预测(prediction of human resource supply)是指组织为了满足对人才的需求，对将来某个时期内组织内部和外部所能得到的人才数量和质量进行预测。人力资源供给预测包括两个方面：一方面是内部人员拥有量预测，即根据现有人力资源及其未来变动情况，预测出计划期内各时间点上的人员拥有量；另一方面是外部供给量预测，即确定在计划期内各时间点上可以从组织外部获得的各类人员的数量。一般情况下，内部人员拥有量比较透明，预测的准确度较高，而外部人力资源的供给则有较高的不确定性。组织在进行人力资源供给预测时应把重点放在内部人员拥有量的预测上，外部供给量的预测则应侧重于关键人员，如高层管理人员、技术人员等。

（二）内部人力资源供给预测

内部人力资源供给的常用方法有人员核查法、人员替换法、马尔科夫模型预测法和计算机模拟法。[①]

1. 人员核查法

人员核查法是通过对组织现有人力资源的数量、质量、结构和在各职位上的分布状态进行核查,从而掌握组织可供调配的人力资源拥有量及其利用潜力。

人员核查法的经典步骤如下。首先,对组织的工作进行分类,并进一步划分级别。有些组织的工作种类及其级别划分在工作分析和设计后的工作说明书中体现出来,有些并没有明确体现在文件中,需要做归类工作。其次,统计每一职位、每一级别的人数。

人力资源核查法是一种静态的人力资源供给预测方法,它不能反映人力资源拥有量未来的变化,因而多用于短期人力资源拥有量的预测。虽然在中长期预测中使用此方法比较普遍,但对于大型企业的人力资源供给预测有一定的局限。

2. 人员替换法

人员替代法最早用于人力资源供给预测,后来也应用于需求预测。这种方法就是对组织现有人员的状况做出评价,然后对他们晋升或者调动的可能性做出判断,以此来预测组织潜在的内部供给。这样,当某一职位出现空缺时,就可以及时地进行补充。在替代表中,要给出职位名称、现任员工姓名、年龄、预计的提升空间以及可能的替换候选人,以及提升时间预期。

为了直观,往往将这种替换制作成图,如图 3-6 所示。在现有人员分布状况、未来理想的人员和流失已知的条件下,由待补充职位空缺所要求的晋升量和人员补充量即可知人力资源供给量。

该方法以绩效为预测依据,员工的绩效很低时,将被辞退或调离;员工的绩效很高时,将被提升。提升时间的预测很大部分也是以此为依据,当然还要考虑人员的技能、能力等。该方法的实施步骤具体如下。

(1) 确定要进行人力资源规划的工作职能范围。

(2) 确定关键职位的候选人。

(3) 评价候选人工作情况及对提升要求的满足情况。

(4) 了解候选人的职业发展需要,将个人职业生涯发展与组织发展相结合。

人员替换法适用于管理人员供给预测,比较简单、直观,但是需要根据组织环境变化及时调整。

3. 马尔科夫模型预测法

马尔科夫模型预测法是组织内部人力资源供给预测的一个方法。尽管这种方法在理论上很复杂,但人们只要学会应用便可。该方法的基本思想是:找出过去人力资源流动的比例,依次预测未来人力资源供给的情况。

---

① 冯光明等:《人力资源开发与管理》,机械工业出版社,2013 年,第 95-97 页。

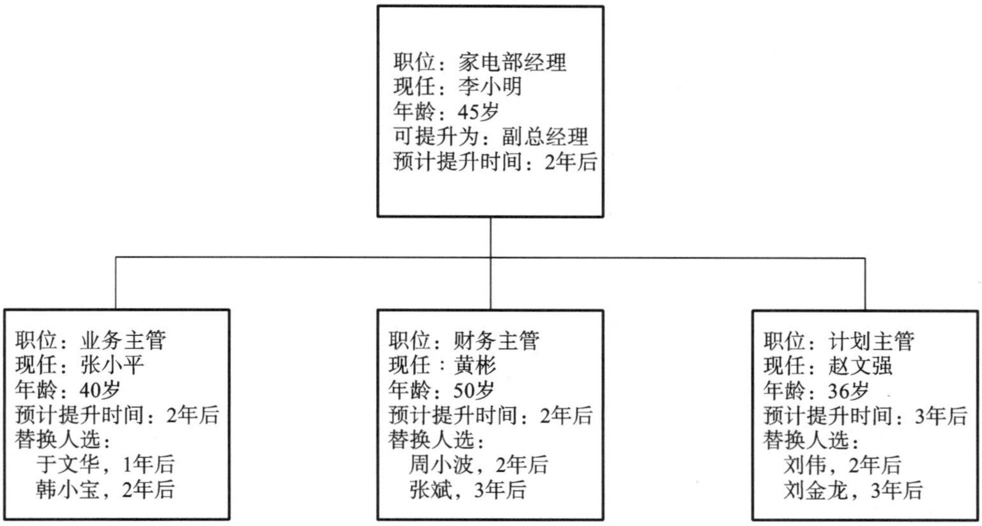

图 3-6　简单的替换清单

对于这一模型的原理，我们不再赘述，这里主要解释一下它是如何具体运用的，下面以某公司人力资源变动为例说明。

假如某公司有四类职位，从低到高依次是 A、B、C、D，各类人员的分布情况如表3-3所示，请预测一下未来人员的分布情况。

表 3-3　公司人员的分布情况

职　　位	A	B	C	D
人数	40	80	100	150

在预测时，首先我们要确定出各类职位的人员转移率，这一转移率可以表示为一个矩阵变动表(见表 3-4)。

表 3-4　第一年企业人员的分布和迁移情况

职　　位	A	B	C	D	离职率合计
A	0.9	—	—	—	0.1
B	0.1	0.7	—	—	0.2
C	—	0.1	0.75	0.05	0.1
D	—	—	0.2	0.6	0.2

表 3-4 中的每一个数字都表示在固定的时期(通常为 1 年)内同类职位之间转移的员工数量。例如，表 3-4 表示在一年内，A 类职位的人有 90%留在公司；B 类职位中 80%留在公司，其中 10%转移到 A 类职位，70%留在原来的职位。这样有了各类人员原始的人数和转移率，就可以预测出未来的人力资源供给情况，将初期的人数与每类的转移率相乘，然后再纵向相加，就得到每类职位的供给量(见表 3-5)。

表 3-5　预测第二年企业人员的供给情况

职位/供给量	初期人数	A	B	C	D	离职率合计
A	40	36	—	—	—	4
B	80	8	56	—	—	16
C	100	—	10	75	5	10
D	150	—	—	30	90	30
预测的供给量	—	44	66	105	95	60

由表 3-5 可以看出,在第二年中,A 类职位的供给量为 44,B 类职位的供给量为 66,C 类职位的供给量为 105,D 类职位的供给量为 95,整个企业的供给量为 310。将这一供给量的预测和需求预测进行比较,就可以得出企业在明年的净需求。如果要对第三年做出预测,只需要将第二年预测的数据作为初期数据就可以了。使用马尔科夫模型进行人力资源供给预测的关键是确定转移率矩阵,而在实际预测中,由于受各种因素的影响,人员转移率是很难确定出来的,往往都是一种大致的估计,这就会影响预测结果的准确性。

4. 计算机模拟法

目前有许多基于计算机技术的预测模拟,以充分考虑各种变量对未来人员需求供给的影响,解决大规模或人力无法进行的预测问题。运用计算机技术,管理者可以变换人事政策以判断这种变化对未来人员供给的影响,从而获得一系列与各种不同人事政策相对应的人力供给状况。

人力资源规划的各种方法各有优势,需要相互配合运用。

(三)外部人力资源供给预测

除了充分挖掘内部潜力进行补充外,从企业外部进行招聘引进也是一条不可缺少的途径。影响企业外部人力资源筹措的因素有很多,企业外部人力资源预测根据这些影响因素,预测企业未来利用的外部人力资源状况。[①]

四　人力资源供需平衡规划

在企业人力资源供需预测的基础上,要进行人力资源的综合平衡,这是人力资源规划工作的核心和目的。企业人力资源的综合平衡主要包括三个方面:人力供给与人力需求的平衡、专项人力资源规划间的平衡、组织需要与个人需要的平衡。具体如图 3-7 所示。

① 冯光明等:《人力资源开发与管理》,机械工业出版社,2013 年。

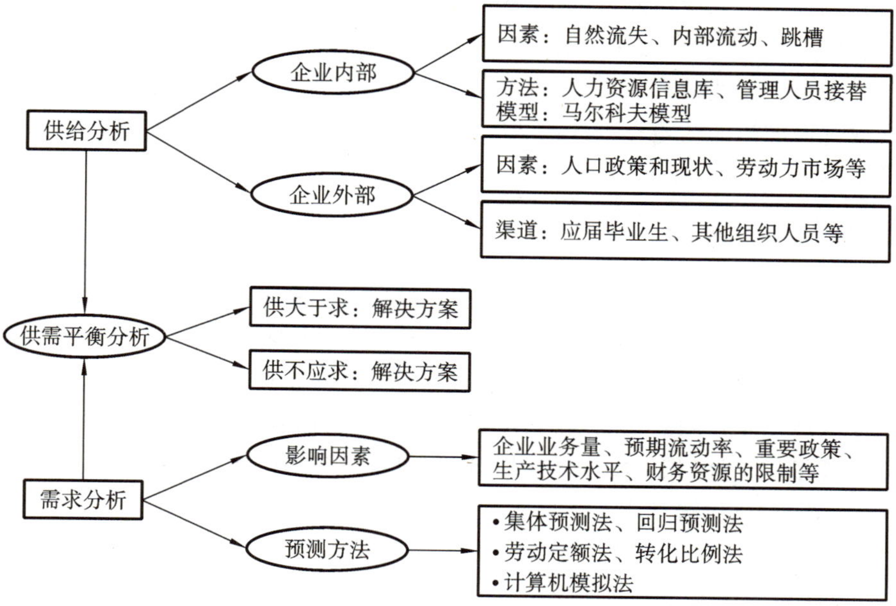

图 3-7　人力资源供需平衡分析图

（一）人力供给与人力需求的平衡

由于人力资源供需的刚性，企业的人力资源供给与需求的不平衡是一种必然现象。企业人力资源供给与需求的不平衡不外乎三种类型：人力资源不足、人力资源过剩和两者兼而有之的结构性失衡。

1. 人力资源不足

人力资源的供给不足，主要表现在企业的经营规模扩张和新的经营领域的开拓时期，急需增加和补充新的人员。补充的途径有外部招聘、内部晋升、人员接任、技术培训等。企业人员的净补充阶段应该是企业人力资源结构调整的最好时机。此时，企业原有的经营规模和领域也可能出现人力资源不足的情况，比如，人员的大量流失等。人力资源流失是一种不正常的现象，如果出现这种现象，就表明企业的人力资源管理政策可能存在重大失误。

2. 人力资源过剩

绝对的人力资源过剩主要发生在企业经营萎缩时期。这时对过剩人员的处置成为企业能否度过萧条时期的关键因素之一。一般的平衡办法有提前退休、减少人员补充、增加无薪假期、裁员等。在国家法律规定的范围内，让一部分员工提前退休是调整人力资源过剩的一种途径。企业可以适当放宽退休的年龄和条件限制，促使更多的员工提前退休。如果将退休的条件修改得有足够的吸引力，会有更多的员工愿意接受提前退休。当出现员工退休、离职等情况时，若是这一岗位人员过剩，就无须对此岗位进行人员补充。当出现短期人力过剩的情况时,采取增加无薪假期的方法比较合适,比如,规定员工有一个月的无薪假期,在这一个月没有薪水,但下个月可以照常上班。裁员是一种无奈和有效的方式,在进行裁员时,首先制定优厚的裁员政策,比如,为被裁减者发放优厚的失业金等;然后,裁减那些主动希望离职的员工;最后,裁减工作考评成绩低下的员工。[①]

3. 结构性失衡

结构性失衡是企业人力资源供需中较为普遍的一种现象,在企业处于领先地位和稳定的发展状态时表现尤为突出。这也曾是困扰我国绝大多数国有企业的问题,一方面一般性劳动力严重过剩,但无法推向社会;另一方面企业发展所需要的经营管理人才和技术人才严重短缺,又无力自我培养或向社会招聘。从企业本身而言,平衡的办法一般有技术培训计划、人员接任计划、晋升和外部补充计划,其中外部补充主要是为了抵消退休和人员空缺。

(二) 专项人力资源规划间的平衡

企业的人力资源规划包括人员补充计划、培训计划、使用计划、晋升计划、薪资计划等,这些专项人力资源规划之间有着密切的内在联系,因此,在人力资源规划中必须充分注意它们之间的平衡与协调。如通过人员的培训计划,受训人员的素质与技能得到提高后,必须与人员使用计划衔接,将他们安置到适当的岗位;人员晋升或调整使用后,因其承担的责任和所发挥的作用与以前不一样,必须配合相应的薪资调整。唯有如此,企业的人员才能保持完成各项任务的积极性,各专项人力资源规划才能得以实现。

(三) 组织需要与个人需要的平衡

组织需要和组织成员的个人需要不尽相同,企业人力资源规划中的各项人力资源规划是解决这一矛盾的有力手段和措施。

(1) 当企业需要专业化,而员工需要工作丰富化时,可以通过制订一定的培训计划予以解决。

(2) 当企业需要人员稳定,而员工需要寻求发展时,可以通过制订相应的职业生涯计划来缓解矛盾。

(3) 当企业需要低成本,而员工需要提高待遇时,则可以通过制订相应的生产率计划来协调。

(4) 当企业需要建立一定的领导权威,而员工需要受到充分尊重时,可以通过制订劳动关系计划来协调矛盾。

---

① 吴少华:《企业人力资源规划的控制与评价》,《中国商贸》,2010年,第8期。

（5）当企业需要员工效率，而员工需要公平的晋升机会时，可以通过制订相应的考核计划来实施。

通过组织与个人需要的平衡，企业在充分调动员工积极性的基础上完成发展目标，同时使员工的各类需求得到最大限度的满足。

五　人力资源规划实施的步骤

人力资源规划的实质是根据企业经营方针，通过优化企业人力资源的途径来实现企业目标的过程。人力资源规划在实施过程中要分步分阶段进行，具体步骤可分为健全完善阶段、改进提升阶段以及持续改进阶段。[②]

（一）第一阶段：健全完善阶段

在该阶段，可以展开以人力资源开发和储备为主题的人力资源规划实施的内容：全面推动职业化人力资源管理体系的运作，对企业的人力资源工作进行综合统筹、分级管理，引进相关方法和手段，推进人力资源体系中的各项制度、各项工作的开展、实施与完善，并将其落到实处；在企业内充分形成互动，提升人力资源管理体系的整体运作效果，加大人力资源的储备和培养，使一大批人才快速成长起来，推动企业阶段性战略目标的实现。

（二）第二阶段：改进提升阶段

人力资源规划的改进和提升，要求企业实施前瞻性管理，发挥战略牵引作用，该阶段可以展开以人才资源的价值整合和资本开发为主题的人力资源规划实施内容：全面夯实人力资源各项工作，根据内外环境变化对人力资源管理体系进行升级、维护；在此基础上，前瞻性地开展人力资源战略管理，进行人力资源综合升级性整合，使得人力资源管理水平达到国内先进水平，使人力资源成为企业的核心竞争力之一，使人力资源对企业整体工作发挥牵引作用。

（三）第三阶段：持续改进阶段

该阶段的主要内容是企业战略与个人职业生涯的完美结合：根据企业不同环境下不同的战略以及具体发展规划，适时调整并完善和改进人力资源规划，使人力资源规划全面支持、推动和加速企业变革及战略实现。

经典案例 3-2

一、案例材料

北山医药集团的人力资源管理问题

北山医药集团是一家民营企业,从 1990 年建厂以来,在短短的十几年时间里,企业由原来仅有 20 多名员工的小作坊式工厂发展成为一个拥有 3000 多名员工,年销售额达十多亿元的现代化制药集团。然而,随着企业的发展壮大,特别是近些年制药行业的竞争加剧,企业面临的人力资源管理方面的问题日益突出:企业的业务在迅速地扩展,如企业的产品技术层次在不断地提升,经营开始走向多元化,现有的人员已经无法满足新增业务对技能方面的要求,特别是有经验的技术人员与管理干部的缺乏,严重地影响了业务的发展。然而,正是在这个时候,又有几个非常重要的核心员工被竞争对手挖走,企业发展蒙受了巨大的损失。高层领导开始意识到,如果不认真解决这个问题,企业在今后更为激烈的市场竞争中将会败下阵来。

为此,企业聘请人力资源管理咨询专家进行了大规模的调查研究。调查结果表明企业员工对于自己的工资福利较为满意;企业的高层次人才多采用校园招聘的形式,但招聘人才的条件与专业却是由人力资源部根据情况确定的,员工的工作安排随意性较大,专业不对口的现象较为普遍。此外,企业内部的调动非常频繁,升迁多由高层管理者仓促任命;而企业的培训多根据现有的环境与条件安排,不能影响生产,因此,员工对自己的职业发展的满意度不高,不少人有了离职的想法。

二、阅读并思考

从人力资源管理职能的角度来看,北山医药集团在管理方面的症结是什么?具体表现在哪些方面?你认为应该从哪几个方面来着手解决这些问题?

第四节 人力资源规划的评价与控制

人力资源战略规划的实施与执行,实际就是构建或规范企业的整个人力资源管理体系，即按照企业的人力资源战略规划来逐步建立或者完善企业现有的人力资源管理体系，把企业发展战略和人力资源战略规划中的目标与计划进行分解、落实。人力资源战略规划的实施主要包括企业组织机构的设计与优化、企业职务分析和评价、企业的人员招聘和管理、企业的绩效考核体系设计、员工工作表现评估和核心胜任能力模型塑造、企业薪酬激励和福利体系设计、员工培训管理体系、员工职业生涯发展体系等内容设计时需要把握的基本原则和相关政策的落实。

一　人力资源规划的评价与控制的概述

人力资源规划的评价与控制是一个有机关联、相互协调与互动的功能系统。人力资源规划的评价和控制系统能够高速有效地运转，可以为人力资源规划的实施提供客观、准确的反馈信息，从而保障整个人力资源规划过程的良性实施。[②]

人力资源规划通过分析组织在未来一段时期人力资源的供需情况，结合组织所处的发展阶段以及内、外部环境的要求，在企业发展战略目标的引导下和人力资源战略的基础上对人力资源进行有效的开发和管理，以保障组织目标的实现。然而，在具体实施人力资源战略与规划的过程中，人类预测理性的有限，内、外部环境的混沌变化，都有可能使最初制定的人力资源规划不能真正有效地达到组织所预期追求的目标和要求。因此，必须建立一套科学的评价与控制系统和机制，利用评价结果对最初的人力资源规划与变化了的内外部环境主动进行适应性调整，修正组织在人力资源规划实施中的偏差，最终保障人力资源规划的持续滚动发展。所以，对人力资源规划进行系统化的反馈、评价与控制就成为一项对组织利害攸关的工作。

在企业人力资源战略规划的实施过程中，需要不断监控人力资源战略规划的具体落实情况，不断收集人力资源管理方面的资料和信息，查看人力资源战略规划是否与企业的发展战略相匹配，是否与企业的人力资源体系模块的设计相匹配，以及人力资源管理的各体系模块建立的合理性和可操作性。同时，在企业人力资源管理体系实施和执行的一个相对周期内对人力资源战略规划实施情况进行必要的分析和评估，并根据企业内外部环境的变化来调整人力资源战略规划的内容以适应企业整个发展战略的变化。

总之，人力资源战略规划的目的是通过制定规划来保证企业人力资源战略符合企业战略和不断发展的需要。要管理好企业的人力资源，就必须按照科学的程序制定和实施相应的人力资源战略规划，最终将人力资源战略规划的内容变成真实的行动，从而不断提升企业的人力资源管理水平和企业整体管理水平，达到实现企业发展战略目标、提高企业经营绩效的目的。

二 人力资源规划与评价的必要性

(一) 人力资源规划环境的多变性

人力资源规划环境的变化性包括组织内部环境与外在环境的双向变革，无论是组织的结构、管理机制、企业文化的调整，还是市场竞争、劳动力择业期望与倾向的变化，无不表明当今组织面临的环境影响范围在不断扩大。而随着世界经济一体化的不断深入、知识经济的兴起、知识管理重要性的凸显以及技术发展的日新月异，环境变化连续加速。人力资源规划环境的剧烈变化加大企业制定与实施人力资源规划的难度和不确定性，正是由于人力资源规划环境在广度、幅度、深度以及速度方面的变化，必然要求组织实时且审时度势地对最初制定的人力资源规划在内容、原则、实施手段以及实现的目标上进行相应的评价与控制。①

(二) 组织内部的非均衡性

人力资源规划实施的场所是组织，组织是人力资源规划实施的基础和基本条件，但组织本身因各种因素的干扰而呈现出极大的不稳定性。组织规模大小、结构匹配以及对外部环境的不断适应无不表现出明显的非均衡性。组织的这种非均衡性对人力资源规划的要求与标准都会有实时动态的调整，而这种调整乃至革命性的变化都要靠评价与控制系统来完成。

(三) 人力资源规划本身的不全面性

出于客观原因和主观原因，人力资源规划在制定之初往往存在一系列意想不到的缺陷，规划不可能完美无缺，往往需要在具体实践中进行不断的修正、补充和完善。这就要求进行人力资源规划的评价，并在评价的基础上进行有针对性的评价和控制。

(四) 人力资源本身的能动性

无论是战略性的人力资源规划(5 年以上)、战术性的人力资源规划(3～5 年)，还是操作性的短期规划(1 年以内)，企业内外的人力资源本身的能动作用会发生企业规划当初未曾预料到的变化。人力资源素质结构、损耗与内外部流动、人力资本以及员工需求等均会要求人力资源规划必须借助动态的评价与控制来保证兼容性，促使企业

---

① 赵曙明:《人力资源战略与规划》(第 3 版)，北京:中国人民大学出版社，2012 年。

的人力资源产生良性互动。

三　人力资源规划与评价与控制的要求

（一）客观性

客观性是指人力资源规划的评价与控制必须是诚实、公平、不带感情色彩、有根据和非主观的。客观性要求管理人员运用实际得到的绩效来证明人力资源规划的制定与实际情况，尽量减少主观的、受个人因素影响的干扰，得出的是诚实和公正的评价以及实事求是且有效的控制。

（二）可行性

可行性是指人力资源规划的评价与控制能否成功地贯彻组织的战略，以及规划在技术、方法、环境适应、经济等方面都有可行性。如果所采用的方法和技术不适合组织文化和传统，操作人员难以领会和把握实施人力资源规划的评价与控制，这种缺乏可行性的方案就没有任何意义。[②]

（三）一致性

一致性强调在组织实施人力资源规划时，不应该出现目标和政策方面的矛盾。组织在实施人力资源规划的过程中出现冲突和争执时，往往需要人力资源规划的评价与控制系统的参与，保证所有人力资源规划的预测目标得以实现，防止出现有的规划目标圆满实现而有的目标彻底落空的情况。

（四）协调性

协调性标准是指在评价与控制人力资源规划的时候，既要分析和考察人力资源某方面的发展趋势，如未来组织内部人力资源的流失情况，又要分析和考察整个人力资源规划中各项业务规划以及人力资源开发和管理政策的综合发展趋势。人力资源规划必须对外部环境、经营战略、组织环境以及人力资源现状等关键性变化做出适应性反应。评价与控制系统必须在各种变化趋势共同作用时保障人力资源规划的协调实施。

（五）有利性

有利性是指组织实施人力资源规划的评价与控制系统的最终目的是组织创造和

保持竞争优势,培育组织独特的核心竞争力,通过实施人力资源规划获取优于竞争对手的竞争实力,实现组织的可持续发展。

四 人力资源规划的评价与控制的过程①

(一)确定控制目标

为了能对规划实施过程进行有效控制,首先需要确定控制的目标。设定控制目标时要注意,控制目标要既能反映组织总体发展战略目标,又能与人力资源规划目标对接,反映组织人力资源规划实施的实际效果。在确定人力资源规划控制目标时,应该注意控制目标体系,体系通常由总目标、分目标和具体目标组成。

(二)制定控制标准

控制标准是一个完整的体系,包含定性控制标准和定量控制标准两种。定性控制标准必须与规划目标一致,能够进行具体评价,如人力资源的工作条件、工作待遇、培训机会、对组织战略发展的支持程度等;定量控制标准应该能够计量、比较,如人力资源的发展规模、结构、速度等。

(三)建立控制体系

有效地实施人力资源规划控制,必须要有一个完整、可以及时反馈、准确评价和及时纠正的体系。该体系能够从规划实施的具体部门和个人那里获得规划实施的情况,并迅速将信息传递到规划实施管理控制部门。

(四)衡量评价实施成果

该阶段的主要任务是将处理结果与控制标准进行衡量评价。解决问题的方式主要有:一是提供、完善实现规划的条件,使规划目标得以实现。二是对规划方案进行修正。当实施结果与控制标准一致时,无须采取纠正措施;当实施结果超过控制标准时,提前完成人力资源规划的任务,应该采取措施防止人力资源浪费现象的发生;当实施结果低于控制标准时,需要及时采取措施进行纠正。

① 冯光明等:《人力资源开发与管理》,机械工业出版社,2013年,第95-97页。

（五）采取调整措施

通过对规划实施结果的衡量、评价，发现结果与控制标准有偏差时，就需要采取措施进行纠正。该阶段的主要工作是找出引发规划问题的原因，如规划实施的条件不够、实施规划的资源配置不力等，然后根据实际情况做出相应的调整。

五　人力资源规划的评价与控制的主要方法

（一）人力资源会计评级与控制法

人力资源会计评级与控制法将老员工视为企业资产，给出员工价值，采用标准会计原理去评价员工价值的变化，是一个识别、评价人力资源并交流有关信息以实现有效管理的过程。

（二）人力资源关键指标评价与控制法

人力资源关键指标评价与控制法是用一些测评组织绩效的关键量化标准来说明人力资源规划的工作情况。这些关键指标包括求职雇用、平等就业机会、雇员能力评估和开发、生涯发展、薪酬管理、福利待遇、工作环境、劳动关系，以及总效用等。

（三）投入产出分析评价与控制法

将投入产出分析方法运用于人力资源管理评估，计算人力资源成本与收益之比，具有较高的可信度。

（四）人力资源调查问卷评价与控制法

人力资源调查问卷评价与控制法将员工态度与组织绩效联系起来以实现对企业人力资源工作的评价。问卷调查方式经常用于进行人力资源规划的评价与控制，这种方式就是给员工一个机会来表达他们对人力资源部门的各种工作（包括人力资源规划工作）的看法。

(五)人力资源目标管理评价与控制法

运用目标管理的基本原理,根据组织目标的要求,确立一系列的目标来评价人力资源工作。这种方法的关键是目标合理、可评估、有时效性、富有挑战性且合乎实际,能被所有参与者理解。同时,目标又必须是达到高水平管理所要求的。当然,这些目标尽可能量化,且必须与组织绩效相联系。

(六)运用人力资源规划研究进行评价与控制

通过人力资源规划研究,对企业内外的各种人力资源记录资料进行分析,从而确定以往和当前人力资源规划实践措施的可行性、有效性。由于缺乏适当的信息就难以制定好的决策,研究分析工作对解决人力资源问题具有十分重要的作用。人力资源专业人员必须研究和分析当前人力资源的管理措施,以保证未来的人力资源规划工作变得更加实际和有效。

中英文关键术语

人力资源规划(human resource planning)
人力资源战略(human resource strategy)
战略性人力资源管理(strategic human resource management)
人力资源需求预测(prediction of human resource demand)
人力资源供给预测(prediction of human resource supply)

复习思考题

1. 企业战略、人力资源战略和规划之间的关系是什么?
2. 人力资源战略与规划的意义是什么?对企业来说有何贡献?
3. 人力资源规划的实施步骤与原则包括哪些?
4. 什么是战略性人力资源管理?
5. 战略性人力资源管理的应用与评价?
6. 为什么要做人力资源规划的评价与控制?

本章自测题

本章拓展阅读材料

案例分析题

一、案例材料

苏澳玻璃公司的人力资源规划

近年来苏澳公司常为人员空缺所困惑，特别是经理层次人员的空缺常使得公司陷入被动的局面。苏澳公司最近统计了公司职能部门内部可能出现的关键职位空缺数量，该结果用来作为公司人力资源规划的基础，同时也作为直线管理人员制定行动方案的基础。在这四个职能部门里制定和实施行动方案的过程（如决定技术培训方案、实行工作轮换等）是比较复杂的，因为这一过程会涉及不同的部门，需要各部门的通力合作。例如，生产部经理为制定将本部门A员工的工作轮换到市场与销售部的方案，则需要市场与销售部提供合适的职位，人事部做好相应的人事服务（如财务结算、资金调拨等）。职能部门制定和实施行动方案过程的复杂性也给人事部门进行人力资源规划增添了难度，毕竟有些因素（如职能部门间合作的可能性与程度）是不可预测的，它们将直接影响预测结果的准确性。

苏澳公司的四名人事管理人员克服种种困难，对经理层管理人员的职位空缺做出了较准确的预测，制定详细的人力资源规划，使得该层次的人员空缺减少了50%，跨地区的人员调动也大大减少。另外，从内部选拔工作任职者人选的时间也减少了50%，并且保证了人选的质量，合格人员的漏选率大大降低，使人员配备过程得到了改进。

人力资源规划还使得公司的招聘、培训、员工职业生涯计划与发展等各项业务得到改进，节约了人力成本。苏澳公司取得上述进步，不仅仅得益于人力资源规划的制定，还得益于公司对人力资源规划的实施与评价。在每个季度，高层管理人员会同人事咨询专家共同对上述四名人事管理人员的工作进行检查评价。这一过程按照标准方式进行，即这四名人事管理人员均要在以下14个方面做出书面报告：各职能部门现有人员；人员状况；主要职位空缺及候选人；其他职位空缺及候选人；多余人员的数量；自然减员；人员调入；人员调出；内部变动率；招聘人数；劳动力其他来源；工作中的问题与难点；组织问题；其他方面（如预算情况、职业生涯考察、方针政策的贯彻执行等）。同时，他们必须指出上述14个方面与预测（规划）的差距，并讨论可能的纠正措施。通过检查，高层管理人员一般能够对下季度各职能部门应采取的措施达成一致意见。检查结束后，这四名人事管理人员则对他们分管的职能部门进行检查。在此过程中，直线经理重新检查重点工作，并根据需要与人事管理人员共同制定行动方案，当直线经理与人事管理人员发生意见分歧时,往往可通过协商解决,行动方案上报上级主管审批。

资料来源　帮考网,案例分析苏澳玻璃公司的人力资源规划,https://www.bkw.cn/rlzys/ask/1895768.html。

二、讨论题

1. 请分析人力资源规划对苏澳公司的作用。
2. 请分析人力资源规划的实施与评价的作用。

第四章

人员招聘与录用

本章引例

什么样的人值得招
——寻找能够给企业创造价值的人

“什么样的人值得招”或者说企业需要什么样的人，这是每个HR做招聘工作都需要考虑的问题。有目标、会思考、有兴趣和热情并能够解决问题的人，是我们一直都在寻找的员工。

1. 清晰明确的目标

对于没有方向的船来说，什么风向都不是顺风。很多人在找工作的时候往往很盲目，而对于诸如销售一类的职位，尤其要求应聘者有清晰明确的目标。好的销售人员，一定要有点“企图心”，知道自己想要什么，要能够用尽各种方法，去达成目标。

以前面试销售人员时，我会问：“如果客户约你下午3点半见面，你如约去拜访客户，但没想到，客户午睡未醒，而他的秘书告诉你客户将会在4点钟外出，你会怎么做?”大多数的人都认为不能打搅客户，而选择了等待，最终往往错失了一次拜访的机会。只有一个应聘者，让我印象深刻。“我会找朋友打电话给这个客户，”他说，“至于电话的内容，可以假装卖房、卖保险，其实是什么内容就不重要了。重要的是，客户听到手机铃响，醒来了，而我恰恰、刚好、就在这时，出现在他的办公室门外。”

2. 能独立思考

想必很多人都听过张三、李四买土豆的故事。企业要持续发展，需要那些能够独立思考，而不是遇到事情就向领导求助的人。有时候，责任就像一个人肩膀上的猴子，遇到问题，员工便跑去问领导该怎么办，“责任”这只猴子，自然而然就跳到了领导的头上。不去独立思考，只等着指令行动的员工，又如何更快地成长呢?

3. 能解决问题

没有一个企业和团队是没有问题的。一味抱怨的员工，往往擅长在坊间传播消极思想，只会搅浑池水、涣散人心，而那些把问题看成是机会的人，懂得持续改进的力量，知道问题的存在，能够客观面对问题、踏踏实实地去分析问题，并且不断寻找解决之道，敢于迈出第一步。每个企业都需要能够改变现状而不是安于现状的人。

4．有兴趣和热爱

兴趣是最好的老师。兴趣与热爱是源自内心的力量，能够让一个人在某一条路上，迎战风雨、抵御挫折、不惧艰辛，心之所向，不辞山水之远。我愿意不遗余力去寻找这样的人。

我在技术岗位招聘的过程中，遇到过这样的人。曾经一个做技术的小伙子对我说，“我希望能够用技术对世界做出一些改变”。我之所以相信他的豪言壮语，是因为在与他沟通的过程中、他以往的履历里、他技术水平的成长速度中，能够感觉到他对技术的狂热追求。至少，他能够让我相信，他一直在致力于成为一位技术达人。

5．能够用以往的业绩证明自己的人

如果一个人在以往的平台上已经用业绩证明了自己，那毋庸置疑，我们也有理由相信，他能够在我们的平台上施展自己。

企业需要的员工，必然要能为企业创造价值。而这种价值的体现，可以是直接创造的业绩，可以是解决掉某个问题改善企业现状，可以是勇敢地承担责任，并卓越地履行自己的职责。

资料来源　李光霞，寻找能够给企业创造价值的人，https://www.hrloo.com/rz/13621886.html，2015-9-9。

第一节 人员招聘概述

一 人员招聘的内涵

招聘(recruitment)是人力资源管理工作的一项重要职能，是企业获得人力资源的主要渠道。西蒙·多伦(Simon Dolan)等认为，招聘是指组织依据一定的制度与法规，通过一系列的活动和过程,从大量高素质人员中挑选出最佳人选,以满足组织的需要,同时也满足应聘者个人的需要,提高他们留在组织中的可能性。廖泉文认为,招聘是组织为了生存和发展需要,根据组织人力资源规划和职位分析的数量和质量要求,通过信息的发布和科学甄选,获得本组织所需的合格人才,并安排他们到组织所需岗位工作的过程。

准确理解招聘的含义,应当把握以下几个要点。

(1) 人力资源规划和职位分析是确保招聘科学有效的两个前提。企业的人力资源规划是对企业人力资源需求和人力资源供给进行分析和预测的过程,人力资源规划决定了预计要招聘的部门、职位、数量、专业和人员类型。职位分析则对企业各职位的工作内容、工作职责、人员的任职资格等方面进行分析,职位分析为招聘提供了参考依据,同时也为应聘者提供了关于该职位的基本信息。人力资源规划和职位分析使得企业招聘能够建立在比较科学的基础上。

(2) 招聘工作主要包括招聘、甄选和录用。人员招聘必须发布招聘信息,如内部招聘时的布告和外部招聘时的招聘广告等,通过信息发布,让所有具备条件的人员知晓并吸引他们前来应聘。除了发布信息寻求潜在职位候选人之外,招聘工作还包括人员甄选和人员录用等内容。招聘、甄选、录用是招聘工作的基本流程。

(3) 人岗匹配(person-job fit)是人员招聘的重要原则。成功的招聘活动应该实现人员与岗位的匹配,既不要出现“大材小用”,也不要出现“小材大用”。

(4) 招聘的最终目标是满足企业生存和发展的需要。招聘是人力资源管理的重要职能活动之一,招聘工作和其他的人力资源管理模块一样,都必须服从和服务于组织的战略和目标需要。

二 人员招聘的原则

企业在进行人员招聘时必须遵循以下原则。

(一) 遵守国家关于平等就业的相关法律、法规和政策

在招聘过程中,企业应严格遵守《中华人民共和国劳动法》(2018 年修正)、《中华人民共和国劳动合同法》(2012 年修正)、《中华人民共和国就业促进法》(2015 年修正)等劳动法律法规及其他相关的法律法规和政策的规定,坚持平等就业、双向选择、公平竞争,禁止种族歧视、性别歧视、年龄歧视、地域歧视、学历歧视、信仰歧视,对弱势群体、少数民族和残疾人等予以平等的就业和择业权利。严格控制未成年人就业,保护妇女儿童合法权益。国家关于平等就业的相关法律、法规和政策规范制约着企业的招聘、甄选和录用活动。

（二）人岗匹配原则

人岗匹配是招聘工作的重要目标，也是指导组织招聘活动的重要原则。人岗匹配意味着岗位的要求与员工的素质、能力、性格等相匹配。要从专业、技能、特长爱好、个性特征等方面衡量人员与职位之间是否匹配。另外，人岗匹配也要求岗位提供的报酬与员工的动机和需要相匹配。只有岗位能满足应聘者个人的需要，才能吸引、激励和留住人才。

（三）与企业战略一致并着眼于未来

招聘工作要符合企业的战略规划。衡量招聘工作成败的标准，就是所招聘的员工能否支持和推动企业战略规划的实现，招聘工作必须与企业战略相一致并且起到支撑作用。

另外，企业要有战略眼光，对于稀缺人才，比如，高级管理人才、高级技术人才和拥有特别技能的人，应进行适当储备，以供未来发展之需。

三　人员招聘的作用

实施有效的人员招聘对组织具有重要的作用，主要体现在以下几个方面。

（一）招聘工作是企业人才进出的第一关，把好第一关对组织的生存发展至关重要

人力资源管理活动大体上涉及求才、用才、育才、激才、护才和留才。招聘工作是企业人才进出的第一关，把好第一关对企业的生存发展至关重要。一项美国人力资源全球性调查的结果显示：对于大多数企业来说，选人比育人更重要。微软公司也认为，雇用有才华的人比培训那些平庸的人要重要得多。

（二）保证企业正常的经营与发展

在现代市场经济条件下，人员的流动与损耗如跳槽、伤残、退休都是非常正常的现象，招聘活动可以及时化解人员缺损给企业经营带来的消极后果，同时促进企业新陈代谢，确保企业的正常经营与发展。

(三)为企业注入新的活力,增强企业的创新能力

企业通过招聘给岗位配置新的人员。新员工能将新的管理思想、工作模式和观念带到工作中,特别是从外部吸收的人力资源,既为企业增添了新生力量,弥补了企业内部人力资源的不足,又给企业带来了更多的新思维、新观念和新技术。

(四)提升企业知名度,树立企业的良好形象

通过各种渠道发布招聘信息,可以提升企业的知名度,让社会各界更加了解企业。招聘活动是企业进行对外宣传的一条有效途径,企业通过招聘在获得所需要的人才的同时,也通过招聘工作的运作和招聘人员的素质向外界展现了良好的社会形象。[①]

四 人员招聘的流程

总的来说,人力资源招聘工作主要包括确定招聘需求、制订招聘计划、实施招聘活动、评估招聘效果四个阶段。

(一)确定招聘需求

招聘需求是在人力资源规划的基础上,根据各部门的实际用人需求确定的,具体取决于需要招聘人员的职位本身。通常情况下,招聘需求必须由具体的用人部门和组织的人力资源部门共同确定。在很多时候,由于用人部门没有控制人工成本的压力,因此,即使是在没有必要增加人员雇用的情况下,也会提出招聘需求。在这种时候,人力资源部门就要根据自己的专业知识对具体用人部门的人力资源需求理由进行分析和判断,必要时甚至要去用人部门的工作现场进行观察和访问。如果用人部门的人手紧张状况并不是长期性的,或者说尽管部门新增加了一部分职责,但是通过现有人员适当分担新的职责,仍然可以完成全部的工作,而且不会给现有员工增加负担,就不一定要招聘新员工。

(二)制订招聘计划

如果最终确定为外部招聘,那么组织就需要制订较为细致的招聘计划。一份招聘计划通常包括以下几个方面的内容:招聘范围、招聘规模、招聘渠道、招聘时间以及招聘预算等。一般情况下,最终的招聘计划必须获得上级主管领导的审批,方可进入实

---

① 冯光明等:《人力资源开发与管理》,机械工业出版社,2013 年,第 95-97 页。

施阶段。

招聘范围是指组织需要确定自己将在什么样的范围内招聘空缺职位的候选人。招聘范围主要取决于职位本身的要求、填补职位的候选人的地区可得性,以及组织的战略定位。

招聘规模是指组织根据自己需要雇用的人数所确定的需要获得的求职者人数。通常情况下,组织会通过招聘和甄选的各个阶段不断地筛选求职者,从而最终雇用到自己所需要的合格求职者。在这一过程中,候选者的范围一次一次地缩小,整个过程像是一个多层漏斗一样,通过层层拦截和筛选,最终能够被雇用的总是少数。在需要招聘到的人数和最终需要雇用的人数之间需要保持一个适当的比例,因为如果一开始招聘到的人数过多,可能会导致组织投入大量的人力和时间去进行筛选,浪费组织的资源;然而,如果招聘到的人数过少,又会导致组织最终可能无法聘用到自己想要的合格员工。

招聘渠道通常是指组织在外部进行空缺职位的候选人招聘时所确定的招聘途径、招聘方向或所要招聘的目标人群。招聘渠道主要包括报纸、杂志,以及电视广告招聘、校园招聘、网络招聘、猎头公司招聘、就业服务机构招聘,还有面向复员退伍军人、下岗工人等特定人群的招聘等。

招聘时间是指对整个招聘活动所需要的总时间长度以及招聘活动各个阶段的时间进度所做的安排。招聘时间通常是根据组织填补空缺职位的时间紧急程度确定的。

招聘预算是指整个招聘活动所需要的总费用。一方面,招聘费用预算会对招聘的质量有一定影响,如果预算较少,则招聘渠道的选择或招聘方式可能会受到一定的限制;另一方面,招聘的费用预算不仅取决于组织的财务能力,同时也取决于恰当的招聘渠道选择。有些招聘渠道可能需要的费用较多,但是招聘的效果却未必很好,因此,选择效果较好而费用较低的招聘广告也有助于组织节约招聘费用。

(三)实施招聘活动

在这一阶段,组织的人力资源部门需要根据招聘计划书,通过适当的渠道公布招聘信息,同时收集求职者通过各种方式投递的简历,从而为下一步的人员甄选做好准备。

组织所发布的招聘信息必须简洁、明确,而且注明接收简历的截止时间以及组织中的联系人和联系方式,以备求职者查询。在发布招聘信息的时候,组织人力资源部门需要和用人部门共同拟定准备招聘员工的简要的职位说明书,其中特别需要注意任职资格条件的描述一定要清楚,尽量确保只有那些符合职位任职资格条件要求的求职者才会投递简历,以免由于职位的任职资格描述不清楚导致大量的无效简历投递过来,增加组织的筛选成本。在实施招聘活动的过程中收集的求职者简历既包括纸质的简历,也包括电子简历。

此外,在实施招聘计划的过程中,有些组织主要让人力资源专业人员出面与求职者接触,直到后来的甄选阶段才会让用人部门的业务或职能领域专家参与,而有些组织则会在一开始时就让业务或职能领域的专家和人力资源部门一起从事招聘工作。两种做法各有利弊，前一种做法比较节约人力和成本，后一种做法可能效果更好。无论如何，组织都需要注意，招聘者在招聘过程中的行为和特性对于招聘效果有可能产生较大的影响。

在招聘阶段，招聘者需要特别注意以下两点：首先，要热情和礼貌。招聘者的礼貌和表现出的对求职者的关心，尤其是对求职者能够为组织做出贡献的潜力的关心，会让求职者对组织产生良好的印象。同时，还要注意向求职者提供及时的反馈，以免给求职者造成拖拖拉拉的感觉。其次，要提供充分的、真实的信息。在这方面，招聘者需要注意不要盲目夸大职位空缺的正面特征，回避或者掩饰其负面特征，从而对求职者产生误导。求职者如果是在被误导的情况下加入组织的，他们会产生一种上当受骗的感觉，离开组织的可能性就会很大，这种情况实际上是在浪费组织的资源。

（四）评估招聘效果

评估招聘效果就是对招聘工作的最终效果以及招聘过程中每一个环节的实施情况进行评价。评估招聘效果的最主要方法就是看职位空缺最终是否得到了填补，以及用人部门对所招聘和最终雇用到的人员是否满意。此外，招聘评估的内容还可以包括招聘的时间是否按照计划进行，招聘工作完成得是否及时，时间进度安排是否妥当，以及招聘预算是否得到了很好的执行，有无出现超预算现象等。

在进行招聘效果评估时，还需要注意评估这样一个问题，即针对不同的职位空缺，哪一种招聘来源的招聘效果最好，组织可能需要对不同的招聘来源的质量进行评估。评估的一个重要指标就是产出率。通过对不同招聘来源的产出率进行比较，就可以确定哪一种招聘来源对于特定职位空缺的人员招聘来说质量最高。当然，在评估招聘来源的质量高低时，组织每雇用一个人所需要支出的平均成本也是一个非常重要的指标。[①]

招聘意味着要寻找和吸引填补企业职位空缺的求职者，要做到真正的有效招聘并非一件容易的事，有很多因素使招聘变成一件很复杂的事。

首先，有些招聘方法会优于另一些方法，主要取决于所要招聘的人需要填补的职位。

其次，成功地完成招聘工作，在很大程度上取决于招聘之外的其他一些因素及相关政策。

最后，国家很多与雇佣有关的法律明确规定了在招聘过程中能做哪些事情，不能做哪些事情。

① 王昕：《人力资源管理》，中国人民大学出版社，2012 年，第 134-137 页。

第二节　人员招聘的渠道与方法

人员招聘，是人员配备中最关键的一个步骤，因为这一工作的好坏，不仅直接影响到人员配备的其他方面，而且对整个管理过程的进行，乃至整个企业的活动，都有着极其重要和深远的影响。“得人者昌，失人者亡”是一条公认的组织成功要诀。人员招聘的渠道通常有内部招聘和外部招聘两种，两种方式各有优劣。

一　内部招聘

内部招聘是指从企业内部获取企业所需人员的活动。内部招聘通常分为再次雇用继任计划、企业内部的人力资源管理系统、竞聘上岗等方法。

（一）内部招聘的方式

1. 再次雇用

企业再次雇用过去的员工有一定的风险，要视情况而定。从积极的方面来讲，企业对过去的员工的情况或多或少是了解的，而且这些员工对本企业的做事方式也是熟悉的；从不利的方面来讲，曾经离职的那些员工再次回来时，可能不会带着太积极的工作态度。所以，当重新回来的员工工作一段时间后，为他们累计在离职前为本企业服务的那段工龄是很有必要的。同时，也可以询问他们在离开的这段时间里做了什么，以及他们对重新回来工作的感受如何。

2. 继任计划

当一个企业需要填补一些空缺的高层职位时，内部雇用的重要性尤为突出。要想从组织内部找到合适的人选来填补这些高层职位，就需要制订继任计划，即一种通过系统性确认、评价以及开发组织领导力来提升组织绩效的持续性过程。这一过程分为三个步骤：①明确关键需求，企业的高层管理人员和人力资源总监根据公司规划，确定企业在未来的一些关键职位的需求，并编写工作说明书和任职资格说明书；②开发内部候选人，在确定未来关键职位之后，就需要确定潜在的内部候选人，然后为他们成为合格的候选人提供需要的培训；③评估和选择，继任计划需要对这些候选人进行评估，从中选出合适的人来填补这些关键职位。

3. 企业内部的人力资源管理系统

一个完整的企业内部的人力资源信息管理系统必须对企业内部员工的信息进行完整的收集与整理,主要包括以下三大类:个人基本信息资料、个人特征资料、在本企业的表现。当企业的工作岗位出现空缺时,人力资源部可以根据岗位的要求与特征,在企业内部人力资源信息管理系统内进行搜寻。根据所搜寻的信息,依据能岗匹配原则提出若干候选人,再与这些应聘者面谈确定合适的人选。该方法迅速便捷,对内部员工有激励作用,但由于难以考核员工的主观性信息,而且信息建设较滞后,信息不完整,易出现偏差。

4. 竞聘上岗

竞聘上岗在国外也称工作张榜,即将空缺的工作岗位信息(包括岗位职责、资格要求等信息)详细通告企业全体员工,同时建立报名程序、评审程序和方法,用较客观公正的方法选聘最合适的人选。

(二) 内部招聘的优点和缺点

1. 内部招聘的优点

(1) 激发员工的内在积极性。在物质越来越发达的现代社会,职场员工在追求货币报酬之外更注重个人发展空间、工作的挑战性,以及工作与能力的匹配度,希望个人在胜任工作的同时又有一定的余力。内部获取方式有着极大的鼓舞员工内在积极性的功能。一旦企业采用内部获取方式,员工就会感受到企业真正为自己提供了发展空间,就存在着晋升的希望和推销自己以引起上级注意和信任的希望。

(2) 迅速地掌握工作进入角色,节省人才获取费用。一次公开的大规模招聘通常会消耗企业巨大的财力和时间,内部候选人对上岗引导的需求更少,同时对培训的需求也更少,因为内部候选人更加熟悉企业的工作流程和工作环境,以及领导和同事,减少了各种可能存在的工作失误和相关费用。

(3) 提高员工的忠诚度。企业当前的员工对所在企业有一定的归属感,对组织有一定的忠诚度。企业在将优质人力资源补充到重要岗位和合适岗位时,不会出现任何不稳定因素,保持了企业内部稳定。

(4) 最大幅度规避用人失误。如果想要了解一位候选人的优点和缺点,那么,没有比与这个人共事一段时间更好的了。通过在同一个企业内部共事的机会,可以更了解员工的技能与素质,尽量减少管理者识人用人的失误。

2. 内部招聘的缺点

(1)"涟漪效应"。内部企业的每一次提升,都会带来一连串的提升和调动,例如,当一个副总经理的位置空缺的时候,某一部门的经理可能通过内部招聘晋升为副总经理，该部门的经理空缺由一业务主管顶替。如此“一石”激起“千层浪”的人事更替，在人力资源管理内部被称为“涟漪效应”。一次晋升，似乎人人都有机会，但几乎人人都可能失败。当涟漪效应停止后，又可能有许多人因情绪变化而影响工作，同时会使企业领导不得不去接受本不应该调配的岗位和个人，从而给企业工作带来影响。

（2）“近亲繁殖”影响企业后续发展。师带徒的形式始终是企业“人才流”形成的主要形式，内部晋升容易出现近亲繁殖，给企业的后续发展带来不利影响。

（3）易产生以次充优、营私舞弊等不良风气。不少管理者任用的人通常是自己最了解和最信任的人。当企业高速发展时，该方式不能满足工作需要，就出现了“以次充优”的现象。同时，在晋升机会来临时，企业内部非正式组织开始存活，各种团体、各种托人情找关系的情况层出不穷，甚至出现营私舞弊现象。用人分歧历来是企业高层领导不团结的重要因素，因为涉及权力的分配及个人的威信。

二　外部招聘

外部招聘是指组织到外部劳动力市场上寻找合适的人员来填补组织内出现的职位空缺的做法。通常情况下，当内部没有合适的人能够填补职位空缺，或者组织目前的情况不适合进行内部招聘时，组织才会考虑采取外部招聘的方式。如果出现空缺的是非常初级的入门职位或者对候选人的要求特别高的特定高层职位，在组织内部很可能找不到合适的候选人，此时组织往往会采取外部招聘的方式。

外部招聘的做法有助于削弱组织内部人员由于相互竞争而造成的紧张气氛，也有利于抑制组织内部人员在长期中可能会形成的“论资排辈”和“熬年头”的思想。

（一）外部招聘的渠道与方式

国务院研究发展中心 2004 年发布的《中国企业人力资源管理调查报告》调查显示，在取样的 1800 余家企业中，企业人员招聘的主要渠道“招聘会”“媒体广告”“人才交流中心”分别占被调查企业的 60.4%、46.3%、42.8%，其他分别是“校园招聘”（33.6%），“朋友介绍”（24.3%），“职业介绍所”（19.8%），“猎头公司”（7.3%）。

1. 人才招聘会

人才招聘会是一种比较传统的招聘方式，也是目前国内企业采用比较多的一种方式。人才招聘会可直接获取大量的应聘者信息，节省费用，缩短招聘周期。不过，人才招聘会的有效性相对比较低，虽然每年招聘会都会引来众多的应聘者，但是真正符合组织需要的人才却不多。

2. 媒体广告招聘

通过媒体广告形式向社会公开招聘人才是目前运用较为广泛的人员招聘方式。

可采用的广告媒体主要有报纸杂志、广播电视、网站,以及随机发散的宣传材料等。企业在选择招聘媒体时,首先考虑的是媒体本身承载信息传播的能力,即各种传播媒体的优缺点和适用范围;其次是广告形式与内容的设计,好的广告形式有利于吸引更多求职者的关注,而且设计精良的招聘广告具有一定的"形象效应",有利于树立企业公共形象。

3. 人才交流会

外部组织机构组织的人才交流会是企业与求职者双向交流的场所,企业可以通过参加交流会直接获取大量应聘者的信息,既节省费用,又缩短招聘周期,与应聘者面对面的交流还可以吸引众多的应聘者。在信息公开、竞争公平的条件下,公开考核、择优录用,但会场秩序相对比较混乱,有效性较低。

4. 推荐

推荐可以包括两种:一是引荐。企业的员工、客户、合作伙伴等熟人推荐,是企业招聘人员的重要来源。现代企业通常采取提高引荐者奖金标准和分段发给等方式,鼓励内部员工引荐合适人才。通过引荐的方式可以比较准确地了解选择的人员,候选人一旦被录用,顾及介绍人的关系,工作也会更加努力,因此招聘成本较低。二是员工自己推荐。自荐的求职者在某种程度上已经做好了到企业工作的充分准备,并且确信自己与空缺职位之间具有足够的匹配程度,然后才会提交求职申请。自荐方式费用低廉,双方可以直接进行交流,且求职者比较了解企业,容易被激励。自荐的不足是随机性较大,时间较长,合适人选不多。

5. 中介机构招聘

中介机构承担着双重角色,既为企业择人,又为求职者择业。借助这些机构,企业与求职者均可以获得对方的大量信息,同时也可以传播各自的信息。中介机构包括猎头公司和各种职业介绍机构。我国猎头服务近些年来发展迅速,优质高效的人才库是猎头公司最重要的资源之一。职业介绍机构通常是指人才交流中心、职业介绍所、劳动力就业服务中心等机构,其作用是帮助雇主选拔人员,节省雇主的时间,且能提供专业咨询和服务。通过中介机构招聘的问题在于需求者与求职者之间存在一定的信息不对称,而企业的需求一旦被中介机构误解或是理解不充分,就容易造成人职不匹配。

6. 网络招聘

网上招聘员工已经成为许多企业普遍使用的一种手段。招聘人员的一个主要目标就是用尽可能少的成本找到尽可能称职的应聘者。现在越来越多的人使用网上资源,网络招聘扩大了招聘选择的范围,缩短了企业招聘的时间,交流方便,降低招聘成本,提高了招聘信息的处理能力。不过,因为缺乏面对面的交流,无法对应聘者进行深入全面的考察,网上简历的真实性难以保证,招聘结果有时无法保证。

7. 校园招聘

校园招聘包括高校、中等专业学校举办的招聘活动，专业人才招聘机构、人才交流机构或政府举办的毕业生招聘活动，招聘组织(主要是大型企业)举办应届毕业生招聘活动，企业委托高校或中等专业学校培养，邀请学生到企业实习并选拔留用，企业在学校设立奖学金并在获奖者中选拔录用，以及校园招聘专业网站。用人单位要注意了解大学生就业方面的一些政策和规定，以免选中后无法招收，一部分大学生在就业中有违约的现象，用人单位要提前约定好签违约责任。另外，学生往往对走上社会的工作有不切实际的估计，对自己的能力也缺乏准确的评价，用人单位应注意到这一点。

8. 海外招聘

招聘高级管理人才或一些尖端专门人才时很有可能需要在全球范围进行选择。在国内招聘所用到的方法如媒体广告招聘、校园招聘、中介机构招聘等在海外招聘中同样可以使用，还可以通过外国的一些行业协会等帮助进行搜索。

(二) 外部招聘的优点和缺点

1. 外部招聘的优点

第一，外部招聘的做法扩大了候选人的选择范围，因而更有助于组织招聘到最为合适的潜在任职者。

第二，从外部招聘员工可以为组织带来一些新的思维方式或者新的经营理念，有利于组织的业务创新和管理创新，特别是当组织进入某一全新业务领域时，从外部招聘有经验的业务管理者和经营者的作用会更为突出。

2. 外部招聘的缺点

(1) 增加与招聘、甄选相关的难度和风险。组织外部的人才资源充满了不确定因素，在进行外部招聘的过程中，需要招聘人员投入更多的时间和精力，也凸显了一些风险。

(2) 需要更长时间的培训和适应阶段。组织需要对外部招聘来的员工花费更多的时间进行培训，而通过内部招聘的员工则能更快适应工作环境。

(3) 内部的员工可能感到自己被忽视。舍弃内部员工不录用，而去组织外部进行招聘，可能会打消内部员工的工作积极性，造成怠工现象的发生。

(4) 新的候选人可能并不适合企业文化。每个组织都有成熟的企业文化，新近的外部员工可能不能很快适应企业氛围，需要花时间融入企业。

(5) 增加搜索成本。外部招聘较内部招聘需要花费大量的时间和精力选择招聘的目标和招聘的方式，增加了招聘的成本。

下面详细介绍两种常用的外部招聘方式——校园招聘和互联网招聘。

三 校园招聘和互联网招聘

(一)校园招聘

校园招聘是企业从外部获取人才的一种方式,是获取新生、优质人力资源的主渠道,校园招聘包括会议联手招聘、基地推介招聘、网站代理招聘、预约分流招聘等几种形式。

1. 校园招聘的基本形式

(1) 会议联手招聘。随着社会主义市场经济的深入发展,人才中心的推介作用越来越突出。学校要重视与地方政府、人才中心、行业协会的联手合作。按照就业市场区域化管理的原则,学校可主动联系、积极邀请学生就业意向比较集中区域的各相关行业和各专业特色明显的行业部门来学校召开中型招聘会。这些中型招聘会因其行业性、区域性、专业性强等特点,受到毕业生的欢迎和认可,为毕业生提供了广阔的就业渠道。有了地方政府、人才中心和企业的支持,学校的校园招聘会在规模和质量上也明显提高。

(2) 基地推介招聘。学校坚持“以基地带动市场,以市场促进就业”的工作思路,在就业市场建设中,引入市场营销机制,建立区域性就业基地,实行就业推介的基地化。基地推介招聘的具体做法是通过毕业生质量跟踪,与用人单位通过就业基地签订人才引进和推介就业合作协议,确立实习实践基地,并采用点面结合的方式,使这些区域性的就业基地衍生出很强的就业市场功能,也使校园的专场招聘活动和场次有效递增。

(3) 网站代理招聘。在学校的招聘活动中,因受时间、地域或其他一些因素的限制,有些用人单位不能参加校园大型招聘会,会把自己的招聘信息发布在学校招生就业处的网站上,并进行代理招聘。很多大学的招生就业主管部门,很重视对用人单位的服务,认真地接收简历,然后根据情况组织笔试、面试。这种做法不仅帮助部分用人单位招聘到了所需人才,而且把招聘经验及时反馈给了毕业生。

在毕业生就业中,各高校专门的就业网站应充分发挥方便快捷地提供信息的优势,在网站上及时、准确发布就业信息,建立起翔实的用人单位数据库,包括单位背景、所需人才、岗位要求、招聘时间与地点等,然后以网络传递、布告张贴、电话通知三种形式同时发布信息,从而保证为每一位注册的毕业生用户和单位用户提供优质的个性化服务。

(4) 预约分流招聘。在学校的招聘活动中,慕名而来的用人单位过多,学校需要合理有序地预约和分流安排各用人单位的招聘活动,以保证各用人单位招聘会的效率和质量。实行预约分流招聘,既可减轻学校校园招聘过多过密的压力,又可以灵活地安排一些专场招聘活动，使毕业生更“适销对路”。比如，可以安排对人才需求较为单一的用人单位到学院举行专场招聘活动，这既缓解了举办大型招聘活动的压力，又受到用人单位和毕业生的一致欢迎。

2. 校园招聘优缺点

校园招聘具有以下优点。

第一，我国现有高等院校专业门类齐全，工科、理科、文史哲、经济、管理等，可供各类企业补充各类人才的需要。高等院校作为人才的大蓄水池，培养和容纳了我国最优秀、最年轻、最有国际竞争力、最能适应我国经济发展需要的高层次人才。

第二，招聘对象年轻，有活力，可塑性强。招聘的大学毕业生所带来的新观念、新思想、新信息会激发企业的活力。

第三，供需方直接见面，可迅速地相互了解。

当然，校园招聘也有自身的缺点。第一，大多数应届毕业生缺少工作和社会经验，需要经过培训上岗。第二，招聘本身需投入较大的人力、物力、财力。企业到校园招聘必须派出专人，这些招聘人员在企业中通常都是骨干或者主管，到校园招聘必须离开企业本部，人力、物力消耗较大。

校园招聘人员有两个主要的目标：一是确定一位候选人是否值得进一步考虑，通常需要对一位求职者的沟通能力、教育情况、工作经验和人际关系能力进行评估；另一个目标是吸引优秀的求职者，真诚而随和的态度、对求职者的尊重以及尽快给求职者反馈，这些都有助于将企业推销给前来介绍面试的求职者。

总之，企业必须认真挑选自己的招聘人员和要去的学校。在选择去哪些学校开展校园招聘活动时，应当考虑的因素包括学校的声誉以及企业过去从该学校雇用的员工的业绩。

（二）互联网招聘

1. 互联网招聘的重要性

当所有媒体都在热火朝天地讨论传统行业如何被互联网颠覆时，我们有理由相信，招聘将是下一个被颠覆的行业。互联网的本质是消灭中间环节，匹配双方，一边是海量的供给，高效匹配；另一边是海量的需求，淘宝就是一个例子，所以马云会说“让天下没有难做的生意”。

然而，招聘行业的现状很匪夷所思，一方面企业的招聘成本逐年升高、合适的人越来越难招，另一方面大量的求职者又求职无门，找不到合适的工作，供需双方不匹配的现象十分突出，而这正是互联网可以大显身手的地方。从国内外创新企业的实践可以看出，招聘企业借助互联网技术，尤其是移动互联网的便捷，通过人才推荐、人才搜索和人才的预筛选能更精准地匹配雇主和候选人，进而实现“让天下没有难招聘的人才，没有难找的工作”。

2. 互联网招聘的流程

1) 发布招聘信息

网络招聘信息的发布直接关系到企业招聘的效果,如何根据企业的实际情况,选择适当的信息发布渠道尤为重要。

(1) 委托人才网站。这是用人单位采用的最为广泛的一种招聘方式,企业通过这种形式,可以在招聘网站上发布招聘信息,收集求职者简历,查找适用的人才信息。由于人才网站上资料库大,日访问量高,加上人才网站收费相对较低,很多企业往往会同时在几家网站注册。

(2) 登招聘广告。一些用人单位选择在大型网站上登招聘广告这种方式,一般他们都选择那些相关专业的大型网站,或者是本地的综合门户网站。由于专业网站能聚集某一行业的专门人才,用人单位在这样的网站发布招聘信息,对吸收某一特定专业的人才效果良好。知名网站的浏览量很大,发布在上面的招聘广告不仅会有很大的信息反馈量,而且也会对企业产生一定的广告作用。

(3) 利用 BBS 发布。BBS 是"Bulletin Board System"的缩写,中文称为电子布告栏,它是互联网上热门的服务项目之一,你只要通过远端登录的方式,就可享有在远端主机上张贴布告、网上交谈、传送信息等功能。这种方式的信息发布成本几乎为零,但影响力有限,也不利于体现企业的形象,一般适用于小型企业。

(4) 在企业主页发布招聘信息。单位如果有实力自己建一个网站,则可以在自己的网站上发布招聘信息,同时将企业文化、人力资源政策以及更多的能让求职者了解的信息发布在主页上,这样既可达到宣传目的,又能吸引来访问的求职人员在了解企业的实际状况后,有针对性地选择应聘岗位,由此招聘的人员质量通常比较高。企业还可以将在线填简历应用其中,这样就可以很方便地建立自己的人才储备库,方便查询。

企业不仅可以利用互联网向外发布招聘信息,还可以利用企业内部的局域网对内发布空缺的职位,从企业内部提升。这不仅最大限度地节约了成本,还有利于提高员工的满意度、工作热情。这种通过局域网的招聘方式对一些跨地区的企业更为有利,通过内部的网络可以在第一时间知道企业的人力资源状况,合理配置人力资源,从而促进组织的发展。

2) 收集、整理信息与安排

招聘信息发布以后,要注意及时反馈,从众多的应聘者中挑选出符合条件的求职者安排面试。

(1) 收集、整理信息。企业在人才网站注册后可以利用这些招聘网站的人才库定制查询条件,找到符合要求的应聘者。招聘者还可以通过招聘软件"守株待兔",只有那些符合企业要求的求职者的简历才会被保留下来,大量不符合要求的简历被拒之门外,这样节约了招聘者的大量时间,提高了招聘效率。

除此之外,企业可以利用搜索引擎搜索相关专业网站及网页,在那里发现人才,自己做猎头,还可以查询个人的求职主页,尤其是招聘一些 IT 业的热门紧缺人才,在个人主页中可能会有许多发现。

（2）安排面试。挑选出符合条件的求职者后，接下来就可以安排面试。由于网络招聘无地域限制，在不同地理位置的招聘者、求职者可以利用互联网完成异地面试。面试人员即使不在一起也可以通过互联网合作，利用网络会议软件同时对应聘者进行考查。根据不同的求职者安排好面试人员后就可以通知求职者进行电子面试，互联网的发展使得我们可以有多种选择来进行电子面试。

3）电子面试

招聘信息的发布与收集整理仅仅是网络招聘的开始，电子面试更能体现网络招聘的互动性、无地域限制性，电子面试的应用是网络招聘中重要的组成部分。

（1）利用电子邮件。电子邮件具有快捷、方便、低成本等优点，越来越多的人远离了传统的邮寄方式，开始利用电子邮件交流。招聘者与求职者利用电子邮件交流，可以省掉大量的时间，进而提高招聘的效率，招聘者还可以通过求职者的 e-mail 来了解他们的语言表达能力。电子邮件的互动性不强，一般都用在面试前的联络、沟通上。

（2）利用聊天室。企业可以利用一些聊天软件或者招聘网站提供的聊天室与求职者交流，招聘的单位可以在聊天室里进行面试。像现实中一样，单位可以借此全面了解求职者，也可以顺便考查求职者的一些技能，比如电脑常识、打字速度、网络知识等。求职者也可以向单位就职业问题提问，实现真正的互动交流。不过，这种文字的交流还是有一定的局限：一方面，它反映不出求职者的反应速度及思维的灵敏程度；另一方面，求职者也可能会请人代替他进行面试，在虚拟的网络世界里，企业无法识别求职者的真伪。为了能够在第一时间得到应聘者的回答，用人单位还可以在语音聊天室利用语音聊天与求职者交流，这样既可以见到求职者的文字表述，又可以听到求职者的声音。

（3）视频面试。声音的传送已经无法满足现代人沟通的需求，立即、互动的影像能更真实地传送信息。“视频会议系统”（video conferencing system）有时又被称为“电视会议系统”。所谓的视频会议系统是指两个或两个以上不同地方的个人或群体，通过传输线路及多媒体设备，互传声音、影像及文件资料，达到即时、互动的沟通。与在聊天室进行面试相比，利用视频面试不仅能够听见声音，还可以看到应聘者的容貌，避免了聊天室面试的缺点，具有直观性强、信息量大等特点，使得网络招聘比传统招聘方式更具优势。

（4）在线测评。随着素质测评日益受到企业的重视，有一些网站开始将素质测评作为自己的服务项目之一。网络招聘是一种虚拟的招聘方式，在面试之前，招聘者只能从简历中了解应聘者的情况。事实上，很少有简历能够直接告诉招聘者关心的应聘者素质，特别是那些从网上下载的简历，求职者只能按照招聘网站提供的统一的格式填写，信息量有限，所以在招聘者决定约见一个应聘者进行面试之前，简历往往不能让招聘者获得所需的甄别信息。而素质测评的应用可以为企业解决这一难题，求职者可以在测评频道中进行测试，然后自动生成一份测评报告，它可以在招聘者花费大量宝贵的面试时间之前，就洞悉每一个应聘者的整体素质。这样可以为招聘者节省大量的时间，从而进一步提高招聘的效率。

对用人单位来说，在网上招聘有着收费低、速度快、针对性强等好处；对应聘者来说，足不出户就可以向各个企业投递简历，省时、省力、省钱。

3. 中国互联网招聘的主要网站与优势分析

中国互联网招聘的主要网站与优势分析如表 4-1 所示。

表 4-1 中国互联网招聘的主要网站与优势分析

网站类型	网站代表	优势分析
传统网络招聘	前程无忧 智联招聘	相比新的网络招聘公司，传统招聘公司的优势在于，随着时间积累留存用户越来越多；通过规模化效应获得广告收入和付费收入
新型招聘公司	猎聘网	注册用户超 1100 万，每年营收超过 3 倍增长，2014 年拿到华平投资领投，经纬中国跟投 C 轮 7000 万美元融资
	拉勾网	垂直于 IT 行业的招聘网站，拿到贝塔斯曼 A 轮 500 万美元投资
职业商务社交网站	LinkedIn	约 400 万中国用户，定位于高端市场本土化的产品和功能，可与微信绑定
	大街网	日均覆盖人数近百万，并且推出了人脉、圈子、技能等商务社交功能
	微招聘	凭借微博社会化优势，借助大数据技术，为企业提供高效率、低成本的人才解决方案，同时为求职者提供个性化推荐、职位订阅等功能
分类信息网站	赶集网	在赶集网的收入排行中，招聘、房产、分类信息排名前三，招聘类收入已经超过房产
	58 同城	定位中低端人才招聘，招聘收入逐渐占据企业总收入的占比越来越大
潜在竞争者	在线教育网站	在线教育也需要不断扩展关联业务让自己的故事更丰满，而在线招聘正是一个强关联的领域

资料来源 张义德，丁道师：《互联网思维下的人员招聘选拔——以北京速途网络科技有限公司为例》，《中国人力资源开发》，2015 年，第 6 期。

经典案例 4-1

一、案例材料

蒙牛集团的校园招聘

截至 2020 年 4 月，蒙牛集团员工共 4 万余名，平均年龄 33 岁，本科及以上学历员工占63%，共同组成了一个有活力的高素质人才梯队，支撑蒙牛“成为创新引领百年的营养健康食品公司”的企业愿景。然而，随着全球业务的快速增长与组织的不断扩张，蒙牛集团对高端人才的渴望日益强烈。如何快速寻求符合蒙牛集团核心价值观的人才是目前面临的重要问题。基于此，蒙牛积极探索解决思路，明确了校园招聘是补充人力资源新鲜血液、快速占领人才高地的制胜法宝。这是因为校园招聘不仅针对性强，可以有的放矢地选择目标院校。而且，应届毕业生初出茅庐，更容易接受企业文化。另外，校园招聘也可以达到推广企业品牌、树立企业形象的效果。

蒙牛集团每一年的校园招聘都能够吸引成千上万的应届毕业生参加宣讲会并投递简历。然而，以往简单发布广告、面试筛选的招聘方式在需求更复杂、变化更快、竞争更激烈的校园招聘市场早就难以为继。蒙牛集团人力资源部门站在时代浪潮之上抓紧变革的步伐，伴随着全新的数字化时代到来，2014 年开始与北森、猎聘网等专业招聘机构合作，招聘团队也改变了以往校园招聘的运作模式，有效实现了招聘工作的统筹安排，招聘效能全面释放。在多年的校园招聘经验积累下，蒙牛集团打造出了包括规划、招聘、甄选、录用以及评估五个环节的一体化招聘流程。

招聘需求分析是校园招聘的第一步，也是最为重要的一步。蒙牛集团以“建立量化模型、适应企业发展、重视可操作性”为原则，以人员效率为主线，建立自下而上的人员需求预测的评核机制。每年的七月下旬至八月初，集团总部人力资源总监召集各事业部负责人开会，了解事业部的岗位安排、员工需求数量以及任职要求。集团总部通过内外部的环境分析，结合公司发展战略以及实际情况，与各事业部反复沟通最后形成招聘需求计划书。

线下，蒙牛集团将自身品牌融入校园端实体运作。在选择目标院校方面，逐步细化高校人才供给甄别，从原来的重点关注 985、211 院校升级为大数据分析。蒙牛人力资源部门通过多年的人才数据，将人才来源与绩效相联系，从而判断哪些高校、哪些专业更适合蒙牛集团的发展，使得蒙牛校园招聘能够聚焦人才供应来源。HR 选择在哪些学校举办宣讲会，重点面向哪些学生，也变得有据可依。

对于与蒙牛集团的产品研发人员、质量管理人员的需求相契合的院校，蒙牛便通过活动赞助、设立专项奖金等方式建立长期校企合作关系。例如，与内蒙古农业大学、山东商学院签署校企合作协议，开启“产学研”联动机制，促进科研成果通过企业更快地服务社会；与湖北交通职业技术学院共同搭建“蒙牛集团班”订单培养计划，由学院定向培养专业化的技术人才，蒙牛为其搭建好的就业平台，实现资源共享与互惠双赢。不仅如此，蒙牛集团将校园招聘设为“常态化”工作，通过综合讲座、工厂参观等方式以及在校大学生喜闻乐见的乳品广告，全年在校园端发出蒙牛集团的声音。这样不仅可以切实了解到毕生的专业长处、实时动态，同时可以多角度展示蒙牛集团的公司形象，为做好校园招聘活动埋下伏笔。在招聘季来临时,蒙牛再将招聘主题衍生出的海报、条幅等大规模张贴在学校宣传栏、宿舍公寓楼、食堂等地,进行高密度宣传,让每一位学生看到蒙牛走进校园的招聘广告。

蒙牛集团的微信招聘是校园招聘中的一大亮点。在“蒙牛微招聘”的公众号上包含“蒙牛集团家”“2020校园招聘”“内部举荐”三大块内容。应聘者在这里不仅可以看到企业概况、发展历史、企业文化等信息,还可以通过点击“牛奶之旅”以VR的方式看到一个生动有趣的短视频《一滴奶的前世今生》,这些都大大提升了应聘者的互动体验。

蒙牛集团校园招聘宣讲会由集团总部人力资源部门统筹,每个事业部具体负责一个学校的宣讲会事宜,具体包括高校教师拜访、宣讲会筹备等工作。校园招聘宣讲会一般在每年9月下旬展开,采用巡回式宣讲方式。巡回式宣讲一方面可以帮助蒙牛集团提高抢到优质生源的概率;另一方面能够使得招聘团队分工明确,即招聘团队可按照不同站点组织宣讲会邀约、简历筛选等工作,招聘负责人也可以清楚看到站点的推进情况。

招聘规划、招聘工作完成后,对蒙牛集团校园招聘团队来说,挑战将进一步升级——如何准确识别“蒙牛集团同路人”,进而实现人才运营管理。蒙牛集团积极寻求与北森集团的合作,优化校园招聘流程。北森专家团队依据蒙牛集团的校园招聘现状和业务需求,设计了一套蒙牛集团校园招聘方案,方案包含快速自动筛选简历、无缝链接人才测评、启用先进面试体系等多个方面,使蒙牛集团真正实现了“多快好省”的校园招聘。

运营平台不仅可以帮助蒙牛集团招聘团队自定义审批流程,而且可以对办公模板和流程进行统一规范,以减少候选人等待的时间。同时,北森招聘系统会及时以短信、邮件及电话等多种形式通知应聘者,并依据应聘者回执情况为蒙牛集团招聘团队进行反馈。这时,“校园牛人们”便会正式迈入蒙牛集团的大门,成为一个个真正的“牛人”。而没有被录取的应聘者,也会收到蒙牛集团的面试反馈与回执。

蒙牛集团通过多年经验积累以及数字化线上招聘平台实现了从简历筛选到offer发放的招聘全流程整合,也积累了大量的各阶段的招聘数据用于后期评估。在录用通知发出后,蒙牛集团人力资源部门基于大数据统计报表对校园招聘各个“站点”进行评估。站点是招聘评估的重要维度,通过对校园招聘站点数据回溯能够清晰了解到在哪些高校通过什么样的方式可以有效达到最优校园招聘结果。以站点为单位的招聘评估主要关注四个方面的数据:第一,计算招聘漏斗转化率、招聘需求完成率、应聘录用比来关注关键职位的招聘进度;第二,计算录用速度(收取简历到录用时间)、简历处理速度、面试反馈速度等来反映校园招聘的效率;第三,计算渠道成本(不同部门发布广告费用)与人力成本来分析招聘成本。第四,分析不同渠道的简历收取量与录用人数等。大数据的整合分析能够帮助 HR 进行招聘流程和结果的优化分析，从而使得整个校园招聘流程高效且有序。

资料来源　马富萍，张倩霓，杨柳等：《蒙牛线上线下觅"牛人"》，《企业管理》，2021 年，第 7 期。

二、阅读并思考

1. 请简述蒙牛的校园招聘步骤。
2. 请谈谈蒙牛校园招聘的亮点。

第三节　人员测评与甄选

一　员工甄选

（一）员工甄选

甄选即甄别和选择之意，也称为筛选或选拔，是指通过运用一定的工具和手段对已经招聘到的求职者进行鉴别和考查，从而最终挑选出最符合组织需要的、最为恰当的职位空缺填补者的过程。在甄选过程中，企业需要挑选出最合适的高质量求职者，然后将他们正确地配置到合适的岗位上。甄选也是一个逐步筛选的过程，有些企业会采用"招聘产出金字塔"来计算招聘各阶段的比例。根据某公司的招聘经验和规律，每雇用 1 名员工，大概经过这样一个比例的筛选过程：求职者 50 人—通知面试 10 人—实际参加面试的 6 人—发出雇用通知 2 人—接受雇用人数 1 人，如图 4-1 所示。

甄选的目的是谋求职位与求职者所具有的某种特性的恰当水平之间达成的最优匹配。求职者进入企业内部工作之前或者进入企业内部工作时间比较短的情况下，招聘者很难做到完全准确地判断求职者是否适合企业内某一特定职位的工作，因此，甄选决策本身总是蕴藏着一定的风险。

甄选过程中常常犯的错误包括：①雇用了不该雇用的"质量过高者"。企业可能无法利用这种高水平的智力，但是必须为这种高水平的智力支付更高的薪酬。②"矮子

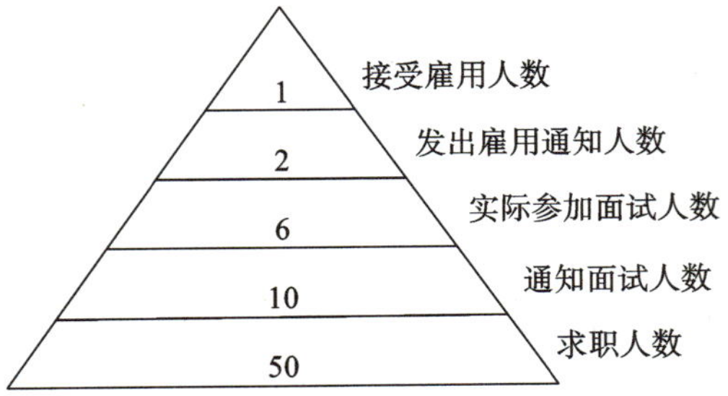

图 4-1 人力资源招聘甄选金字塔

里面拔将军”。把注意力过多地放在对求职者的相互比较上,而不注重求职者和空缺职位需要达到的客观标准之间的比较。

(二) 员工甄选的重要性

1. 对企业的影响

(1) 绩效。企业的总体绩效在很大程度上是以员工个人的绩效为基础的。因此,合适的、优秀的员工是确保企业战略目标达成的最根本保障。在现代市场经济中,能否找到合适的人来承担企业必须完成的各项工作,是决定一个企业是否具有竞争力和整体有效性的关键因素。只有挑选并雇用那些具备相关的知识、技能、经验,具有强烈的工作动机和端正的工作态度,同时与企业的文化及价值观高度吻合的员工,才能确保企业的客户得到一流的产品和服务,从而确保企业战略目标的达成和经营目标的实现。很多管理学家明确指出,培养员工的敬业精神、献身精神以及良好绩效,其实并不是在员工进入企业之后,而是在员工还没有进入企业的时候就已经开始了。也就是说,选择了正确的人,实际上就等于奠定了培养和开发的基础。

(2) 成本。招聘和雇用员工的成本很高,弥补甄选决策失误的代价可能极高。这些成本主要包括培训成本、寻访费用、面试时间(雇用成本)、推荐信审核、差旅、搬家成本、岗位调整成本、重新雇用成本等琐碎的费用。但是,如果产生了决策失误,雇用了不合适的人,也可以采取一些适当的方式来加以弥补,这些“亡羊补牢”的方式包括对员工进行培训、调整员工的工作岗位、到期解除劳动合同,直接解雇。除了直接成本,错误雇用还会给企业带来很高的机会成本。用人不当可能会通过耽误企业发展的良好时机而给企业带来损害甚至打击。

(3) 法律纠纷。甄选不当可能会导致企业陷入劳动法律的纠纷,特别是在国家对劳动力市场的管制比较严格、解雇员工的程序日益复杂的今天,谨慎甄选尤其重要。

2. 对客户的影响

如果企业不小心雇用了有犯罪记录或其他问题,例如,心理问题的员工,那么这些员工有可能利用接近客户家庭的机会(或其他同类机会)从事一些犯罪活动。

3. 对员工的影响

在本企业中不合适的员工未必不适合其他企业，如果不是因为当前企业做出错误的雇用决策，这些人当初很可能会找到真正适合他们的企业，他们在其他企业中也许不仅能够找到工作，而且可能实现与岗位之间的更优匹配，从而达到优良的绩效水平。慎重、正确的甄选和雇用决策也是对求职者负责的一种态度，属于企业勇于承担社会责任的一种表现。

二　员工甄选的基本原理

（一）个体差异原理

人员甄选的对象是人的素质。只有人的素质存在差别时，人员甄选才具备现实的客观基础。如果没有差异，那么就不需要测评，也就不存在甄选的问题了。因受遗传、环境、个体能动性等因素的影响，不同个体在生理、心理乃至社会方面都存在差异。

1. 生理差异

生理差异主要从性别、年龄、身高、外貌等因素来区分。在招聘活动中，许多雇主有意识或无意识地采用身高、长相作为甄选标准。研究发现，身材较高的男性更容易获得雇主认可，长相漂亮的女性更容易被雇用。这样的甄选标准是不可取的。

2. 心理差异

心理差异可归结为两个方面：一是个性倾向差异，包括兴趣、爱好、需要、动机、信念、理想、世界观等方面的差异；二是个性心理特征差异，包括能力、气质与性格等方面的差异。

3. 社会差异

社会差异可以从家庭背景、学历背景和工作背景来区分。

(1) 家庭背景包括户籍、婚姻状况、亲属状况等。家庭背景是雇主在甄选过程中要考量的因素，比如，婚姻状况，一些雇主偏爱婚姻稳定的员工胜于单身员工，而另一些雇主在招聘某些职务的员工时，可能会寻找单身员工，因为单身员工更愿意接受工作的灵活调配或较长时间的外派。

(2) 学历背景反映个人接受教育的情况，包括学历层次、毕业院校、所学专业等。很多时候学历成为人员筛选的基本指标，这虽然并不值得提倡，但通常可以肯定地假设一个人如果能成功地完成高中或者同等学力的教育，就会具备较好的读、写、计算和人际交往能力。

(3) 工作经历、过往的工作经验和工作业绩是企业在进行人员甄选时一个很有用的标准,“过去说明他的现在,现在预测他的将来”。人们通常认为,一个潜在的员工,原来从事过这样的工作并且现在申请相似的工作一定会热爱并能胜任这份工作。

(二) 工作差异原理

人员甄选的另一个假设是:不同的职位具有差异性。首先是工作的差异。由于社会分工和专业化的发展要求,不同职位的工作内容是有差异的。显而易见,车间主任和公司总经理的工作存在巨大的差别,财务主管和招聘主管工作的主要内容也不同。其次是工作权责的差异,也就是一个职位所具有的决策权力和影响力的大小。很明显,不同层次的管理者的决策影响力是不一样的,高层管理者做出的决策影响力大,从而影响到下面各层管理者的工作重心。

工作内容、权责的不同,对完成这些任务的人员的要求也不同。每个人的禀赋和能力都是不一样的。正所谓术业有专攻,一个精力、能力有限的人只能在某方面掌握高质量完成工作所需要的素质。从另一个角度来说,人的个性与兴趣是不一样的,每个人适合做和喜欢做的工作是不一样的。总之,职位的差异决定了工作内容和工作权责的差异,从而对人员的任职资格产生了不同的要求。

(三) 人岗匹配原理

所谓人岗匹配,就是按照人适其事、事宜其人的原则,根据个体间不同的素质和要求,将其安排在各自最合适的岗位上,保持个体素质与工作岗位要求的同构性,保持个体需要与工作报酬的同构性。人尽其才,物尽其用。

要做到人岗匹配,首先要求组织有科学的工作分析,明确岗位的工作内容、工作职责、权限、绩效标准以及任职资格。其次,根据岗位对人员的要求,运用合理的人员测评和甄选的方法,知人善任,为岗位选拔最合适的人选。

三 员工甄选的一般流程

典型的步骤包括审查求职申请表或简历、甄选测试、面试、初步雇用决策、雇用候选人背景核查、体检、发出雇用通知。图 4-2 显示了甄选的一般程序。

审查求职申请表或求职简历是最基础的筛选方式。随着社会的逐渐信息化,一些企业甚至建立了电子化的简历筛选系统,将不符合条件的电子简历直接淘汰出局。简历筛选的主要任务是对求职者进行初步的过滤,把明显不合格的求职者剔除出去,以免造成不必要的成本负担。

在简历筛选过程中应当完成的任务:①剔除明显不合格的简历或者辨别在简历中

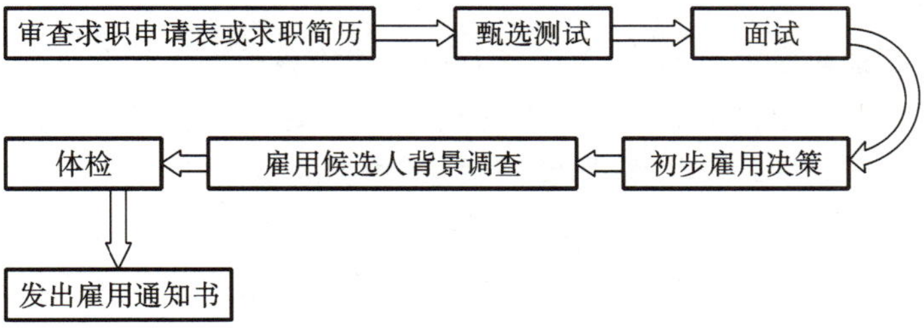

图 4-2 甄选的一般程序

可能隐藏的虚假信息。②确认简历中提到的重点信息，以便在接下来的面试或甄选过程中确认，从而使后续甄选更具有针对性。

甄选测试与面试中，企业更希望看到应聘人员的多元化特点，所以这一阶段，会有各种类型的测试和面试。这些测试主要是为了了解求职者所掌握的基本知识与技能、反应能力、交流沟通能力、人格特点、工作动机、团队合作能力、语言表达能力等个人特征。我们后面会介绍具体的测试方法。

背景审核与体检中，很多企业都要求求职者提供能够证明其过去履历的相关人士的姓名及其联系方式等。适当的审核能够保证员工信息的准确性和雇用正确员工的安全性，能够让企业即使是在非常短的时间内也能够尽量了解详细的求职者的背景信息。

礼貌、精简、周到并且人性化的雇用与不雇用的通知书总是能够增加企业的美誉度、为企业创造良好的劳动力市场声誉。对于被雇用的求职者，人力资源专员通常都会发出一封正式的入职邀请函，在函件中除了欢迎求职者加入，还会明确指出在办理入职手续时需要求职者携带的证件等其他事项，同时约定具体的入职日期，如果被录用者不能在约定的时间之前入职，则会被视为放弃此次机会。对于没有被录用的求职者，很多企业也会礼貌性地发出一封函件或电子邮件，感谢求职者对本企业的青睐，同时指出，他们当中的相对优秀者的信息会进入本企业的人才库，一旦将来企业出现新的职位空缺，还会再与求职者联系，等等。

四 员工甄选技术及方法

（一）员工甄选技术

1. 员工测评的信度

信度(reliability)是一项测试的首要要求，它指的是测试的一致性。一项有信度的测试是指一个人参加两种不同形式的同一测试时，或者在两个不同的时间参加同一测试时，能够得到具有一致性的测试成绩。所谓信度，是指一种测试手段不受随机误差干扰的程度。

测试的信度是非常重要的,它决定了企业是否应该长期采用此项测试。如果某人在星期一的智力测试中得了 90 分,而在星期二的重测中却得了 130 分,那么,你可能就不会太相信这个测试。这与测试的一致性是相关的。

(1) 信度系数。严格来说,信度的高低是用信度系数来表示的,信度系数为 0～1。0 表示信度最低,1 表示信度最高。一般情况下,信度系数不低于 0.7 的测试工具被视为信度较好。(具体的信度系数的计算与 Excel、SPSS 等工具有关。)

(2) 重测信度估计。有两种不同的重测方法:一种是用同一测试工具在不同的时间对同一群人进行多次测试,然后再比较结果的一致性。另一种是在两个不同的时间点对相关的人实施相同的测试,然后对他们在时间二上的测试得分与其在时间一上的得分进行比较,它可以用来考查一种测试工具在时间上的稳定性。

需要注意的是,在进行重测信度估计(retest estimate)的时候,两次测试之间的时间间隔很重要。间隔太短,被试者能够记住上次的答案,因而产生较强的记忆效应和练习效应;间隔太长,又会有其他很多因素对被试者的答案产生影响。因此,时间间隔越长,两次测试之间的相关系数就越低。根据一般经验,两次测试的时间按间隔半个月到半年可能比较合适。

(3) 复本信度估计。复本信度估计(equivalent form estimate)是指对同一组被试者进行某种测试时,使用两种功能等值但是表面内容并不相同的测试形式,然后考查在这两种等值的测试中被试者取得的分数之间的相关程度。即可以先实施一项测试,然后再实施另外一项被专家认为与该测试等价的测试。比如说,在高考中采用的 A、B 卷,以及作为美国大学录取新生的参考标准之一的学术能力评价测试(scholastic assessment test,SAT)都是采用了复本信度估计。

(4) 内部比较信度估计。你经常会在某些测试中发现明显重复的题目,其中的原因之一就在于估计这项测试的内部一致性。这表现为,在甄选测试中,经常会用多个题目来测试同一个问题。例如,一位心理学家在一份关于职业兴趣的测试中列出 10 个题目,并且认为这些题目都可以从不同的角度测出被试者对从事户外工作的兴趣。可以先实施这项测试,然后再通过统计分析方法分析被试者对这 10 个题目所给出的答案的总体变异情况。

内部一致性信度用来反映同一测试内容的各个题目之间的得分一致性程度。它考查的是同一项测试中的若干题目是否确实都在测量同一个内容或特质,一种好的测试工具必须具有好的内部一致性。

2. 员工测评的效度

虽然信度是不可或缺的,但它只不过是在告诉你,这项测试在衡量某些东西的时候是具有一致性的,却不能保证它所测量的就是你希望测量的。效度(validity),即一种测试的有效性,则反映了一种测试工具对于它所测量的内容或特质进行准确测量的程度。效度就可以告诉你,这项测试正在衡量的是否就是你认为它应该衡量的。

一些测试的效度很高,测试中包括的题目与行为之间存在着明显的关系,比如说,招聘打字员时进行的打字测试，它清楚地代表了一种工作中的行为。另外一个极端的情况则是，测试中的题目与行为之间并不存在明显的关系，比如，投射测验就属于这种情况。

测试效度(test validity)回答这样一个问题：这项测试衡量了它想要测试的东西吗？换言之，效度指的是基于这种测试所得出的判断的正确程度。甄选测试必须有效度，因为如果没有效度，无论从逻辑上还是法律上，都没有任何理由继续使用这种测试来对求职者进行筛选了。从测量学的角度来说，一项测试的效度主要包括三种，即构想效度、内容效度和效标效度。

(1) 构想效度。构想效度是指一项测试对于某种理论上的构想或特质进行测量的程度。它所要回答的问题是：依据此测试工具，测试的实施者想要测量的抽象的概念得到了准确的测量吗？当所要测试的是领导风格、人格、职业道德等比较抽象的概念或难以观察到的特质时，往往需要考察该测试的构想效度，比如，我们不能直接看到一个人的领导能力，而只能从某个人所表现出的行为去推测它的存在。因此，当某种测试确实测量出了它所要测量的某种不可观察的特质的时候，我们就说这项测试具备了构想效度。

由于有些特质无法直接观察到，单凭一次测试是无法建立构想效度的，只有在大量的实证研究都得到了一致性的结果的时候，才能假定这种效度是存在的。确定构想效度的基本步骤是：首先从某一理论出发，提出关于某一特质的假设，然后设计和编制测验来实际进行测试，最后对测试结果采用相关分析或因素分析等方法进行分析，以验证测试结果与理论假设之间的相符程度。

(2) 内容效度。企业要想证明一种测试的内容效度，就需要表现这项测试是能够相当准确地反映工作内容的一个样本。这里的一个基本程序就是，找出对工作绩效至关重要的一些工作任务，然后从这些任务中随机选取一些作为样本来进行测试，例如，许多牙科学校在甄选学生时，都会给申请者大块的粉笔，让他们雕刻成牙齿。这样一来，那些在这方面很笨拙的学生就没必要申请了。

如果你选择的这种测试内容确实代表了那些被试者在未来从事工作时必须知道的内容，那么，这种测试很可能就是具有内容效度的。

证明一项测试的内容效度听起来很容易，但是做起来比较难，这是因为需要证明：①被试者在测试中完成的任务确实是他们在实际工作中需要完成的工作任务的一个全面的、随机的样本。②被试者接受测试的环境与实际工作环境相似。这两点并非总是很容易做到的。

(3) 效标效度(效标关联效度)。在员工甄选中，企业最关注的问题实际上是通过某种测试或评价技术所得到的结果是否能够准确地预测出求职者在未来的工作中取得成功或招致失败的程度。这实际上就是效标效度要考虑的问题。效标效度是指一种测试或甄选技术对被试者的一种或多种工作行为或工作绩效进行预测的准确程度。

要证明一项测试的效标关联效度，就需要证明那些在测试中表现良好的人在工作中也会表现良好，而那些在测试中表现不好的人在工作中表现也不好。与甄选工作有关的效标包括产出数量或质量、上级的评价结果、缺勤率、事故发生率、销售额，以及企业认为能够代表绩效的其他一些指标。

(二) 员工甄选的方法

1. 心理测试

心理测试是一种科学的测试方法,它是指通过一系列的工具或手段将人的某些心理特征加以量化,从而衡量个体心理因素水平和个体心理差异的一种科学测量方法。

从测试的内容来看,心理测试可以划分为能力测试、人格测试和兴趣测试三大类,其中,能力测试的目的是测试一个人是否具有从事一项特定工作的潜力,人格测试的目的是了解被试者的人格特质,兴趣测试则试图揭示人们想做什么以及喜欢做什么。

1) 能力测试

能力测试又可以区分为认知能力测试、特殊职业能力测试、心理运动机能测试三大类。其中,认知能力测试的主要内容包括思维能力、想象能力、记忆能力、推理能力、分析能力、数学能力、空间关系判断能力和语言能力等。这种测试又称为普通能力倾向测试或通用能力测试。特殊职业能力测试是指针对特殊职业或职业群的能力测试,目的在于测量已具备工作经验或受过有关培训的人员在某些职业领域中达到的熟练水平。心理运动机能测试则是对一个人的心理运动能力和身体运动能力进行测试。下面主要介绍认知能力测试和心理运动机能测试这两种测试。

(1) 认知能力测试。从甄选的角度来看,认知能力测试实际上是要根据个人的脑力特征对求职者进行区分,从而挑选出具备完成某种工作职责所要求的基本能力的求职者。认知能力一般包括两类,一类是一般性的认知能力,即智力(intelligence quotient,IQ);另一类是指一些比较具体的认知能力,比如归纳和演绎能力、语言能力、记忆能力,以及数学能力等。此外,还有一些特殊的认知能力,比如,空间关系判断能力、机械理解能力、创造力等。

智商测试属于一般性的智力测试。这种测试所要测量的不是人的某种单一特质,而是人的多种能力,其中包括记忆能力、词汇能力、口头表达能力,以及数学能力等。从本源上理解,智商就是一个商数。它的计算程序是:用一个小孩的智力年龄(通过智商测试来进行测量)除以其生理年龄,然后将结果乘以 100。因此,如果一个 8 岁的小孩能够回答出 10 岁的小孩才能回答的问题,那么他的智商就是 $10\div8\times100$,即 125。当然对于成年人来说,智力年龄除以生理年龄就没有意义了。因此,一个成年人的智商实际上是一种“派生出来的”分数,它反映了一个人的智商在多大程度上高于或低于成年人的“平均”智力分数。通常采用斯坦福—比奈测试(Stanford-Binet test)或韦克斯勒测试(Wechsler test)这样一类针对个体的测试工具来进行智力测量。企业还可以采用其他类型的智力测试,比如,考夫曼青少年及成人智力测试(Kaufman adolescent and adult intelligence test)、斯洛森智力测试(Slosson intelligence test)、广泛型智力测试(wide range intelligence test)以及非语言理解力智力测试(comprehensive test of nonverbal intelligence)等。

还有一些测试是用来测量某些特别能力的，如归纳能力和演绎能力、语言能力、记忆能力，以及数学能力。心理学家往往将这种测试称为能力倾向测试，因为它们的目的就是测量一个人在从事某种特定职位的工作方面的能力如何。

（2）心理运动机能测试。心理运动机能测试主要包括心理运动能力测试和身体能力测试两大类。

心理运动能力测试是对一个人的精神运动能力进行的测试，测试的内容包括选择反应时间测试、肢体运动速度测试以及手指灵活性测试等，比如，在著名的奥康纳手指与镊子灵活性测试中，被测试者需要用自己经常使用的那只手拿镊子夹住钉子，然后把它们一行行地排列在木板上的小孔里，这种测试通常用于那些体力要求比较高的职位，例如收音机装配工、电视组装工或者手表装配工等。还有，克劳福德小零件灵巧性测试（测量一个人做出简单判断的速度及其准确性，以及手指、手、手臂的运动速度）、斯特隆伯格灵巧性测试、罗得操作能力测试等测试。

身体能力测试是对一个人的动态强度、爆发力、广度灵活性、动态灵活性、身体协调性与平衡性等所进行的测试。身体能力测试可以划分为七种类型：肌肉张力测试、肌肉力量测试、肌肉耐力测试、心肌耐力测试、灵活性测试、平衡能力测试、协调能力测试。尽管自动化和其他方面的科技进步已经大大减少或降低了许多工作活动对体力的要求，但是有些工作仍然需要任职者达到某些特定的身体能力要求。在这种情况下，身体能力测试就不仅有利于预测求职者在未来可能达到的工作绩效水平，而且有利于预测出哪些人将来更有可能发生工伤或伤残等情况。对于某些特定的职位来说，这些测试的效度是相当高的。但是，某些身体能力测试很可能会对一些残疾人和女性求职者产生不利的影响。在使用这些测试之前，必须首先明确以下两点：第一，这些测试对于完成工作确实是必要的，而且在职位说明书中已经事先做了明确要求和说明；第二，如果求职者因身体能力不够而不能充分完成工作，则有可能会给求职者本人、同事或者客户的安全与健康带来风险。

2）人格测试

认知能力测试和身体能力测试基本上不能说明一个人的未来工作绩效。动机和人际关系技能等其他因素对绩效同样具有重要作用。正如一位咨询顾问所指出的，大部分人都是因为他们具备相应的资格而被雇用的，同时，大部分人却是因不能达到绩效要求而被解雇的。不能达到绩效要求通常是由一些个人特征决定的，比如，态度、动机，尤其是性格。企业常常通过人格测试来测量和预测这些无形特征，例如，惠普公司在甄选首席执行官候选人的过程中，其中一个步骤是让最终候选人参加一个耗时 2 个小时、包括 900 道试题的人格测试。这些候选人必须对下列这类陈述做出是非选择：当我撞上一件家具时，我通常会感到生气。人格测试要测试的是一位求职者的人格特征，比如内向性、稳定性、动机等。对人格进行测量的方法主要有以下三种。

自陈量表法（又称自我报告式）：即测试者编制好一套人格测试问卷之后，由求职者本人来填写问卷。

投射法：一些人格测试是投射性的。在进行这种测试时，心理学家会向被试者展示一个模糊的刺激源（例如，一幅墨渍或云状图），然后让被试者对此做出反应。这些图片是模糊不清的,心理学家假设被试者会将自己的态度投射到这幅图中。其中最著名的两项测验就是罗夏墨迹测验和主题统觉测验,它们分别让被测试者看不规则的墨迹和图片,然后询问被测试者的看法或想象。这种人格测试方法在人员甄选中的使用并不普遍。

评价量表法:首先提供一组描述人的个性或特质的词或句子,然后让其他人通过对被测试者的观察,对被测试者的人格或特质做出评价。

应当对哪些人格特质进行测量呢?通常包括以下维度:责任心、外向性、宜人性和开放性。责任心可能是对于任何一种职位来说都有助于产生高绩效的重要人格特征。外向性是指倾向于友善、有决断力、积极、能感受到正面效应,如激情和狂热。宜人性是指倾向于信任他人、服从性、关心他人、温和。外向性和宜人性似乎与销售或管理职位上的绩效有关。开放性是指倾向于有想象力、不顺从、不传统、有自制力。

在工作中使用人格测试时需要注意两大问题。第一,要记住,投射性测试是很难解释的,因为在这种测试中,专家必须分析被试者对图片所做出的解释和反应,并借此推断出他们的人格特点。这种测试的作用建立在这个假设的基础上。第二,人格测试更有可能引发法律问题。有些相关的人格测试是一种医学测试,因为它把那些受过心理损伤的求职者筛出局了。

3)兴趣测试

一个人的职业兴趣在很大程度上反映了其职业偏好,它会影响到一个人的职业选择和从事有关职业的积极性,从长期来看,还会影响到一个人的职业发展水平和最终取得的成就。在职业选择以及人员甄选中具有重要影响的霍兰德职业兴趣测试或职业性格测试,是霍兰德在个人大量的咨询实践的基础上编制的。霍兰德在一系列关于人格与职业关系的假设基础之上,提出了六种基本的职业兴趣类型,即现实性、研究型、艺术型、社会型、企业型和常规型。

2. 工作样本测试

所谓工作样本测试,就是在一个对实际工作的一部分或全部进行模拟的环境中,让求职者实地完成某些具体的工作任务的一种测试方法。工作样本测试的基本操作程序是,在工作分析的基础上,挑选几项对于完成该职位的工作最为关键的部分工作任务甚至是全部工作任务,让求职者实际动手来完成这些工作任务。在操作的过程中,会有一位观察员监控被测试者对每项任务的执行情况,在一张清单上详细记录被测试者实际执行任务的表现,并且对被测试者能否胜任某一职位做出最终评价。

工作样本测试是在职位分析的基础上设计的,测试的内容与被测试者未来需要承担的工作之间具有很高的相关性,工作样本测试对被测试者未来的工作绩效有很高的预测效度。因此,通过观察被测试者完成这些任务的过程,便可以了解求职者是否具备未来的职位所需要的知识、技能。

工作样本测试在现实中有广泛的应用,比如,很多企业在招聘熟练工人(如电焊工、机械师、木工等)的时候,经常采用这种测试方式。其他工作样本包括:对计算机编程人员进行甄选时使用的编程测试,对物流货运人员进行甄选时使用的标准驾驶测试，对秘书和事务性辅助人员进行甄选时使用的打字、文字处理以及电子表格方面的标准化测试等。

（三）其他甄选方法

1. 管理评价中心法

管理评价中心法会安排一种为期2～3天的模拟活动，在这一过程中，有10～12名候选人要在专家的观察之下完成一系列的实际管理任务（如发表演说等），专家会对每一位候选人的领导力潜质做出评价。评价中心本身可能是一个简单的会议室，但它通常会是一个特殊的房间，装有一面镜子，以便于专家观察。典型的模拟任务包括以下几种。

（1）文件筐练习。在这个练习中，被评价者要面对一大堆报告、备忘录、来电记录、信函以及其他资料。这些资料都与他们模拟承担的职位相关，它们被装在真的文件筐中，或被放在计算机的文件夹里。求职者必须对每份文件进行适当的处理。在练习完成后，受过训练的评价者会对候选人的工作情况做出评价。

（2）无领导小组讨论。培训师会给一个无领导小组出讨论题，然后要求这些参加讨论的成员达成一个小组决议。然后，培训师会对每位小组成员的人际关系技巧、群体接受度、领导能力以及个人影响力等做出评价。

（3）管理游戏。游戏参与者作为在同一个市场上相互竞争的几家模拟公司中的成员来解决一些现实问题，例如，他们可能要决定如何做广告以及保持多少存货等。

（4）个人演说。培训师会指定一个题目让每个人来发表口头演讲，然后据此评价候选人的沟通能力和说服能力。

（5）客观测试。评价通常还包括人格测试、智力测试、兴趣测试以及成就测试等。

（6）面试。大多数评价中心还要求至少由一名培训师对每一位参加者进行一次面试，从而对参加者的兴趣、过去的工作绩效以及动机等做出评价。

2. 笔迹分析

笔迹分析是指通过分析书写者的笔迹来确定一个人的基本人格特质。笔迹分析有点类似于投射型人格测试，尽管笔迹分析的效度受到质疑。在笔迹分析中，笔迹分析专家通过研究求职者的手写笔迹和签名来发现求职者的需要、欲望以及心理特性。根据一位笔迹分析专家的说法，笔迹能够反映诸如“独立”和“孤立”等人格特质。但是，对于笔迹分析在人员甄选中的作用褒贬不一，很多研究认为，笔迹分析通常是无效的。

经典案例 4-2

一、案例材料

无领导小组面试经典案例

单位(外企)经费紧张,现只有 20 万元,要办的事情有下列几项:

(1) 解决办公打电话难的问题。

(2) 装修会议室大厅等功能区以迎接上级单位委托承办的大型会议。

(3) 支付职工的高额医疗费用。

(4) 五一节为单位职工发福利。

显然 20 万元无法将这四件事情都办圆满,如果你是这个单位的分管领导,将如何使用这笔钱?

二、阅读并思考

请进行工作实战,要求:5 分钟审题思考,1 分钟观点陈述,15 分钟小组讨论,5 分钟总结。

第四节 人员面试

一 面试的概念及基本类型

(一) 面试的概念

面试实际上是在特定的时间和特定的地点,发生在面试考官与被面试者之间的一个面对面的对话过程,其目的是通过分析被面试者的回答以及观察他们所做出的各种反应,考查求职者是否具备相关职位的任职资格条件,其中包括知识技能、个性特点、求职动机等。面试是一个通过口头提问和口头回答的方式来获取一个人的信息的过程。

面试法具有简便快捷、容易操作、不需要复杂的专用测试工具和方法等优点，同时，它还使面试者能够面对面地了解和观察求职者，从而产生比较真切的整体性感受，因而受到普遍欢迎。

然而，需要注意的是，面试这种人员甄选方法并不像它表面上看起来那么简单。事实上，对各种组织的面试过程所做的很多实证研究表明，如果不对面试过程进行科学的精心设计，面试的效度很可能会比较低。无论如何，面试结果都是面试考官个人或面试考官小组通过主观判断得出的，而人的主观判断会受到多方面因素的影响，因此判断出现偏差的可能性很大。同时，面试的成本也很大，主要包括交通成本、机会成本等，所以面试的有效性特别重要。

（二）面试的基本类型

1. 根据结构化程度分类

（1）非结构化面试。非结构化面试是指在面试的过程中，不存在结构化的面试指南或必须遵循的既定格式，面试考官没有一个固定的面试格式要遵守，没有一个必须遵循的面试问题提纲，也没有明确的问题提问顺序，可以相对自由地对被面试者进行各种提问，面试中的问题可以从多个不同的方向展开。

在这种面试中，面试考官手中甚至可能没有统一的打分规则和评价标准。由于面试考官提出的问题并不是事先准备好的，他们完全可以根据自己的兴趣点去进行跟踪式提问，因此，在这种面试中，同一位面试考官对申请同一种职位的被面试者很可能会提出不同的问题，很少有正式的面试指南或者对“正确的”或“错误的”答案赋分的标准。这种面试甚至可以被描述为一种泛泛的谈话，大多数甄选面试可能都属于这种类型。

非结构化面试中，面试考官和被面试者之间的谈话会显得比较自然和顺畅，双方之间的谈话内容会显得前后连贯，逻辑关系比较清晰。但是，对不同的求职者提出不同的问题，不仅很难确保对所有的求职者都提供公平的机会，而且很难确保所有的关键问题都能被问到。由于面试考官可以自由提问，面试问题很容易受到面试考官个人兴趣或工作背景等因素的影响。

大量的实证研究都证明，非结构化面试的信度和效度要比结构化面试的信度和效度低。

（2）结构化面试。结构化面试，又称标准化面试，是依据预先确定的面试内容、程序、评分结构等进行的面试形式。在这种面试中，面试考官手中会有一份对所有被面试者都要提出的标准化问题提纲，这些问题是在系统的工作分析基础之上提炼出来的，其目的在于事先确定在面试时需要收集哪些特定类型的信息。在面试过程中，面试考官必须根据这份事先拟定的面试提纲逐项对被面试者提问，不能随意变动面试提纲，被面试者必须针对每一个问题来回答。此外，为记录求职者的面试表现，面试考官还会使用标准的面试评价标准,并填写统一的面试评价表格。总之,在结构化面试中,面试考官只需要根据被面试者所回答内容的适当性对其回答做出评价即可。

结构化面试的优点在于程序、内容以及评分方式等的标准化程度都比较高,面试的结构严谨、层次性强,评分模式固定,它不仅能够确保所有的被面试者都被问到相同的问题,而且能够确保所有关键问题都会被问到,从而确保重要的信息不会遗漏。标准化的面试还提高了不同求职者之间的一致性,增强了与职位之间的相关性,削弱了总体上的主观性。此外,面试的标准化还有助于降低面试考官个人的偏见在有意或无意中对甄选结果造成的不利影响。这样,面试的公平性以及面试的信度和效度都会比较高。

结构化面试的缺点在于问题都是事先设定好的,面试考官个人没有发挥的余地,对于自己发现的某些重要问题可能不便过多提问,不利于面试考官随机应变。结构化程度高可能导致结构僵化,缺少灵活性。严格按照问题顺序提问的方法可能让被面试者感到有些僵硬,谈话会不那么顺畅和自然。

2. 根据所包含的问题类型分类

(1) 情景面试。在情景面试中,可以询问求职者在一个给定的情境中将会做出怎样的反应,例如,可能会对应聘主管职位的求职者提出这样一个问题:如果一位下属连续三天都迟到了,你将会做出怎样的反应?

(2) 行为性面试。行为面试则要求求职者描述在过去发生过的某个真实情景中,他们是如何做出反应的。

(3) 职位相关性面试。面试考官向求职者询问与他们过去的工作经历相关的问题。这些问题不是围绕一种假设的或实际的情景和场景展开的,面试考官会询问一些与职位相关的问题,比如"你最喜欢商学院的哪些课程"。这些问题的目的是考查求职者是否有能力处理与企业正在招聘的这个职位有关的一些财务方面的问题。

(4) 压力面试。面试考官可能会偶尔向求职者提出一些比较粗鲁的问题,故意让他们感到不舒服,这样提问的目的是鉴别出那些过分敏感的求职者(这些人对于一些温和的批评会以愤怒或辱骂等方式做出过激的反应)和那些压力承受能力较低的求职者。面试考官可以首先从求职者的背景资料中找到其弱点,比如,求职者离开过去的某一个职位时的原因比较可疑,接着,面试考官会重点瞄准这些弱点提问,希望借此让求职者失去镇定。

压力面试有助于企业识别出过分敏感的求职者。但是,压力面试本身具有一定的攻击性,并且在本质上会受到伦理道德方面的质疑。因此,它不仅要求面试考官具有运用这种面试方法的技巧,具备控制局面的能力,而且相应职位确实需要任职者能够承受压力。

(5) 电话面试和视频面试

电话面试既可以作为一种对求职者进行初步筛选的手段,也可以作为一种能够直接做出录用决定的重要面试过程,这种做法是十分普遍的。通常在面试考官和被面试者之间的地理距离较远,双方到某个地方会面的交通成本比较高的情况下,通过电话进行面试就有其独特的优越性。同时，电话面试还可以帮助组织考查被面试者在电话中讲话的语气、语速等特点，是否符合企业对这种特殊职位的要求。

近年来，随着互联网和计算机技术的发展，原来只闻其声、不见其人的电话面试发展为既闻其声也见其人的网络视频面试。

3. 根据企业面试方式分类

企业进行面试的方式也是各种各样的：可以一对一进行面试，也可以由一个面试小组来进行面试；可以是按照顺序进行的多次面试，也可以是一次性完成的面试；可以通过计算机来进行面试，也可以面对面进行面试。

（1）单独面试。单独面试又称一对一面试，是指面试考官和被面试者两个人单独见面，面试考官进行口头引导或询问，被面试者做出回答。这是一种比较常见的面试形式，这种面试的优点是双方的注意力都比较集中，谈话的连续性和逻辑性比较好。缺点是对话进展不顺利时可能会出现一些比较尴尬的局面。此外，很难保证单独依靠一位面试考官的面试结论做出的甄选决策的准确性，个人主观因素比较强。

（2）系列面试。系列面试又称顺序面试，是指企业根据某种特定的先后顺序，安排企业中的若干人员对同一位被面试者进行多轮面试，最后再汇总面试考官独立得出的面试结果，从而得出最终的面试结论。这种面试方法的优点是最终的甄选决策是在综合多位面试考官的面试结论后做出的，有利于确保面试结果的有效性，避免因某位面试考官个人的偏见或疏忽出现评价误差。缺点是参与的人员数量较多，而且耗费的时间较长。

（3）小组面试。小组面试是指一组面试考官在同一时间、同一场所，共同对一位被面试者进行提问、观察并做出评价的面试方法，其场面类似于若干新闻记者在一个新闻发布会上向发言人分别提问。小组面试法使得若干名面试考官可以在同一时间分别从不同的侧面对被面试者发问，因而可以使各位面试考官在提问的时候注意相互补充，或者对被面试者的相关特征进行层层递进的深入挖掘，这样就可以保证面试时所提的问题全面而深入。被面试者还可以有效地避免发生反复回答每位面试考官提出的相同问题的情况。但另一方面而言，某些被面试者在接受小组面试时感受到的压力可能会比较大，因此在回答问题时可能会比较紧张或拘谨。

（4）集体面试。集体面试是指多位被面试者在同一时间和同一场合，共同接受面试考官面对面的询问的一种面试形式，面试考官可以是多人，也可以是一人。在这种面试中，面试考官往往会抛出一个问题，然后让大家自由发表意见，在旁边注意观察每一位被面试者的回答和所做出的反应。这种面试有助于面试考官观察被面试者在一个群体当中的思维方式和行为方式，从而考查他们的人际关系能力和语言表达能力。目前，很多企业在大学进行校园招聘时，往往会利用集体面试的方法进行初步筛选。

二 设计和实施有效面试的方法

(一) 采取结构化情境面试

结构化情境面试,即由面试考官向应聘同一个职位的所有求职者提出一系列与职位工作相关且预先准备好正确答案的相同的问题。首先,由熟悉招聘职位的专家写出一些情境性问题、行为性问题,或者工作知识性问题,然后由他们列出每个问题可能出现的答案,同时把这些答案按照从好到差的方式排序。负责对求职者进行面试和评价的面试考官则根据这份标有答案优劣示例的评分表来对求职者进行打分。

结构化情境面试的设计主要包括以下几个步骤。

第一步:分析职位。编写一份工作说明书,列出相关的工作职责,要求任职者具备的知识、技能、能力和其他任职资格条件。

第二步:评价职位的主要工作职责。根据每一项工作职责对于完成该岗位工作的重要性,以及完成这项职责与完成其他工作职责的时间要求对比来对每一项工作职责做出评价。

第三步:设计面试问题。情境性问题会给出一个假设的工作场景,如:“如果机器突然开始升温,你会怎么做?”工作知识性问题所要评价的是完成工作必需的知识,例如什么是 HTML 语言。意愿性问题衡量了求职者是否具有满足工作要求的意愿和动机。行为性问题则是要了解求职者过去是如何处理相似场景下的问题的。

第四步:设计基准答案。针对每一个问题都需要设计一些可能的答案,分段计分,例如好的答案(5 分)、一般的答案(3 分)、较差的答案(1 分)。

第五步:指定面试小组成员并进行面试。企业往往会设一个 3～6 人的面试小组,小组成员最好就是那些设计问题和答案的人,还可以包括职位的直接上级主管人员、当前任职者,以及人力资源部门的代表。

(二) 面试前做好充分准备

一场精心安排的面试活动不仅能够帮助组织筛选到自己需要的人才,而且会给求职者留下一种尊重人才、工作高效的深刻印象,即使是那些最终未能被录取的求职者也可能会对组织产生良好的印象,这无形中为组织在未来吸引更多的优秀人才创造了有益的劳动力市场声誉。因此,面试组织者应安排好面试所需的时间、场地和资料,在面试前认真阅读简历材料和职位说明书,准备好相关问题。

(三) 系统培训面试考官

(1) 明确面试考官的职责及其在面试过程中所扮演的角色。

（2）传授引导和控制面试过程的技巧。

（3）让面试考官学会如何与各种不同类型的被面试者打交道。

（4）使面试考官理解在进行面试评价时可能会出现的各种偏差，从而使他们注意避免犯这些错误，正确理解评分标准，掌握评分方法和评分尺度。

以下是面试考官经常犯的错误。

（1）第一印象（匆忙判断）。

（2）不能准确把握职位要求。

（3）求职者面试顺序（对比）误差和雇用压力。

（4）非言语行为和印象管理。

（5）个人特征的影响：吸引力、性别和种族。

（6）面试考官的行为——在不经意间泄露自己期望的答案。

案例 4-1：招聘面试题

（四）求职者面试指南

（1）做好充分的面试准备工作。在面试之前，尽可能了解与企业、职位以及进行招聘工作的人有关的信息。

（2）发现面试考官的真正需求。尽量用最少的时间来回答面试考官提出的第一个问题，让面试考官用尽可能多的时间去描述他们的需求。了解面试考官希望达到什么样的效果，以及他们感觉自己需要什么样的人。这时可以用一些开放性的问题，比如“关于这方面，您能再说点什么吗？”。

（3）在你自己和面试考官的需求之间建立联系。可以根据面试考官的需求来描述你个人过去已经取得的成就。你可以这样表达：“在您刚才提到的对你们非常重要的那些问题中，有一个类似的问题我曾经也遇到过。”

（4）回答问题前要有所思考。回答一个问题应该遵循三个步骤：停顿、思考、回答。

（5）牢记仪表和热情十分重要。恰当的着装、良好的修饰、有力的握手以及充沛的精力等都是十分重要的。要记住，与你说的话相比，你的非言语行为透露的信息要多得多。保持眼神的交流非常重要，在说话时要显得有热情，要适当地点头表示赞同。

（6）留下良好的第一印象。

（7）提问题。适当地提一些与企业有关的问题。

第五节 员工录用

一 人员录用概述

应聘者经过了一系列的甄选过程后，最后一个步骤就是录用(employ)。录用是企业与个体之间的契约，是一条纽带，把企业和个人紧密地联结起来。对企业而言，录用一个人不是行为的终结，而是对个体负责的开始，做出录用决策之后，就要引导新员工上岗、进行岗前培训，使其对企业有更深入的了解。对个体而言，被录用不仅仅意味着自己找到了一份工作，而且意味着自己职业生涯的开始或中间站，是自己事业发展的希望。

现实中，有不少企业由于不重视录用工作，新员工在录用后对企业和本职工作连起码的认识都没有就直接走上了工作岗位，这不仅会给员工今后的工作造成一定的困难，而且会使员工产生一种人生地不熟的感觉，难以唤起新员工的工作热情。这对企业是不利的，为此，企业应认真做好这项工作。

二 人员录用的程序

当一名候选人经过层层选拔被录用后，其在正式进入该单位工作前，还要经过以下一些入职程序。

(一) 录用决策

在经过笔试、面试或心理测试后，招聘录用工作进入了决定性阶段。这一阶段的主要任务是通过对甄选评价过程中产生的信息进行综合评价与分析，确定每一位应聘者的素质和能力特点，根据预先确定的人员录用标准与录用计划进行录用决策。

(二) 背景调查

背景调查也就是核查求职者的背景信息，目的是确认求职者所提供的信息的真实性和准确性，查出一些疏漏的信息。背景调查的主要内容具体如下。

(1) 教育与培训求证。在应聘中需要验证应聘人员的学历、学位和资格。目前，大学的毕业证书和一些职业资格证书已经实现计算机系统管理，用人单位可以在互联网上进行查询与验证。

(2) 工作经历调查。主要了解的是应聘者过往的受聘时间、岗位和职责、离职原因、业绩表现和薪酬等情况。

(3) 不良记录调查。主要调查应聘者过去是否有违法犯罪或违纪等不良行为。

背景调查的方式有很多，如档案查询、电话调查、发函调查、网络查询、委托调查公司调查等。企业在进行背景调查时要注意从各个不同的渠道来验证信息的真伪，不能听信单一的被调查者或者单一渠道来源的信息，必要时可以委托专业的调查机构进行调查。需要注意的是，企业在进行背景调查时应对应聘者的隐私保密，调查不要涉及与工作无关的个人隐私。

（三）体检

人力资源部安排应聘者在指定的医院内接受全面体格检查。体检的目的有三个：一是确保求职者能满足职位对身体素质的要求；二是记录求职者的健康状况并建档，以备未来的医疗保险和补偿投诉；三是通过体检鉴别健康问题，以减少缺勤、意外事故，并查出求职者自己也不知道的传染病。需要注意的是，企业不能随意给求职者增加体检项目或提高体检标准，以免引来法律纠纷。

（四）档案转存

新员工的人事档案转入单位统一的档案管理机构。同时，人力资源部把将要正式入职的员工信息录入员工信息管理系统，与新员工预先约定正式入职的时间。

（五）签订劳动合同

根据《中华人民共和国劳动法》和《中华人民共和国劳动合同法》的规定，用人单位自用工之日起即与劳动者建立劳动关系，用人单位应当自用工之日起一个月内与劳动者签订书面劳动合同。

（六）员工的安排与试用

按照法律规定，用人单位与劳动者签订劳动合同时定试用期。对于新员工来说，试用期的工作岗位是他就职的第一个岗位，用人单位应该按照招聘要求与应聘者意愿来安排，引导新员工顺利适应新环境，进入新角色。试用过程是对员工的能力与潜力、个人品质与心理素质的进一步考核。

(七)正式录用

经过试用期考核,员工如果完成了适应企业工作的试用过程,合同双方互相满意并且能达到一致的意向,这时应聘者则顺利完成了应聘的全过程,被企业录用为正式员工。

三 对应聘者的通知

通知应聘者是录用工作的一个重要部分。通知有两种:录用通知和辞谢通知。两种通知是完全不一样的:一个是给人带来好消息,另一个是给人带来坏消息。当然,录用通知的写作更容易,因为无论如何措辞,这封信都是人们乐意读到的。

在通知被录用者方面,最重要的原则是及时。现实中,许多官僚作风较严重的企业,因通知不及时而失去了优秀人才,并影响了企业的形象。在录用通知书中,企业应说明报到的起止时间、报到的地点以及报到的注意事项等内容,同时也不要忘记欢迎新员工加入企业。

很多企业往往只关注将要被录用的候选人,而忽视了对未被录用的应聘者的回复。其实,对未被录用的应聘者进行答复是必要的,因为它有助于提升企业的社会形象,还可能对以后的招聘产生有利的影响。因此,企业应该用同样礼貌的方式通知未被录用的人员。企业在答复未被录用的应聘者时最好采用书信或电子邮件等方式,在措辞上,要尽量坦率、简洁,同时应该具有鼓励性。

最后,简单了解一下招聘程序的最后一个步骤——招聘评估。招聘评估用来检验招聘工作的最终成效,一般在一次招聘工作结束之后,企业要对整个招聘工作进行总结和评价,吸取教训,目的是提升下次招聘工作的效率和效果。招聘评估有利于企业节省费用支出和提高招聘工作人员的工作水平。招聘评估的主要内容包括招聘成本——收益评估、录用人员评估和信效度评估。在招聘活动结束之后,企业通常要将招聘的活动内容和结果进行整理,形成总结性的文件,从而不断积累招聘工作的经验并发现存在的问题,达到提高招聘工作质量的目的。

中英文关键术语

内部招聘(internal recruitment)
外部招聘(external recruitment)
校园招聘(campus recruitment)
员工甄选(staff selection)
招聘产出金字塔(recruiting yield pyramid)
面试(interview)

员工录用(staff recruitment)

复习思考题

1. 人员招聘中有哪些关键环节?
2. 内部招聘与外部招聘各有什么优劣?
3. 信度和效度的区别与联系是什么?
4. 设计一场有效面试要注意什么?关键程序是什么?
5. 如何有效地组织一场校园招聘会?

本章自测题

本章拓展阅读材料

案例分析题

一、案例材料

情境

华夏工程设计有限公司的前身是华夏化工集团公司的下属设计院,主要为集团公司提供工程设计服务,2008年改制成为华夏工程设计有限公司(以下简称华夏公司),由华夏化工集团公司全资控股。近年来,华夏公司凭借其深厚的技术基础和完备的专业资质,迅速打开了市场,除了原有的设计咨询服务外,公司进一步拓展业务领域,逐渐建立起了集工程咨询、工程勘察、工程设计、工程监理和项目管理、工程总承包于一身,全方位、一体化的工程服务体系。公司现有员工820人,其中技术人员640人。在集团公司的支持下,华夏公司一直致力于管理水平和业务实力的提升,努力打造在行业内具有核心竞争力和科技创新能力的工程公司。

2010年,随着公司业务范围的不断扩大,华夏公司针对不同行业成立了两个事业部,并充分授权各事业部对运营、销售、人事及财务等各项事务进行自我管理。公司对第一事业部的定位主要是针对化工行业,其中很大一部分项目来自集团公司,这部分业务比较稳定,基本没有什么竞争压力。同时,该事业部也承担集团外部的一些化工项目,但是面临的市场竞争较为激烈,业务拓展相对困难。第二事业部的业务定位主要是针对之前涉足不多的环卫及民用建筑等行业,有时也承担一些化工行业的项目。

公司领导认为,虽然集团公司的内部需求比较稳定,但过度依赖集团的内部业务会增加公司的经营风险,同时,公司如果要扩大经营规模,必然要加入激烈的市场竞争,着力发展集团外的业务是公司未来的战略重点。公司的董事会目前正计划将第一事业部和第二事业部转变为子公司,提高公司工程服务的专业性,快速扩大公司的经营规模。

您(周汇文)是华夏公司人力资源部部长,直接上级是公司的董事长兼总经理张克林,5位直接下属分别为劳动关系经理、招聘经理、绩效经理、薪酬经理和培训经理,各事业部均配有1名人力资源经理。

现在是2012年11月18日14:00,您刚刚参加完3天的封闭会议归来,到办公室处理累积下来的电子邮件和电话留言等信息及文件。17:00您还要赶往机场,赴外地处理一个非常紧急的事情,因此您必须在3个小时内处理好这些文件。在这3小时里,没有任何人来打扰您。好,现在可以开始工作了,祝您一切顺利!

任务

请您查阅文件筐中的各种文件,并用如下文件处理列表为样例,给出您对每个文件的处理思路,并做出书面表述。具体答题要求是:1. 请您给出处理问题的思路,并准确、详细地写出您将要采取的措施及意图。2. 在处理文件的过程中,请认真阅读情境和文件的内容,注意文件之间的相互联系。3. 在处理每个具体文件时,请重点考虑以下内容:①需要收集哪些资料;②需要和哪些部门或人员进行沟通;③需要您的下属做哪些工作;④应采取何种具体的处理办法;⑤您在处理这些问题时的权限和责任。4. 问题处理的过程中可能出现不同的情况,针对不同情况都要给出相应的处理办法。

文件处理列表示例

处理步骤列表:(请给出准确、详细的回答)

1. 许诺对方3日内给出答复;
2. 联系相关部门进行磋商,制定应对方案;
3. 将讨论的方案上报主管领导,等待上级批示。

……

文件一

类别:电子邮件

来件人:王科博　××理工大学就业指导办公室主任

收件人:周汇文　人力资源部部长

日期:11 月 17 日

周部长:

首先感谢贵公司多年来对我校毕业生就业工作的支持。到目前为止,我们已经有 200 余名毕业生在华夏开始了他们的职业生涯。我们学校 2013 届毕业生已经开始找工作了,学校领导希望和华夏公司联合做一个毕业生招聘专场,我们可以为华夏公司安排一个 200 人左右的阶梯教室,并提供各种设备方便贵公司的招聘宣讲,另外还可以准备两个小会议室以便进行招聘面谈。如果您对这个专场招聘会有兴趣,请与我们联系。

文件二

类别:电子邮件

来件人:温礼辉　招聘经理

收件人:周汇文　人力资源部部长

日期:11 月 16 日

周部长:

第二事业部副部长岗位内部竞聘的准备工作已经开始了,我昨天按照您的要求已经拟好了内部竞聘公告,申请条件除了学历、专业等方面的规定外,还要求熟悉第二事业部的业务领域,并且在公司有 8 年以上的经理级管理经验,具有 5 年以上从事项目总设计师(项目经理)的业务背景,参与过工程项目管理、工程承包和工程承包经营工作。这是我们公司第一次在这个级别上做内部竞聘,上次您也提到,公司领导非常重视,要求我们务必做到公平公正、选拔出最合适的人才,为今后的内部竞聘做出一个好的典范。对于竞聘方案中的一些具体内容,特别是竞聘流程、竞聘方式及一些要注意的细节问题,希望能够得到您的指导。您什么时间方便,请随时找我,我跟您详细汇报。

资料来源　2012 年 11 月企业人力资源管理师(一级)考试真题(综合评审卷)。

二、讨论题

1. 结合文件一,谈谈为何企业都普遍重视校园招聘?

2. 结合文件二,谈谈内外部招聘的优缺点?中层员工招聘中面试的注意事项有哪些?

3. 按文件筐形式写出两个文件的具体处理步骤。

第五章

培训与开发

本章引例

工作学习两不误

“无论你进 IBM 时是什么颜色，经过培训，最后都变成蓝色。”这是 IBM 新员工培训时流行的一句话。

IBM 的员工培训是多方位的，既有集中面授又有分期培训，同时还建有电子学习中心(e-Learning)、图书中心等。新加入的员工首先要接受新员工定位培训，内容包括 IBM 公司的介绍、历史沿革、业务框架、经营战略、部门分工合作情况，新员工的工作职责、福利待遇，如何进行培训学习，以及如何利用公司资源等。随后，公司将对员工掌握的技能进行测试评定，考核员工是否适合上岗。接下来，公司的电子学习中心会分部门、分级别地对员工提供各种学习资源，员工可根据自己的情况在工作范围内选择要学习的内容。员工选定的学习内容需经过主管经理批准后方可注册学习，学完之后需经考试测评认证。电子学习中心涉及的内容广泛，包括财务、金融、市场营销、经营战略等，有点像企业办的网上在职专业培训中心。此外，电子学习中心也给公司员工提供了一个随时随地学习培训的机会，员工只要登录企业内部网，就可以获得学习资料并进行自学。这就解决了员工因工作繁忙，无法有较多的时间进行脱产学习的问题，真正实现了工作学习两不误。

资料来源　五大公司的知识管理：殊途同归，https://www.doc88.com/p-546559879843.html? r=1。

第一节 培训与开发概述

一 培训与开发的内涵

(一)培训与开发的含义

培训(training)有狭义和广义之分。从狭义上讲,培训是指企业向员工传授完成本职工作、提高工作能力所必须掌握的各种知识、技能、价值观念、行为规范等的过程。从广义上讲,培训应该是创造智力资本的途径。智力资本包括基本技能、高级技能、对客户和生产关系的了解以及自我激发创造力。培训就是为企业利益而有组织地提高员工工作绩效的行为。培训的最终目的是使员工更好地胜任工作,进而提高企业的生产力和竞争力,从而实现组织发展及个人发展的统一。

开发(developing)有狭义和广义之分。从狭义上讲,人员开发是指企业通过提高员工的知识和工作技能,以期实现企业未来整体绩效的提升而进行的各种方式的活动。从广义上来讲,人员开发是开发者通过学习、教育、培训、管理、文化等有效方式为实现一定的战略发展目标而对被开发者进行培养、塑造或改造的活动,开发者可以是政府、学校、社会团体、企业、上级与被开发者自己。开发的时间涵盖人的整个生命周期,人员培训是人员开发的其中一个环节。

(二)培训与开发的区别与联系

在现有的人力资源管理综合教材或单独讨论培训与开发的教材中,培训与开发几乎都是同时出现的,基本都是从企业的角度讨论企业中的培训与开发,很少从社会的角度探讨培训与开发。从企业的角度看,培训与开发的本质是一样的,都是为了提高员工的素质,以提高员工的工作绩效,从而提高企业的整体绩效,只是培训面向企业当前的需要,而开发面向企业未来的需要。如果从社会的角度看培训与开发,开发的内涵和范围要更为广泛、时间较长、阶段性较模糊。

（三）培训与开发的意义

1. 培训与开发是实现人事和谐的重要手段

从20世纪末开始，人类社会进入了高速发展的时代，随着科学技术的发展和社会的进步，“事”对人的要求越来越新、越来越高，人与事的结合处在动态的矛盾之中。总的趋势是各种职位对工作人员的智力素质和非智力素质的要求都在迅速提高。“蓝领工人”的比例不断下降，“白领工人”的比例不断上升。现在还很称职的员工，如不坚持学习，来年就有可能落伍。人与事的不协调是绝对的，这是事物发展的必然结果。要解决这一矛盾，一要靠人员流动，二要靠人员培训。人员流动是用“因事选人”的方法实现人事和谐，而人员培训则是用“使人适事”的方法实现人事和谐，即通过必要的培训手段，使员工更新观念、增长知识和能力，重新适应职位要求。显然，这是实现人事和谐的基本手段。

2. 培训与开发是快出人才、多出人才、出好人才的关键

所谓人才，是指在一定社会条件下，具备一定的知识和技能，并能以其劳动对社会发展做出较多贡献的人。社会对人才的需要千变万化，对各层次人才的培养提出越来越高的要求，仅仅依靠专门的、正规的学校教育越来越难以满足要求，必须大力发展成人教育，而人员培训是成人教育的重点。

3. 培训与开发是调动员工积极性的有效方法

组织中人员虽然因学历、背景、个性的不同而有不同的主导需求，但就大多数员工而言，他们都希望不断充实自己，完善自己，把自己的潜力充分发掘出来。越是高层次的人才，这种需求就越迫切。在组织中得到锻炼和成长，已成为人们重要的择业标准。企业如能满足员工的这种自尊、自我实现的需要，将激发出员工深刻而又持久的工作动力。国内外大量事实证明，安排员工参加培训、去国外子公司任职、去先进公司跟班学习、脱产去高等学校深造、去先进国家进修，都是满足这种需求的途径。经过培训的人员不仅提高了素质和能力，也改善了工作动机和工作态度。应该说，培训是调动员工积极性的有效方法。

4. 培训与开发是建立优秀组织文化的有力杠杆

人类社会进入21世纪，管理科学正经历从科学管理到文化管理的第二次飞跃。在激烈的市场竞争中，越来越多的企业家发现文化因素的重要作用。韩国著名企业家郑用水说：“一个人，一个团体，或一个企业，其克服内外困难的力量来自哪里？来自其自身，也就是说来自其精神力量，来自其信念，没有这种精神力量和信念，就会被社会淘汰，这是资本主义社会最朴素的法则。”在有着悠久文化传统的社会主义中国，企业更需要重视文化建设。企业文化建设不是孤立的，特别是离不开人力资源管理活动。

培训就是建设企业文化的重要环节,应把企业文化作为人员培训的重要内容,在培训过程中宣传、讲解和强化企业文化。

5. 培训与开发是企业竞争优势的重要来源

随着科学技术的迅猛发展,知识更新、技术更新的周期越来越短,技术在竞争中的地位日益重要。尤其是近些年来知识经济的崛起,更使科学技术成为企业发展、社会经济发展最主要的动力。技术创新成为企业赢得竞争的关键一环。技术创新的关键在于第一流技术人才的培养。通过技术培训,企业的技术队伍不断更新知识、更新技术、更新观念,走在新技术革命的前列。从另一方面讲,培训着眼于提高人的素质,而人正是企业根本的、最主要的竞争优势。所以,企业要想在激烈竞争中立于不败之地,就必须重视培训。

(四)影响培训与开发效果的要素

影响培训效果的因素比较多,但归纳起来,主要有培训内容的选择、培训师的选择、员工因素的影响、培训方式的影响及培训环境的影响五大要素。

1. 培训内容的选择

根据企业的需要和目的,结合员工的实际情况,开发和实施有针对性的培训内容是保证培训效果的重要条件。过去很多企业盲目选择培训内容,哪个培训师名气大就请哪个培训师,哪个课程火就上哪个课程,结果自然是培训时热热闹闹,培训后才发现没有什么效果。因此,要取得预期的培训效果,必须明确培训的目的,“对症下药”非常重要。

2. 培训师的选择

目前,市面上的培训师基本上可分为理论派、实战派和兼顾派三种。企业应该通过试听课程、观看影像资料、考查工作经历和背景以及客户口碑等方法,来了解培训师的具体情况,根据培训的不同需求和不同的培训内容及受训人员状况,选择不同类型的培训师,以达到最佳的培训效果。

3. 员工因素的影响

培训规模和人数是影响培训效果的重要因素之一。有些企业为了节省成本,不管什么培训,都以参加人员的多少来衡量好坏,总认为参与人员多多益善,于是不管什么类型的培训,动辄上百人参与。结果,由于人数过多,课堂上该演练的部分没有时间深入练习,影响了培训效果,培训效果不能达到预期。另外,在培训时间上,很多企业将培训时间安排在周末,影响了员工的休息,部分员工产生抵触情绪,因此影响了培训效果。关注员工因素对培训效果的影响有助于提升组织培训效果。

4. 培训方式的影响

目前，许多企业仍然喜欢单一的培训方式，一味要求授课的培训方式，并给培训师设限：不要分组，不要提问，不要互动太多，不要过多活动等，严重影响了培训效果。为了达到预期的培训效果，培训师必须根据培训的内容选择不同的培训方式，比如小组讨论、角色扮演、管理游戏、案例分析等，企业不要过多干预。

5. 培训环境的影响

好的学习氛围和环境能提升培训的效果，坏的学习环境和氛围会影响学员的学习情绪，进而降低培训的效果。培训环境既包括培训设施、场地布局、音响照明等硬件环境，又包括课堂气氛、学员参与度等软性环境。只有培训管理者和培训师共同努力，才能营造出良好的学习氛围和环境。

（五）培训与开发的类型

企业在进行培训与开发的实践中，根据不同的划分标准，可以将员工培训与开发划分为以下几种类型。

1. 按照培训与开发的对象划分

（1）按照培训的对象在职时间的不同，可以将培训与开发划分为新员工的培训和在职员工培训两大类，分别指对刚进入企业的新员工进行的入职培训和针对在职员工的提高与发展培训。新员工的培训主要是岗位职责、企业文化等方面的培训，而在职员工的培训主要是进行工作技能方面的培训。

（2）按照员工在企业中所处层次的不同，可以将培训与开发划分为高层员工培训、中层员工培训和基层员工培训。不同层次的员工在企业中承担的责任和发挥的作用各不相同，因此，在具体的培训中要侧重不同的培训内容和选择不同的培训方法。

2. 按照培训与开发的形式划分

按照不同的培训与开发形式，可以将培训与开发划分为在职培训（on-the-job training，ONJT）和脱产培训（off-the-job training，OFFJT）两大类，分别指员工在实际工作中接受培训和脱离工作岗位专门接受培训。企业可根据自身实际情况来选择使用哪一种形式。

3. 按照培训与开发的性质划分

按照培训与开发性质的不同，可以将培训与开发划分为传授性的培训和改变性的培训两大类。传授性的培训是指让员工掌握本来不具备的技能的培训，如对新员工的入职培训；而改变性的培训是指改变员工本来已具备技能的培训，如对老员工进行工作态度的改变、过时的操作技能升级的培训等。

4. 按照培训与开发的内容划分

按照不同的培训与开发内容，可以将培训与开发划分为知识性培训、技能性培训和态度性培训三大类，分别指以业务知识为主要内容的培训、以工作技术和工作能力为主要内容的培训以及以工作态度为主要内容的培训。这三方面的培训内容对企业绩效的改善来说都是至关重要的，任何一方面都不能忽视。

二 战略性人力资源培训与开发

(一) 战略性企业人员培训与人力资源开发的目的

微贴 5-1：价值链

在新的社会经济发展形势下，人力资本的观点正逐步被越来越多的人认同：人员培训开发成为企业最重要、回报率最高的投资。人力资源管理的核心是价值管理，例如，价值创造、价值评价和价值分配是华为公司价值链管理上的三个环节，其中第一环节“价值创造”的核心内容就是员工培训开发。在中国，人力资源开发正受到前所未有的高度重视：企业家开始在企业内建立完善的培训开发体系，市场认识到培训正成为盈利可观的一种产业，各种培训机构和课程层出不穷。各界从业人员都感受到了知识更新的压力，纷纷利用各种途径“充电”。

培训是企业间人才竞争的要求，是企业战略实施的重要组成部分，培训可以帮助企业提升员工的素质，充分挖掘和利用员工的潜能，实现员工自身价值，提高工作满意度，降低成本，提高工作效率和经济效益，从而增加企业的市场竞争力。培训是人力资本投资的重要内容，也是人力资源开发的基本途径。具体说来，员工培训的战略必要性包括以下几个方面。

1. 社会发展的需要

从工业化社会发展到信息社会，社会对知识和技能的要求越来越高，而知识更新的速度越来越快，知识经济的到来使得企业认识到：员工仅依靠学校所获得的知识，已经不能适应企业所面临的挑战，必须不断用新知识和新技能来武装自己。无论学历和职位有多高，终身学习成为大事。

2. 员工自身发展的需要

“企业以人为本”成为员工对企业的基本认知。培训不仅可以提高员工知识水平和技能，而且成为员工自我实现的重要手段，成为职业生涯的重要组成部分。

3. 企业自身发展的需要

除了资本实力、经营管理之外，以员工素质为代表的人力资源已成为企业竞争优势的决定性因素。Jim Botkin 和 Stan Davis 提出，“精巧的产品与知识经济造就了聪明的消费者与无所不知的公众，我们若想在残酷的考验中生存，就必须接受培训，乃至成为终身的学习者”。惠普公司规定公司所有员工每月必须至少有 40 小时学习业务知识，每年有 40%的员工参加各种培训班学习，培训经费占到公司销售额的 5%。

（二）企业实施战略性培训开发的意义

战略性人力资源培训与开发是以企业战略与经营目标的实现为目的的，从企业经营战略到年度经营计划，从年度计划到人力资源开发计划，分析制定出的在一定时期内的培训需求计划，并且培训计划不断地随各企业业务的变化而调整，真正地服务于企业发展的要求，系统的培训规划要根据基于企业战略的人力资源规划来制定，培训需求分析就是为实现企业战略目标对人才的要求应运而生的。所以，培训的发展方向注定是符合企业发展需要的员工素质模型培训体系。

当前，社会进入知识经济时代，尤其是中国加入 WTO 后，竞争环境的快速变化成为影响企业战略的主旋律，产品与服务在经历了数量、质量的发展阶段后，战略性发展成为企业应对环境快速变化、需求多样化、建立核心竞争力的最佳选择之一。成本和战略性优势是企业建立竞争优势的最基本的两种形式，中国正在成为“世界工厂”，这是因为外企在中国建立企业可以很容易获得成本优势，但为了避免停留于低层次的“螺丝刀工厂”，中国企业必须立足于创新，实施战略性企业培训与人力资源开发。战略性的实施与员工素质是相互影响和制约的，战略可以通过在企业价值链的各个环节的差异化、多样化来实现，而出色的员工培训则是价值链上的重要一环，学习曲线下降快的企业会以较低的成本获得优势。当前研究战略性企业培训与人力资源开发，对中国由“世界工厂”走向“世界核心竞争力中心”有着重要意义。

企业竞争优势有两种基本形式：成本领先和差异化。企业能否建立和保持长期的竞争优势，关键在于能否制定一个适合自身实力和环境要求的战略。竞争优势的两种基本形式与企业寻求获取这种优势的活动范围相结合，引导出在产业中创造高于平均经营业绩水平的基本战略：成本领先战略、集中型战略和差异化战略。

三种基本竞争战略各有优劣，可以相互融合衍生出新的战略，企业应结合自身资源进行基本竞争战略选择。

差异化战略具有产生品牌忠诚、较高溢价和不易被替代的优势。不同的产品或服务能够满足不同消费群体的特定需要，因而顾客会对这些产品或服务产生品牌忠诚，并降低对价格的敏感性，从而使企业获得较高利润，提高了竞争力。

与差异化战略比较而言，成本领先战略的攻击性强，较容易刺激竞争对手，引发价格大战，严重损害行业利润，而且成本领先的优势很容易受到挑战，较难维持；集中型战略，即聚焦战略，是指把经营战略的重点放在一个特定的目标市场上，为特定的地区或特定的购买者集团提供特殊的产品或服务。选择集中型战略的企业集中使用资源，以快于过去的增长速度来增加某种产品或服务的销售额和市场占有率，但集中战略由于目标市场狭小，对外部环境变化的适应性较差，所以应用较少。

中国企业目前大多获得了成本优势，可以先实施成本领先战略，中小企业可以实施集中型战略。但随着中国经济的迅速发展，企业要想获得持久的竞争优势，应该选择差异化战略，因为企业将其产品或服务差异化的机会几乎是无限的，而且不易刺激竞争对手，避免遭其直接的打击。

（三）战略性培训与开发流程

战略性培训与开发流程具体如图 5-1 所示。

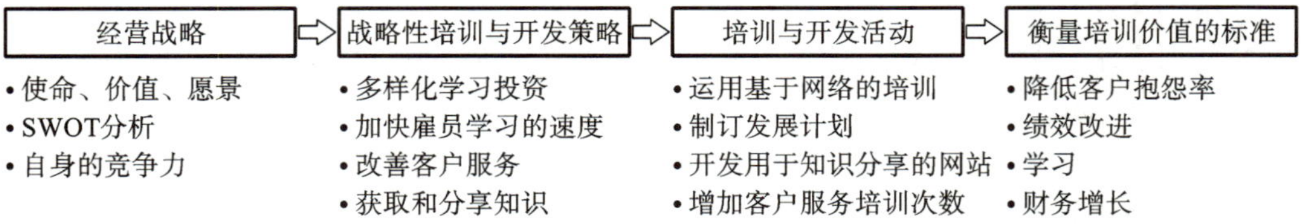

图 5-1　战略性培训与开发流程

资料来源　雷蒙德·A. 诺伊：《雇员培训与开发》，徐芳译，中国人民大学出版社，2007 年，第 41 页。

1. 确定企业经营战略

有三个因素影响企业经营战略的确定。第一，企业使命、愿景、价值和目标都将影响经营战略的确定。使命（mission）是指企业存在的原因，具体来说就是服务的客户是谁，企业为什么存在，企业是干什么的，或者客户会从企业得到什么价值等。愿景（vision）是指企业未来想要实现的蓝图。价值（values）是指企业代表什么。第二，SWOT 分析（SWOT analysis）也可以帮助我们确定企业的经营战略。它包括对企业运营环境（如产品市场、新技术）的分析，据此确定机会和威胁，还包括企业内部的分析，主要是包括人员、技术和财务资源在内的企业的优势和劣势的分析。第三，企业必须考虑自身的竞争力。也就是说，企业怎样与对手竞争并取得成功。

虽然这些决策是同样重要的，但是很多企业往往忽略或者很少考虑“我们依靠什么进行竞争”，从而导致无法实现预期的目标。“我们依靠什么进行竞争”这一决策包括怎样运用公司的人力资本、物质资本和财务资本，而要运用人力资本获取竞争优势、实现企业的经营战略，就要求它们与企业的人力资源管理实践（如培训和开发）相联系。

2. 确定支持经营战略的战略性培训与开发政策

战略性培训与开发政策（strategic training and development initiatives）是指企业为实现其经营战略而必须采取的与学习相关的行动。战略性培训与开发策略视企业所处的行业、目标、资源和能力而定。该策略是基于企业的经营环境，对企业目标和资源的了解，以及对潜在的培训和开发选择的洞察来制定的。这些策略为企业具体的培训和开发活动的实施提供指南，同时也揭示了企业的培训活动对实现目标的作用（也就是说，培训这项职能是如何增加企业价值的），具体如表 5-1 所示。

表 5-1　战略性培训与开发策略及其指南

战略性培训与开发策略	指　　南
使学习投资多样化	运用诸如互联网之类的新技术来实施培训 运用非正式渠道学习 提供更个性化的学习机会
扩大培训对象的范围	培训客户、供应商和雇员 向非管理层的员工提供更多的学习机会
加快雇员学习的步伐	快速确定培训需求并提供高质量的学习解决方案 减少培训项目开发的时间 在培训需求的基础上充分利用学习资源
改善客户服务	确保雇员具备企业产品或服务方面的知识 确保雇员具备与客户打交道的相关技能 确保雇员能够明确他们的角色定位和制定决策的权限
为雇员提供发展机会并与之交流	确保雇员有发展的机会 确保雇员了解自己的职业生涯机会和个人成长机会 确保企业的培训与开发能够满足雇员目前工作的需求以及获得今后成长的机会
获取和共享知识	从博学的雇员那里获取洞察力和信息 有逻辑地组织和存储信息 提供信息获取途径（例如，资源向导、网站）
根据公司的战略导向来调整培训与开发	确定所需的知识、技能、能力和素质 确保目前的培训与开发项目符合企业的战略发展需要
确保工作环境支持学习以及培训成果的转化	消除学习的障碍，例如，学习时间、资源和设备的缺乏 提供物理空间来鼓励团队协作、合作、创新以及知识的共享 确保雇员了解学习的重要性 确保管理者和同事对培训、开发和学习的支持

资料来源　S. Tannenbaum："A Strategic View of Organizational Training and Learning" in *Creating, Implementing and Managing Effective Training and Development*, Jossey-Bass, 2002, 10-52.

3. 提供与战略培训和开发策略相关的培训与开发活动

当公司根据它的经营战略选择了战略性培训与开发政策之后，它就需要确定更加详细的培训与开发活动来确保这些策略的实现。这些活动包括各种开发活动，如在培训中运用新技术、扩大培训对象的范围、缩短开发时间、开发新课程或增加课程的数量。

4. 确定和收集衡量培训成果的标准

公司应该如何确定它的培训与开发活动能真正地致力于经营目标?这一判定过程包括确定与收集有关成果的衡量指标或标准。这些标准将主要用于衡量培训是否成功,即培训的效果,包括培训项目的受训者的知识、技能、能力和态度是否因为参与了培训项目而发生了变化(认知成果或基于能力的成果),以及培训项目是否产生了与公司经营相关的成果等。

与公司经营相关的成果应该是直接与公司的战略相联系的,比如,更快或更高质量的客户服务、更低的次品率、更高的员工满意度,以及更低的员工离职率。很多公司都采用平衡计分卡作为衡量公司各方面成果的一种工具。平衡计分卡(balanced scorecard)是一种绩效测量工具,它能帮助管理者从内外部客户、雇员和股东的角度来审视整个公司的绩效或各个部门和职能模块(如培训)的绩效。平衡计分卡主要从四个不同的维度来衡量公司绩效:财务、客户、内部业务流程、学习与成长,而这四个指标中每一个具体指标的衡量标准还要根据公司的经营战略和目标来确定。通常,这四个指标的衡量标准主要包括以下几点。

(1) 财务:利润率、增长率、股东价值。

(2) 客户:时间、质量、绩效、服务、成本。

(3) 内部业务流程:影响客户满意度的各个流程。

(4) 学习与成长:操作效率、员工满意度、持续改进。

三 培训与开发模型

(一) ADDIE 模型的基本框架①

ADDIE 模型是一套系统的发展教学方法,是从分析(analysis)、设计(design)、开发(develop)、执行(implement)到评估(evaluate)的整个过程。ADDIE 模型的中部是教学系统,它是一个以评估为中心的循环系统,教学系统的五个阶段相互支撑,对培训项目进行程序性和系统性的设计。教学系统之外是两个嵌套的椭圆形区域,内层为组织功能系统,它通过管理、支持、控制和传授四项功能,有效地支持教学系统的顺利运转;外层椭圆形区域为质量提升系统,它保证整个培训项目在质量提升的大背景下开展,如图 5-2 所示。

① 刘追、刘佳:《基于 ADDIE 模型的系统培训模式研究》,《中国人力资源开发》,2012 年,第 9 期。

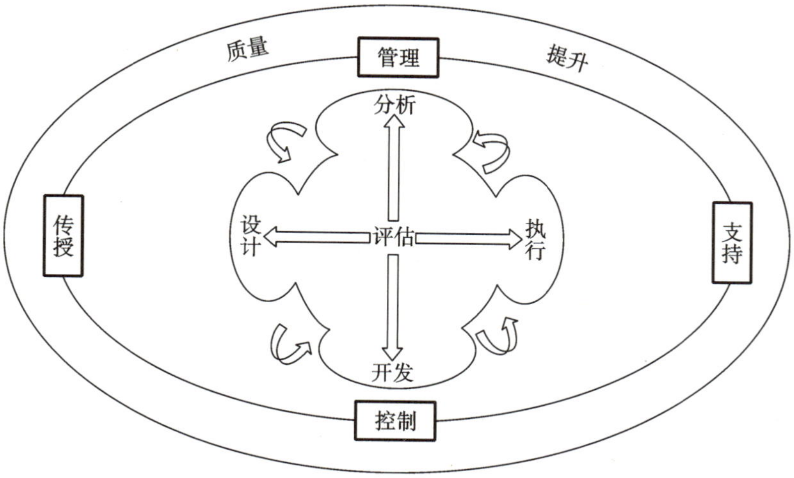

图 5-2　ADDIE 模型

（二）ADDIE 模型的作用机理

ADDIE 模型的最大价值在于它的持续性和重复性。教学系统的每一个阶段都能够通过前一个阶段的信息和成果得到改进，这使得五个阶段构成一个不断重复的循环系统。组织功能系统像一个阀门，通过四项功能的协同作用，对教学系统进行必要的调整和完善。质量提升系统是整个模型的导航仪，引导培训项目始终以质量提升为目标，通过教学系统自身的完善和组织功能系统的辅助作用实现质量的持续提升。

1. ADDIE 模型的教学系统

教学系统是 ADDIE 系统培训模式的“心脏”，它囊括了与培训活动直接相关的全部内容。教学系统的五个阶段相互支撑，构成一个以培训评估为核心的循环系统，整个教学系统围绕培训评估而发挥作用。

(1) 分析：内容包括学习者分析、课程内容分析、培训工具分析、培训环境分析等。

(2) 设计：内容包括课程大纲拟定、课程体系规划、培训目标撰写等。

(3) 开发：内容包括课程表现形式、教学活动设计、接口设计、回馈设计等。

(4) 执行：内容包括程序设计、脚本撰写、美术设计等。

(5) 评估：内容包括课程内容评估、接口评估、效果评估等。

2. ADDIE 模型的组织功能系统

教学系统并不是一个孤立的系统，而是要嵌入组织功能（管理、支持、控制、传授）的背景之中。管理功能主要是指导或控制教学系统的开发和操作；支持功能贯穿于系统的各部分，为教学系统提供资源支持；控制功能涉及每天的事项处理和记录，保证培训按计划实施；传授功能将教学课程传授给学员，并提供必要的设备和场所。组织功能系统对教学系统发挥着矫正和调节的作用。

3. ADDIE 模型的质量提升系统

组织功能和教学系统都要在质量提升(quality improvement,QI)的范围内进行。质量提升是系统利益变化的一个持续、有序的创造过程,其目标是在 ADDIE 过程和结果之中形成持续提升。过程的质量提升通过教学系统五个阶段的科学操作和不断改进,以及组织功能系统的辅助作用,来实现培训项目的高效推进。结果的质量提升表现为培训后学员个人绩效的改进和组织绩效的提升。

4. 三个子系统之间的关系

ADDIE 模型通过教学系统、组织功能系统和质量提升系统三个子系统的有效运行和相互作用来保证培训项目的持续推进,最终达到绩效提升的组织目标。一方面,教学系统的所有活动要在组织功能之内进行,并且由组织功能决定。例如,当培训管理者和课程开发者进行教学开发、更新或修正时,企业就需要运用管理、支持和控制等组织功能,在时间、人员和资金上进行调配,保证专家小组能够根据需要进入教学系统的相关阶段。另一方面,教学系统和组织功能系统要以整个系统的质量持续提升为目标。以评估为核心的教学系统需要通过信息反馈和组织功能调整实现自身的不断改进,从而促进培训活动的质量提升。同时,组织功能系统需要不断提高管理和控制能力,加强对教学系统的支持和信息传递,从而实现提升整个培训项目质量的总目标。

第二节 培训与开发的需求分析

一 培训需求分析的概述

培训需求分析(training needs analysis)是指在规划与设计每项培训活动之前,培训部门、主管人员、工作人员等采取各种办法和技术,对组织及成员的目标、知识、技能等方面进行系统的鉴别与分析,从而确定培训必要性及培训内容的过程。培训需求分析就是采用科学的方法弄清谁最需要培训、为什么要培训、培训什么等问题,并进行深入探索研究的过程。

培训需求分析具有很强的指导性,是确定培训目标、设计培训计划、有效地实施培训的前提,是现代培训活动的首要环节,是进行培训评估的基础,对企业的培训工作至关重要,是使培训工作准确、及时和有效的重要保证。

二　培训需求分析的作用

培训需求分析的作用具体表现为以下五个方面。

（一）企业培训的首要环节

培训需求分析不是多余的工作，它可以针对企业和员工现状的不足进行分析，从而对症下药。企业要使培训的效能提高，就必须在培训前进行培训需求分析，以根据实际状况确定培训的相关事宜。培训需求分析是企业培训的基础，也是首要环节。

（二）决定培训的价值与成本

如果有了科学的培训需求分析，并且找到了存在的问题，企业就能够把成本因素引入培训需求分析中。企业对员工进行实际培训之前，需要解答的一个问题是：不进行培训的损失与进行培训的成本之差是多少？如果不进行培训的损失大于进行培训的成本，那么培训就是必需的、可行的。反之，如果不进行培训的损失小于培训的成本，则说明当前不需要或者不具备条件进行培训。

（三）明确员工与岗位、部门、组织要求的差距

培训需求分析的基本目标就是确认差距，即确认员工的应有状况同现实状况之间的差距。差距的确认一般包含三个环节：一是必须对所需要的知识、技能、能力、素质进行分析，即理想的知识、技能、能力、素质的标准或模式是什么；二是必须对员工现有的知识、技能、能力、素质进行分析；三是必须对理想的或所需要的知识、技能、能力、素质与现有的知识、技能、能力、素质之间的差距进行分析。这三个环节应独立有序地进行，以保证分析的有效性。

（四）建立基本的培训分析体系

企业通过开展一系列培训需求分析工作，收集培训需求的第一手资料，了解员工真实的培训需求，从而建立基本的培训分析体系，为评估培训项目的有效性提供依据。

（五）促进企业各方达成共识，获得企业各方的协助

当企业员工的专业知识、技能与实际职位工作所要求的素质和能力存在差距时，大多数企业不会主动承担起培训员工的责任。同时，企业的高层管理者在规划培训所

需要投入的时间和资金时，对一些支持性的因素更感兴趣。因此，培训需求分析为受训者和企业高层管理者提供了大量信息来选择合适的指导方法与执行策略，这有利于促进企业各方达成共识，为获得企业各方的支持提供了条件。

三 培训需求分析的内容

1. 组织分析

包括组织目标分析、组织各方面需求分析、组织资源环境分析、组织效率分析、组织精神文化分析。

2. 人员分析

包括对员工个人绩效做现状评估、对员工未来发展水平进行预测。

3. 任务分析

选出有效方法对工作岗位进行分析，包括知识（knowledge）、技能（skill）、态度（attitude）；确认岗位任务清单；界定任务需要达到的标准。

四 培训需求信息的收集方法

（一）面谈法

面谈法，也称访谈法，是指培训组织者为了了解培训对象在哪些方面需要培训，就培训对象对于工作或对于自己的未来抱有什么样的态度，或者说是否有什么具体的计划，并且由此产生相关的工作技能、知识、态度或观念等方面的需求而进行面谈的方法。

微贴 5-2：面谈的基本问题

面谈法是一种非常有效的需求分析方法。培训者和培训对象面对面进行交流，可以充分了解相关方面的信息。通过面谈，培训者可以推心置腹地和培训对象交谈其工作情况以及个人发展计划，对工作中存在的问题进行双向交流，这样有利于培训双方相互了解，建立信任关系，从而使培训工作得到员工的支持。而且，会谈中通过培训者的引导提问，能使培训对象更深刻地认识到工作中存在的问题和自己的不足，激发其学习的动力和参加培训的热情。

（二）重点团队分析法

重点团队分析法是指培训者在培训对象中选出一批熟悉问题的员工作为代表参加讨论，以调查培训需求信息。重点小组成员不宜太多，通常由 8～12 人组成一个小组，其中有 2 名协调员，一人组织讨论，另一人负责记录。

这些人员的选取要符合两个条件：一是他们的意见能代表所培训对象的培训需求，一般是从每个部门、每个层次中选取数个代表参加；二是选取的成员要熟悉需求调查中讨论的问题，他们一般在其岗位中有比较丰富的工作经历，对岗位各方面的要求、其他员工的工作情况都比较了解。

这种需求调查方法是对面谈法的改进，其优点在于不必和每个员工逐个面谈，花费的时间和费用比面谈法要少得多。各类培训对象代表汇聚一堂，各抒己见，可以发挥出头脑风暴法的作用，各种观点意见在小组中经过充分讨论以后，得到的培训需求信息更有价值，而且这种需求调查方法容易激发出小组中各成员对企业培训的使命感和责任感。

这种方法的局限性在于对协调员要求高，一些主、客观方面的原因可能会导致小组讨论时大家不会说出自己的真实想法，不敢反映本部门的真实情况，某些问题的讨论可能会流于形式。

（三）工作任务分析法

工作任务分析法是以工作说明书、工作规范或工作任务分析记录表作为确定员工达到所必须掌握的知识、技能和态度的依据，将其和员工平时工作中的表现进行对比，以判定员工与要完成的工作任务之间的差距。工作任务分析法是非常正规的培训需求调查方法，它通过岗位资料分析和员工现状对比得出员工的素质差距，结论可信度高。不过，这种培训需求调查方法需要花费的时间和费用较多，一般只在一些非常重要的培训项目中运用。

（四）观察法

观察法是指培训者亲自到员工身边了解员工的具体情况，通过与员工在一起工作，观察员工的工作技能、工作态度，了解其在工作中遇到的困难，收集培训需求信息的方法。观察法是最原始、最基本的需求调查工具之一，它比较适合生产作业和服务性工作人员，而对于技术人员和销售人员则不太适用。这种方法的优点在于培训者与培训对象亲自接触，对他们的工作有直接的了解。但是，观察需要很长的时间，观察的效果也受培训者对工作熟悉程度的影响。另外，观察者的主观偏见也会对调查结论有影响。为了提高观察效果，观察者通常要设计一份观察记录表，用来核查各个要了解的细节，这样才能保证观察不会流于形式，而且当观察结束时，观察者就会掌握大量资料作为培训需求分析的依据。

（五）调查问卷

利用问卷调查员工的培训需求也是培训组织者较常采用的一种方法。培训部门首先要将一系列的问题编制成问卷，发放给培训对象填写之后再收回分析。问卷调查的发放简单，可节省培训组织者和培训对象双方的时间，同时其成本较低，又可针对许多人实施，所得资料来源广泛。不过，其缺点在于调查结果是间接取得的，其真实性无法确定，而且问卷设计、分析工作难度较大。

五 培训需求分析的方法

（一）传统的培训需求分析方法

1. 三要素分析模型①

Goldstein 组织培训需求要素分析模型包括组织分析、任务分析、人员分析，每个阶段的分析重心、分析目的、分析方法侧重点都不同。组织分析是指根据组织机构的经营战略判断组织内部哪些员工和部门需要培训，确保需求分析符合组织机构的整体目标和战略要求；任务分析是指分析该任务所需的各类知识，包括专业知识技能和态度情感需求等，从而确定所需进行的培训内容；人员分析是指分析员工的绩效差距，即现有情况和理想要求的差距。

2. 绩效分析模型

绩效分析模型是由美国学者汤姆·W. 戈特提出的，该模型通过分析理想技能水平和现有技能水平之间的关系来确认培训需求。理想状态与现实状态之间总会有一定的差距，这主要包括知识程度、能力水平、认识与态度水平、绩效水平、劳动者素质以及目标等。培训活动旨在消除或缩小这种差距。运用该模型的一个基本原则是造成绩效差距的原因在于缺少完成此项任务的知识或技能，而非其他与工作行为相关的原因，如奖惩等。

(1) 绩效分析模型的优缺点。

通过实现任务目标与理想岗位绩效行为之间的联系，员工培训需求被严格置于组织整体战略—部门业务目标—员工个人绩效的架构中，并得到系统的评估。虽然培训需求绩效分析模型较好地弥补了 Goldstein 的三要素分析模型在人员分析方面操作

---

① 陈国海：《员工培训与开发》，清华大学出版社，2012 年，第 38 页。

性不强的缺陷，但仍未充分地关注企业战略对培训需求的影响。

(2) 基于绩效分析模型的员工培训需求分析步骤。

①评价员工或组织的当前绩效水平。

②明确实际工作结果与期望工作目标的差距。

③具体分析产生问题(差距)的原因，通过培训解决此问题。

(二) 现代的培训需求分析方法

1. 胜任力素质模型

胜任力(competency)素质又称为胜任特征，是指能将某一工作(或组织、文化)中有卓越成就者与表现平平者区分开来的个人的潜在特征，它可以是动机、特质、自我形象、态度或价值观、某领域知识、认知或行为技能。胜任力包括三个方面：深层次特征、引起或预测优劣绩效的因果关联和参照效标。胜任力素质模型(competency model)是指担任某一特定的任务角色所需要具备的胜任特征的总和，即针对特定职位表现优异的那些要求结合起来的胜任特征结构。一个详细的胜任力素质模型应包括如下三个要素：胜任特征名称、胜任特征描述和行为指标等级的操作性说明。

2. 前瞻性培训需求分析模型

前瞻性培训需求分析模型是由美国学者 Terry L. Leap 和 Michael D. Crino 提出的。将“前瞻性”思想运用在培训需求分析中是该模型的精髓，如图 5-3 所示。该模型认为，随着技术的不断进步和员工在组织中个人成长的需要，即使员工目前的工作绩效是令人满意的，也可能需要为工作调动、晋升等做准备，即为适应工作内容的变化等原因提出培训要求。前瞻性培训需求分析模型为此提供了良好的分析框架，在确定员工任职能力和个人职业发展方面极具实用价值。

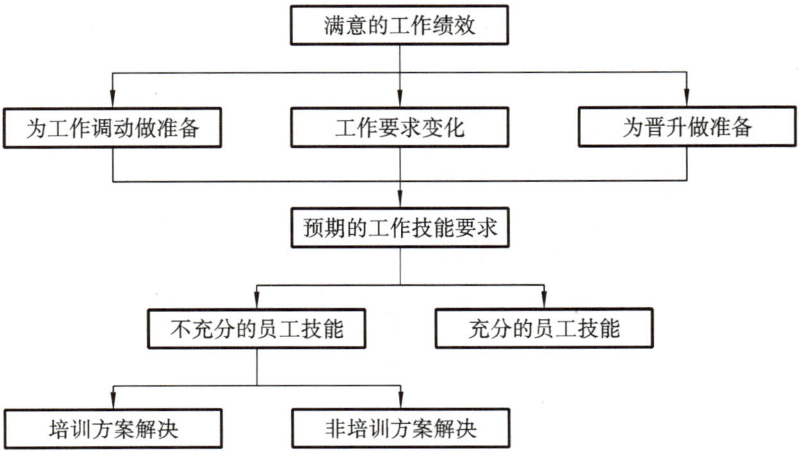

图 5-3 前瞻性培训需求分析模型

该模型建立在未来需求的基点上，使培训工作变被动为主动，更具有战略意义。充分考虑企业发展目标与个人职业发展规划的有效结合，为企业与个人的发展准备一个结合点，这是开发与激励员工以及培养员工对企业承诺的有效手段。然而，该模型建立在未来基点上，预测时难免出现偏差，而且“前瞻性”只关注了员工的未来发展，忽视了企业的发展需求，因此，根据模型得到的需求结果未必都能与企业战略、业务发展的要求相适应，模型的设计存在着与企业战略目标脱节的问题。

3. 刺激-反应模型

1）刺激-反应模型概述

刺激-反应模型是复杂适应系统理论中用来描述和研究适应性主体对环境刺激进行反应，以及两者相互作用方式的主要方法。模型中适应性主体由探测器、规则集和效应器三个部分组成。在模型中，主体内部及主体与环境之间相互作用和交流的内容被称为消息，消息是主体接受外界环境刺激后进行信息化处理的结果，模型中的三个主要组成部分也通过消息联系在一起。刺激-反应模型的基本原理是：主体通过探测器感知环境的刺激，并过滤周边大量的涌入信息，之后主体将探测器探测到的消息与规则集进行匹配，发现匹配的规则后可直接激活效应器产生行动或激活另一个相匹配的规则，这一过程可以是一个循环的链式反应过程。规则集由一系列规则组成，代表了主体处理消息的能力。

2）从刺激-反应模型看企业培训需求

当企业培训与内外部环境发生交互作用时，该活动实际可被视为企业这一适应体与市场环境不断发生刺激和反应的过程，如图 5-4 所示。企业外部环境的动态变化会不断形成企业培训需求的压力点，而与企业内部环境相关的企业制度、学习氛围及企业可投资于培训的人力、物力、财力等资源，都会限制企业培训职能实施的深度和广度。因此，培训需求分析的起点是企业培训体系对环境的感应过程，即收集和分析企业内外部环境资料，包括政府的产业政策、竞争对手的发展情况、企业目标与战略、企业人力资源状况、顾客与企业的期望等。外部环境变化及内部环境特征会向企业培训体系传送消息，企业培训需求分析体系可应用探测器进行捕捉。

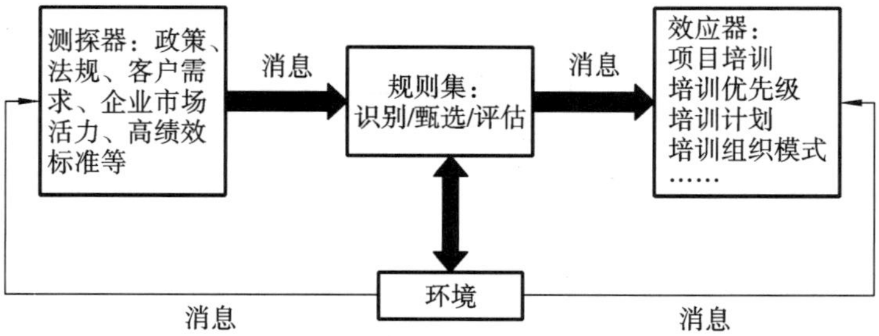

图 5-4 从刺激-反应模型看企业培训需求

六　培训需求分析结果的应用

人力资源培训与开发是一个有机系统，从培训需求的分析开始，然后明确培训目标，选择设计培训方案，实施培训，到最后反馈培训效果和评价，是各个部分互相联系的一个网络。培训需求分析结果是首要和必经的环节，是其他培训活动的前提和基础。培训需求分析结果可以指明企业培训设计的方向，从而确定培训人员、培训时间、培训内容以及培训方法等，使培训可以达到事半功倍的效果。

培训需求分析结果是企业策划年度培训工作的基础、审核培训项目设计是否科学可行的依据、评价培训结果的准绳。

培训需求分析结果是员工能力提升方向的指导、员工自我学习的参考、员工学习成果检验的标准。

第三节　培训计划与项目设计

一　培训计划与项目设计概述

（一）培训计划概述

培训计划（training plan）是根据全面、客观的培训需求分析，从企业战略发展出发，对培训时间、培训内容、培训方式、培训师、培训对象等方面进行的系统的设定。

培训计划必须同时满足企业和员工两个方面的需要。培训计划还要根据企业现有的资源条件和员工本身的基础进行设定，实事求是。另外，企业在编制培训计划时要有前瞻性，充分考虑未来企业经营的各种变化和培训过程中的不确定因素。

1. 培训计划的特点

1）系统性

培训计划的系统性是指设计必须是标准化的、一致的和可靠的。

第一，标准化。标准化要求设计过程具备大量非常正式的规则。这些规则制约着设计过程的所有决定，如做什么、如何做、何时做、何时换何种方式、要达到什么结果、使用什么标准、下一步做什么等。规则是标准化的关键因素，为确保整个计划的成功，必须全面考虑所有的问题。计划过程和制约的规则必须涵盖所有重要活动。

第二,一致性。大多数活动都是基于前一活动结果之上的,因此,有必要制定正式规则,以加强各项培训之间的有机联系。这样,所有的培训就能有序进行,整个计划就能协调一致地完成,同时实现主动控制。

第三,可靠性。仅仅靠制定规则是不够的。欲使计划达到预期效果,设计者就必须坚持执行。所有的计划必须按同一种方式来遵守和应用。只有规则被持续可靠地实际应用,培训设计才能真正有效。

2)普遍性

培训计划必须适应不同的工作岗位,不同的员工有不同的培训需求。

第一,适应不同工作岗位。有效的计划应适用于不同的工作岗位,如技能培训或智能培训、理论知识培训或实际操作培训等,设计者要明确每一种岗位工作的培训要求,然后去适应它们。

第二,适应不同的员工。无论是整体素质高的员工还是素质一般的员工、从事管理工作的员工还是从事操作的员工,有效的计划应能适应他们、满足他们。

3)有效性

有效的培训计划必须是针对岗位工作的、相关的和高效的。

第一,针对岗位工作。培训计划必须明确取得工作绩效所应具备的知识和技能,即培训计划必须明确什么是针对岗位工作的,什么不是。要做到这一点,设计者必须掌握收集岗位工作需求信息的方法,这样,所确定的培训课程范围才能真正适于人们的实际工作。

第二,相关性。即使设计者自觉遵从了培训计划的原则,依然存在许多问题。设计者在考虑所进行的培训需求分析是否有用,或采用的满足那些要求的措施是否能使受训者满意时,一定要从整体去考虑,不能孤立地看待问题。

第三,高效性。培训计划实施的效果只能通过实践来估计,不能光凭主观来下结论。从技术的观点看,针对岗位工作和相关性是高效性的前提条件,没有它们,培训计划就不能对培训工作绩效产生积极的影响。在对待效果上,技术上的观点和管理上的观点相辅相成。

2. 培训计划的内容

培训计划以时间跨度为分类标志,可分为长期培训计划、中期培训计划和短期培训计划三种类型。中期培训计划是长期培训计划的进一步细化,短期培训计划则是中期培训计划的进一步细化。

1)长期培训计划

长期培训计划一般指时间跨度为3～5年的培训计划。时间过长有些变数无法做出预测,时间过短就失去了长期计划的意义。长期培训计划的重要性在于明确培训的方向性、目标与现实之间的差距和资源的配置,此三项是影响培训最终结果的关键性因素,应引起特别关注。

长期培训计划需要明确的事项包括:①组织的长远目标分析;②个人的长远目标

分析；③外部环境的发展趋势分析；④目标与现实的差距；⑤人力资源开发策略；⑥培训策略；⑦培训资源配置；⑧培训支援的需求；⑨培训内容整合；⑩培训行动步骤；⑪培训效益预测；⑫培训效果预测。

2）中期培训计划

中期培训计划是指时间跨度为1～3年的培训计划。它起到了承上启下的作用，是长期培训计划的进一步细化，同时又为短期培训计划提供了参照，因此它并不是可有可无的。

中期培训计划需要明确的事项包括：①培训中期需求；②培训中期目标；③培训策略；④培训资源分配；⑤培训支援的需求；⑥培训内容整合；⑦培训行动步骤；⑧培训效益预测；⑨培训效果预测。

3）短期培训计划

短期培训计划是指时间跨度在1年以内的培训计划。在制订短期培训计划时需要着重考虑的两个要素是可操作性和效果。短期计划如果没有点滴的落实，组织的中、长期培训目标就会成为“空中楼阁”。

短期培训计划需要明确的事项包括：①培训的目的与目标；②培训时间；③培训地点；④培训者；⑤培训对象；⑥培训方式；⑦培训内容；⑧培训组织工作的分工和标准；⑨培训资源的具体使用；⑩培训资源的落实；⑪培训效果的评价。

除非特别指明，我们一般所指的培训计划大多是短期培训计划，并且从目前国内组织的培训时间来看，更多的是某次或某项目的培训计划。

（二）培训项目设计的内涵

1. 培训项目设计的概述

培训项目设计是指企业根据现状及发展目标，系统制订各部门、岗位的培训发展计划。培训部门必须对培训的内容、方法、讲师、教材和参加人员、经费、时间等有一个系统的规划和安排。

2. 培训项目设计的内容

培训项目设计涉及培训过程的方方面面，其中包括培训内容、培训方法、培训师、培训对象、培训资源等。这些方面在培训项目中互相影响、互相牵制，因此，培训项目设计的内容必须顾及各个方面，从而保证培训的顺利实施。

1）培训内容的设计

培训内容设计影响到培训的有效性。培训内容的设计不是按照管理层臆想的内容进行培训，而是要找出员工现有的工作水平与要求的工作水平的缺口，进而设计培训的内容。在培训项目设计进行之前，企业必须做好培训前的员工需求分析，将需求分析的结果确定后整理成报告，作为安排培训内容的依据。

2) 培训方法的设计

随着管理理念的不断更新,培训方法也层出不穷、多种多样。企业在开展培训的时候要根据员工具体的培训需求,运用合适的培训方法,而不是一味地追求新颖的培训方法,关键是还要配合培训内容、学员、场地、经费和时间的要求。

3) 培训师和学员的设计

培训师的合适与否会直接影响培训效果的好坏。企业在邀请培训师时要切实了解培训师的专业培训方向,然后将培训内容和接受培训的学员的相关资料给培训师,让培训师深入了解培训的各个方面。

企业能够提供给培训的资源不是无限的,因此,企业在选择接受培训的员工方面要慎重。一般而言,学员可能是新员工、即将变换岗位的员工、负责重大项目的员工等,学员的确定可以方便企业有针对性地进行培训需求调查和培训内容的设计。

4) 培训资源的合理分配和使用

企业在提供培训时涉及经费、时间、场地、工作任务等方面的安排。培训不是铺张浪费,而是让企业的经营更上一层楼,因此,培训的每一分钱都要用到点子上,企业应该将培训经费的运用达到性价比最大化。另外,培训涉及占用员工的时间,这样就势必会在一定程度上影响员工完成工作任务。企业在设计培训的时候必须合理安排员工的工作时间和工作任务完成的权责问题,避免因为培训而对企业造成不良影响。

3. 培训项目设计的作用

企业安排员工培训项目的出发点是弥补员工的能力缺失,设计工作由专门从事培训项目设计工作的人力资源管理专家或人员担任。

(1) 有助于增强培训项目的可操作性。企业在安排员工培训的时候往往会倾向于主观决定培训的各个方面,缺乏对客观需求的反映,这会导致企业对培训自我感觉良好,但是实际效果不佳。通过培训项目的设计,企业在安排培训时可以进行多次的反复考虑,确定是否符合员工所需,是否与企业发展目标一致。培训项目设计涉及培训的方方面面,可以指导具体操作。

(2) 有助于完善培训项目。培训计划、培训项目设计方案和现实操作总会存在差异。培训结束后的总结调查会将培训效果与培训项目设计方案进行比较,寻找出无法达到培训效果的原因以及培训项目设计过程中出现的漏洞。这一环节有助于完善培训项目。

4. 培训项目设计的依据

1) 明确接受培训的岗位

企业内每个岗位的员工虽然都有进行培训的权利,但是企业可能没有足够的资源让每个岗位都同时接受培训。企业培训针对的岗位往往是根据目前企业主要的发展任务而确定的。企业在确定接受培训的岗位时往往只是将目光放在短期的工作培训需求上,而忽略了企业长远发展的培训需要,因此,企业在确定接受培训的岗位时要平衡企业短期目标和企业长期发展目标的培训需求。

2）分析培训岗位的培训需求

企业在确定需要接受培训的岗位后，就必须要针对该岗位的员工进行培训需求分析。岗位的培训需求分析可以帮助确定员工培训的内容和方向。

首先，要对该岗位的员工进行调研。员工对自己在该岗位工作中的知识或者能力缺口比较清楚，知道自己在工作中有哪些不足的地方。

其次，还应该对该岗位员工的上下级进行调研。该岗位的员工往往是从比较主观的方面讲述自己的工作难点，而该岗位员工的上下级则可以从比较客观的方面对员工在该岗位工作中的不足进行比较清晰的阐述。

最后，通过员工的绩效考核也可以看出员工在工作上出现的问题，从而分析工作中的问题是否可以通过培训得到解决。

3）明确岗位培训的目标

员工反映的培训需求或多或少会带有主观的色彩，他们可能会将工作需求和个人需求混为一谈。部分员工培训需求并不是该岗位需要的，可能只是员工个人的培训愿望而已。为了保证培训效果，企业在进行培训项目设计和培训需求调研时，要明确岗位的发展目标和培训需求。只有明确该岗位的工作真正需要什么培训，才可以得到事半功倍的培训效果。

5. 培训项目设计的原则

培训项目设计要遵循一定的原则，只有遵循原则进行设计，培训项目设计才能够符合企业的要求，达到最佳的效果。培训项目设计的原则有以下四个。

（1）培训目标与企业发展一致。企业安排员工接受培训是为了配合企业的发展需要，因此员工的培训需求必须以企业发展的需求为大前提。培训项目设计之前，企业必须进行员工的培训需求分析，只有培训目标与企业发展一致，才可能将员工培训作为实现企业目标的重要组成部分。企业不再是为了培训而培训，而是为了让员工能够更好地、更快地完成工作目标，推动企业的良好发展，这才是培训的最终目的。

（2）培训内容和方式符合员工需求。培训要达到目的，最重要的就是要激发起员工的学习积极性。在企业中，员工往往会消极对待培训，这是因为这些培训并不是员工想要的，而且培训方式也没有办法引起员工的学习兴趣。不合适的培训内容和方式是培训事倍功半的重要原因。

培训需求分析其实就是针对员工的真实培训愿望进行调查分析。通常情况下，员工想要的培训往往与企业设想的培训存在差异。培训内容要符合员工的需要，才能让员工的工作能力提升，达到企业预想的培训效果。培训方法符合员工需求，才能让合适的培训内容更容易让员工接受。如果说合适的培训内容是做正确的事情，那么合适的培训方式就是正确地做事情。

（3）培训效果最大化，资源使用最优化。企业安排员工培训，最重要的是能够让培训达到预期的效果，也就是培训效果最大化。要达到最大化的培训效果必然需要付出成本和资源。企业的资源有限，企业投入培训的资源也有限，因此，企业要求培训工作要做到事半功倍。企业在做任何项目时都会进行资源预算，培训项目也一样，既要达到预想的培训效果,又要考虑资源的合理使用。企业应避免为了片面追求培训效果而过分投入资源,也要避免为了节省资源而影响培训效果。在资源方面,除了要计算财务方面的支出外,还要计算人力资源的付出,特别是对接受培训的员工本职岗位工作的影响,尽量将培训对岗位工作的影响降到最低。

(4) 培训项目具有可持续性。企业员工培训不是一次两次就可以满足企业发展需求的。企业随着环境的改变,发展目标和方向也会发生改变,员工的工作也会相应地发生改变。岗位工作需要员工不断地学习新事物来适应,因此,培训项目不是短期的,而是要长期进行的。不仅企业的发展需要员工培训具有可持续性,员工个人的职业发展也要求员工不断地接受培训。只有可持续的培训项目,才能够不断得到改进,使越来越多的员工受益,同时有效地降低项目开发的成本。

二 培训方法及其评析

洛丝特认为,培训是向员工传授工作所需知识和技能的任何活动,是与工作有关的任何形式的教育。也有一些学者将培训定义为给新雇员或现有雇员传授其完成本职工作所必需的基本技能的过程。行之有效的培训方法可以提高培训的成效和受训者的满意度。为培训项目选择合适的培训方法之前,通常要对各种培训方法的优缺点进行评价。

(一) 直接传授型培训法

直接传授型培训法是目前企业广泛使用的传统培训方法,培训流程较为成熟。直接传授型培训法适用于知识类培训,主要包括讲授法、专题讲座法和研讨法。

其中,讲授法是最传统、最基本的培训方法,重点适用于受训人员系统地了解学科知识及理论。讲授法的优势在于其对培训环境要求不高,传授的知识内容多而系统,同时参与培训的人数较多,受训者的平均培训费用也比较低。但是,讲授法存在一定局限性,表现为:教学照本宣科,比较枯燥;教学以培训师单方面传授为主,互动性不强;教学效果受培训师本人水平限制,且教学内容比较固定,难以满足受训者的个性化需求。

专题讲座法具有针对性强的特点,主要适用于管理及技术类型的培训,有助于受训人员了解目前的前沿知识及热点。专题讲座法与讲授法的教学方法大致相同,不同点在于专题讲座不是系统性的知识传授,而是针对某一专题知识。专题讲座形式比较灵活,耗时较短、针对性较强,受训者易于深刻了解培训的知识内容。但是,专题讲座传授的知识内容集中,系统性稍欠缺,要求受训者有一定的理论基础,否则受训者难以消化培训的内容。

研讨法是指在培训师的指导下,受训者围绕某一个或几个主题进行交流讨论、相互启发的培训方法。研讨法有利于多项式的信息交流,在研讨过程中培训参与者可以充分交流讨论，这有助于拓展思路，提高培训质量，同时也有利于受训者积极参与，提高阐述观点、独立思考、分析问题等综合能力。但是，该培训方法对培训前准备的研讨问题及内容的准备要求较高，对培训师水平也有较高要求。企业在流程安排上，应事先把研讨题目告知受训者，以便受训者提前准备，增强培训效果。

（二）实践型培训法

实践型培训法更强调受训者对知识的实践，主要应用于需要受训者掌握某种技能的培训。实践法是通过让受训者在实践工作岗位或真实的工作环境中，亲身操作、体验，掌握工作所需的知识、技能的培训方法。此种培训法能做到理论联系实际，具有很强的实用性。实践法常用的培训方式有工作指导法、工作轮换法、特别任务法、个别指导法等。

工作指导法又称教练法或实习法，是指受训者的直接主管人员或有经验的员工在工作岗位上对受训者进行培训的方法。指导人对受训者的工作环节及工作操作过程进行“一带一”的指导，对出现的问题进行及时的纠正，根据工作完成情况进行评价和激励。工作指导法优点多、应用广泛，对基层员工及各级管理阶层都适用。

工作轮换法又称轮岗，是指企业在约定时间内轮换受训者的岗位，使受训者获得不同的工作岗位体验，以便受训者对企业的流程提出优化建议。工作轮换法能丰富受训者的工作经验，增强其对企业的了解；使受训者更好地了解自己，并确认自己所擅长的工作；从管理者的全局角度，改善部门之间的工作流程。工作轮换法的适用范围为一般的直线管理人员，对其他非直线管理人员不太适用。

特别任务法常用于管理培训，是指企业对受训者布置某项特别任务，以任务的实现情况考查受训者，以达到对受训者的培训的目的，具体分为委员会或初级董事会和行动学习两种方式。前者为企业中层管理人员提供，目的是培养受训者分析企业范围内问题的能力，提升判断决策能力；后者着重让受训者从旁观者的角度，分析解决其他部门的问题，以提高受训者分析问题、解决问题的能力。

个别指导法是目前很多企业采用的“传帮带”式的培训方法，通过资深员工的指导，新员工得以迅速掌握劳动技能。个别指导法可以缩短新员工的学习路径，帮助新员工迅速掌握新岗位知识，并尽快融入团队，同时，有助于创造融洽的工作环境，有助于优秀工作技能的传递。不过，该方法也存在一些缺点，比如，老员工可能把不良的工作习惯传递给新员工，不利于员工创新，而部分员工受“教会徒弟，饿死师傅”的旧思想影响，有意保留自己的经验技术，影响培训的效果。

（三）参与型培训法

参与型培训法强调受训人员亲身参与，可以有效调动受训人员的培训积极性，加强培训过程中的互动，有利于受训者拓展思路。其主要形式有自学法、案例研究法、事件处理法、模拟训练法、敏感性训练法、管理者训练法和头脑风暴法等多种培训方式。

自学法应用范围广，适用于多种知识领域、多类型的受训者，具有费用低、学习时间灵活、受训人员学习能动性较强等优点。不过，受训者自学时因缺少交流，学习效果可能受到局限，个人学习能力不同，学习的效果也可能存在较大差异，学习形式单一容易使受训者感到单调、乏味。

案例研究法可分为案例分析法和事件处理法两种，具有将知识学习和能力提升相结合的特点。案例分析法强调案例的真实性，同时含有一定的管理问题，通过对日常生产的活动进行案例的典型化处理，以达到培训的目的。

事件处理法，是指受训者收集身边的例子，以供受训者一起进行讨论，具有参与性强、教学方式生动、易于交流的特点。但是，事件处理法对案例的要求较高，无效的案例直接影响培训的效果，案例的制作时间较长，有一定的难度，对培训师的要求也高。

模拟训练法的基本形式是受训者和机器或电脑一起参加模拟活动，以企业生产情况为模型，受训者在预先设置好的模拟工作请教中参与劳动，完成特定的工作，通过模拟训练以提高自身处理问题的能力。该方法的优点在于，训练流程具有代表性，受训者参与度较高，可以亲力亲为，完成情况易于与其他受训者进行比较，学习气氛热烈。但是，模拟前准备工作较多，耗时较长，对培训组织者的要求较高，需组织者熟悉培训涉及的各种技能。

敏感性训练法多应用于人格塑造训练、人际关系训练、组织发展训练等。该训练方法更关注受训者个人情感、态度、行为的表现，并对此进行讨论，分析引起此类情绪变化的原因及结果，以体会人际关系与环境之间的密切联系，学习沟通和应变能力，以及如何采用积极的行为改变周边环境等。该方法多采用集团生活训练、小组讨论、个别交流等活动方式。

管理者训练法针对的培训群体为企业管理人员，是业界最为普及的管理人员培训方法。其主要的学习内容为企业管理知识，意在通过系统的管理知识的学习，提高管理人员的管理能力。该法多用于企业中低层管理人员培训，多采用专家授课和受训人员讨论相结合的方式进行培训。培训师在此类培训中具有举足轻重的作用，教师的水平直接关系到培训的效果，目前多数企业会采用外聘教师的方法进行此类培训。

头脑风暴法在目前企业中应用广泛，是在培训过程中通过对培训议题的讨论，实现集思广益、思维碰撞的一种培训方式，能最大限度地发挥受训者的创造力，从而得到问题的最佳解决方案。头脑风暴可以帮助受训者解决日常工作中的实际问题，提高劳动生产率。头脑风暴法通过讨论增加受训者对问题的理解程度，互相启发思维，加强培训的互动性和受训者的参与度。同样，该方法对培训组织者要求较高，需要其少评论优劣而多鼓励受训者提出自己的见解。此外，主题的挑选难度也比较大。

(四) 态度型培训法

态度型培训法主要针对受训者的心理训练及行为调整，包括角色扮演法和拓展训练法等。

角色扮演法是让受训者在一个来源于实际工作的模拟情境中，按照其在实际工作中的权责模拟性处理工作事务，提高处理问题的能力，考查受训者针对某问题采取实际行动的情况。行为模仿法是角色扮演法中一种比较特殊的培训方法，通过建立示范模型，组织受训者进行角色扮演并体验，进行行为的强化。此类培训适用于中层、基层管理及一般员工的培训，受训者参与性强，培训间交流多，在提高业务能力的同时可增强其反应能力和心理素质。该方法的局限性在于，其对场景设计要求较高，需要精湛的设计能力，而且实际工作环境多变，模拟环境不具备普遍性和实际工作环境的多变性，受训者的参与积极性也会影响培训的效果。

拓展训练法在各大企业中也比较常见，以体能训练为主，该方法主要是让受训者处于艰难的情境中，最终实现自我的提升，主要分为场地拓展训练和野外拓展训练两种模式。此类培训参与度较高，多用于团队训练受训者在轻松的氛围中不断挑战自我，培养团队精神；其局限性在于对场地的依赖性很高，活动类型相对较少，如果受训者之前接受过此类培训，参与意愿会降低，对于之前没有参与过此类活动的受训者有一定的吸引力。此外，活动的安全性也要预先进行考虑。

（五）高科技时代的其他培训方法

随着科技的发展，目前新的培训方法纷至沓来。其中，在线培训通过网络进行培训，预先开发专题培训软件、视频录像，或者由教师通过网络在线授课等。这种培训方法减少了场地等培训费用，可以低成本地更新培训内容课件，通过软件制作来美化界面，以提高培训的趣味性，操作起来也比较灵活。不过，这类培训方法也存在需要硬件支持及开发成本等资金限制的问题，企业需按照课程的类型判断是否适合采用网上培训，如实际操作性强及人际交流等互动性强的培训不宜选择在线培训。

虚拟培训属于较新的培训方式，受训者利用技术设备造就的虚拟环境，并通过交互手段来操控环境、工具及操作对象，从中来学习技能及业务知识。该方法具有仿真性、自主性和安全性的优点，但其开发成本高，需要不断更新培训内容，较为固定的培训内容可选择此种培训。

三 培训项目设计过程

（一）培训项目设计

培训项目设计的过程包括五个步骤：①确定培训项目的目标定位；②确定培训项目对象的需求；③确定培训项目的内容；④设计培训方法组合；⑤设计培训项目效果评估方案。

1. 确定培训项目的目标定位

培训目标是培训方案实施的导航灯。一个好的培训目标能够为培训项目的构建、培训方法的选择和培训评估的有效性提供可靠的基础。

培训目标的确定建立在培训需求分析的基础上。通过培训需求分析，企业明确员工目前的工作状态，得出现有员工的工作能力和预期工作能力之间存在的差距，而消除目标与现实之间的差距就是企业的员工培训目标。对于培训师来说，明确的培训目标可以帮助其设计培训计划，积极为实现目标而进行培训；对于接受培训的员工来说，明确了学习目的之后，才能少走弯路，达到事半功倍的效果。

2. 确定培训项目对象的需求

为了合理运用企业的资源，企业需要在培训前进行需求分析，根据需求来指导培训项目设计，不能单纯地为了培训而培训。

需求分析不仅仅是针对员工个人的需求进行分析，而是要将员工个人的需求和企业发展目标相结合。员工个人的需求往往不够客观，有部分培训需求只是员工个人主观认为对工作有促进作用，但是实际上是没有必要的。企业的资源是有限的，只有确定现实的培训需求才能达到培训效果，并将培训效果转化到工作上。

培训需求分析应从组织、工作、个人三个方面来进行：①进行组织分析，确定针对企业发展方向范围内的培训需求，以保证培训计划符合企业的整体目标与战略要求；②进行工作分析，分析员工达到理想工作绩效所必须掌握的技能和能力；③进行个人分析，确定哪些员工需要进行培训。

3. 确定培训项目的内容

企业员工的培训内容可分为初级层次与高级层次，如表 5-2 所示。初级层次可以分为三种类型，即知识培训、技能培训、态度和观念培训。选择什么类型的培训内容，取决于员工的具体情况。一般来说，管理者偏向于接受知识培训、态度和观念培训，基层员工更注重于技能方面的培训。高级层次的内容包括创新战略能力培训、决策和处理问题能力培训等。

4. 设计培训方法组合

员工的培训方法有多种，如角色扮演法、案例分析法、课堂讲授法。各种培训方法都有其自身的优缺点，企业为了提高培训质量，结合各个不同岗位员工的工作性质，达到培训目的，往往需要配合、灵活使用各种方法，例如，角色扮演法是指培训师通过设定的各种模拟现实工作情况，要求接受培训的员工设身处地地解决模拟情况的问题，从而达到培训的效果。这种方法比较灵活，对学员和培训师的领悟能力要求很高。案例分析法是指通过一定的视听媒介所描述的客观存在的真实情景，让接受培训的员工进行思考分析，学会诊断和解决问题以及决策。课堂讲授法的主要形式是讲座和讨论，该方法以最少的培训师指导最多学员，成本比较低，但是无法做到因材施教。

表 5-2　培训项目的内容

初级层次	
知识培训	专业知识、经验知识、社会知识、经济知识
技能培训	操作技能、目标管理技能、风险管控技能、决策技能、沟通技能、书面协作技能
态度和观念培训	忠诚、责任、自律性、服务意识、成本意识、进取心
高级层次	
创新战略能力培训	如何实现可持续的创新、可持续的变革、可持续的良性发展，怎样获得面对问题的思路，如何思考才有效
决策和处理问题能力培训	潜能挖掘、思维培训、问题解决等，针对的不是一时或一次的问题解决，而是侧重无数次解决问题的方法，并掌握高效解决问题的技巧

5. 设计培训项目效果评估方案

培训项目效果评估是对培训项目进行评价，主要目的在于通过对培训对象在项目前后的素质和能力等方面的变化和提高程度进行观察和评价，以此确定某个培训项目的成效。

许多企业没有在员工培训后进行效果评估，使得企业无法知道接受培训的员工是否得到了工作能力上的提高。效果评估除了可以得出培训是否达到理想的目标外，还可以得出培训设计不合理之处。通过对学员上下级以及培训师的调查可以了解到培训内容是否完全满足需求，培训方法是否适合，或者企业给予的培训资源是否足够等情况，这些数据都可以反映培训项目效果的情况。

培训项目效果评估方案的设计使得培训可以根据一定的标准和方法进行评估，并且在培训偏离现实情况的时候可以通过评估及时发现问题并纠正。

一般来说，培训项目评估包括计划（需求分析、培训目标）、组织（准备、培训教学、支持督导）、结果（综合项目效益评价、需要改进的不足）三个方面。主要责任人是培训项目负责人和培训项目督导人员。

（1）计划。需求分析包括是否对课程设置进行充分调查，覆盖率、调研方法是否适合，分析资料是否被正确诠释，分析数据是否正确、完整，培训目标是否清晰、明确，拟定的培训活动是否完整，通过培训是否可达成绩效标准，课程设置是否符合学员需求等方面。

（2）组织。准备评估包括学员是否适当甄选，培训师是否适当甄选，教材是否有助于课程目标的达成，课程时数与时间是否恰当，经费分配是否合理等关键问题，也可以对计划预通知是否到位，课前是否与培训师充分沟通，资源是否到位（如培训场所和教学设备是否完善）等做出评估。

培训教学评估包括课程定位、教材开发、教具设计、教学方式、教学效果、学员态度调查等，比如，讲师在教学过程中是否随时响应学员的需求，教材及教具的准备是否完善，课前是否与学员充分沟通等。

支持督导方面是指是否有效地进行管理,如现场秩序、现场支持、教学配合、其他流程控制等是否有预先控制措施或准备。

(3) 结果。结果分为综合项目效益评价和组织需要改进的不足两个方面。

综合项目效益评价一般通过考试等方式评价教学效果,通过学员行为的改变(应该是内化阶段或成就阶段)来评价项目的长期效益。这方面的评估可以延长到培训项目后的一段时期。

评估组织需要改进的不足是最后一个环节,有则改之,无则加勉。

(二) 培训方案设计

1. 培训方案的构成要素

企业完成一个完整的培训方案必须包括培训目标、培训对象、培训内容、培训形式、培训时间、培训师资、培训组织、培训评价、培训经费和培训资源等,这些就是培训方案的构成要素。

(1) 培训目标。培训目标即培训项目所要达到的预期效果,它为培训提供了学习的方向和学习过程中各阶段要达到的标准。培训目标应建立在针对培训需求调研结果、预期要达到的目标的基础上,培训目标应该与企业发展战略、员工的职业生涯规划紧密结合在一起。另外,在培训方案设计中,培训目标应该明确表述,有较强的针对性,并且要在培训项目实施过程中得以体现。

(2) 培训对象。培训方案把培训对象的需求作为主要依据,培训对象根据培训需求调研结果而定,因此,培训对象作为培训方案的主体,也是培训方案的一个要素。在培训方案设计中,培训对象不但是培训的接受者,同时也是一种可利用的学习资源。只有充分调动培训对象参与确定培训方案的积极性,才可能达到效果最佳、效益最优。另外,培训对象的分类应该尽量细化,这将有助于推动培训项目的顺利实施。

(3) 培训内容。培训内容要根据培训需求调研结果来确定,同时也应该依照培训对象的不同而分别确定。培训内容在范围和顺序的确定上要根据培训项目的特点来审慎考虑、精心策划。范围是指内容在横向上的组织,应尽可能安排对培训对象的工作有现实指导意义并且具有综合性的课程,可以分为政治理论、专业技能和素质提升等几个模块,其中又有不同侧重,每门课程都要列出课程大纲及课程目标。顺序是指内容在纵向上的组织,应使培训对象按照合乎逻辑的步骤不断取得学习上的进步。

(4) 培训形式。培训形式是学习活动的安排和教学方法的选择,与培训目标和方向直接相关。培训形式要根据培训的项目、内容的不同来确定。培训形式的安排和选择,应该事先与培训师研讨和协商,以便强化培训对象的学习动机,达到培训效果的最大化。常用的培训形式有研究式、专题讨论式、体验式等。

(5) 培训时间。培训时间应根据培训目的、培训场地、培训对象的能力及工作时间等因素来确定。培训时间的选定以尽可能不影响工作为宜,培训方案要合理安排有限的培训时间。

(6) 培训师资。培训师是培训项目的执行者,培训师资应根据培训目标和内容要求进行选择。首先,应该在培训中心的师资库中寻找合适的培训师,选择的培训师必须具有广泛的知识、丰富的经验及专业的技术。其次,要做好培训师备用预案,以应对突发事件,保证培训顺利进行。

(7) 培训组织。要在开班前营造良好的学习氛围,调动培训对象的学习意愿和参与意愿,在培训班日常管理中应注重创新。

(8) 培训评价。根据培训项目等级确定将要使用的评估层次,在开班前准备好教师教案评估表和听课评估表等材料,以便做好各阶段的培训评估工作。

(9) 培训经费。培训经费主要包括场地费、交通费、教师酬金、餐饮费、住宿费、教材、设施、文具用品费用等。培训经费预算要科学合理,能支持培训计划。

(10) 培训资源。培训资源主要包括培训场地(教室、图书馆、活动室等)、培训设施、培训资料和后勤保障等。在培训活动实施前应该合理安排培训资源,充分准备。

2. 培训方案设计的要点

企业在进行培训方案设计时,应充分考虑培训项目,尤其是培训对象的特点,注意培训资源的充分利用,灵活运用培训方法及手段,合理安排培训活动,以及调动培训对象和培训师的积极性。

培训项目策划方案应该简单明了,一目了然,要很有技巧地简短写出实施培训计划的目的,以及策划的核心构想或画龙点睛之处。作为方案的正文部分,培训内容要通过简单明了的方式使他人一目了然,很快就能抓住核心部分。

培训方案要详细具体,面面俱到,但也要突出主题和重点,尤其是要有亮点。培训方案要标准,同时也要经常创新,不拘一格,必须适合培训项目的目的和预期效果,适合学员们的各种学习方法类型和培训师的风格。

对于一个培训计划,多做出几个策划方案也是可行的,因为从实践来看,在对策划方案进行审核时,经常会有反对意见,所以事先准备替代方案是明智的。

3. 培训课程分析

培训课程分析是培训开发流程的重要步骤,是培训课程调查与研究的阶段。其目标是确定受训人员必须掌握的、用来执行符合课程意图的分工工作的知识和技能,主要包括课程目标分析和培训环境分析。

1) 课程目标分析

(1) 受训人员分析。受训人员分析是指通过采访受训人员、现场观察等方法来了解培训之前受训人员的知识、技能和能力水平的过程,分析结果汇总成受训人员分析报告。

(2) 任务分析。任务分析是指分析受训人员所在岗位或目标岗位对就职人员的知识、技能和能力水平的要求的过程,分析结果汇总在任务分析报告中。

(3) 课程目标分析。课程目标是指在培训课程结束后,希望受训人员通过课程学习能达到的知识、技能和能力水平,具体分析步骤如下。

第一,确定培训目标。

第二,对培训目标进行划分,区分主要目标和次要目标。

第三,对培训目标的各分目标进行可行性分析,根据企业培训资源状况,对那些不可行的目标做适当调整,确立课程的目标。

第四,对课程目标进行层次分析,即明确各个课程目标的内在联系,安排其实施次序。

2) 培训环境分析

培训环境分析是指对开展培训的环境进行分析,它影响课程内容的设计和教学方法的选择。培训环境分析具体包括以下几点。

(1) 实际环境分析。实际环境包括培训的地点和培训设施,如教室、休息室、电视、空调、洗手间、餐饮及娱乐设施等。

(2) 限制条件分析。主要分析课程进度安排、教学设施、成本、器材等的局限性,以确保培训所必需的资源随时可支配。

(3) 引进与整合。主要说明将课程引进并整合到现有培训课程中的步骤和方法。

(4) 器材与媒体可用性。主要说明课程开发与交付所必需的器材和媒体。

(5) 先决条件。说明受训人员在授课前所必备的许可证、资格证书、结业课程或经验等,其中包括审查先决条件的方法及不满足先决条件会产生的后果等。

(6) 报名条件。主要明确鼓励或阻碍受训人员报名的要求。前者包括强制性报名、带薪脱产培训;后者包括周末出差、周末上课、接受培训的同时必须按时完成工作等。

(7) 课程报名与结业程序。说明报名必须遵循的程序和受训者完成课程的记录。

第四节 培训与开发的实施

一、培训项目的实施

(一) 培训场所的选择与布置

与培训设计有关的一个重要问题是如何布置培训的物理环境。对在职培训来说,这个问题尤其重要,因为受训者在舒适的环境中才能集中精力学习。如果在职培训现场有很多干扰培训、引起分心的刺激源,比如,噪音和电话铃声,那么受训者就很容易受到干扰。在职培训也经常被打断，尤其是当受训者是领导的时候，这种情况就更为常见了，而培训的中断也是一种干扰。为了减少这种干扰，培训者可以每天专门留出一段培训时间，或将培训安排在一个不会受干扰的地点来进行。此外，如果受训者是领导，他还可以在培训期间专门安排一个不接受培训的人来替他处理电话和各类请示。

（二）项目启动

当一切与培训有关的前期工作都已准备就绪的时候，下一步就要正式实施培训了。培训的前期工作包括准备可行的课程计划、视听装备或电脑设备布置培训环境。到这个时候，培训者需要完成的一项重要工作就是让培训有一个良好的开端，并且一直保持下去。如果培训是分多阶段进行的，那么初始阶段的培训将会为后面的培训奠定基调。我们在前面提到，培训者应该让受训者对培训有一个明确的预期。首先，需要给他们提供一份课程大纲，说明培训的目的、学习目标、内容主题，其次，要说明要求大家遵守的课堂行为规范，比如，不能迟到、要积极参与讨论、相互之间要多交流等。在培训刚开始的时候，培训者就应该将课程大纲发到每个受训者手上，并详细地解释，如果需要的话，再在后续的培训过程中定期重申和强化。

如果培训者事先不了解受训者的水平和学习动机，那么在培训刚开始的时候，要让受训者对培训形成一定预期，还要了解他们当前的专业水平和学习动机。常用的一种办法是进行前测或做预备练习，看看大家的起点如何。对于在职培训来说，这项工作尤为重要。与单纯了解受训者的动机相比，最好是同时能够做一些增强学习动机的工作。比如，可以问问受训者他们希望达到的目标是什么、实现这些培训目标有什么益处，对受训者关心或担心的问题表示关注，或者让受训者签署一份学习协议。

很多培训项目在刚开始的时候都会进行一些“破冰”的练习，让大家相互熟悉并建立起和谐的人际关系。这项工作是很重要的。首先，许多培训都有这样一个“副产品”，就是让受训者有机会一起协同工作，结识其他部门的同事。其次，就像团队工作一样，参加人力资源发展培训项目的人通常也会寻求社会对他们的接纳。比如，如果班里只有一两个“少数派”（在民族、职位或性别等方面与别的受训者不同），他们可能会感到自己被孤立，而这种感觉将对他们的学习造成负面影响。对培训者来说，善于体察受训者的社会需求并能迅速采取措施增强他们的归属感，是一种很重要的能力。

培训者应竭尽所能营造一种相互尊重和开放的氛围。这样，受训者能更容易地得到自己需要的帮助。要想成功地组织群体会议、完成教学任务或更好地促进学员的学习，需要多种多样的技能。培训者需要多参考一些关于培训内容的资料，积极为受训者搭建学习平台、为培养人际交往能力创造机会。

（三）培训日程安排与其他准备工作

日程安排妥当与否直接关系到培训的效果，甚至决定了培训活动能否如期举行。

企业在总结培训效果的时候,很少从培训日程的角度去反思,认为日程安排与培训师、培训教材、资金资源等要素比较起来,似乎算不上什么,无须特别关注。事实上,培训日程安排绝不是无足轻重的事,培训组织者应该高度重视。

1. 工作时间内与工作时间外的培训日程安排

培训安排无外乎工作时间内和工作时间外,从上面的介绍可以看出,企业在安排具体的培训工作时,主要考虑的因素不是培训效果,而是培训成本。其实,企业在安排培训日程时,除了考虑成本以外,更重要的是考虑培训的实际效果。通常来说,如果一味将培训活动安排在工作时间以外,员工容易产生抵触心理,缺勤率高,参与程度低,培训活动过于被动;如果经常将培训活动安排在工作时间以内,势必影响企业正常工作的开展,耽误工作进度,导致企业整体运营成本增加。培训组织者应该掌握的基本原则是,在保证企业正常生产与经营活动照常进行的前提下,力求降低实施培训活动的成本(尤其是受训者的机会成本),提高培训活动的有效性。不过,培训活动应该安排在正常工作时间内还是工作时间外,并无定论。企业在安排培训日程的时候,如果是将培训活动安排在正常工作时间内进行,也应注意具体的时间点。

企业培训组织者在确定并公示了培训日程后,切忌随意更改日程,因为企业里的每个员工都有相应的工作任务,参加一次培训活动需要协调许多的工作。培训应该尽量遵守日程和时间安排,不要随意更改或拖延。

2. 培训项目的其他准备工作

为了保证培训项目的顺利实施并取得预期的项目成果,培训组织者还应重视与之相关的各项准备工作,如拟定并及时发布项目通告,制作培训手册,安排登记注册以及完成培训档案等。

项目通告是用来告知目标受众有关培训项目的各项事宜的,包括项目的目的、项目进行的时间和地点、参加项目需要具备的资格条件等。从发出项目通告到项目正式开始,组织者要留出足够的时间,以便员工可以调整自己的工作安排,并提交相关的申请表。这一点尤其值得企业培训组织者注意。我们见过许多企业在组织培训活动的时候,往往是在培训的前一天甚至是培训当天,才发布培训通告。这样要么培训通告难以在较短的时间内传达到应该传达的人手中,要么培训对象即使接到了培训通知,也难以协调手头的工作。这一现象反映出企业的培训工作缺乏系统性和整体安排。事实上,现在企业培训组织者可资利用的信息传递渠道十分丰富,可以通过局域网发布培训信息,可以电话通知,也可以在企业的培训专刊上登文。总之,培训组织者要把具体工作做细。

制作项目培训手册并不困难,关键在于培训组织者应该在合适的时机把这些资料发放至受训者手中。许多企业在组织培训的时候,尤其是邀请外部讲师实施培训的时候,由于没有和教师协商好,往往在教师到企业时才获得教师马上要进行培训的材料,来不及制作培训手册或培训教材,这样势必影响到培训效果,尤其是企业以前没有接触或比较陌生的培训内容。企业无论是利用内部讲师还是从外部聘请讲师,最迟应该在培训正式开始前两三天将培训手册或培训教材发放给所有培训对象。

培训组织者应重视学员的报名登记工作，因为许多企业将参加培训以及培训过程中的纪律行为视为员工绩效考核指标之一，这也是企业进行员工个人培训档案管理的前期工作。如果企业将员工的受训情况与任职资格制度或是薪酬政策联系起来，培训管理者还应注意对报名参加培训的员工进行比较严格的资格审查。

如今，企业都很重视员工的职业生涯发展，培训部门应该加强对员工参加各种培训开发活动的文档管理，最好是在企业的人力资源管理系统中构建员工培训模块，对员工参加的培训开发活动实施跟踪。同时，员工的培训档案还是进行职务晋升、岗位变动的重要资料。另外，如果是送外培训，企业培训部门还应做好相应的差旅费用安排，协助受训者圆满完成培训任务。最后，就一个完整的培训项目而言，组织者还应做好整个培训项目的项目预算，在项目结束之后撰写专门的项目实施报告。

3. 培训实施过程中的控制、纠偏与危机处理

(1) 培训实施过程中的控制工作。主要包括培训工作的合理分配和安全问题，合理安排工作应注意可行性与实效性。其中，安全问题主要包括室内培训的安全问题和室外培训的安全问题，培训组织者应采取不同的应急措施，加强安全意识和预防措施，有效规避安全问题带来的巨大损失。另外，为了保证培训的顺利进行，培训师要对学员在行为上进行约束，学员必须遵守课堂纪律。

(2) 培训进行过程中的纠偏工作。培训实施过程中存在很多变数，使得培训活动不能够很顺利地进行。在出现意外情况时，我们要及时进行纠偏，保证培训顺利进行。

(3) 员工培训的风险防范。一般来说，员工培训的风险有四种：培训工作导向错误的风险、培训师选拔工作的风险、培训员工流失的风险、企业自有技术泄密的风险。员工培训风险防范的主要措施有：依法建立劳动和培训关系；加强企业文化建设，增强企业凝聚力；建立有效的激励机制；提倡自学，加大岗位培训力度；完善培训制度，提高培训质量；提高员工的专利意识，注意保护企业专利。

(四) 培训的信息管理系统的建立

目前许多企业开发出了一套面向员工的教育及培训管理系统，它借助了目前最流行的 Web 和 Intranet 技术，并使用了最先进的数据库管理技术，因此能够为使用者提供准确、快速、安全的信息服务，同时具备功能强大、方便管理和易于使用的特色。员工只需使用浏览器即可完成查询和注册等全部操作。该系统能够记录、管理并向全体员工发布培训课程信息，如课程的内容介绍、时间和地点安排，以及培训费用等信息，同时记录员工的培训记录、出勤状况、培训计划等。该信息管理系统也可以记录员工在外部机构所接受的培训。利用该系统，员工还可以查询本培训机构和外部培训机构的培训及课程信息，查询培训记录及培训计划，在线登记报名；员工主管可以在线批示和回复意见；员工主管还可以参考相关的路径图和胜任力模型的相关信息制订培训计划，以利于将来的培训管理和工作发展以报表的形式获取相应的课程信息、培训记录

及统计数据,以此协助分析和制订下属的培训计划。

二 培训课程分类设计

(一) 新入职员工培训

新员工是指新加入企业的员工,其中主要是刚刚毕业的学生,也有部分是从其他企业引进的员工。新员工在进入职业之初常常会面临这样几个典型问题。

第一,是否会被新的群体接纳?

第二,企业当初的承诺是否会兑现?

第三,工作环境容易融入吗?

第四,自己能不能将所学习的知识有效地应用到新工作中去?

……

上述问题会直接影响新员工对企业的评价和印象,也会影响其今后在企业的表现以及决定去留的选择。一般来说,企业应通过以下途径,对新进人员实施培训。

第一,让员工之间相互了解。

第二,培养积极、主动的态度。

第三,主动学习。

就知识结构来讲,刚刚成为企业新员工的大学毕业生所拥有的是多年来在学校所学的基础知识和相关专业知识,但不具备社会经验,缺乏与同事沟通的基本能力、职场能力,以及从事本岗位的专业能力。另外,他们对企业的基本情况、企业文化、各项管理制度、员工行为规范、岗位职责、工作考核标准、本职工作的基本工作方法及各相关工作部门的业务等都没有清晰的概念。因此,对于初进企业的新员工,企业必须对其进行入职教育。对新员工而言,入职培训主要是本部门的组织文化教育、业务能力培训、实际操作培训、岗位专业知识培训及跟踪指导训练与评价。

1. 组织文化教育

组织文化教育属于公共教育,其目的主要是增强新员工对企业、对岗位、对同事的亲切感。内容大致分为以下几点。

(1) 让新员工了解并熟悉企业的历史、现状、未来发展计划、经营理念、经营方针、发展计划、战略目标,以及他们的工作岗位和整个组织环境、企业的规章制度、工作岗位职责、工作操作程序、企业的组织文化和绩效评估制度等。同时,让新员工明确自己的责任感和使命感。

(2) 培养新老员工之间的亲切感,进行加强团队合作,相互协调工作的教育。

(3) 说明本岗位要求员工应注意的事项,比如谈吐、服装、精神面貌等。

(4) 通过组织联谊活动,增强新员工的集体意识。

2. 业务能力培训

如果说组织文化教育的重点主要是要帮助员工树立社会人、企业人的意识，业务能力培训的重点则是致力于消除员工的畏惧心理，让他们对工作产生兴趣。在待人接物方面，培训应解释清楚作为企业的一员，应遵守哪些行为准则，包括汇报工作、联络事物、谈话方式、待人态度等各方面，使他们在遇到问题时不用多加考虑，就可以自觉地按照行为准则办事。

培训的具体内容如下。

(1) 表达的训练。常采用的方法是询问员工对当天学习内容的看法，或指定题目，要求新员工就这一问题发表感想。当然，还可采用三分钟即兴演讲等方法。

(2) 对企业传统及员工要求的了解。这部分包括以下两个方面：第一，要求员工在了解企业发展史的基础上，再深入思考，并将他们认为的企业理念记录下来，培训者收集、整理这些内容，并对典型问题做出明确、系统化的解释。第二，要求员工以“你希望做个什么样的员工”为题，进行分组讨论。然后请企业负责人根据各组提交的讨论结果进行评论，说明企业所期望的员工形象。

在这个培训过程中，企业负责人的作用不可忽视。负责人必须事先对材料加以整理，讨论时需要引导新员工畅所欲言，争取让新员工多谈些想法，以使企业领导人的评论更具针对性。

(3) 心理素质的训练。心理素质的训练主要是完成大学毕业生从学校到工作岗位的转变，应尽力消除他们心理上的改变和落差，客观地面对发生了变化的环境，用新的标准来安排自己生活，处理好理想与现实之间的关系，重新调整好自己的目标。

(4) 个人行为的训练。对新员工个人行为的训练主要包括有计划地使用家庭的日常开支和亲戚朋友间的人际交往开支，并且还需要进行一定的储蓄。此外，新员工作为企业的一分子，应格外重视个人及公司的信誉，要明白自己今后将作为一个完全独立的社会人开始社会生活，个人的信誉将决定今后的发展。

(5) 人际关系的训练。新员工从走上工作岗位的第一天起，人际关系的含义就在他们的生活中发生了根本性的变化。上班时，在与同事、上司及公司客户沟通时，应妥当处理平级和上下级之间的关系，注意谦语的使用，牢固树立尊重客户、领导及同事的习惯。这样才能赢得人们长期的信任。

3. 实际操作培训

(1) 确定正确的培训步骤。在员工到来之前，要确定培养新员工实际操作的步骤、方法。首先做什么，接着做什么，然后怎样进行，每一时期进行怎样的教育，以什么问题为重点等，都要事先计划。

(2) 认识新员工的优点，针对其特长安排工作。

(3) 教会新员工养成随时汇报工作、与上级联络、与同事商量的习惯。

(4) 不仅注重工作结果，还要注意工作过程、方式、方法，先求质量，再求数量。

(5) 使新员工了解工作的严格性，严格地按上级意图执行。

(6) 培养新员工的时间观念,以及尽量不给别人添麻烦的意识。

4. 岗位专业知识培训

岗位专业知识培训是新员工在职培训的主要内容,指在定员、定额的基础上,以岗位知识需要为依据展开培训。这种培训的主要特点在于,它使培训内容与岗位需求直接挂钩,帮助新员工及时获得适应企业发展所必需的知识和技能,符合上岗任职资格。岗位专业知识培训可分为适应性岗位培训和规范化岗位培训两种形式。

1) 适应性岗位培训

适应性岗位培训包括以下几种。

第一,上岗前培训,即"先培训、后上岗"。

第二,转换岗位培训,即指对部分转换岗位的员工及时进行新的岗位知识培训,以适应新岗位的需要。

第三,应急培训,即为了适应工作、生产需要的培训。

第四,提高培训,即按照新的要求和新的规则,不断地对在岗在职的新员工进行新知识、新技能的继续教育。

第五,一事一训,即为了某一特殊任务而进行的专门培训。

2) 规范化岗位培训

规范化岗位培训,是指根据岗位规范,新员工达到一定学时的培训后,再由有关部门进行严格考核。

5. 跟踪指导训练与评价

进行多种层次的入职培训后,新员工正式进入工作岗位,但这并不意味着培训工作的完成。新员工培训成功与否的重要标志便是员工工作一段时间后评估结果的好坏,因此还需要开展跟踪指导训练工作。具体有两种形式。弥补性训练是指重新实行员工进入企业时因某种条件不具备而没有实行的教育训练,以帮助他们弥补欠缺的知识和能力。反馈性训练主要是从员工工作中反馈的情况和出现的问题入手,调整训练内容并解决这些问题,并对过去的训练计划进行修正。

采取跟踪训练的目的是通过对新员工定期的指导和训练,教会他们具体的工作方法,弥补他们学习过程中所缺乏的技能,并将已学到的知识融会贯通,运用到实际工作中去。

(二) 一线(基层)员工培训的内容

普通培训的目的是全员素质的总体提高,因此,培训的内容应该根据不同的对象、不同时期的具体情况加以安排。同时,根据培训内容和特点采取灵活多样的培训方式,以确保培训的效果。

1. 政治思想方面的培训

(1) 理想教育。主要是对一种目标的信仰、向往、追求和坚定的信念,也是指人们在思想上确立的、符合客观规律、经过努力奋斗可以实现的目标。

（2）道德教育。主要是提高人的社会意识。道德是人们社会规范的总和，也是调整人与人之间、个人与社会之间关系的行为准则。

（3）纪律教育。主要是让人们在集体生活中遵守秩序、执行命令和履行自己的职责。高度的组织纪律性是我国固有的本质特征之一。

（4）普法教育。我国正处在加强和完善社会主义法治建设的重要时期，因而在员工中普及法律知识的教育十分重要。

2. 业务技术培训

业务技术培训是指对不同职业、不同岗位所进行的职业知识教育，要根据企业各类人员的现状和各门类的专业要求进行。业务技术培训大致有以下具体内容。

（1）工人的应知应会教育。根据主管部门颁发的工人技术等级标准，组织工人学习技术理论、工艺规程和操作技能，真正达到本岗位等级应知应会的要求。技术工人是企业在市场竞争中的基础力量，他们技术水准的高低，将直接影响产品的质量和企业的经济效益。

（2）基层管理人员的专业知识教育和专业基本技能培训。对于基层工作人员，企业应运用日常培训与自学相结合、重点培训与一般培训相结合、在岗培训与脱产培训相结合、常规培训与强化培训相结合的方式，深入开展有重点、重实际的全员岗位练兵和培训工作。

（3）技术人员的知识更新和继续教育。知识更新和拓宽知识面的重点是组织技术人员学习必要的经济管理和新技术知识，如全面质量管理与标准化工作。在部分技术员中开展外语、电子计算机应用、工程数学等科目的培训，为他们进一步学习先进科学技术创造必要的条件。

（4）安全教育。搞好安全生产，保护员工的安全和健康，是企业管理的一项基本原则，必须将安全教育作为企业中人人必须掌握的技术业务。

3. 现代化管理培训

现代化管理知识教育作为单独一项列入员工培训范围，适应了当前大力推进管理现代化的需要。现代化管理培训主要应围绕现代化管理思想、组织、方法、手段和现代化企业的经营战略决策等内容来进行。

（1）在技术人员中进行现代化管理方法和有关基本管理技术培训，如对价值工程、系统工程等进行普及教育。

（2）在普通管理人员中进行现代经营管理技法的培训，如全面进行计算机基础知识教育，进行计算机“扫盲”，要求掌握一种计算机语言和简单的程序编制方法。

4. 文化科学知识方面的基础教育

文化教育是学习一切科学技术的基础，也是精神文明建设的重要组成部分。对员工进行科学知识教育，是当代科技发展的要求，普及科技知识教育的目的在于开阔员工视野,帮助员工认清生产发展的广阔前景,自觉运用现代化科学技术武装头脑。文化科学知识教育的内容是多方面的,一般的内容包括向广大员工宣传相关文化知识,介绍国际和国内科技进步的状况及最新的科学技术成果。

(三) 中层管理者培训

中层管理者主要包括企业部门经理、业务主任和主管等。对企业中层管理人员应该侧重进行业务培训,同时也要传递相关的管理新知的理念,使他们更好地理解和执行企业高层的决策方针,更高效地计划、组织、领导和控制企业的日常经营管理,实现企业从理想目标向现实的业务产出的顺利转化。因此,对中层管理者的培训主要面向两个阶段。

(1) 第一个阶段的培训目标是为企业培训合格的岗位任职者。初级阶段是最基本的阶段,这个阶段不可逾越,必须在培训需求分析的基础上,结合受训者自身情况和企业中层干部实际的条件进行岗位培训。对此,企业可将中层干部培训的课程内容设置为企业总体经营计划和分步计划、岗位任务、责任和权限、工作标准化、人际关系和工作方法、员工考核和激励、企业规章制度等。

(2) 第二个阶段的培训目标是提高企业部门管理人员的专业水平。中级阶段是在初级阶段的基础上所进行的深入培训,目的是通过一定的案例分析和理论培训,造就一个专业化的、适合现代企业经营发展需要的某一岗位的专业管理人才。因此,中级阶段的培训课程内容可以涉及各职能部门专业技术知识和企业业务的管理、部门工作计划的制订和实践、部门间的协调与沟通,以及沟通技能和信息传播技能(如说服、谈判、解答、劝慰、演讲、写报告、组织会议等)。

(四) 高层管理者培训

高层管理人员是企业发展的中坚力量。作为职业经理人,他们往往是企业经济效益的实现者。目前,企业之间的竞争不仅是人才的竞争,更是高级管理人才的竞争。企业的高层领导者既要有较强的市场竞争观念,又要有很强的组织管理能力,对未来发展具有远见卓识和准确的判断能力,能够高瞻远瞩、适应潮流、善于抓住机会、制定正确的企业发展战略。具体的培训方案应包括以下几个方面。

(1) 能够让这些管理干部了解并熟悉各级政府的各项政策法规(投资、税收、劳动、人事、财务、金融等政策法规)、行业状况、市场发展前景、新兴科技等。

(2) 经营思想方面的探讨,包括经营哲学、管理模式、企业宗旨、组织文化等。

(3) 企业发展战略研究,包括如何造就企业的核心竞争力、内部资源分析(经营分析、财务分析、人力资源分析)、外部机会与挑战分析、组织扩张策略(收购、兼并、股份制、合资)等。

(4) 组织设计和用人激励理论及实践,包括内部授权和责任中心、劳资关系、人才开发和接班人计划、组织的人性化、管理的多元化、未来组织的发展趋势等。

(5) 企业现代管理技术,包括战略管理技术、综合规划技术、预测决策技术、人力资源管理技术、财务管理技术和信息管理技术等。

(6) 个人能力和修养的提升，包括企业家精神、个人权威和影响力、人格魅力、现代管理思想、领导艺术等。

(五) 培训成果转化

培训成果转化也称培训迁移，是指员工把在培训中获得的知识、技能、行为、态度应用到实际工作中的程度。

1. 培训成果转化的意义

(1) 提高培训的有效性。
(2) 提升员工的个人绩效。
(3) 增强企业竞争力。

2. 促进培训成果转化的途径

(1) 制定适合本企业的培训方案。第一，培训方案的设计。培训方案必须与工作相关，其设计必须来源于组织、工作任务和员工个人需求的分析。培训方案必须让学员了解培训内容与实际工作之间的关系，以便让学员所学的内容运用到实际工作中去。第二，培训师的选择。企业可以通过外聘和内聘两种方式来选择培训师。两者相比较而言，内聘培训师更具优势。内聘培训师熟知企业的战略目标、经营方式和企业文化，能够更有针对性地对学员进行培训和指导，能够促成较大程度的成果转化。

(2) 强化学员的成果转化动机。个人转化动机是培训成果转化的助推器，它与激励机制相关。强化学员的培训成果转化动机可以通过建立需求机制和结果激励机制来实现。

(3) 积极培育有利于培训成果转化的工作环境。第一，转变为学习型组织，培养组织浓郁的学习氛围，鼓励组织中的每一个人树立学习和培训意识。第二，采用知识管理的方法，即通过设计和运用工具、流程、系统、结构和文化来改进知识的创造、共享和使用，从而提高组织绩效。第三，寻求各项培训资源与配套制度的支持。

经典案例 5-1

一、案例材料

A公司高管培训之窘

A公司成立于1996年。当时，已过而立之年的高总怀着对更高生活质量的追求,怀着对自我价值实现的追求,以及对中草药的迷恋,在自己事业起步的第二故乡黑龙江省某市选址建厂,成立了A药业公司。

公司创立之初,注册资本只有40多万元人民币,而今已有资产近百亿。企业也由最初的1个车间变成了今天的由4个工厂、2个原料药基地、销售公司、财务管理中心、技术研发中心、投资融资中心、人力资源管理中心组成的集团公司。企业前后一体化战略,延长了产品线与供应链,加上引进世界先进的质量监控系统,从根本上保证了企业产品的品质。

当初队伍只有50多人,而今近4000人。原来打拼的小伙子、小姑娘们变成了今天的各部门的副总经理、总经理。曾几何时,这些老部下跟随着高总闯过艰难险阻;曾几何时,高总发誓要对他们负责到底。但商场如战场,竞争无情,这些经历艰难困苦的老部下的管理素质已经跟不上企业发展的步伐。为此,A公司"精心"打造了高管培训,以期迅速提高他们的管理能力与战略素养。

2015年6月12日,人资总监朱总传达了高总的指示并下达了培训工作指令。公司决定于2015年6月22日举行高管全科封闭式培训,历时20天;全天培训——上午讲座,下午讨论,晚上考试。朱总带领部下迅速进入了工作状态。

2015年6月21日,原计划培训活动的前一天,高总紧急通知朱总,由于公司业务需要,本次培训延后,由人资部门协调后续事宜。朱总先是一愣,但职业素养要求他只能服从。朱总迅速安排专员通知讲座教师并对教师们表示歉意。

由于时至暑期,原定的几位大学老师都有假期安排,致使公司的培训一拖再拖。公司终于决定于2015年10月16日举行高管全科培训。但是,在培训计划开始实施的前一天,即10月15日,公司又临时改变培训安排,将原定的全天培训时间改为:周六上午八点到晚上五点,周一至周五下午五点到晚上七点。对于这种大调整,朱总无论如何也没有思想准备。但是事已至此,只能尽量做好一些。朱总迅速安排,并与部下分工协作,由人力资源部吕虹负责通知各位大学教师,由蔡经理负责通知公司高管,自己负责协调食堂、通勤车及相关事宜。

再一次令朱总与人资部其他成员不能忍受的是:10月16日上午10点,高总通知,公司决定将原定的高管全科培训改为全体管理部门人员的培训,并要求人资部迅速做出调整,保证培训任务顺利进行。职责要求朱总只能迅速进入状态,既要安抚好下属,又要安排好相应的调整。但是,吕虹没有压抑住自己的暴怒,随口骂一句:"这真不是人干的活,我们怎么跟查教授说啊!"朱总马上安慰这名还算得力的部下道:"抱怨一下就行,现在哪还有时间抱怨啊!抓紧吧!等过了这一劫后,我和你一起抱怨。这次培训的开始部分课程是查教授的战略管理课,你马上通知人家,让教授尽量调整一下内容,否则,效果肯定不好,咱们弄不好又得挨批评。"

吕虹也迅速地感觉到了自己刚才的失态,向朱总勉强地挤出一个微笑后,马上通知查教授去了。查教授是业界有名的培训师,是名校的教授,一直很在意自己的职业名声。吕虹曾听过查教授的讲座，一直对教授敬佩有加。此次培训，她向朱总极力推荐查教授。当查教授从自己的学员吕虹的电话中听到“公司决定把今天的培训扩大为全体管理部门成员的培训”的时候，感觉A公司这种突然的安排让人很无奈。自己精心准备的高管培训内容及表达方式针对性很强，但扩大化后又该照应全体受众。再者，出于对自己职业名声的考虑，查教授在电话中表达了无奈与退意。但是，面对自己的学员吕虹央求及随后朱总近乎央求的邀请，查教授决定做一次努力。查教授似乎看到了A公司高管培训的终点，他真不希望将自己宝贵的时间浪费在这种近乎折磨人的培训活动中，但是，既然答应人家了，就要站好这最后一班岗。经验老到、能力超强的查教授迅速做了相应调整。

2015年10月16日17:00，公司高管全科培训之战略篇如期进行。

2015年10月17日上午8:00至12:00，全科培训之战略性人力资源管理篇如期进行。

2015年10月17日下午13:00至17:00，高管全科培训讨论如期进行，不过没有多少时间是讨论听讲内容或是联系工作实际，大部分时间消耗在高总的讲话中。由于讲座教师本身时间安排不能总是迎合公司的变化，人资部门又没有更多的教师储备，原定的培训科目只完成了18小时。

高总对每次的培训计划、培训教师选择，包括讲课提纲或PPT总是十分关注且挑剔。但是，计划阶段如此挑剔，而在落实阶段又如此随意，朱总越来越不理解高总的工作安排了。

蔡经理也被颠三倒四的培训安排搞得身心疲惫。回想每一次的培训调查，各位高管们只是敷衍了事，尤其是财务部门总是旁敲侧击，冷嘲热讽。这次是公司最近的最大规模的培训，培训对象本来是全体高管，而且提前两个月就以公司最高命令的形式通报全集团公司。但是，在培训进入倒计时阶段，仍有部分高管找借口不能出席培训，但高总说“高管一个不能少”，致使培训课程一拖再拖。本来是全天集中培训，而且是高校的假期，老师服务于本次培训的时间比较充足。但是，高管的推托打乱了培训的安排，也打乱了老师们自己活动的安排，致使有的培训科目临时找不到授课老师。而且，高总似乎更加急躁，竟多次占用培训计划时间，最后，只能将培训课程挤压成每次2小时，而且多在17:00至19:00进行。因为高总临时将高管培训改变为全体职能部门成员的培训，课程中有许多针对高管的内容让这些部门的基层员工倍感晦涩，而频繁抱怨：“这个破培训有什么用?”为了更好的培训效果，培训部门多次要求讲授教师调整讲课内容以迎合大众口味。为此，又遭到老师们的质疑。公司请来了北京名校的教授、本地名校的教授，但效果终究没有大改观。

吕虹也有无数的想法，不过一想到来公司的初衷，只能转换思维——也许培训工作真的需要大创新。

二、阅读并思考

1. A 公司的高管培训出现了哪些问题？请帮 A 公司的高管培训窘境出谋划策。
2. 高管培训相对于一般的员工培训有什么特殊性？

第五节 培训效果评估

一 培训效果评估概述

（一）培训效果评估的目的

培训效果评估有两个目的。第一，评价已经实施的培训是否达到当初的目标；第二，发现培训执行过程中的问题，在以后的培训操作过程中，进行改善。

事实上，目前这两个方面做得都不够好。第一，很多培训有目标，但目标较为笼统，比如提高销售技能、提高管理能力等，这些目标缺少衡量其现状的指标，因此很难对培训后的效果和培训前的现状进行比较。第二，应该说，通过一级评估对培训的流程、课程设置、讲师选择都具有优化作用，但事实上，企业中关于培训的档案管理做得不够好，仅凭一次评估完全否认一个老师、一门课程，似乎又不太科学，这就阻碍了培训效果评估的运用。

（二）培训效果评估实施

1. 培训效果评估实施过程中应注意的问题

培训效果评估涉及组织成员的利害关系，在实施过程中要注意以下问题。

(1) 评估委托方往往要求评估者做出全面的总结，甚至提出改进方案，一旦涉及自己的利害关系，培训则会带有太多的主观感情色彩。

(2) 评估往往是由内部人员进行的，这些人员可能不愿报告方案的消极因素。有些企业甚至要求培训方案设计者自己进行培训评估，这就愈发加重这种倾向。

(3) 虽然有培训效果评估制度，但难以使用其结果，评估不了了之。

总之，对培训进行评估并不如想象中那么容易。一般而言，培训者不喜欢别人对其工作进行审查，他们对使用在他们身上的方法不是很高兴。他们的抵制是有原因的，如许多传统的评估方法只是填表格、文字汇报，而不是分析和解决问题。与此同时，由于缺乏有效的评估，在某种程度上导致了培训在企业中只能处于从属的非战略性地位。

2. 培训效果评估目标

评估是一个用来确定某个活动是否有价值和意义的系统过程，同时它也是一个进行企业人力资源开发活动的优化过程。在企业人力资源管理系统中，培训效果评估是一个非常重要，但总让人难以入手的工作。对企业而言，项目评估有多种用途，但在进行评估之前，我们首先需要明确评估的目标是什么。

（1）布朗德伯格的研究（1982）：分析培训活动成本；改进培训发展方案；给学员、培训方案设计者和管理者提供反馈；了解员工技术水平与效率；发现企业未来领导；为绩效评估提供有效信息；为员工安排适当的工作，为培训机构确立地位与声誉。

（2）菲利普斯的研究（1983）：判断某项目是否实现其目标；找出人力资源开发项目的优缺点，在需要的情况下进行调整；计算人力资源开发项目的成本收益率；选择谁参加将来的培训；需要衡量各种测验、案例和联系是否清楚有效；区分出从某项目中收获最大或最小的受训者；强化受训者学到的主要内容；为将来项目的市场推广积累资料；判断项目是否能满足特殊需要；协助管理者做出决策、建立数据库。

（3）斯维尔克塞克的研究（1985）：改进培训方案；给学员、方案设计者和管理者提供反馈意见；评价员工技术水平。

（4）克里格尔的研究（1987）：判断教育培训方案价值；证明教育培训效用的存在；审核教育培训项目达成的情况；帮助教育培训获得更多的利益；指出教育培训需要改进的地方；建立教育培训未来的指导方针；高层管理者的要求；有助于培训方案体系的推销；让受训者了解自己的成就；让受训者感受自己的重要性；判断教育培训人员的成效。

二　培训评估的流程与实施

在培训项目实施之前，人力资源开发人员就必须把培训评估的流程方案明确下来。多数情况下，培训评估的实施有助于对培训项目的情景做出决定，对培训系统的某些部分进行修订，或是对培训项目进行整体修改，使其更加符合企业的需要。遵循科学的培训流程是顺利、有效地进行评估活动的关键，一般来说，有效的培训评估应该包括八个主要环节：①界定评估目的；②明确评估标准；③制定评估方案；④收集评估信息；⑤分析培训评估信息；⑥撰写评估报告；⑦评估结果反馈；⑧调整培训项目。

（一）界定评估目的

在实施培训评估之前，必须明确评估目的。不同的评估目的，涉及不同的人员和不同的培训流程,还会影响到数据收集的方法和所要收集的数据类型。多数情况下,培训评估的目的是对培训项目的前景做出决定,对培训系统的某些部分进行修订,或是对培训项目进行整体修改,使其更加符合企业的需要。

在下面五种情况下需要进行评估:培训项目经费超过一定的警戒线;培训项目需要三个月或更长时间;培训项目的效果对企业很关键;一个单元的培训会对其他业务单元产生很大影响;企业面临一系列重大改革举措,需要评估作为依据。

在下面五种情况下不宜进行培训评估:培训项目目标不明确或目标尚缺乏共识;培训项目评估结果不能得到利用;时间有限,不能保证质量;评估资源(特别是资金)不足,不能保证质量;培训项目本身对组织业务并不能产生有益的影响。

(二)明确评估标准

根据培训的目标制定具有可操作性的标准是进行培训评估的关键。培训标准最好在培训开始之前就公布于众,以便使学员、培训师及相关人员在培训一开始就知道应该做什么,由谁来做。这样就会使学员对培训有一个合理的期望,避免一些冲突和误解,也方便培训组织者及时发现问题,及时纠正改进。明确评估标准一般经过目标分解、拟定出具体标准、标准讨论、实验调整四个步骤。

(三)制定评估方案

制定评估方案一般包括确定培训评估层次、确定培训评估参与人员和选定评估对象三个方面的内容。

(1) 确定培训评估层次。根据培训评估的深度与难度,培训评估可以从反应层、学习层、行为层和结果层四个层次进行。培训主管要确定最终的培训评估层次,因为这将决定培训评估开展的有益性和有效性。

(2) 确定培训评估参与人员。培训评估工作需要花费大量的时间和精力。在实际工作中,企业往往把培训评估工作推到培训师身上,而目前企业外请的培训师很难去实施培训第三、第四层次的评估,更多的仅限于培训的反应评估。其实系统的培训评估应由五方(企业高层、培训经理、培训师、学员的直接上级、学员)全部投入,这样才能形成良好的沟通范围,培训评估会因为各方的努力而更有效,同时培训部门及人力资源部的工作也更有效,对整个企业都有益。

(3) 选定评估对象。显而易见,培训的最终目的就是为企业创造价值。由于培训的需求呈增长趋势,实施培训的直接费用和间接费用也在持续攀升,因而不一定在所有的培训结束后都要进行评估。只有选定评估对象,才可以针对这些具体的评估对象开发有效的问卷、考试题、访谈提纲等。

(四)收集评估信息

培训评估的进行要依据一定的信息资料,所以收集评估信息也是重要的一个环节，它会影响到整个培训评估的成败。主要的评估资料包括企业的培训需求分析报告、本次项目培训计划、在方案形成和实施过程中的各种资料等。此外，还可以通过访谈、问卷调查、观察等方式收集其他各类需要的资料。

（五）分析培训评估信息

培训主管对前期的培训评估调查表和培训结果调查表进行统计和分析，及时对收集到的问卷、访谈资料等进行统计、分析、整理、合并，剔除无效资料，同时得出相关结论。

（六）撰写评估报告

培训主管在分析以上调查以后，再结合学员的结业考核成绩，对此次培训项目给出公正合理的评估报告。培训主管还可以要求此次培训的培训机构给本培训项目的评估提交报告书，对培训项目做出有针对性的调整。在认真地对评估数据、评估问卷进行了考察之后，如果培训项目得到了学员的认可，收效很好，这一项目则继续进行；如果培训项目没有什么效果或是存在问题，培训机构就要对该项目进行调整或考虑取消该项目；如果培训结果表明，培训项目的某些部分不够有效，培训机构就可以有针对性地考虑对这些部分进行重新设计或调整。

（七）评估结果反馈

评估结束后，应将评估结果反馈给相关部门和人员。培训评估是为了改进培训质量、强化培训结果、降低培训成本，企业需要建立良好的培训评估反馈系统。培训报告的内容要及时在企业内部进行传递和沟通，评估报告应该传递给学员、培训主管、培训师、学员的直接上级领导和企业高层。

（八）调整培训项目

培训评估报告反馈后，紧接着要采取相应的纠偏措施并不断跟踪。这时培训主管就可以根据培训的效果对培训项目进行调整，对收效大、员工反应好的项目进行保留；对某领域欠缺的项目进行增补；对于培训项目中某些不够有效的部分，培训管理人员就可以有针对性地进行调整。

培训评估应该是一个完整的循环，任何一项评估都是一个长期的、连续不断的过程。要使培训评估起到应有的作用，就必须使培训评估系统化、科学化。

中英文关键术语

培训(training)
开发(developing)
战略性培训与开发政策(strategic training and development initiatives)
培训需求分析(training needs analysis)
胜任力(competency)
培训计划(training plan)
ADDIE模型(ADDIE model)

复习思考题

1. 培训与开发的区别和联系是什么?
2. 战略性企业人员培训与人力资源开发和传统培训与人力资源管理的区别在哪里?
3. 培训需求分析的具体流程是什么?
4. 如何设计一个优秀的培训项目?
5. 有效的培训评估应该包括哪些环节?

本章自测题

本章拓展阅读材料

案例分析题

一、案例材料

"心力交瘁"的课程

国际商用机器公司(International Business Machines Corporation,IBM)是一家拥有40万中层干部、520亿美元资产的大型企业,其年销售额达到500亿美元,利润为70多亿美元。它是世界上经营最好、管理最成功的公司之一,多年来,在《幸福》杂志评选出的美国前500家公司中一直名列榜首。

IBM公司追求卓越,特别是在人才培训、造就销售人才方面取得了成功的经验。具体地说，IBM公司决不让一名未经培训或者未经全面培训的人到销售第一线去。销售人员们说些什么、做些什么以及怎样说和怎样做，都对公司的形象和信用影响极大。如果准备不足就仓促上阵，一个很有潜力的销售人员就很可能夭折。因此，该公司培训资金充足，计划严密，结构合理，而培训一结束，学员就可以有足够的技能，满怀信心地同用户打交道。不合格的培训几乎总是导致频繁地更换销售人员，其费用远远超过了高质量培训过程所需要的费用。而这种人员的频繁更换将会使公司的信誉蒙受损失，同时，也会使依靠这些销售人员提供服务和咨询的用户受到损害。注重培训质量之后，IBM公司更换的第一线销售人员低于3%。所以，从公司的角度看，招工和培训工作是成功的。

IBM公司的销售人员和系统工程师要接受为期12个月的初步培训，主要采用现场实习和课堂讲授相结合的教学方法。其中，75%的时间是在各地分公司中度过的，其余的时间在公司的教育中心学习。分公司负责培训工作的中层干部将检查该公司学员的教学大纲。这个大纲包括从公司中学员的素养、价值观念、信念原则到整个生产过程的基本知识等方面的内容。学员们利用一定时间与市场营销人员一起访问用户，从实际工作中得到体会。此外，企业还经常让新学员在分公司的会议上，在经验丰富的市场营销代表面前进行他们的第一次成果演习，有时，有些批评可能十分尖锐，但学员们却因此增强了信心，并赢得同事们的尊敬。该公司从来不会派一名不合格的代表会见用户，也不会送一名不合格的代表去接受培训，因为这不符合优秀企业的概念。

销售培训的第一期课程包括IBM公司经营方针的很多内容，如销售政策、市场营销实践以及计算机概念和IBM公司的产品介绍。第二期课程主要是学习如何销售。在课堂上，学员了解了公司后勤系统以及怎样应用这个系统，他们还研究竞争和发展一般业务的技能。学员们在逐渐成为一个合格的销售代表或系统工程师的过程中，始终坚持理论联系实际的学习方法。学员们到分公司可以看到他们在课堂上学到的知识的实际部分。

学员们现场实习之后，还要进行一段长时间的理论学习，这是一段令人“心力交瘁”的课程：紧张的学习每天从早上8点到晚上6点，而附加的课外作业常常要使学生们熬到半夜。在商业界中，人们必须学会合理安排自己的时间，他们必须明白：“充分努力意味着什么？整个通宵是否比只学习到晚上10点好？”课程开始之前，像在学校那样，公司要对学员分班，分班时的考试是根据他们的知识水平决定的。经过一段时间的学习之后，考试便增加了主观因素，学员们还要进行销售演习，这是一项具有很高的价值和收益的活动。一个用户判断一个销售人员的能力时，只能从他如何表达自己的知识来鉴别其能力的高低，商业界就是一个自我表现的世界，销售人员必须做好准备去适应这个世界。

IBM公司市场营销培训的一个基本组成部分是模拟销售角色。公司第一年的全部培训课程没有一天不涉及这个问题，并始终强调要保证演习或介绍的客观性,包括为什么要到某处推销和希望达到的目的。同时,对产品的特点、性能以及可能带来的效益要进行清楚的说明和演习。学员们要学习问和听的技巧,以及如何达到目标和寻求订货,等等。假如用户认为产品的价钱太高的话,销售人员就必须先看看该用户项目是否是一个有意义的项目,如果其他因素并不适合这个项目的话,要明白单靠合理价格的建议并不能使你得到订货。

该公司采取的模拟销售角色的方法是,学员们在课堂上经常扮演销售角色,教员扮演用户,向学员提出各种问题,以检查他们接受问题的能力。这种课堂接近于一种测验,可以对每个学员的优点和缺点两方面进行评判。另外,公司还在一些关键的领域内对学员进行评价和衡量,如联络技巧、介绍与演习技能、与用户的交流能力以及一般企业经营知识等。对于学员们扮演的每一个销售角色和介绍产品的演习,教员们都给出评判。特别应提出的是,IBM公司为销售培训所发展的具有代表性、最复杂的技巧之一就是阿姆斯特朗案例练习,它集中考虑一种假设的、由海洋运输、零售批发、制造业和体育用品等部门组成的,具有复杂的国际间业务的练习。通过这种练习可以对工程师、财务经理、市场营销人员、主要的经营管理人员、总部执行人员等的形象进行详尽的分析。这种分析使个人的特点、工作态度,甚至决策能力等都清楚地表现出来。

教员扮演阿姆斯特朗案例人员,从而创造出了一个非常逼真的环境。在这个组织中,学员们需要对各种人员完成一系列错综复杂的拜访,面对众多的问题,他们必须接触这个组织中几乎所有的人员,从普通接待人员到董事会成员。由于这种学习方法非常逼真,每个“演员”的“表演”都十分令人信服。所以,每一个参加者都能像IBM公司所期望的那样认真地对待这次学习机会。这种练习的机会就是组织一次向用户介绍发现的问题,提出该公司的解决方案和争取订货的模拟用户会议。

资料来源 http://wenku.baidu.com/view/e7eff223af45b307e871978f.html,*有改动*。

二、讨论题

1. 根据本案例中IBM公司对员工进行的培训,论述培训对企业的发展的重要性。

2. 简述IBM公司对员工进行的培训的特色。

3. 联系大学教学实际,你觉得IBM公司对员工进行的培训哪些可以借鉴?哪些不可能实施?为什么?

4. 结合案例说明培训需求分析及培训项目设计的要点。

第六章

绩效管理

本章引例

华为绩效管理三招——减人、增效、加薪

作为全球领先的信息与通信解决方案供应商,华为在经营管理过程中,实现员工人数下降50%,人均劳动力增长80%,销售收入增长20%。办法其实很简单,核心就是“减人、增效、加薪”的绩效管理方针。

1. 由工资倒推任务

华为对员工提出一个规定:首先给他一个工资包,他拿多少工资,按比例倒推他的任务。比如:给他500万元的工资包,他拿的工资是30万元,那么他必然为这30万元去想办法完成绩效。

企业最核心的管理问题是,一定要把公司的组织绩效和部门的费用、员工的收入联动,提高核心员工的收入,以倒逼他的能力增长。

华为强制规定必须给核心员工加工资,从而倒推他要完成多少收入。每年完成任务,给前20名的员工加20%工资,中间20%的员工加10%的工资。每超额完成了10%,再增加10%。此外,即使部门做得再差,也要涨工资,不过可以减人。

总之,要留住核心员工,给少数优秀的员工涨工资,来倒推你的任务,这就是增量绩效管理。

2. 提高人均毛利

华为将毛利分成六个包:研发费用包、市场产品管理费用包、技术支持费用包、销售费用包、管理支撑费用包、公司战略投入费用包。而且要找到这六个包的“包主”,让这个“包主”去根据毛利来配比下面需要的员工数。

对于任何一个企业,人均毛利是唯一的生存指标。人均毛利35万元,是一个企业最低的收入水平。若人均毛利35万元,60%即21万元是人工成本,还有25%是业务费用,15%是净利润。目前,在北、上、广、深一线城市,企业里的员工如果一个月拿不到8000元薪资,大家就没法生活。华为之所以一定要实现人均毛利100万元的目标,是源于华为规定,员工必须拿到28万元的固定工资。

这个问题对于中小企业同样适用,企业一定要注意将人均毛利提上去。人

均毛利率的增长，决定着工资包的增长。如果中小企业的工资包上不去，一定会成为大企业的“黄埔军校”，掌握优秀技能的人才就会被别人挖走。

3. 减人，也要增效

一个企业最好的状态是，让一个人干很多事，不养闲人。减人增效，是绩效管理首要的目标。华为人力资源部招聘时首先会考虑三个问题：第一是为什么要招这个人？第二是他独特的贡献是什么？第三是能不能把这个岗位给别人做，给别人加点工资？

这是什么逻辑呢？其实问题也很简单：优秀的员工晚上都会加班，招一个月薪3000元的员工，每年的人工成本是8万元，这还不如给核心人员加2000元的工资，他晚上还会加班。所以，精简人员很有必要。

华为的部门经理只能干三年，第一年的任务就是精简人员，将很多岗位合并。企业一定要记住这几条：管理岗位和职能岗位越合并越好，一个岗位的职能越多越好，产出岗位越细越好。产出岗位是什么？就是研发经理、市场经理、客户经理。对于产出岗位，最好不要让他“升官”，而是要“发财”，要对产出职位“去行政化”。也就是说，企业一定要提升产出职位的级别，让他们只干产出的事情，但是可以享受总裁级的待遇。

从这个角度上来说，企业管理的行政职位和产出职位要进行分离，要有明确分工，有了分工以后，才能更好地调整工资结构。而且对于产出职位，一定不能亏待他们，比如，对于前三名的优秀省办主任、产品经理、客户经理，要拿出20%的收入对他们进行增量激励。

资料来源　周辉：《华为绩效管理的颠覆性方法论》，《中外管理》，2014年，第12期。

第一节　绩效管理概述

一　绩效管理的含义

测量和管理绩效，首先应对绩效进行界定。贝茨和霍顿指出，绩效是一多维建构，测量的因素不同,其结果也会不同。[①] 绩效的内涵包括两个方面:一是工作的成绩和经营的成果,即工作成果,如工作的效率(效果)和经营的利润等;二是工作中的行为表现和工作的过程,如影响员工工作成果产生的技能、行为、能力和素质等,是员工达到的阶段性结果以及在此过程中的行为表现。总之,绩效(performance)是员工依据其所具备的与工作相关的个人素质所做的工作行为及工作结果,这些行为及结果对组织目标的实现具有积极或消极的作用。企业按照考核内容和管理方法的不同,一般将绩效分为个人绩效、团队绩效和组织绩效三个层次。其中,个人绩效是员工个体的绩效,通常表现为员工的工作结果和工作过程,如员工的素质、技能、培训、薪酬和职务说明等。团队绩效是包含个体在内的团队的绩效,重视其业绩、客户满意、产品与服务质量、生产力、时间和成本等要素。组织绩效强调集体性绩效,统筹包含工作时间(进度)、工作成本、工作数量(产量)和工作质量(盈利)等内容。

绩效管理(performance management)是指识别、衡量以及开发个人和团队绩效,并且使这些绩效与组织的战略目标保持一致的持续过程,[②]是管理者与员工就工作目标与如何达到工作目标达成共识的过程,包括确定绩效指标、制订绩效计划、实施绩效考评和进行绩效反馈与辅导。具体而言,绩效管理包括以下三方面内涵:

(1) 绩效管理是过程管理。绩效管理不仅强调绩效结果,而且重视达成绩效目标的行为和过程,主要强调通过控制绩效周期中的整个过程来达到绩效管理的最终目的。绩效管理关注结果,更强调目标、辅导、评价和反馈的循环过程,因此,绩效管理不是目标管理,而是过程管理。

(2) 绩效管理注重持续的沟通。从确定绩效指标、帮助员工实现目标、强调通过沟通辅导来提高员工能力、实现绩效改进目标等方面的沟通。各级管理者都要参与绩效管理过程,各种方式的沟通辅导贯穿于整个绩效管理系统之中,管理者与员工通过这一平台相互理解、彼此促进。企业进行绩效管理就需要致力于管理沟通的不断提高和改善,全面提高管理者的沟通意识与沟通技巧,最终改善企业的管理水平和管理者的管理素质。

(3) 绩效管理最终目的在于绩效改进。绩效管理重在实现绩效改进,而不是绩效评价。其根本目的则是通过绩效的持续改进实现组织战略目标和培育组织核心竞争力。[③]

绩效管理的重要工作之一,就是将企业的战略逐级分解到部门、流程和个人,只有每个级别和层次的绩效管理工作形成一个有机的整体,一个企业才能有良好的绩效表现(见表 6-1)。

---

① Armstrong M,Baron A:Performance Management,Gardners Books,1998.

② 加里·德斯勒:《人力资源管理》(第 12 版),刘昕译,中国人民大学出版社,2012 年,第 340-350 页。

③ 林忠:《绩效管理》,东北财经大学出版社,2008 年。

表 6-1　绩效管理的不同目的

目　　的	内　　容
战略目的	员工的工作活动与组织的战略目标联系在一起，通过提高员工的个人绩效来提高企业整体绩效
管理目的	对员工的绩效表现给予评价并给予相应的奖惩，以激励员工； 发现、培养和提拔专业骨干和管理人才； 将绩效考评结果作为企业进行薪酬决策、晋升决策、解雇决策的重要依据
开发目的	发现员工工作中的不足，进行针对性的培训，使员工能够更加有效地完成工作； 不断提高员工的知识、技能和素质，以促进员工个人发展； 不仅指出员工绩效不佳的方面，更重要的是找出导致绩效不佳的原因

二　绩效管理的作用

（一）有助于提高组织绩效

在日趋激烈的市场竞争中，企业要想取得和保持竞争优势，必须不断提高其整体效能和绩效。绩效管理能够清楚及时地反映组织重要的经营管理活动，实现对绩效目标的监控，及时发现阻碍目标有效达成的问题并进行纠正；可以获得有力的人力资源支持，激励员工，协助员工制定职业生涯发展规划，检验员工招聘和培训效果，进而提高实现绩效目标的效率和降低管理成本。

（二）有助于推进战略实施和组织变革

绩效管理是组织战略实施的执行工具，将战略转化为具体的定性目标或定量目标，这些目标经过层层分解、层层确认，转化为各部门和各员工的行动计划，使得整个组织的成员目标与战略目标保持一致。

（三）有助于促进组织内的沟通与合作

绩效管理是一个各级管理者与员工互相沟通和合作才能完成的过程，通过上级与下级之间的目标分解和确认，可以实现有效的授权；通过对考核结果的沟通讨论，可以找出工作的差距，有效确定改进方向和措施。种种措施都会对组织绩效的改善提供帮助。

（四）有助于员工个人发展

绩效管理可以使员工明确自己的任务和目标、了解管理者对自己的评价，让管理者发现员工的工作才能，从而对员工的工作产生激励作用，促使其通过学习新知识、新技能等方法提高自己的工作能力，进而取得理想的绩效。

（五）有助于塑造高绩效的组织文化

优秀的组织文化会对组织绩效产生强大的推进作用，而且科学的绩效管理系统也有助于高绩效组织文化的塑造。员工参与绩效目标的设定可以产生自我激励、自我约束作用，明确的绩效标准可以形成公正评价的氛围进而保证分配的公正性，公开透明的评价制度和过程有助于组织内沟通与合作的开展。

第二节 绩效管理的流程与实务

一 绩效管理的基本流程

绩效管理的基本流程包括以下五个步骤：绩效计划、绩效实施、绩效评价、绩效反馈、绩效改进。绩效管理是一个循环的动态系统，各个环节紧密联系、环环相扣，任何一环的脱节都将会导致绩效管理的失败。企业在绩效管理过程中应重视每个环节的工作，并将各个环节有效地整合在一起，如图 6-1 所示。

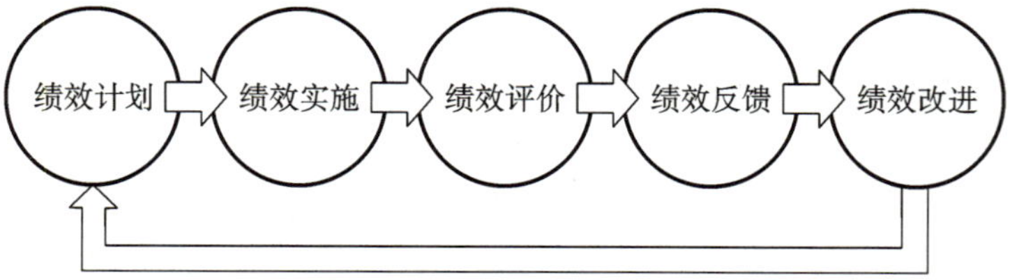

图 6-1 绩效管理流程

（一）绩效计划

绩效计划是绩效管理的首要环节，是绩效管理过程的起点。绩效计划是管理人员与员工合作，对员工下一绩效周期应该履行的工作职责、各项任务的重要性等级和授权水平、绩效衡量、可获得的帮助、可能遇到的障碍及解决办法等一系列问题进行探讨并达成共识的过程，是一个确定组织对员工绩效期望并得到员工认可的过程。绩效计划中应解决以下四个基本问题：

1. 谁来考评，考评谁

首先应明确绩效管理的对象及各个管理层级的关系，正确地回答“谁来考评，考评谁”的问题，并根据被考评者类型、考评目的、考评指标和标准等要素，确定具体考评者的组成人员。例如，企业专业技术人员的绩效考评，由于主管对下属具体的技术性工作的内容不够熟悉，独立考评难以保证判断和评价的准确性和客观公平性。因此，企业可能会召开由主管主持，被考评者自己、下级、有关同事及其他相关人员参与的绩效考评会议，围绕技术绩效的核心问题一起进行讨论，以求获得满意的考评结果。

参与管理的考评者数量也会影响绩效考评的质量，根据统计测量和数据分析的原理可知，考评者数量越多，个人“偏见效应”就越小，考评所得到的数据就越接近客观值。然而，对企业来说，符合条件和要求并熟悉被考评者的考评者人数是有限的。因此，在绩效计划阶段，除了需要明确被考评者和考评者之外，另一项重要的任务就是培训考评者。

绩效考评者的技能培训与开发，可按不同的培训对象和要求将其分为专业工作人员的培训、一般考评者的培训、中层干部的培训、考评者与被考评者的培训等。培训内容主要包括企业绩效管理制度的内容和要求，绩效管理的目的、意义，考评者的职责和任务，考评者与被考评者的角色扮演，绩效管理的基本方法，绩效考评指标和标准的设计原理，如何建立有效的绩效管理运行体系，如何组织有效的绩效面谈等。

在以个体为对象的绩效考评中，考评者的确定是由被考评者的工作岗位的性质和特点决定的。在企业中，考评者应充分了解生产人员、管理人员、技术人员和市场营销人员四类被考评人员在工作任务、作业环境和条件、劳动强度、工作责任和能力素质等方面的差异，才能保证所设计的绩效考评体系具有针对性和可行性。

2. 考评什么，如何进行衡量和评价

根据考评的具体对象，确定企业各类人员的绩效考评要素(指标)和标准体系，明确地回答“考评什么，如何进行衡量和评价”。绩效管理不仅仅是考查和衡量员工的最终劳动成果，还应重视员工在劳动过程中的表现；不仅要考查劳动态度、行为和表现，还要分析考查员工的潜质，即他的心理品质和能力素质，这是因为员工的工作业绩与劳动态度、能力素质和心理品质有着极为密切的内在联系，业绩是员工的最终劳动成果，能力和态度是员工业绩变化的内因和根据。因此，在考评者和被考评者及考评方法有明确的定位之后，需要根据考评方法及其对象的特点，进行绩效考评指标和标准体系的设计。

3. 采用什么样的方法

根据绩效考评的内容，正确地选择考评方法，具体地回答“采用什么样的方法”的

问题。绩效考评方法多样,每种方法具有其自身的特点和适用范围,为保证考评方法的科学有效,在选择具体绩效考评方法时,应充分考虑以下三个重要因素。

(1) 管理成本。管理成本包括考评方法的研制开发成本;执行前的预付成本,如绩效管理的培训成本、各种书面说明指导书的编写和印制的成本等;实施应用成本,如考评者定时观察的费用,进行评定回馈考评结果、改进绩效的成本。在管理成本之外,还存在着隐性成本,如方法不得当,可能会引起员工的厌烦感和抵触情绪,甚至影响全员的士气,还可能诱发某种冲突或劳动争议,严重影响企业的正常生产经营活动。

(2) 工作实用性。工作实用性是指考评方法应充分满足组织绩效管理的需要,能在实际考评中推广应用。如果一种方法需要耗费几年的时间才能研制出来,那么再好的考评工具也失去了实际的使用价值和意义。再如,一种考评方法虽然设计得"有理有据",其考评的指标体系也十分完整,但是在实际应用时却发现有很多指标根本无法进行测量和评定,使这种方法的实用性受到很大限制,不得不进行全面的整合修改,甚至需要另起炉灶重新设计。总之,所设计的考评方法必须切实可行,便于贯彻实施。

(3) 工作适用性。考评方法的适用性是指考评方法、工具与岗位人员的工作性质之间的对应性和一致性,切实保证考评方法能够体现工作的性质和特点。一般来说,在生产企业中,一线人员宜采用以实际产出结果为对象的考评方法,而从事管理性或服务性工作的人员宜采用以行为或品质特征为导向的考评方法;在一些大的企业中,总经理、管理人员或专业人员宜采用以结果为导向的考评方法,而低层次的一般员工通常采用以行为或特征为导向的考评方法。

4. 如何组织实施绩效管理的全过程

对绩效管理的运行程序、实施步骤提出具体要求,说明"如何组织实施绩效管理的全过程,在什么时间做什么事情",主要应考虑以下几个问题。

(1) 考评周期的确定。考评周期除取决于绩效考评的目的,还应服从于企业人力资源与其他相关的管理制度,以定期提薪和奖金分配为目的的绩效考评总是定期进行的,而且与企业的薪酬奖励制度的要求相适应、相配套。用于培训的考评,可以在员工提出申请时或企业发现员工的绩效降低或有新的技术和管理要求时组织进行,以便正确地进行员工培训与技能开发的需求分析,制定有针对性的培训计划和培训实施方案。用于员工晋升晋级的绩效考评,其考评时间一般是在出现职位空缺或准备提升某类人员的时候进行,它属于不定期的绩效考评。

(2) 工作程序的确定。上级主管与下属之间形成的考评与被考评的关系,是企业绩效管理活动的基本单元。一项没有全员支持和参与的管理制度将是难以得到贯彻实施的制度,一个没有全员理解和认同的管理系统将是难以有效运行的系统。为了切实保证企业绩效管理制度和管理系统的有效性和可行性,必须做好思想动员和组织准备,采取"抓住两头,吃透中间"的策略,即获得高层领导的全面支持、赢得一般员工的理解和认同、寻求中间各层管理人员的全心投入。

(二) 绩效实施

绩效实施过程的核心就是持续的绩效沟通,也就是管理者与员工共同工作以分享信息的过程。这种双向的交互式沟通必须贯穿于整个绩效管理过程,通过沟通让员工清楚考核制度的内容、目标的制定、工作中的问题、绩效与奖酬的关系等重要问题,同时聆听员工对绩效管理的期望和建议,从而确保绩效管理最终目的的实现。绩效实施阶段应当注意以下两个问题。

(1) 通过提高员工的工作绩效增强核心竞争力。从宏观上看,企业强化绩效管理的目的是非常明确的,就是要不断地提升企业的整体素质以增强企业的核心竞争力。一个有效的绩效管理系统应通过以下环节提高员工工作绩效:①第一,目标。在绩效考评初期,上级主管必须和考评者进行必要沟通,明确工作绩效的目标和要求,使员工正确地理解和接受,并能全身心地投入工作。②第二,计划。主管应根据组织现有的资源和条件,听取员工的意见,分清轻重缓急,选择确定实现绩效目标的具体步骤、措施和方法。③第三,监督。主管可以通过多种监测手段,了解掌握下属的行为、工作态度以及工作进度和工作质量,并激励下属达到考评标准甚至超越标准。对达不到考评标准的员工,通过监测和确认,帮助他们改进工作,迎头赶上先进者。④第四,指导。员工为了"达标",在执行计划的过程中,会对上级的指令和工作安排产生疑问,当下属有困难的时候,上级主管一定要对其做出必要的指导,可以与下属交换意见,以促进员工工作绩效的提高。⑤第五,评估。主管应定期对工作目标进行复查,对员工的业绩做出评估,找出差距和问题,分析原因,并将信息反馈给员工,全力推进工作的开展。

(2) 收集信息并注意资料的积累。在绩效管理的实施阶段,无论是从宏观上看,由企业整体到各个业务、职能部门,还是从微观上看,具体到每个绩效管理的单元,在绩效管理系统运行的过程中会产生大量的新信息,这些信息既可能涉及考评指标和标准体系,也可能涉及某个部门或个人。因此,各级主管需要注意定期或不定期地采集和存储这些相关信息,以便为下一个阶段的考评工作提供准确、翔实和可靠的数据资料。

(三) 绩效评价

绩效评价是一个按事先确定的工作目标及其衡量标准,考查员工实际完成的绩效的过程。绩效评价可以根据具体情况和实际需要进行月度、季度和年度考核评价,在绩效实施过程中收集到的能够说明员工绩效表现的数据和事实,可以作为判断员工是否达到绩效指标要求的证据。绩效评价是绩效管理的重心,不仅关系到绩效管理系统运行的质量和效果,也涉及员工当前和长远的利益,需要人力资源部门和所有参与评价的主管高度重视,并注意从以下几个方面做好评价的组织实施工作。

(1) 评价的准确性。正确的绩效评价结果有利于人事决策的科学性,能有效地激励员工、鼓舞士气;不准确的绩效评分,不但会造成决策上的失误,严重挫伤员工的积极性,还会引起员工较大幅度的流失,给企业正常的生产活动带来极为不利的影响。

(2) 考评的公正性。带有偏见、缺乏公正公平性的评价,可能催生员工中不良的思想情绪,不但贻害组织和各级主管人员的管理活动,还会对以后的绩效管理活动产生严重的干扰和破坏。为了保证评价的公正公平性,企业人力资源部门应当确立两个保障系统:①员工绩效评审系统,拥有监督各个部门的领导者的绩效评价工作、研究绩效评价中存在的主要问题、复审复查员工考评结果、调查甄别存在严重争议的考评结果等主要功能;②员工申诉系统,允许员工对绩效考评的结果提出异议,给考评者适当约束和压力,减少矛盾和冲突,防患于未然,将不利影响控制在最小范围内。

(四)绩效反馈

所谓绩效反馈,就是使员工了解自身绩效水平的各种管理手段,绩效反馈是绩效沟通的主要形式,同时绩效反馈最重要的实现手段是管理者与员工之间的有效沟通。如果没有及时的反馈,人们无从对自己的行为进行修正,从而无法逐步提高,甚至可能丧失继续努力的愿望。因此,有效的绩效反馈对绩效管理起着至关重要的作用。

绩效反馈的技巧:一般根据绩效反馈信息的内容以及反馈源态度的不同,将绩效反馈分为三类——负面反馈、正面反馈和建设性反馈。其中,负面反馈和建设性反馈都是针对错误的行为进行反馈,而正面反馈则是针对正确行为进行的反馈。管理者针对员工错误行为进行反馈的目的,是通过让员工了解自身存在的问题进而纠正错误,对错误行为的反馈就是人们通常说的批评。所谓建设性反馈就是指出员工的错误行为,并且提出改进的意见供对方参考,而不是横加指责和批评。对正确行为的反馈与对错误行为的反馈同样重要,两者的最终目的都是提高员工绩效,对错误行为的反馈将注意力集中于减少不好的行为,而对正确行为的反馈是为了强化这种正确的行为。在实际工作中,对正确行为的反馈具体表现为管理者对员工的表扬和称赞。

(五)绩效改进

绩效改进是绩效管理过程中的一个重要环节,传统绩效考核的目的是通过对员工的工作业绩进行评估,将评估结果作为确定员工薪酬、奖惩、晋升、降级及是否需要约谈的依据。而现代绩效管理的目的在于员工能力的不断提高以及绩效的持续改进和发展。所以,绩效改进工作的成功与否,是绩效管理过程是否发挥效果的关键。绩效改进的流程如下。

(1) 绩效诊断与分析。在绩效面谈中,管理者和员工通过分析和讨论评价结果,找出关键绩效问题和产生绩效问题的原因,这是绩效诊断的关键任务。

(2) 明确绩效改进要点。通过绩效诊断环节,发现员工需要改进的地方可能很多,但最好能够选取一项重要并且容易进行的率先开始。选择绩效改进要点就是综合考虑每个拟定项目所需的时间、精力和成本因素,选择用时较短、精力花费较少以及成本较低的项目,同时要争取员工的接受。

(3) 选择绩效改进方法。经过绩效诊断和分析环节,选择了绩效改进要点并对影响的因素有了比较清晰的认识后,就要考虑解决问题的途径和方法。

(4) 制订绩效改进计划。制订改进计划是关于改善现有绩效的进展计划。一般绩效改进计划的主要内容包括:员工基本情况以及该计划的制订时间和实施时间;根据上个绩效周期的绩效评价结果和绩效反馈情况，确定该员工在工作中需要改进的方面；明确需要改进和发展的原因，一般应附上该员工在相应评价指标上的得分情况和评价者对该问题的描述或解释；明确写出员工现有的绩效水平和经过绩效改进之后要达到的绩效目标；对存在的问题提出有针对性的改进措施，措施应当尽量具体。

（5）实施绩效改进计划。在制订了绩效改进计划之后，管理者还应该通过绩效监控和沟通实现对绩效改进计划实施过程的控制。这个控制的过程就是监督绩效改进计划是否能够按照预期的计划进行，并根据员工在绩效改进过程中的实际情况，及时修订和调整不合理的改进计划。

（6）评价绩效改进结果。绩效改进计划作为绩效计划的补充，同样需要评价和反馈。绩效改进计划的完成情况反映在员工前后两次绩效评价得到的评价结果中，如果员工在前后两次绩效评价中得到的分数有显著提高，那么就可以在一定程度上说明绩效改进计划取得了成效。①

一个循环结束后，绩效管理活动又回到起点，即计划阶段。此时绩效管理的一轮工作基本完成，应在本轮工作的基础上进行总结，制订下一轮的绩效计划，使得企业的绩效管理活动在一个更高的平台上运行。这些环节的整合使绩效管理流程成为一个完整的、封闭的循环，从而保证了绩效能够不断得以提升和改善。

当绩效考核完成后，评估结果并不应该束之高阁，而是要与相应的其他人力资源管理环节相衔接，其结果主要可以用于招聘和甄选、薪酬及奖金的分配、职务调整、培训与开发四个环节。

二　绩效管理过程中存在的问题

（一）绩效计划阶段的主要问题

一是绩效目标的制定与企业战略目标脱节。绩效管理不仅是对员工的管理和监督，还是企业战略实施的具体过程。如果企业缺少发展战略或者战略管理和绩效管理相互分离，即使每一个部门的绩效考核都达标，企业的总体绩效目标也不能实现。二是绩效指标设置不科学。为了追求指标体系的全面完整，忽视可操作性，降低员工的满意度，无法激起员工的积极性。三是员工参与不够。企业没有给员工提供机会使员工积极参与绩效目标的制定中，导致员工对绩效指标了解程度不够。

（二）绩效实施阶段的主要问题

一是忽视持续的绩效沟通；二是没有及时对绩效计划进行调整；三是对有关员工

① 参见林忠：《绩效管理》，东北财经大学出版社，2008年，第75-150页。

绩效的信息资料的收集工作不够重视。

(三) 绩效评价阶段存在的问题

首先,在这个阶段中最常见的问题就是考评存在着主观性和片面性。其次,没有对不同岗位的员工采取不同的考核方法,影响到他们工作的积极性。

(四) 绩效反馈阶段的突出问题

目前很多企业在绩效反馈和面谈过程中存在着沟通不畅、反馈不及时等问题,具体表现在:一是员工抵制面谈,夸大优势;二是面谈时笼统地就事论事,找到了问题却解决不了问题,没有提出有针对性的改进意见。

(五) 对绩效改进的重视不够

企业对绩效改进的重视不足,使得绩效管理的作用大大弱化,没有很好地帮助员工提高能力,改善绩效。

三 绩效管理问题的解决措施

针对以上问题,可以从以下几个方面分阶段着手,改善企业的绩效管理。

(一) 绩效计划阶段

在设计绩效目标和拟订绩效计划时,应以企业战略为导向,以完成企业的任务为绩效管理的目标,从完成工作的结果出发来制定绩效指标和标准。例如,联想台式机事业部据此将所有费用细分为六块,并落实到一个最直接的部门,把任务分解到每个部门,成为最直接的部门考核指标。

在具体的指标设置上应对不同类别的人员采用不同导向的考核指标。例如,对于企业的高层管理者,更多地采用结果方面的指标;对于基层员工,更多地采取行为指标。

(二) 绩效实施阶段

主要是两部分内容:一是对出现的偏差进行必要的控制,在工作开展的过程中,根据实际情况对绩效计划进行调整;二是让员工收集他们的绩效信息数据,做到数据及时有效。

（三）绩效评价阶段

这一阶段主要应做到：一是客观选择评估者，避免人为主观因素；二是对不同岗位的员工选择不同的考核方法，以保证考核的公平、公正；三是加强组织内部的透明和公开化，促使考评者在考核过程中慎重评估。

（四）绩效反馈阶段

除了在上文已经强调过的沟通，还有以下两个方面需要注意：一是反馈应该及时，把握最佳时机，内容要具体，避免空泛的陈述；二是注意对员工投诉的恰当处理。通过调查，采取合理的解决措施。

（五）绩效改进阶段

绩效考核的结果首先要与分配制度相分离，建立以任职资格为基础的全面绩效评价体系。然后通过薪酬制度、岗位轮换制度、培训教育制度、资格晋升制度等体现对员工的激励，变负向激励为正向引导，不断提升员工的能力和工作绩效水平，使绩效管理系统与员工的职业生涯规划密切联系。

在市场竞争越来越激烈的今天，企业之间的竞争是核心能力的竞争。企业要实施绩效管理必须根据自身情况，深刻认识到自身在绩效管理方面存在的问题，对绩效管理有一个系统的、全面的认识，建立一个有效的绩效管理系统，在绩效管理的过程中进行持续不断的沟通，实现组织绩效的不断提高和组织核心能力的不断提升。只有这样，企业才能够在复杂激烈的市场竞争中得以生存和发展核心竞争力。

第三节 绩效考核的内容与指标体系

一 绩效考核的内涵

（一）绩效考核的含义

绩效考核简称考核，又称绩效考评、绩效评价等，绩效考核指企业在既定的战略目标下,运用特定的标准和指标,对员工的工作行为及取得的工作业绩进行评估,并运用评估的结果对员工将来的工作行为和工作业绩产生正面引导的过程和方法,是绩效管理过程中的一种手段。

(二)绩效考核的内容

制定符合各自企业实际情况、全面而准确地评价员工工作的考评内容是企业实施绩效管理的重要任务。绩效考核内容体现了企业对员工的基本要求。考评内容是否科学、合理,直接影响到绩效考评质量的高低。

绩效的多因性导致绩效量度的内容也颇为复杂。一般而言,企业从以下四个方面进行绩效考评。

1. 工作行为考评

工作行为考评主要是对员工在工作中表现出的相关行为进行考核和评价,衡量其行为是否符合企业规范和要求,是否有成就。由于对行为进行考评很难精确表达,在实际考评中,企业常用频率和次数来描述员工的工作行为,并据此进行评价,也属客观性考评指标,如出勤率、事故率、表彰率、违纪违规次数、访问客户人数、客户满意度、员工投诉率、合理化建议采纳次数等。

2. 业绩考评

工作业绩考评是从数量、质量和效率等方面对企业员工工作业绩或履行职责效果的考核与评价。它是对企业员工贡献程度的衡量,是所有工作绩效考评中最本质的考评,直接体现出员工在企业中的价值大小。

业绩考评对于管理者和员工个人来说至关重要,他们主观上希望自己的工作业绩能够得到认可,客观上通过业绩考评的结果反映自身贡献。

3. 工作能力考评

能力考评是考评员在工作中发挥出来的能力,包括判断力、工作效率和协调能力等。根据被考评者在工作中表现出来的能力,参照标准或要求,对被考评者所承担的职务与其能力是否匹配进行评定。这种能力主要体现在四个方面:专业知识和相关知识,相关技能、技术和技巧,相关工作经验,所需的体能和体力。值得注意的是,企业绩效考评中的能力考评和一般能力测试有所不同,前者与被考评者所从事的工作相关,主要考评其能力是否符合所担任的工作和职务,而后者则是对员工的能力的本身属性进行考评,不一定要和员工的责任工作相联系。在对员工的工作能力进行考评时,需要考评者对员工的工作能力做出评价,故此类考评标准为主观性指标。

4. 工作态度考评

工作态度考评是对员工在工作中努力程度的考评,即对其工作积极性的衡量。通常人们认为，能力越强的人就越能取得更好的工作业绩，然而，现实中的情况往往并非如此。能力强的人可能由于种种原因并不能取得相应的成绩，而能力差的员工也可能由于工作态度较好而取得较好的业绩。不同的工作态度将产生不同的工作结果，因此，绩效考核还需对员工的工作态度进行考评，以激励员工充分发挥现有的工作能力，最大限度地创造优异的工作业绩，并通过日常工作态度考评引导员工增强工作热情，避免“出工不出力”的情况发生。

常用的工作态度考评指标包括主动精神、创新精神、敬业精神、自主精神、忠诚感、团队精神、进取精神、事业心、自信心等。员工的工作态度难以量化测量，因而企业通常运用主观性指标评判员工的工作态度。

以上四类绩效考评标准中，前两类标准可以进行客观的量化考评，故常称为“硬指标”，后两类难以进行量化，通常需要考评者的主观判断，故常称为“软指标”。在进行工作绩效考评时，应注意将客观性评价与主观性评价相结合，硬指标与软指标相映衬，这样才能全面公正地考评员工的工作绩效。

（三）绩效考核与绩效管理的区别

与传统的绩效考核相比，绩效管理是一个更加完整、科学的概念，而绩效考核与绩效评估则是构成绩效管理流程中的环节之一。绩效管理与绩效考核的区别具体如表6-2 所示。

表 6-2　绩效管理与绩效考核的区别

绩效管理	绩效考核
一个完整的管理过程，持续性的互动和反馈	管理过程中的局部环节和手段
侧重于信息沟通与绩效提升	侧重于判断和评估
伴随管理活动的全过程	只出现在特定时期
具有前瞻性和过程性，注重事先的承诺和持续的沟通	具有阶段性和总结性，注重事后的评估

二　绩效考核的原则

在建立绩效考核制度和实施绩效考核时，必须遵循一些基本原则，保证绩效考核过程的科学化与规范化。

（一）公平与公开原则

绩效考核不是某个人或某个部门的责任，而是组织内部所有员工共同承担的责任。这要求绩效考核必须遵循公平与公开的原则。所谓的公平原则是指组织所开发设计的绩效考评系统要满足人员的公平感。通常能够被感知的公平有三种：程序公平、人际公平及结果公平。

公开的原则主要从以下几个方面得以体现。

(1) 考核标准的制定。根据工作说明书确定组织对成员的要求和期望,制定出客观的考核标准,并向员工公示出来。

(2) 考核活动公开化。打破考核活动的神秘性,注重进行考核者与被考核者之间的对话交流,避免因沟通不畅而引起被考核者的抵触情绪。

(3) 以自我考评为辅助。为增进个人目标与组织目标的一致性,提升考核结果的认可程度,可将员工的自我考评过程引进考评体系,以相对考核替代以往的单向考核。

(4) 阶段性实施。根据组织不同,分阶段引入绩效考核的标准和规则,使员工逐步认识、理解绩效考核的过程。

(二) 定期化与制度化原则

绩效考核是一种连续性的管理过程,因而必须定期化、制度化。绩效考评既是对员工目前能力、工作结果、工作行为与态度等的考评,同时也是对他们未来行为表现的一种预测,因此,只有程序化、制度化地进行人事考评,才能真正了解员工的潜能,发现组织中的问题,从而有利于组织的绩效提升。

(三) 可行性与实用性原则

所谓的可行性是指任何一次考评方案所需时间、物力、财力都要受组织可支配资源的客观条件的制约。因此,在制定考评方案时,应根据考评目标,合理设计方案,并对其进行可行性分析。在对考评方案进行可行性分析时应着重考虑以下几个因素。

(1) 目标、效益分析。全面分析和确定考评所要实现的目标,全面评价考评方案所能带来的直接和间接效益,包括经济效益和社会效益。

(2) 资源、技术条件分析。绩效考评工作的开展需要一定的资源、技术以及其他条件作保障,在正式开展考评工作之前对这些条件加以确认,并根据考评对象加以分类。

(3) 潜在问题分析。预测考评方案中可能存在的问题、困难以及阻碍发生的可能性,事先做好应变措施。

所谓的实用性,包括两个方面的含义:一是指考评工具和方法应适合不同考评目的的要求,根据考评目的的要求来设计考评工具;二是指所设计的考评方案应适应不同行业、不同部门、不同岗位的人员素质特点和要求。

(四) 信度与效度原则

信度,是指绩效考评系统的一致性程度。信度的一种重要类型是考评者信度,即对员工的绩效进行考评的人之间的一致性。如果两个人对同一个人的工作绩效做出的考评结果是一样的（或者接近一致），那么这种绩效考评系统就具有了考评者信度。此外，对绩效的衡量还应当具有时间上的信度（再测信度）。那种在不同的时间对相同对象进行测量却得出截然不同的考评结果的测量系统缺少再测信度。例如，仅根据销售人员在某一既定月份中的实际销售数量来对他们的工作绩效进行考评，就必须考虑月销售量在各个月中的实际销售数量，即考虑月销售量在各个月份之间分布的一致性问题。如果一位百货商店的绩效考评者仅仅按5月份的销售额对各部门的销售绩效进行考评，那么女装部则只能达到较低的销售额，因为一般来说，女装在5月份的销售额本来就低于其他月份的销售额。因此，考评者需要在一段时间内一致性地对绩效进行衡量。

效度是指绩效测评系统对与绩效有关的所有相关内容进行考评的程度。它常常被称为"内容效度"，即考评反映特定工作的内容（行为、结果和责任）的程度。效度所涉及的问题就是如何使实际工作绩效和工作绩效衡量系统之间的重叠部分达到最大化。如果一种绩效考核系统不能全面衡量工作绩效的所有内容，则这个考评系统是缺失的。例如，采用实际的销售额数量测量在完全不同的地理范围内从事销售工作的所有人的工作绩效。通常情况下，销售额高度依赖于地理区域，如潜在客户的数量、竞争对手的数量以及当地经济状况等因素，如果这位销售员所在地区缺少潜在的销售潜力，则这位销售人员工作再努力、工作做得再好也很难拿到最高的销售额，因此，仅运用销售额一个指标考评员工的工作业绩是不准确的。绩效考评系统应尽可能降低这种缺失程度，但要想完全消除是不可能。

信度和效度是保证绩效考评有效的充分必要条件。一种绩效考评体系要想获得成功必须具备良好的信度和效度。[①]

三　绩效考核的指标与标准

绩效考核指标体系是开展绩效考核的依据，是绩效管理系统的重要组成部分。绩效管理的每一个环节，如绩效计划、绩效实施和绩效反馈都与绩效评价密切相关，绩效指标和标准的科学性和客观性是有效进行绩效管理的关键。为了达到真正提高组织和个人的绩效、实现组织目标、努力促进员工自身发展的目的，建立科学绩效指标和标准是绩效管理必不可少的一环。

（一）绩效考核指标的确定

1. 绩效考核指标的定义及构成

绩效考核指标是衡量员工绩效的依据，关系到考核过程的可操作性和考核结果的

① 李维刚、李冰：《人力资源管理》（第2版），清华大学出版社，2013年，第277-279页。

客观性。一般包括四个构成要素，即指标名称、指标定义（指标解释和特征）、标志（用于区分各个级别的特征规定）、标度（揭示各级别之间差异的规定）。[①]

微贴 6-1：绩效评价指标的特征

绩效考核指标的标志与标度是一一对应的，这两者统称为绩效考核总的考核尺度。通常情况下，考核尺度可分为四种：①等级式考核尺度，使用“优”“良”“中”“差”、“甲等”“乙等”“丙等”“丁等”及“1”“2”“3”等；②量词式的考核尺度，采用“较好”“一般”“差”等带有程度差异的形容词、副词、名词等表示不同的等级水平；③数量式考核尺度，用具有量的意义的数字表示不同的等级水平；④定义式考核尺度，若指标的考核尺度中规定了定义式的标度，则这种考核指标的尺度为定义式的考核尺度。

2. 绩效评价指标的分类

1）根据绩效考核的内容分类

工作业绩指标是工作行为产生的结果，表现为工作质量、工作数量、工作时间及工作成本指标，具有可量化、客观性和经济效益表现性等优点，同时也存在考核过程失控和考核短期化行为等缺点。工作质量是组织竞争的基础，是质量改进的决策依据，常见的质量指标有产品合格率、废品率、返工率、返修率、留任率、准时交货率、顾客投诉次数等。工作数量是表示工作发生频率、周期长短和多少等计数信息的指标，如产量、销售量、销售价格、维修产品数量、接待顾客数量等。工作成本包括产品成本和服务成本，表现为总成本、固定成本、变动成本、变动生产成本、员工离职成本、录用面试成本等。工作时间指标是表现工作产出速度快慢的信息，是当前信息时代竞争的关键要素，如生产周期、加工时间、研发周期等。

工作能力指标，表现为专业知识水平、业务能力和技巧、工作经验及身体素质等，常见指标有语言表达能力、书面表达能力、解决问题能力、组织协调能力、创新能力、决策能力、人际技能、公关技能、分析和判断能力、处理和解决问题能力等。

工作态度指标，表现为纪律性、协调性、责任性和积极性指标，常见的指标有主动性、责任感、服务意识、整体观念、团队精神、敬业精神等，可采用关键事件法、试探法、观察法等进行考核和记录。

工作行为指标，常用频率和次数来评价，如出勤率、事故率、表彰率、违纪违规次数、客户满意度、合理化建议采纳次数等。

2）根据绩效考核指标的性质分类

定量指标是经过分析和研究可量化考核的指标。根据格力伯特的四要素（数量、质量、成本、时效）法则将定量指标分为工作质量（计算偏离工

① 杨明娜：《绩效管理实务》，中国人民大学出版社，2008 年。

作标准的工作错误率）、工作数量、工作安全性（违反安全工作制度的员工可能会损坏机器设备或受到身体上的伤害，从而使组织和员工遭受不必要的损失）、工作成本（原材料成本、能源成本、人工成本和机械成本等）、时效性（表示各项工作计划的完成情况，如完成的比例等）。定量指标可以避免主观偏见，但同时却难以完全反映个人对组织的全部贡献。

定性指标，是不能用数据衡量的主观性指标，它可以了解员工在工作过程中的所有付出。

（二）绩效考核指标的权重

微贴 6-2：常见的岗位职责文件

在绩效考核中，经常使用权重设计，权重不仅可以将不同的指标综合求和，而且可以表示指标的重要程度。权重也称权数，是指根据所测量的系统、对象、目的、时间和角度，对测量对象所属的各种指标要素的重要程度做出的量化限定（比例系数）。权重是个相对概念，是指该项指标在整个绩效考评中的相对重要程度，体现每个绩效考核指标在整个指标体系中的重要性。确定权重的过程称为加权，其数值的准确性直接影响评价结果的客观性和可比性，应依据针对性、系统优化、目标导向原则，合理运用专家意见法、德尔菲法、倍数加权法、权值因子判断法等方法，如表 6-3 所示。

表 6-3　华为中层员工绩效考核标准及权重

定　义	评价等级及其说明	参考比例
杰出	实际绩效经常显著超预期计划/目标或岗位职责/分工要求，在计划/目标或岗位职责/分工要求所涉及的各个方面都取得特别出色的成绩	10%
良好	实际绩效达到或部分超过预期计划/目标或岗位职责/分工要求，在计划/目标或岗位职责/分工要求所涉及的主要方面取得比较突出的成绩	40%
正常	实际绩效基本达到预期计划/目标或岗位职责/分工要求，无明显的失误	45%
需改进	实际绩效未达到预期计划/目标或岗位职责/分工要求，在很多方面或主要方面存在着明显的不足或失误	5%

（三）绩效考核指标标准的确定

绩效指标标准是指各个指标应分别达到什么水平，才能解决“被评价者怎样做、做什么”的问题。

1. 绩效指标标准确定的依据

①计划（预算）标准，是指以事先制订的年度计划、预算和预期达到的目标作为绩

效标准。②历史标准，是指以组织往年的业绩状况作为衡量标准。③客观标准，是以其他同类组织的业绩状况作为标准。④经验数据标准，是指根据经济发展规律和长期的组织管理经验而形成的考核标准。这四类指标各有优缺点，应根据组织的实际和岗位绩效特征，合理选择指标标准依据。

2. 定性、定量指标标准的确定

1）定性指标标准的确定

（1）等级描述法，是对工作成果或工作执行情况进行分级，并用数据或事实对各级别进行具体描述和界定，据此对被考核者的实际工作完成情况进行评价的方法。该方法适用于考核经常或重复性工作，可分为优秀、良好、一般、及格、不及格五个级别。通过对各个级别的具体界定，明确了考核客观依据，在一定程度上限制了考核者打分的随意性，同时也让被考核者明确上级对其工作的要求，指明个人努力的方向，有利于被考核者不断提高自身的绩效水平。

（2）预期描述法，是考核双方对工作要达到的预期标准进行界定，然后根据被考核者的实际完成情况同预期标准的比较，来评价被考核者业绩的方法。虽然预期描述法只描述了一个标准，但在一定程度上能够限制考核者随意打分，而且能让被考核者明确上级的预期和要求。

（3）关键事件法，是针对工作中的关键事件，制定相应的扣分和加分标准，来评价被考核者的业绩的方法，适用于那些关键事件能够充分反映被考核者工作表现或业绩的情况。

2）定量指标标准的确定

制定定量指标标准应考虑指标标准的基准点和等级间的差距，一般有加减分法和规定范围法两种方法。

（1）加减分法。一般适用于目标任务比较明确、技术比较稳定，同时鼓励员工在一定范围内做出更多贡献的情况。其数值最大值不超过权重规定值，最小值不为负数。

（2）规定范围法是指经过数据分析、测算后，考核双方根据就标准达成的范围约定来进行考核。

四 绩效考核的作用

绩效考核在人力资源管理中具有重要地位，直接影响薪资报酬、培训开发、人员调配、职位设计等工作环节。

（一）薪资报酬

企业薪资分配服从效率优先、兼顾公平原则，因此必须对员工的工作绩效进行评定和计量，按劳付酬。绩效考核结果是决定员工报酬的重要依据。

（二）培训开发

培训开发是人力资源投资的重要方式，必须有的放矢。绩效考核可以检查员工的知识、技能、经验等，为人员调配提供依据。

（三）人员配备

每个职位都有任职资格，每个员工又有自身特点。绩效考核可以提供员工有关信息，如工作态度、技能、经验等，为人员调配提供依据。

（四）职位设计

职位的责、权、利界定状况是影响员工绩效的直接因素。绩效考核能够从绩效指标的完成情况入手，发现职位界定的问题，为职位的再设计提供依据。

此外，绩效考核还是管理沟通的重要形式，需要围绕考核标准、方式及结果等一系列问题，有针对性地交换意见，进行深入协商，从而促进企业成员之间的了解和协作，增强企业凝聚力。[①]

经典案例 6-1

一、案例材料

制度的力量

18 世纪末期，英国政府决定把犯了罪的英国人统统发配到澳洲去。一些私人船主承包从英国往澳洲大规模地运送犯人的工作。英国政府实行的办法是以上船的犯人数支付船主费用。当时那些运送犯人的船只大多是一些很破旧的货船改装的，船上设备简陋，没有什么医疗药品，更没有医生，船主为了牟取暴利，尽可能地多装人，使船上条件十分恶劣。一旦船只离开了岸，船主按人数拿到了政府的钱，对于这些人能否远涉重洋活着到达澳洲就不管不问了。有些船主为了降低费用，甚至故意断水断食。3 年以后，英国政府发现：运往澳洲的犯人在船上的死亡率达 12%，其中最严重的一艘船上 424 个犯人死了 158 个，死亡率高达 37%。英国政府费了大笔资金，却没能达到获得大批移民的目的。

---

① 秦志华：《人力资源管理》(第 4 版)，中国人民大学出版社，2014 年，第 200-224 页。

英国政府想了很多办法。每一艘船上都派一名政府官员监督，再派一名医生负责犯人的医疗卫生，同时对犯人在船上的生活标准做了硬性的规定。但是，死亡率不仅没有降下来，有的船上的监督官员和医生竟然也不明不白地死了。原来一些船主为了贪图暴利，贿赂官员，官员如果不同流合污就被扔到大海里喂鱼了。政府支出了监督费用，却照常死人。

政府又采取新办法，把船主都召集起来进行教育培训，教育他们要珍惜生命，要理解去澳洲去开发是为了英国的长远大计，不要把金钱看得比生命还重要。但是情况依然没有好转，死亡率一直居高不下。

一位英国议员认为是那些私人船主钻了制度的空子，而制度的缺陷在于政府给予船主报酬是以上船人数来计算的。他提出从改变制度开始：政府以到澳洲上岸的人数为准计算报酬，不论你在英国上船装多少人，到了澳洲上岸的时候再清点人数支付报酬。

问题迎刃而解。船主主动请医生跟船，在船上准备药品，改善生活，尽可能地让步每一个上船的人都健康地到达澳洲。一个人就意味着一份收入。

自从实行上岸计数的办法以后，船上的死亡率降到了1%以下。有些运载几百人的船只经过几个月的航行竟然没有一个人死亡。

二、阅读并思考

1. 请分别从绩效管理的不同阶段分析本案例中结果变化的原因。
2. 结合相关理论和经历谈谈绩效考核目标的重要性。

第四节 绩效管理的方法与工具

一 绩效管理规范方法

(一) 绩效管理规范制定方法

1. 专题专议法

专题专议法是根据某个专题的内容进行分解的方法，适用于绩效管理内容明确、体系较为完整的企业，并且要求工作人员熟悉本企业的绩效管理内容。专题专议法在运用过程中主要分为使用前的准备阶段、实际操作阶段及完善阶段三个阶段。

人力资源管理工作人员使用专题专议法制定绩效管理规章制度时应当首先梳理本企业绩效管理的所有内容，并按照一定的顺序将绩效管理内容进行排序。在整理本企业绩效管理内容时，要做到内容准确、实用和规范，以免影响绩效规章制度内容的全面性和可操作性。

运用专题议法不仅可以帮助制定绩效管理体系的规章制度，对绩效管理中某一模块规章制度的设计也有实际作用，如绩效面谈、绩效考核、绩效改进与提升等方面的规章制度的设计也可以采取此方法。但是，采用此方法对企业本身绩效管理体系的系统性要求较高，企业在选择该方法时一定要做好完善绩效管理体系的准备。

2. 解释说明法

用简明扼要的语言把事物的实际情况恰如其分地表达出来，这种方法通常用于绩效管理细则或办法的编写，对于绩效管理制度与规章，主要运用到每条的编写。解释说明法在运用过程中分为三个阶段，包括明确解释说明对象、抓住事物特征，以及逐章、逐条概括要点（见表 6-4）。

表 6-4 解释说明法运用步骤

明确解释说明对象	抓住事物特征	逐章、逐条概括要点
确定所要制定的绩效管理规范的主题，或者是绩效考核实施细则，或者是绩效改进与提升管理办法，或者是每条绩效管理制度的编写	在具体编写阶段，要明确所要编写的绩效管理规范具有哪些特征，即从哪些角度来编写相关规范	明确制度编写的逻辑顺序，然后根据所要编写的绩效管理规范的内容将章节划分出来，最后据此逐条解释

制度性语言的根本要求是科学性、严谨性、准确性。恰当地运用解释说明法，能使语言表述更加简练明确，使制度更加具体，增强制度的权威性和说服力。在使用该种方法时，特别要注意语言的精炼和概括内容的全面性。

3. 问题分析法

问题分析法是根据解决问题的思维过程，寻找问题所在，并确定问题发生原因的系统方法。人力资源管理工作人员采用此方法时应当按照已经发生或即将发生的绩效管理问题、业务问题、流程问题，编写相应的绩效管理规章制度。问题分析法可分为明确问题、进一步分析问题、找出问题产生的原因及根据问题原因编写规章制度四个阶段（见表 6-5）。

运用问题分析法一方面可以诊断目前企业绩效管理工作中存在的问题，另一方面通过此种方法制定绩效管理的规章制度可以起到规避风险的作用，减少甚至避免以后工作中再次出现同样的问题。

采用问题分析法的关键是选择合理的问题分析工具，目前常用的问题分析工具是“5why”分析法。“5why”分析法主要从三个层面来实施。

表 6-5 问题分析法运用步骤

明确问题	进一步分析问题	找出问题产生原因	根据问题原因编写规章制度
在管理中,通常把实际情况与应有的要求标准之间的差异叫问题,即绩效管理或企业管理中的实际情况与要求的标准之间的差距	把问题分解为各个比较小的问题,区分出紧急性、严重性或可能性等问题,然后制定解决这些问题的先后程序	如果原因是可见的,验证它;如果原因是不可见的,考虑潜在原因并核实最可能的原因,依据事实确定直接原因	根据问题及其产生的原因编写规章制度,进一步规范绩效管理中的业务问题或流程问题,使绩效管理系统更加优化

(1) 为什么会发生?(从"制造"的角度)

(2) 为什么没有发现?(从"检验"的角度)

(3) 为什么没有从系统上预防事故?(从"体系"或"流程"的角度)

每个层面连续 5 次或 N 次的询问,以得出最终结论,只有将以上三个层面的问题都探寻出来,才能发现根本问题,并寻求解决方法。

4. 卓越绩效评价准则

卓越绩效评价准则适用于追求卓越绩效的各类组织,是组织为追求卓越绩效而规定的自我评价准则。人力资源管理工作人员可以运用卓越绩效评价准则制定部门经理和各类人员的绩效考核方法。卓越绩效评价准则由七个类目组成,包括领导、战略、顾客与市场、资源、过程管理、测量/分析、改进与结果。卓越绩效评价准则有利于引导组织的自我学习,激励组织追求卓越绩效,提高产品、服务和经营质量,增强竞争优势,评定获奖组织、树立典范并分享成功的经验,鼓励和推动更多的组织使用这套标准。标准的制定和实施可以帮助组织提高其整体绩效和能力,为组织的所有者、合作伙伴和社会创造价值,有助于组织获得长期的市场成功,并使各类组织易于在质量管理实践方面进行沟通和共享,成为一种理解、管理绩效并指导组织进行规划和获得学习机会的工具。

(二) 绩效管理规范执行方法

1. 绩效管理制度制定程序

(1) 确定绩效管理类制度的目标。企业制定绩效管理类制度应以企业战略发展目标为核心,以完善绩效管理体系、提高人员工作积极性为目标。一方面,应建立预警机制,规避可能发生的问题;另一方面,减少已经发生的问题可能造成的损失。

(2) 绩效管理类制度的定位。明确立足点,根据制度的目标及原因选取角度,如战略角度、业务角度、人员角度、工作流程等。定位的准确性直接影响到绩效管理类制度的可行性。

（3）调研访谈。调研访谈内容要全面，覆盖范围广，确保获得大量数据，内容主要涉及企业目前所处的内外部环境、企业未来将要处于的内外部环境、企业目前绩效管理和绩效激励存在的问题、业务中需要特别注意的事项等。

（4）绩效管理类制度的起草。制度起草工作应根据前面的制度目标和制度定位确定制度的风格和写作方法，以规范化为准则，在调研的基础上拟定制度内容纲要和条文形成草案。

（5）绩效管理类制度的定稿。制度定稿应具有可行性和相对稳定性，及时提交给具有相关权限的领导或主管部门批准。

（6）绩效管理类制度的执行。制度定稿后在企业内部发布制度运行的通知并开始试行，让广大员工发表意见和提出建议。

（7）绩效管理类制度的完善。根据制度执行过程中广大员工的意见和建议，在操作过程中发现的不足和纰漏，进一步完善修改。

（8）绩效管理类制度的公示。企业管理者应选择让全体员工都能知晓的渠道进行制度公示，公示后制度开始生效。

2. 绩效管理制度内容设计

绩效管理制度是企业开展员工绩效评价工作的依据，是企业绩效管理工作程序化、规范化发展的前提。

二　绩效目标设定方法与工具

（一）绩效目标设定方法

1. 传统目标设定法

传统目标设定法是指由企业的最高管理者制定，并分解为子目标落实到各个组织和层次中，此种方法一般适用于单向管理、权力集约化的企业。

运用传统目标设定法设定的目标更加具有权威性，有利于上下级目标保持一致。传统目标设定法的最大特点是目标从上而下，逐级进行设定，这就要求最高管理者应当准确把握企业战略发展方向，熟悉各部门业务流程和关键工作绩效，确保目标分解到位，与岗位职责紧密联系。

企业在运用传统目标设定法制定绩效目标时主要包括三个阶段，具体指明确战略发展目标阶段、从上而下分解目标阶段及目标实施阶段（见表 6-6）。

表 6-6 传统目标设定法实施步骤

明确战略发展目标阶段	从上而下分解目标阶段	目标实施阶段
企业高层领导者制定企业发展战略目标,据此确定年度发展目标	高层领导者负责将目标按照自上而下的顺序进行分解,各部门及员工应严格执行分解的目标	在目标实施阶段,如果目标需要完善或变更,需要经过高层领导者的审批,不能擅自更改

2. 参与式目标设定法

参与式目标设定法是由上级与下级共同决定具体的绩效目标,并定期检查目标完成情况的方法,是一个由上至下、由下至上的反复过程,适用于管理方式比较开放、倡导员工建言献策的企业。

参与式目标设定法与传统目标设定法相比较而言,它具有其自身的特点:第一,目标达成的程序是自上而下,是由上层领导提出战略目标与年度发展目标,然后由各级部门充分发表意见,最后形成企业整体的发展目标。第二,目标分解的程序是自下而上,是由各员工按照岗位职责草拟工作目标;然后由各级领导汇总下属草拟的工作目标,并与下属一起讨论、制定工作目标,签订工作目标协议书,并据此制定部门发展目标;最后由高层领导者汇总各部门目标,与企业总体目标进行对比。第三,既要制定目标,更要制定目标实现的措施和方法。

运用参与式目标设定法制定绩效目标时主要有四个阶段,包括明确战略发展目标阶段、分解阶段、制定目标实现措施阶段及目标实施阶段。

3. "5W2H"目标设定法

5W2H 目标设定法是指企业在设定绩效目标时,考虑目标实现的环境分析(why),绩效目标的内容(what),目标实现的层级、部门或区域(where),目标实现的时间限制(when),谁来做(who),如何具体实现目标(how)及目标实现所需要的资源支持(how much)等内容的方法(见表 6-7)。该方法不受企业类型和管理方式的限制。

表 6-7 5W2H 目标设定法的核心内容

5W2H 目标设定法内容	在目标设定项目中的运用	在某一具体目标内容设计中的运用
为什么做(why)	明确目标设定的背景和须达到的效果	明确某一具体目标实现的必然性及需要解决的问题
做什么(what)	明确目标设定的背景,确定总体企业目标规划	识别和确定具体的目标内容,明确目标的关键环节,将总体目标进行细化与分解
在哪里做(where)	明确目标设计各环节的实施地点、环境	明确具体目标各事项设计的开展地点、层级、部门、区域、环境等

续表

5W2H目标设定法内容	在目标设定项目中的运用	在某一具体目标内容设计中的运用
什么时候做（when）	明确目标设计项目的工作日程安排表	明确具体目标的内容事项开展的时间限制
谁来做（who）	用正式文档明确说明每一位成员的职责	明确具体目标中各内容事项的执行主体
怎么做（how）	是目标设计项目的执行阶段，项目成员按照目标计划时间和任务执行，严格控制目标变更的申请与处理	明确完成具体目标需要进行哪些步骤、环节，将各步骤的结构框架进行合理细化，确定目标的所有步骤和关键节点
做多少（how much）	由于受到企业资源和特定环境的约束，目标项目可能需要企业其他相关资源支持，包括人力支持、组织绩效考核、预算，甚至可能需要的外部资源等	完成具体目标设计后，明确最终要达到的效果，并提出改进方案

5W2H目标设定法的实施分为四个阶段，包括分析目标制定的背景、明确目标的具体内容、确定目标实现的时间和人员、目标实施的具体步骤。

4. 目标管理法

目标管理（management by objectives，MBO）由美国管理专家德鲁克于1954年出版的《管理的实践》一书中率先提出。目标管理法是管理员和下属人员共同参与制定双方同意的绩效目标，并且定期对这些目标的实现进程进行检查的管理方式。这些目标是详细的、可测量的、受时间控制的，而且结合在一个行动计划中。该方法根据目标的完成情况来确定奖励或处罚，以实际产出为基础，考评重点是员工工作的成效和劳动结果。一般情况下，目标管理过程通常包括以下三个步骤。

（1）制定目标体系。根据企业的发展战略和规划，高层管理者制定企业总体战略目标体系；根据企业各部门的职能确定能够对组织总体目标产生支持作用的部门主要目标；各单位或部门管理者及其上级一起讨论设定本部门的具体目标；部门成员根据部门目标与其直接上级讨论、参与制定其具体工作目标。

（2）组织实施。所有管理者与其直接下级讨论如何实现目标的行动计划及相关措施；根据讨论确定后的计划、措施，实施目标管理工作，相关责任人要明确责任、权限。

（3）检查和评价。上级和下级定期会面和检查目标的进展情况，发现问题及时处理并及时向有关单位或部门、个人反馈；根据检查结果进行奖惩，并总结提出改进措施，为下期目标执行提出建议。

(二)绩效目标设定工具

1. SMART 分析标准

在绩效目标设定过程中主要按照 SMART 标准进行,即具体的(specific)、可衡量的(measurable)、可实现的(attainable)、相关的(relevant)、有时限的(time-bound)。具体内容见表 6-8。

表 6-8 绩效目标分解的 SMART 标准

标准	含义	考虑要素
S(specific) 具体的	目标清晰、明确、详细	需要完成哪些具体任务 实现该目标后有何预期效果 一般用目标提高的数额进行衡量
M(measurable) 可衡量的	可以提供可比较的标准,获得具体的成果	怎样知道自己是否实现了目标 一般用数量、质量和影响来描述
A(attainable) 可实现的	绩效目标可以执行,能在一个特定时期内完成	目标切合实际而具有一定挑战性,管理者和员工双方都能接受 一般用提高、增加、取得来描述
R(relevant) 相关的	企业、部门、个人(岗位)的绩效指标一定要形成层层支持的指标体系,指向战略实现	评价指标一般与从事的具体工作相关,反馈业绩期望 绩效指标必须与企业战略目标、经营策略相连,成为企业整体战略管理系统的一部分
T(time-bound) 有时限的	目标要有时限,要有合理的时间约束	该目标实现的进度安排、质量控制和管理

2. SWOT 分析范本

通过某企业应用 SWOT 分析法进行企业战略目标分析来了解该方法的具体实施内容与步骤。

1) 企业基本情况分析

某企业是国内一家家电制造企业,其产品在企业所属区域市场中占据一定份额,企业希望尽快成长为该地区最强的企业,其基本情况见表 6-9。

2) 人力资源战略 SWOT 分析

结合企业实际及市场情况分析,企业制定的人力资源战略总体目标为:根据企业总体战略经营目标,在 3～5 年内,围绕企业的核心产品积蓄人力资本、整合组织流程、规划人事体系、优化薪酬激励,通过人力资源的最大化发展有力地推动企业向现代化新型企业发展。

表 6-9　某企业的基本情况表

内部优势 有较高的企业信誉和产品知名度 有稳定的物料供应商 技术领先	内部劣势 组织结构有待完善 人力资源储备不足 产品开发力度不足
外部机会 市场潜在需求增长 良好的顾客认知	外部威胁 同类竞争者较多 部分产品市场占有率下降

综合上述分析，绘制出企业人力资源战略 SWOT 分析矩阵，具体见表 6-10。

表 6-10　该企业 SWOT 分析矩阵

内部/外部因素	优势： 员工工作积极性高	劣势： 缺乏拥有某些关键技能的人才
机会： 劳动力市场人才供给充分	招聘优秀人才并做适量储备 让有潜力的员工在企业内部有更好的发展平台	为员工提供更多培训与轮岗机会 发挥绩效管理的检测、诊断功能、为员工培训、薪酬管理提供依据
威胁： 新的竞争对手加入 市场竞争压力大	完善绩效考核机制	完善薪酬激励机制

3）制定人力资源战略及具体实施策略

具体实施策略：第一，招聘本科及以上学历人员占招聘总人数的××%以上。第二，增加人力资源部的人员编制，以规范企业人力资源体系建设。第三，人员配置，人员在不同部门轮岗。

3. 鱼骨图分析模型

通过头脑风暴法找出问题特性的影响因素，并使它们与特性值一起，按要素之间的相互关联性整理形成的层次分明、条理清楚，并标出重要因素的图形就叫特性要因图，其形状如鱼骨，又叫鱼骨图，是一种透过现象看本质的分析方法。鱼骨图分析模型就是借助鱼骨图将战略目标具体分解为各子目标的分析模型，分为确定总体战略目标、分解战略目标为子目标、建立子目标与业务流程的关系及分解主要业务流程的关键绩效指标(key performance indicator，KPI)四个阶段。该分析模型要求团队合作，过程复杂、烦琐，涉及多方面要素，在运用过程中应注意相关事项、提前做好风险防范措施。

1）鱼骨图分析模型注意事项

鱼骨图分析模型在实际运用中应关注一些注意事项，注意事项处理得当与否关系到鱼骨图运用效果的好坏，如图 6-2 所示。

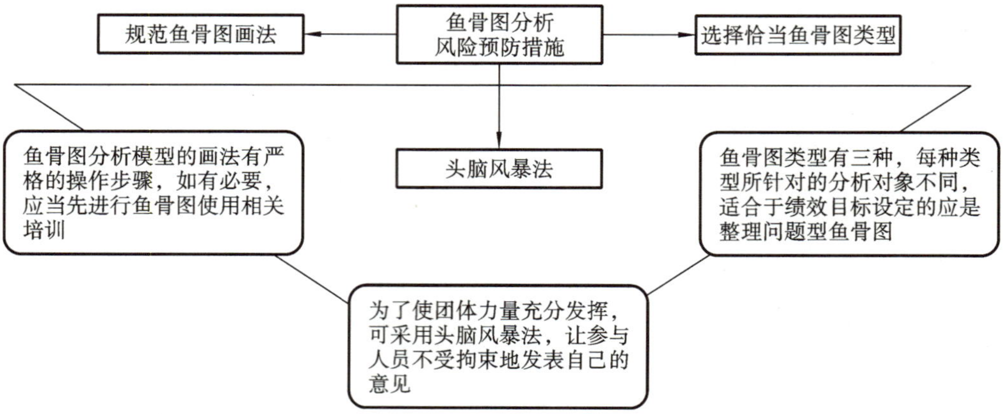

图 6-2　鱼骨图分析模型注意事项及风险防范图

2）运用鱼骨图分析风险预防措施的步骤

为了提高鱼骨图分析模型设定绩效目标的效率，规避鱼骨图分析模型使用时的风险，人力资源管理工作者应当采取以下预防措施：第一，先确定问题（结果或成果），再由左到右画一条带箭头的直线（此线称为主骨），箭头右端与问题（结果或成果）相连，代表问题（结果或成果）的原因（要素）；第二，从人员、机器、材料、方法、管理、环境等方面寻找大的原因（要素），每个原因（要素）画一条箭头线（此线称为次骨），箭头指向主骨；第三，找出造成大原因（要素）之小原因（要素），画出一条线（此线称为小骨），与主骨平行，箭头指向次骨；第四，逐步过滤，圈出主要原因（要素）；第五，对主要原因（要素）进行再分析；第六，依据提出的原因（要素）拟订改善计划，直接取得成果。

三　绩效考评方法与工具

绩效考核方法通常也称为业绩考评或“考绩”，是针对企业中每个员工所承担的工作，应用各种科学的定性和定量方法，对员工行为的实际效果及其对企业的贡献或价值进行考核和评价。①

绩效考核方法有两种不同类型的体系，分别是相对评价体系（comparative systems）和绝对评价体系（absolute systems）。相对评价体系是通过将员工相互比较来进行衡量的，常用的方法有交替排序法、配对比较法和强制正态分布法；而绝对评价体系则是通过将员工与事先确定的绩效标准加以比较进行衡量的，一般包括图评价尺度法、关键事件法、360 度考核法、平衡计分卡法和 KPI 等，见表 6-11。②

① 参见加里・德斯勒：《人力资源管理》（第 12 版），刘昕译，中国人民大学出版社，2012 年，第 340-350 页。
② 赫尔曼・阿吉斯：《绩效管理》（第 3 版），刘昕、柴茂昌、孙瑶译，中国人民大学出版社，2013 年，第 108 页。

表 6-11　绩效考核方法

相对评价体系	绝对评价体系
交替排序法	图评价尺度法
配对比较法	关键事件法
强制正态分布法	360 度考核法
	平衡计分卡法
	KPI

（一）交替排序法

交替排序法是一种常用排序考核法，是根据一种或多种绩效评价特征要素对员工进行从绩效最好到绩效最差的排序。在群体中挑选出最好的或者最差的绩效表现者，较之于对其绩效进行绝对考核要简单易行得多。

交替排序的操作方法就是分别挑选、排列“最好的”与“最差的”，然后挑选出“第二好的”与“第二差的”，这样依次进行，直到将所有的被考核人员排列完全为止，从而以优劣排序作为绩效考核的结果。

（二）配对比较法

配对比较法是一种更为细致的通过排序来考核绩效水平的方法，它的特点是每一个考核要素都要进行人员间的两两比较和排序，使得在每一个考核要素下，每一个人都与其他所有人进行比较，所有被考核者在每一个要素下都获得了充分的排序。该种方法较交替排序法更加科学、可靠，但当评价对象超过一定数量时，配对比较次数太多，工作量较大，会降低评价效率，因而该方法的运用应关注评价对象数量。

（三）强制正态分布法

强制正态分布法是指基于一定假设条件，即某范围内的员工工作状况是按正态分布的，如工作状况有好、中、差三种，一般是两头小、中间大，呈正态分布。强制正态分布法就是将被评价者的工作曲线进行等级划分，需要按照一些预定的比例将被评价者划分到几个不同的绩效等级中。比如，通用公司对管理人员采用高、中、低三个绩效等级，其分布比例为：绩效水平最高的占 20%，绩效水平中等的占 70%，绩效水平最低的占 10%。强制正态分布法具有等级清晰、区别显著、操作简便、刺激强烈等优点，且强制区分等级有效避免了评价中过严或过松现象。

（四）图评价尺度法

图评价尺度法是一种运用最普遍、最简单的绩效评价方法，绩效评价表格通常能够衡量四大职位相关维度中的一个或多个绩效维度。图评价尺度法列举了一些特征要素(如"沟通"和"团队合作"等),同时还分别为每一个特征要素列举了绩效的取值范围(从"不令人满意"到"优异"),主管人员找出其中哪一个分数最能反映员工在某一项特征要素上的实际表现,然后在这个分数上画圈或者打钩,再将员工在所有要素上的得分进行加总。

(五)关键事件法

关键事件法是针对工作中的关键行为和行为结果,制定相应的加分、扣分标准,来对员工的绩效水平进行绩效考核的方法。该方法由 J. C. 弗拉纳根在 1954 年发展起来,一般由主管人员将其下属员工在工作中表现出来的"特别好"或"特别坏"的行为事件记录下来,然后在考核时点上(每季度或每半年)与该员工进行一次面谈,根据记录共同讨论来对其绩效水平做出考核。

(六)360 度考核法

360 度考核法又称全方位考核法,最早由美国英特尔公司提出并实施运用。该方法是从员工自己、上级、同事、下级、客户等不同主体收集评价信息,从多个角度对员工进行综合反馈评价,使员工了解自己的长处和短处,达到鼓励员工巩固良好行为、提高工作绩效的目的。该方法具有评价维度多元化(通常是 4 个或 4 个以上)的特点,主要针对中层以上的人员进行考核,适用于拥有沟通顺畅的企业文化、没有传统的"官本位"思想、具有快速高效的网络信息平台及完善的组织培训体系的企业。360 度考核法是将原本由上到下,由上司评定下属绩效的旧方法转变为全方位 360 度交叉形式的绩效考核。这种考核方法,不仅是绩效评定的依据,更能从中发现问题并进行改革提升。

360 度考核法作为全面绩效考核的工具一般分为以下五个步骤。

(1) 组建评价队伍。一般由企业领导、人力资源部工作人员、外部聘请的专家等组成,负责对整个绩效考核工作进行统筹领导。

(2) 考核者培训。对被选拔的考核者进行评估方法和对他人进行反馈的训练和指导。

(3) 实施考核。根据收集到的各种相关信息,分别由上级、下级、同级、客户及本人按各个维度标准,进行评价,找出被考核者的优点和不足。

(4) 统计考核信息并反馈问题。收集并统计考核信息,并将统计结果及时反馈给被考核者。

(5) 拟订改进计划。根据 360 度考核结果,结合被考核者个人的实际情况,由员工的上级、人力资源部、员工共同拟订绩效改进计划。

（七）平衡记分卡法

平衡计分卡是美国哈佛商学院罗伯特·卡普兰和大卫·诺顿于1992年在《哈佛商业评论》上发表的《平衡计分卡:业绩衡量与驱动的新方法》一文中提出的一种新的绩效评价体系。平衡计分卡是围绕企业的战略目标,从财务、客户、内部业务流程、学习与成长这四个方面对企业进行全面的测评。它不仅是一个指标评价系统,更是一个战略管理系统,也是一种沟通工具,注重团队合作,全面提高整体管理效率,强调“平衡”。每个企业都可以根据自身的情况来设计平衡计分卡,但大体上应遵循以下几个步骤。

第一步:确立企业愿景与战略。平衡计分卡应能够反映企业的愿景与战略,企业高层管理者就企业愿景和战略达成共识,成立平衡计分卡小组,对企业愿景与战略做出解释。

第二步:选择和设计具体目标和测评指标。建立财务、客户、内部业务流程,以及学习和成长四个方面的具体指标,并为其找出最贴切的业绩测评指标。

第三步:加强内部沟通与教育。利用刊物、信件、公告栏、会议等各种不同沟通渠道,让各层人员了解企业目标与业绩衡量指标。

第四步:与奖惩制度挂钩。将每年的报酬奖励制度、处分惩罚制度与平衡计分卡挂钩。

第五步:修正平衡计分卡指标。通过调查了解员工的情况,根据大家意见,修正平衡计分卡业绩衡量指标并改进企业战略。

（八）KPI

KPI是指运用关键业绩指标来进行绩效评价的方法。KPI通过对组织内部各种工作流程的输入端、输出端的关键参数进行设置、取样、计算、分析来衡量流程绩效,是一种目标式量化管理指标。

KPI的依据是“二八原理”,即一个企业在价值创造过程中,每个部门80%的生产组织价值是由20%的骨干员工创造的,每位员工80%的工作任务是由20%的关键行为完成的,因此抓住20%的关键行为就抓住了主体。KPI是连接个体绩效与组织目标的桥梁,具有系统性、可控性、价值牵引性、目标导向性、突出重点等特征,一般包括以下五个步骤。

(1) 建立指标评价体系。根据组织整体目标,确定企业、部门、岗位的关键考核指标,从而建立绩效指标考核体系。

(2) 审核关键绩效指标。确定关键指标是否能够全面、客观地反映被考核者的工作绩效,以及是否适合于评价操作。

(3) 确定绩效指标评价标准。根据企业所在行业、所处的发展阶段、经济实力状况以及经营状况等确定绩效指标评价标准。

(4) 实施 KPI 考核。做好考核前的培训指导工作,根据考核制度及有关规定,由各相应权限部门进行考核操作,得出考评结果。

(5) 考核奖惩与沟通。将考核结果及时反馈给被考核者,并与之沟通,根据奖惩制度进行奖惩。并将考评结果所得数据应用于管理工作的有关方面,改进组织绩效。

四 绩效面谈管理方法

(一) 表扬引导法

表扬引导法是指上级运用期待、赞美、表扬、谅解和鼓励等激励性语言评价员工,修正固定思维模式,改变认识,提高员工工作积极性,形成良好工作作风的方法。领导者要善于运用激励性评价语言,不失时机地给不同层次的员工以充分的肯定、激励和赞扬,营造良好的工作氛围,发挥表扬和引导的双重功能,使员工能积极主动、全身心地投入到工作中去,促使每个员工在已有水平上不断发展,提升工作绩效。同时,激励性的评价语言能激发员工的工作动机,诱发其工作兴趣,使员工在心理上获得自新、自信和成功的体验,进而使员工积极主动地工作。该方法适用于安于现状、不求上进、甘于堕落的员工。

领导者的激励性语言评价既要做到随时捕捉员工工作中生成的闪光点,给予肯定,又要善意地提醒、点拨、引导,进而改善员工工作过程中的不足,即做到表扬有度,引导得法。其中表扬引导法中表扬的形式有多种,其主要内容见表 6-12。

表 6-12 表扬的形式

形式	内容
灵活的表现形式	例会表扬、评选、发奖品、邮件表扬(群发邮件、单发邮件、抄送领导等)、专门的公开表扬信
当众表扬和个别表扬	当众表扬是领导当着众人的面表扬某人某事,该方法常常能达到鼓励先进、鞭策众人的效果;个别表扬就是没有第三者在场时,领导当面表扬某个人,对于害怕当众表扬的人,适合用这种方法
公布式表扬和公选式表扬	领导对下属进行的直接表扬就属于公布式表扬;公选式表扬是指经过全体员工(群众)推举和评选后对某人某事的表扬,该方法能稳定受表扬者在员工(群众)中的基础,可防领导偏心之嫌,更能成为其他人自觉学习的榜样
对人表扬和对事表扬	对人表扬指的是对某个人的为人、思想品德等进行肯定,这种方法适用于树立先进、榜样;对事表扬指的是对人们处理事情的反应速度、方法、效果等方面的表扬
对个人的表扬和对团队的表扬	表扬个人目的在于鼓舞个人,同时起到榜样作用,激励他人;表扬团队强调团队精神,使团队成员互相欣赏,营造信任的团队氛围

企业管理者在实施表扬引导法时，要注意四个要点，具体如下。

（1）对症下药。企业管理者应仔细地观察自己的员工，了解他们的性格，针对不同性格的员工，在不同阶段采取不同的表扬引导方式，做到对症下药。

（2）掌握表扬引导的时机。管理者如果有时候不能抓住表扬引导的时机，会明显错失表扬点，所以管理者应培养对好的表现的敏感度。

（3）表扬要有分寸。表扬要讲究实事求是，表扬的点要准确、有说服力，评价要恰当，不能让其他成员觉得虚伪或不公平，否则不利于引导其他成员行为的改善。

（4）总体把握表扬的量。应适当地把握表扬次数和表扬的点，管理者如果过于频繁地表扬员工，就很难起到绩效激励和引导的作用。

案例 6-1：绩效考核案例——非惩罚性处分

表扬引导法在运用过程中主要分为以下五个阶段。

（1）描述员工行为。明确指出员工在哪个（或哪些）方面的优势。

（2）恰如其分地对其进行表扬。在合适的时间、合适的地点、合适的情境中对员工进行表扬。

（3）鼓励员工正面认识自己。有时员工对于表扬会表现得不好意思，认为这次的成功有偶然的成分，是“运气好”，为了使表扬达到更好的效果，管理者应帮助员工正面认可自己，树立信心；所以，为了使表扬收到更好的效果，帮助员工正面认识自己，树立信心，经理要表达这次成功反映了员工的哪些品质。

（4）对员工提出新的或更好的要求。鼓励员工着眼未来，追求更高的成功。

（5）给予适当的鼓励和支持。在员工向新的目标努力时，管理者要给予其适当的人、财、物等方面的支持，并给予精神鼓励，有助于员工向新目标迈进。

（二）BEST 反馈法

BEST 反馈法是指管理者（考评者）指出问题，并描述了问题所带来的后果后，在征询员工意见或建议的时候，管理者（考评者）应给予员工发表自己见解的权利，以聆听者的姿态听取员工的建议或意见，并鼓励员工自己寻求解决办法，管理者或考评者最后做总结。BEST 反馈法通常适用于性格内向的员工。这类员工通常不善于言辞，使用该方法可以充分调动被考核员工发表建议的积极性，进而调动其改进绩效的主动性。BEST 反馈法要想达到建设性批评的效果，必须符合六个要素，具体如图 6-3 所示。BEST 反馈法的运用过程主要分为四个阶段，包括描述行为阶段 B(behavior description)、表达后果阶段 E(express consequence)、征求意见阶段 S(solicit input)及着眼未来阶段 T(take about positive outcomes）。

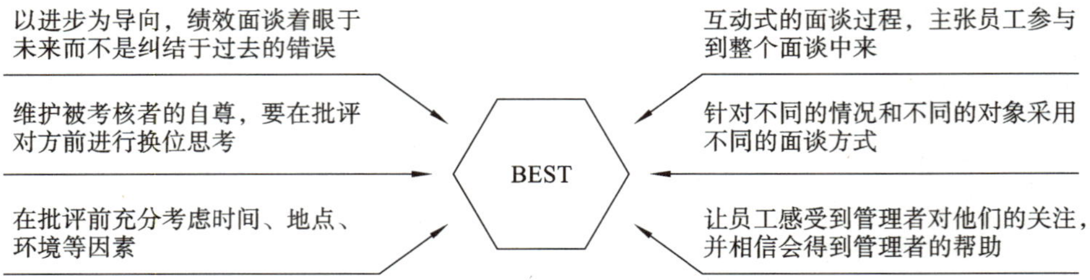

图 6-3　BEST 反馈法的六要素

（三）“汉堡原理”法

“汉堡原理”法简单来讲，即汉堡最上面的一层面包如同表扬，中间夹着的馅料如同批评，最下面的一块面包代表要用肯定和支持的话语结束面谈。该方法适用于对安分守己的员工和表现积极却有勇无谋的员工的面谈。“汉堡原理”法在运用过程中主要分三个阶段，包括肯定员工阶段、批评员工阶段以及以肯定方式结束面谈阶段（见表6-13）。

表 6-13　“汉堡原理”法的运用程序

肯定员工阶段	批评员工阶段	以肯定方式结束面谈阶段
先表扬员工取得的成绩，给予真心的鼓励，有助于营造融洽的面谈气氛	提出需要改进的“特定”的行为表现，提出让员工能够接受的改善要求，表达出对员工的信任，消除员工的抵触心理	以肯定和支持结束，与员工共同拟订绩效改进计划，表达对员工未来发展的期望

（四）单向劝导式面谈法

单向劝导式面谈法是指主管上级针对员工个人现实工作表现进行剖析，说明哪些是正确的、有效的行为，哪些是错误的、无效的行为，由面谈人员根据工作说明书，尽可能地说服下属，并让他们提出新的、更高的目标，不断提高员工的绩效水平。单向劝导式面谈法适用于评估绩效计划目标的实现程度。

单向劝导式面谈法要求上级人员具备劝服员工改变自我的能力，并能够熟练运用多种激励模式和方法激励下属。该方法具有其自身的优缺点。单向劝导式面谈法在运用过程中主要分为上级主管剖析员工表现、建立新的绩效目标及绩效提升三个阶段。

（五）双向倾听式面谈法

双向倾听式面谈法是指主管针对员工个人现实工作中的行为表现进行剖析，说明哪些是正确的、有效的行为，哪些是错误的、无效的行为，员工适当地给予回应，并就绩效考核的相关问题与主管进行讨论，共同制定下一考核周期的工作目标，以不断提高员工的绩效水平。双向倾听式面谈法可以为员工提供参与考评以及与上级进行交流的机会，也可以在员工工作中遇到困难时鼓励其寻找原因和改进方法，达到消除或减少员工不良情绪的目的。本方法适用于表现积极和安于现状的员工。

双向倾听式面谈法在运用过程中主要分为三个阶段，包括下属自评阶段、上级主管总体评价员工阶段及下属再次发表意见阶段。双向倾听式面谈法的运用程序如表6-14所示。

表 6-14　双向倾听式面谈法的运用程序

下属自评阶段	上级主管总体评价员工阶段	下属再次发表意见阶段
下属回顾总结自己的工作，包括工作内容、工作方式及取得的工作成果	上级主管根据下属的自评报告，在综合归纳各个方面考评意见的基础上，提出自己的看法，并做出总体的评估	上级主管听下属发表意见，应当给下属充分发表意见的机会，使其毫无顾忌地表达自己对考评结果的直接感受和真实想法

（六）解决问题式面谈法

解决问题式面谈法以解决员工的实际问题为主要目标，主管人员应倾听员工的工作陈述，及时关注与反馈员工遇到的困惑、困难、需求、工作满意度等各种问题，并对各种问题逐一进行剖析，以达成共识，从而促使员工不断进步。该种方式主要适用于促进员工潜能开发和全面发展的面谈。

解决问题式面谈法具有一定难度，需要主管人员或考评者参加相关的培训课程，以提高主管人员或考评者的管理技巧和水平。解决问题式面谈法的运用程序与双向倾听式面谈法的程序相似，但解决问题式面谈法更注重营造一种活跃的、开诚布公的、能够进行有效交流的环境和氛围，主管人员在面谈时更注重倾听员工提出的问题，并对提出的问题进行解决。

（七）综合绩效面谈法

综合绩效面谈法是将上述各种面谈方式，经过合理组合、搭配而成的一种绩效面谈方式。它指的是在一次面谈中，主管人员或考评者能够采取灵活变通的方式，从一种面谈形式过渡到另一种面谈形式，以达到实现绩效面谈多重目标的目的。

当绩效面谈有多重目标时适合采用综合式绩效面谈法，在民主式管理的企业和学习型组织中适用范围较广。

该方法要求主管人员或考评者经过专门的管理技巧培训，拥有良好的语言表达能力、沟通能力、解决问题能力和灵活变通能力。采用综合绩效面谈法可以“一箭双雕”，效率较高。①

中英文关键术语

绩效(performance)
绩效管理(performance management)
绩效考核(performance appraisal)
关键业绩指标法(key performance indicator)
平衡计分卡法(balanced score card)
目标管理法(management by objective)

复习思考题

1. 举例说明绩效考核和绩效管理的联系和区别。
2. 绩效管理对组织的贡献有哪些?
3. 绩效考核指标和标准应如何确定?
4. 如何运用绩效面谈方法?
5. 目前绩效管理存在哪些问题,应如何解决?

本章自测题

本章拓展阅读材料

案例分析题

一、案例材料

某著名的跨国公司,在世界 66 个国家拥有 233000 名员工和 340 多个办事机构,其业务范围包括电子、机械、航空、通信、商业、化学、金融和汽车等领域。该公司在中国各地投资兴建了几十家生产和销售公司,由于各个公司运营时间都不长,且内部管理制度建设还不完善,所以在绩效考核中采用了设计和实施相

① 刘亚萍:《绩效管理方法与工具》,中国劳动社会保障出版社,2013 年。

对都比较简单的强制分布评价方法。生产人员和管理人员都是每个月进行一次绩效考核，考核的结果对员工的奖金分配和日后的晋升都有重要的影响。这家公司的最高管理层很快就发现这种绩效考核方法存在着很多的问题，但是又无法确定问题的具体表现及其产生的原因，于是他们请了北京一家咨询公司对企业的员工绩效考核系统进行诊断和改进。

咨询公司的调查人员在实验性的调查中发现，该企业在中国的各个分公司都要求在员工的绩效考核中将员工划分为五个等级，其中，A代表最高水平，E则代表最低水平。按照规定，每次绩效考核中要保证员工总体的4%～5%得到A等评价，20%的员工得到B等评价，4%～5%得到D等或E等评价，余下的大多数员工得到C等评价。员工绩效考核的依据是工作态度占30%，绩效占40%～50%，遵纪守法和其他方面的权重占20%～30%。被调查的员工认为在绩效评价过程中存在轮流坐庄的现象，并受员工与负责评价工作的主管的人际关系的影响，使评价结果与员工的工作绩效之间联系不够紧密，因此对他们来说，绩效考核虽然有一定的激励作用，但是不太强烈。而且，评价不考虑各个部门之间绩效的差别。这样一来，在一个整体绩效一般的部门工作，即使工作能力一般的员工也可以得到比较高的评价(A或者B)，而在一个整体绩效好的部门，即使员工工作非常努力，也很难得到A或者B。员工还指出，他们认为绩效考核是一个非常重要的问题，这不仅是因为考核结果将影响到自己的奖金数量，更重要的是员工需要得到一个对自己工作成绩客观公正的评价。员工认为绩效评价的标准比较模糊、不明确，在销售公司中，销售人员抱怨自己的销售绩效不理想在很多情况下都是由于市场不景气、自己所负责销售的产品在市场上的竞争力不高造成的，这些因素都是自己通过努力无法克服的，但是，在评价中却被评为C甚至D，所以觉得目前这种绩效考核方法很不合理。

二、讨论题

1. 请针对该案例并结合自己实际工作的经验与体会说明该公司绩效考评存在什么问题，应如何解决？

2. 该公司在绩效管理中存在哪些问题？

第七章

薪酬管理及设计

本章引例

A公司是一个大型制药公司，销售业绩一直不好，为了提高销售量，销售人员的薪酬水平是公司里级别最高的。但是，销售人员的高工资并没有带来好的销售业绩，其他部门的员工意见很大。因此，公司高层提出要对薪酬进行调整，使得薪酬更具激励性。

如果你是A公司的人力资源部经理，承担了进行薪酬体系调整的重任，那么，你需要怎样做才能使A公司达到薪酬调整的目标并走出困境呢？

资料来源　薪酬管理案例分析，http://www.doc88.com/p-2982806611968.html。

第一节　薪酬管理概述

一　报酬的含义及构成

报酬(reward)，是指员工从企业那里得到的作为个人贡献回报的他认为有价值的各种东西。一般可以分为内在报酬(intrinsic reward)和外在报酬(extrinsic reward)。

内在报酬是指与工作有关的非经济报酬，是员工由于工作本身而获得的心理满足和心理回报，如被赏识、有身份地位、就业安全感、挑战性的工作、学习机会等。管理者通过有效的工作设计来提高内在薪酬。外在报酬通常指员工所得到的各种货币收入和实物，包括两种类型：一种是经济性报酬(financial rewards)，也就是我们这里所说的薪酬；另一种是非经济性报酬(non-financial rewards)，如高级办公室、公司配车、高级头衔等，如图7-1所示。

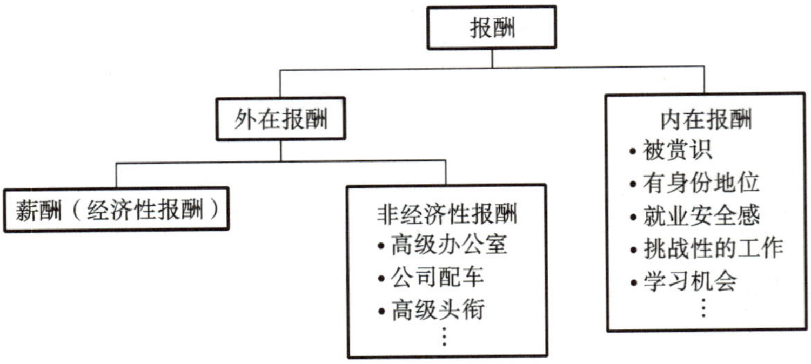

图 7-1 薪酬体系构成

二 薪酬和薪酬管理的含义

(一) 薪酬

薪酬(compensation)一词大约从 20 世纪 90 年代中期传入中国,目前为大多数学者所接受的定义是,薪酬是指企业为认可员工的工作与服务而支付给员工的各种直接的和间接的经济收入。薪酬有不同的表现形式:精神的与物质的、有形的与无形的、内在的和外在的、直接的和间接的。

(二) 薪酬管理

薪酬管理是指在企业发展战略指导下,综合考虑内外部因素,对薪酬体系、薪酬水平、薪酬结构、薪酬构成等进行确定、分配和调整的动态管理过程。

薪酬管理要求企业根据内外部各种因素,对薪酬水平、结构、形式做出及时的调整,同时要对企业支付的薪酬总和进行测算和控制,以维持正常开支,避免给企业带来过重负担。

全面理解薪酬管理的含义,需要注意以下几个问题。

(1) 薪酬管理要在企业发展战略和经费规划的指导下进行。作为人力资源管理的一项重要职能,薪酬管理必须服从和服务于企业的经营战略,要为战略实现提供有力的支持,绝对不能狭隘地进行薪酬管理。

(2) 薪酬管理的目的不仅是让员工获得一定的经济收入,使他们能够维持并不断提高自身的生活水平,而且还要引导员工的工作行为,激发员工的工作热情,不断提高他们的工作绩效,这是薪酬管理更重要的目的。

(3) 薪酬管理的内容不单是及时、准确地给员工发放薪酬,这只是薪酬管理最低层次的活动。薪酬管理涉及一系列的决策,是一项非常复杂的活动。

三　薪酬管理的基本原则

薪酬管理需要遵循以下几项基本原则。

1. 公平性原则

公平性原则的背后反映的是人们的比较心理，它检验了薪酬管理体系是否科学合理，是薪酬管理最基础的原则。企业员工会将其投入与最终获得的薪酬予以对比，如果对比结果符合或者超出员工的心理需求和预期，将会促进员工工作积极性；反之容易产生负面情绪，影响工作效率。

2. 激励性原则

激励性原则是薪酬管理中对员工实行有效管理与鞭策最重要的原动力。薪酬的分配虽然需要遵循公平性原则，但不能受平均主义的制约。企业管理者在设计员工薪酬体系时要根据员工贡献大小制定激励机制，最大限度激发员工的个人潜能，使其更好地为企业服务。

3. 竞争性原则

多数企业在招聘员工时，在成本控制的情况下，会提出具有市场竞争性的薪酬水平，这是竞争性原则外部竞争性的体现，能够帮助企业有效地吸引人才。要想挖掘企业内部员工的最大价值，则需要竞争性原则的内部竞争性发挥作用。

4. 合法性原则

企业薪酬管理体系的制定与实施，必须遵循国家的法律法规及相关政策，确保建立的薪酬管理体系是一套合法合规的管理体系。合法合规的薪酬管理体系能够保障员工的合法利益，避免企业员工采取非法手段获得不当利益，能够让员工安心稳定地为企业服务，并获得合法合理的劳动报酬。

5. 灵活性原则

企业薪酬管理体系应避免片面化、单一化、呆板化，应保持灵活和弹性，这样能够更加合理有效地发挥薪酬管理的激励作用和竞争作用。员工个人能力可能存在较大差异，此时个别能力特别突出的人才的薪酬水平就不能拘泥于一般员工的薪酬水平，应该跳出常规薪酬体系的束缚，针对特殊个体设定具体考评标准及薪酬范围。

四　薪酬管理的作用

薪酬的作用是薪酬的本质体现，具有宏观与微观两个层次。

(一)薪酬管理的宏观作用

在宏观层次上,薪酬分配从属于国民经济分配,在国民生产总值中占有很大比重,是社会生产的重要环节,薪酬水平过高或过低都不利于市场经济的发展以及人民生活水平的提高,有时甚至还会威胁社会的正常秩序。如果薪酬标准支付过高,会对产品成本构成较大的影响,当薪酬的增长普遍超过劳动生产率的增长时,还会导致成本推动型的通货膨胀,从而影响人民的正常生活水准,而且一旦成本推动型的通货膨胀引发虚假过度需求,更会形成"泡沫经济",加剧经济结构的非合理化。

(二)薪酬管理的微观作用

在微观层次上,薪酬的作用主要体现在企业和员工两个方面。

1. 对企业的作用

1)配置作用

薪酬是企业人力资源配置的有效杠杆。薪酬作为劳动价格信号,调节着劳动力的供求和流向。只有公平合理的薪酬制度才能为企业吸引优秀人才,不同的员工对企业的价值和重要性是不同的,相关数据显示,企业80%的利润来自20%的优秀员工。只有优秀人才的加入,才能增强企业的核心竞争力。另外,企业员工的配置,还体现在企业内部人力资源的流动上,企业内部人员往往会流动到薪酬水平较高的部门和岗位。无论是企业外部人力资源的流入,还是企业内部人力资源的流动,都满足了企业对人力资源数量、质量和层次上的需要,体现了薪酬的配置作用。

2)塑造作用

打造企业文化是推动企业健康发展的精神源泉,也是企业的灵魂。而薪酬文化是企业文化的重要组成部分,是在企业长期的薪酬管理实践中所形成的,并为全体员工所共同遵守的价值分配观念,突出体现了企业独特的价值分配取向,是企业文化与薪酬管理实践相结合的产物。薪酬对企业文化起到了塑造作用。

3)战略导向作用

随着人力资源管理从战术向战略层转变,作为现代人力资源管理的核心模块,薪酬向战略化方向发展。薪酬战略源于企业核心价值观和经营战略目标。它要求企业设计薪酬体系时必须从企业战略的角度进行分析,制定的薪酬政策和制度必须体现企业发展战略的要求。企业的薪酬不仅仅是一种制度,它更是一种机制。

2. 对员工的作用

1)激励作用

按照心理学的解释,人们的行为都是在需要的基础上产生的,对员工进行激励的支点就是满足他们没有实现的需要。马斯洛的需求层次理论指出,人们存在着五个层次的需求，有效的薪酬管理能够不同程度地满足这些需要，从而可以实现对员工的激励。员工获得的薪酬，是他们满足生存需要的直接来源；没有一定的经济收入，员工就不可能有安全感，也不可能有与他人交往的物质基础。此外，薪酬水平的高低也是员工绩效水平的一个反映，较高的薪酬表明员工具有较好的绩效，这可以在一定程度上满足他们尊重和自我实现的需要。

2）调节作用

薪酬管理通过对员工收入的调整强化其劳动行为，即引导员工做出与企业目标一致的行为。同时，通过薪酬也可体现企业关心员工、保护员工、体恤员工，从而培养员工的主人翁责任感及社会责任感，也使员工对企业产生一种信任感、归属感或依恋感，形成一种良好的组织氛围与企业文化。

3. 对社会的作用

薪酬是社会成员生活收入的主要经济来源之一，它是社会进步与文明的指示器。人们可以通过薪酬的变动或变化，发现并了解社会不同层面的经济收入状况与水平，反映不同社会群体的差异程度以及不同国家或地区的不同文化及分配制度（机制）。同时，也可看到城乡之间、区域之间、行业之间，以及不同文化、教育、年龄和性别等特征的群体之间的薪酬差异和影响等，更反映出一个社会的公平和进步程度。

五 外部环境与薪酬管理

除了个人和企业因素，企业所处的外部环境也是我们在探索薪酬问题时不可忽略的因素。尤其是伴随着经济全球化、组织知识化的发展趋势，影响薪酬管理制度选择的法律环境、商业环境和产业环境都发生了很大变动，而这些环境因素就是薪酬管理者所关注的重要方面。有效的薪酬管理，应该有助于企业应对来自社会变革、宏观经济环境以及法律法规等外部环境变化的挑战，并最终支持企业整体经营战略的实现。所以，薪酬管理中研究外部环境对薪酬管理的影响并采取积极应对方案是必不可少的。一般来说，企业面对的外部环境主要包括政治、经济、科技、社会文化和国际环境等因素，这些因素共同构成了影响薪酬管理体系设计与变革的外部环境，其中以政治因素和经济因素最为关键。

（一）政治因素

政治因素主要包括国家的政治体制、政治稳定性、国际关系、国家政策、法律法规等对企业发展具有重大影响的因素。

（二）经济因素

经济因素主要指经济发展状况、国民经济结构、通货膨胀水平、市场运行机制、劳动力素质、劳动力市场的供求关系及产业的发展态势等。

就宏观经济环境对薪酬管理的影响而言,劳动力市场分割(labor market segmentation,LMS)理论,尤其是二元劳动力市场对于薪酬管理实践的影响比较大。劳动力市场分割(LMS)理论认为,在现实的经济生活中,劳动者工资的差异不仅来源于其提供的劳动质量的差别,行业、部门、职业、职位的结构性特征也是导致工资率不同的决定性因素。也就是说,生产率相同的劳动者,由于所在的行业、企业和职位的不同,工资率也会大不一样。这种现象主要是因为现实中的劳动力市场是不统一的,始终会存在着一些妨碍劳动者充分流动的障碍,如性别歧视、户籍制度、不充分的劳动力市场信息等。

LMS 理论最重要的分支之一就是二元劳动力市场理论。它由两个最基本的命题构成:①现实生活中存在着两个彼此分离的劳动力市场——主要市场和次要市场(通过工作的特征和劳动者的特征来划分)。主要市场的特征是就业稳定,工作条件好,以熟练技术型劳动力为主,工资水平高,存在较多培训和晋升机会。与此相反,次要市场则工资福利水平普遍较低,工作条件差,职位极不稳定,劳动力流动程度大,培训、晋升机会较少。②在每个劳动力市场内部,劳动力是流动的。但是由于各种非市场因素的制约,在两个市场之间,劳动力无法流动或只能有限地流动。

二元劳动力市场理论强调,劳动者个人的工资率不是主要取决于受教育程度,而是取决于就业发生在劳动力市场的哪一部分。比如,我国的现代和传统部门、正式和非正式部门、公有和私有部门、内资和外资部门等在工资差别上的问题。由此我们可以看出,经济因素对员工工资的影响是比较大的,这也就相应影响到我们的薪酬管理。

六 绩效与薪酬

(一) 将绩效与薪酬挂钩

将员工的薪酬与其绩效挂钩,也称奖励性薪酬,在今天得到了非常普遍的应用。单纯的高薪并不能起到激励作用,只有与绩效紧密结合的薪酬才能够充分调动员工的积极性。而从薪酬结构上看,绩效工资的出现丰富了薪酬的内涵,过去那种单一的、僵化的薪酬制度已经越来越少,取而代之的是与个人绩效和团队绩效紧密挂钩的灵活的薪酬体系。并且,奖励性薪酬的核心实际上是心理上的激励,薪酬专家认为,管理人员应该理解奖励计划的心理动机基础。

1. 马斯洛和需求层次理论

亚伯拉罕·马斯洛认为,人共有五个层次的需求,分别是生理需求(食品、水等)、安全需求(稳定的工作和收入等)、社会交往需求(友谊等)、自尊以及自我实现需求(成为理想的自己)。根据马斯洛的优势渐进的原则,人们所受到的激励是首先满足了低等级的需求，然后再按照上述的顺序，逐级地满足高级的需求。马斯洛的需求层次理论有很多的实际意义，比如，没有稳定工作的员工不会介意承担较低层次的工作，同时，管理人员也不要试图用富有挑战性的工作去激励那些收不抵支的员工。

2. 赫茨伯格和双因素理论

弗雷德里克·赫茨伯格认为，进行激励的最好办法就是用恰当的工作组织和安排，让员工能够在工作中得到反馈和感受到挑战，这样的做法能够满足员工对成就和认可等“高层次”因素的需要。然而，试图通过满足员工的低层次需要(也称保健因素，如工作条件、基本薪酬、奖金等)来激励员工的做法是不明智的，因为人的低层次需要很快就可以得到满足。所以，赫茨伯格提出，如果管理人员渴望建立能够自我激励的员工队伍，他们就应该重视激励因素，而不是依赖保健因素。此外，他还提出仅仅依靠经济激励是不够的，企业还应该提供大多数人都需要的认可及富有挑战性的工作。

3. 爱德华·德西和反激励理论

德西提出外在报酬有时可能会削弱一个人的内在动机。他的观点是，针对内在动机很强的员工设计奖励性薪酬的时候要谨慎，以免贬低和削弱他们出于责任感而积极主动地做好工作的意愿。

4. 维克多·弗鲁姆和期望理论

弗鲁姆提出，人们采取某种行动的动机取决于三个方面的因素：一个人的期望，即他通过努力工作达成绩效的可能性；关联性，指的是一个人感知到的在绩效和奖励之间存在的联系；效价，它代表的是一个人对自己所获奖励的价值的感知。如果这三个因素其中任何一个是零或者很小的话，激励就会没有效果。期望理论对管理人员如何设计奖励方案有三个重要的启示：首先，如果员工认为他们的努力不能产生效果，他们就不会受到激励；其次，员工必须能够看到自己的努力所产生的关联性，也就是说，员工必须能够知道杰出的绩效确实能够使他们获得奖励；最后，员工获得的奖励对他们来说必须是有价值的。

(二)针对员工个人的奖励计划

1. 计件工资计划

计件工资制是一种最古老但也是目前仍然得到广泛运用的奖励计划：企业根据员工生产出的每一单位产品来支付一定数量的(称为计件工资率)薪酬。计件工资制的优缺点比较明显。计件工资的报酬和绩效是成比例的，因此比较容易被员工理解，并且体现了平等的原则，同时也具有很好的激励效果。但是，在企业中，当企业对产出标准进行修订时，员工会试图对此进行抵制。并且，员工在工作时会把全部的注意力都放在提高产量上，而不再愿意关心产品质量。除此之外，他们还不愿意服从企业做出的职位调动,或者抵制企业引进一些新的技术,因为他们担心自己会受到影响。

2. 绩效加薪

绩效加薪是指企业根据员工个人的绩效水平高低为其提供的基本薪酬上涨。绩效加薪和奖金不同,绩效加薪往往会成为基本薪酬的一部分,而奖金往往是一次性发放的。关于绩效加薪,支持者认为绩效加薪可以提高员工的积极性,提高他们的绩效,而反对者认为评价绩效本身就是不公平的,通过评价绩效来加薪更是不公平的。所以,我们应当把绩效加薪设计得更加趋于完善。在《人力资源管理》中,加里·德斯勒提到有两种绩效加薪计划比较流行。首先,每年一次性地将绩效加薪的总额支付给员工,而不改变员工的基本薪酬。这种做法有两个潜在的好处,一是增加的薪酬不会成为员工的基本薪酬的一部分,所以企业不用每年都支付,二是相对于传统的绩效加薪的方式,这种做法所产生的绩效推动效果更为明显。其次,将一次性绩效与个人和组织的绩效挂钩。在计算员工的绩效加薪水平时,企业的绩效和员工个人绩效所占的权重是相同的。这样,对于一个绩效水平高的员工来说,即使当企业的绩效水平一般时,他也可以得到70%加薪,然而对于绩效水平接近或者低于标准水平的员工来说,即使在企业绩效优良的年份,他们也不会得到任何加薪。

3. 团队和组织绩效奖励计划

为了鼓励团队合作并使团队成员注重绩效,这时企业管理者就需要实施团队奖励计划。团队或群体奖励计划是指根据团队的绩效向团体成员提供奖励。团队奖励计划的优缺点如下。团队激励计划往往可以带来一些好处。首先,它可以加强团队的计划能力和解决问题的能力;其次,也有助于确保员工彼此之间的合作。但是,该计划也会带来不利之处,如团队奖励计划中会带来不公平的问题。在很多情况下,尽管是由组织中的少部分人完成大部分的工作,团队中的每一位员工却分到了同样的报酬。如果企业晋升了这少部分的功劳较大的员工,会导致其他人认为自己辛辛苦苦地工作,却成了别人晋升的垫脚石。

4. 设计有效的奖励计划

有效的奖励计划对于企业来说是很重要的。那怎样才能算是一份优秀的奖励计划呢?有效的奖励计划包括五个组成部分。[①]

(1)问这样一个问题:在这里使用奖励计划会有作用吗?在以下几种情况下使用奖励计划会更有意义?

第一,动机(而不是能力)是问题所在。

第二,在员工的努力和产出的数量或质量之间存在非常明确的关系。

第三,工作是标准化的。

第四,工作流程是规范化的。

---

① 加里·德斯勒:《人力资源管理》(第12版),刘昕译,中国人民大学出版社,2012年,第496页。

第五，对于计划实施激励的工作内容，员工是能够自己控制的。

第六，出现工作延误的次数很少或者具有较高的一致性。

(2) 将奖励和战略相结合。

(3) 确保奖励是具有激励性的。

(4) 制定全面的标准。

(5) 科学化。收集证据并分析过去的奖励计划所产生的影响，以确保奖励计划真正影响期待通过这些计划改善的衡量指标。

七　薪酬管理与其他人力资源管理环节的关系

1. 薪酬管理与工作分析的关系

工作分析是薪酬设计的基础，尤其对于岗位工资制来说，更是建立内部公平薪酬体系的必备前提。工作分析所形成的岗位说明书是进行工作评价确定薪酬等级的依据，工作评价信息大多来自岗位说明书的内容。即使在技能工资体系中，工作分析仍然具有重要的意义，因为评价员工所具备的技能，仍然要以他们从事的工作为基础来进行。

2. 薪酬管理与人力资源规划的关系

薪酬管理与人力资源规划的关系主要体现在人力资源供需平衡方面，薪酬政策的变动是改变内部人力资源供给的重要手段，例如，提高加班工资的额度，可以促使员工增加加班时间，从而增加人力资源供给量，当然这需要对正常工作时间的工作严格加以控制。

3. 薪酬管理与招聘录用的关系

薪酬管理对招聘录用工作有着重要的影响。薪酬是员工选择工作时考虑的重要因素之一，较高的薪酬水平有利于吸引大量应聘者，从而提高招聘的效果。此外，招聘录用也会对薪酬管理产生影响，录用人员的数量和结构是决定企业薪酬总额增加的主要因素。

4. 薪酬管理与员工关系管理的关系

在组织的劳动关系中，薪酬是最主要的问题之一，劳动争议也往往是由薪酬问题引起的，因此，有效的薪酬管理能够减少劳动纠纷，建立和谐的劳动关系。此外，薪酬管理也有助于塑造良好的企业文化，维护稳定的劳动关系。企业薪酬管理可以吸引和留住企业需要的优秀员工，鼓励员工积极提高工作所需要的技能和能力，鼓励员工高效率地工作。

第二节 薪酬设计

一 薪酬设计概述

薪酬体系是指薪酬的构成,即一个人的工作报酬由哪几部分构成。一般而言,员工的薪酬包括以下几大主要部分:基本薪酬(本薪)、奖金、津贴、福利。科学合理的薪酬体系是企业人力资源管理的一项重要工作,薪酬设计(compensation design)的目的在于以下几点。

(1) 使薪酬与岗位价值紧密结合;

(2) 使薪酬与员工业绩紧密结合;

(3) 使薪酬与企业发展的短期收益、中期收益与长期收益有效结合。

同时遵循四个基本原则,具体如下。

(1) 公平性原则:薪酬以体现工资的外部公平、内部公平和个人公平为导向。

(2) 竞争性原则:薪酬以提高市场竞争力和对人才的吸引力为导向。

(3) 激励性原则:薪酬以增强工资的激励性为导向,通过薪酬的设计激发员工工作积极性。

(4) 经济性原则:薪酬水平与企业的经济效益和承受能力保持一致。

二 薪酬设计流程

薪酬设计流程包括职位评价、薪酬调查、建立薪酬曲线、设定薪酬等级、薪酬调整,如图 7-2 所示。

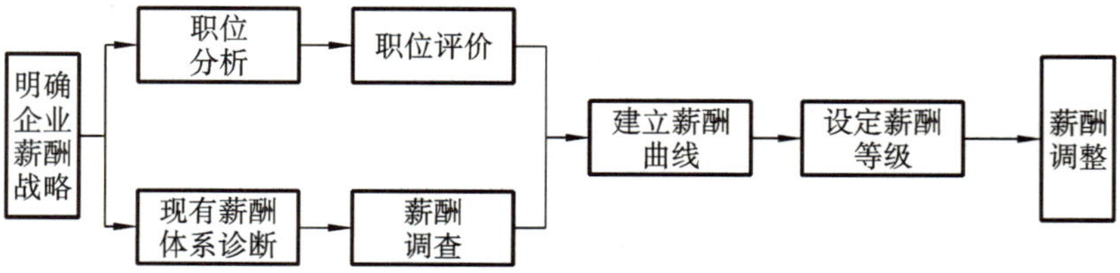

图 7-2 薪酬设计流程

（一）职位评价

1. 职位评价概述

一般情况下企业都会利用薪酬调查数据来确定标杆职位的价格，而其他职位都是根据它们的相对价值围绕这些标杆职位来定位，而确定一个职位的相对价值恰恰是职位评价的目的，所以我们现在来讨论职位评价。

职位评价是一个为了确定某个职位相对于其他职位的价值而对职位进行正式的、系统性的相互比较的过程。①职位评价的目的是确定一个职位的相对价值；②职位评价的最终结果是能够反映各种职务或职位薪酬水平的工资等级或薪酬等级；③职位评价的基本原则是那些要求任职者具备更高的任职资格条件、承担更多的责任及履行更为复杂的工作职责的职位，应当比那些在这些方面的要求低的职位价值更高；④职位评价的基本程序是将一个职位与其他职位进行比较，比较的内容一般会包括任职者付出的努力程度、所承担的工作责任及需要具备的技能要求等。如果管理者已经根据薪酬调查结果知道了如何对关键的标杆职位进行定价，并且已经通过职位评价确定了企业中其他所有职位相对于这些关键职位的相对价值，那么就可以准备为企业中的所有职位晋升公平定价了。

2. 职位评价的准备工作

职位评价是一个判断的过程，它需要直线管理人员、人力资源专业人员以及其他部门之间的紧密合作。职位评价的主要步骤如下。

(1) 明确职位评价的需要。比如，某些员工不满可能是因为企业向承担类似职位的其他相似员工支付了不同的薪酬水平。企业通过非正式的方式为各种不同的职位确定薪酬水平也会让管理者感到不踏实，管理者会更希望通过一种更为系统的方式为不同的职位确定薪酬水平。

(2) 争取各方支持和合作。职位评价会使员工担心他们所承担的职位被系统的评价后，可能导致他们的薪酬水平下降，从而引起员工不满。所以，在评价的过程中争取获得员工的支持是非常重要的。企业可以通过管理层或者派遣专门人员告诉员工：只有通过即将进行的职位评价计划才能使有关员工薪酬水平的决定不再取决于管理层一时的兴致，而且职位评价会提供一种机制来考虑员工提出的问题，并且没有哪一位员工的现有薪酬水平会因为职位评价而受到不利影响。

(3) 建立职业评价委员会并由其完成实际职位评价工作。选择建立职业评价委员会有两个原因：一是通过建立职业评价委员会可以吸纳对被评价职位比较熟悉的人，而且他们对这些职位的性质有不同的视角，有利于增加决策的科学性。二是职位评价委员会中至少包括一部分员工，这种评价形式有助于确保员工接受职位评价的结果。

因此，职位评价委员会的组建至关重要。职位评价委员会通常由五人组成，其中大多数是员工,并且可以考虑加入一位人力资源专业人员,因为人力资源专业人员相较于直线管理人员更为不偏不倚,使企业更具公平性,而且能够提供一些专家性质的帮助。

职位评价委员会主要履行三个重要职能。一是确定 10～15 个关键的标杆职位。这些标杆职位是评价委员会首先评价的第一批职位,即确定其他职位的相对重要性或相对价值所使用的对照或者标杆。二是选择报酬要素。三是对每一种职位的价值进行实际评价。

3. 职位评价的方法

职位评价的方法包括排序法、职位分类法、要素比较法、要素计点法、海氏三要素评估法。

1) 排序法

排序法是一种最简单的职位评价方法。它通常会依据某些总体性的要素(比如工作难度等)对每一种职位相对于其他所有职位的价值进行比较。进行职位排序法一般要遵循以下几个步骤。

第一,获取职位信息。进行职位排序是职业分析的第一步,它的基础通常是准备好每一种职位的职位描述以及职位描述中包含的关于工作职责等的信息。

第二,选取职位并加以分组。一般情况下对一个组织中的所有职位都进行排序是不现实的,为减少工作量我们通常的做法是根据部门职位进行排序。

第三,选择报酬要素。在排序法中比较常见的做法是根据某种报酬要素对职位进行排序。职位评价者需要做的是,仔细解释这些报酬要素的定义,从而能够对这些职位做出具有一致性的评价。

第四,对职位进行排序。比如,给每位评价者提供一套职位索引卡片,在每一张卡片上写上对某一职位的简要描述,然后让这些评价者将这些卡片按照得分最低到得分最高的顺序加以排列。在排序完成之后,职位评价者可以将其他职位插入已经排好序的这些职位中,然后再给他们确定一个合适的薪酬水平。

第五,将职位评价结果合并。通常情况下几位评价者需要各自独立完成对职位的排序,最后由职位评价委员会将排序结果加以平均合并。

排序法有三种类型,具体如下。

第一,直接排序法。根据对职位的总体判断,按照重要性或对企业贡献度的高低顺序将职位依次进行排序。

第二,交替排序法。只是排列职位时的顺序有所不同而已,首先从待评职位中找出价值最高和价值最低的职位,然后从剩余的职位中找出价值最高和最低的职位,如此循环,直到把所有的职位都排列完毕为止。

第三,配对比较法。将待评的职位进行两两比较,以最终的结果对职位做出排序。

排序法是一种最为简单的,同时也是最容易解释的职位评价方法,与其他职位评价方法相比,它所耗费的时间更少。

排序法的缺点一般来自它的使用方法,而不是这种方法本身。比如,排序法通常都没有使用明确的报酬要素，或者不能够对一种职位相对于其他职位的价值提供一种量化的衡量尺度。如排在第四位的职位可能比排在第五位的职位的价值高出五倍，但是在采用排序法的情况下所知道的仅仅是一种职位的排序高于其他的职位而已。因此，排序法往往比较适用于那些没有太多的时间和费用来开发更为精细的职位评价系统的小企业。

2）职位分类法

职位分类法又称职位分等法，是一种比较简单同时也得到广泛运用的职位评价方法。这种方法要求评价者将职位划分为多个职位群，每个职位群中的所有职位在薪酬方面具有大体一致的价值。如果在这些职位群中包括的职位都是类似的，则这些职位群称为职级(classes)，如果职位群中包括的职位在完成工作的难度上是一致的，但在其他方面却不同，这些职位群称为职等(grades)。

职位分类的方法有两种。一是对职级或职等进行文字描述，然后根据每个职位与这些职级或职等描述相匹配的程度将每一个职位归入到适当的职级或职等中。二是为每一个职级都编写包括一整套报酬要素在内的规则(包括独立判断能力、技能、体力活动等)，再根据这些规则的描述将职位划分到不同的职位等级中。进行职位分类时，首先选择报酬要素，然后根据这些职位所包含的报酬要素的数量或者等级水平来编制职级或职等描述。

采用职位分类法，能够直接将企业中多个部门直接划分到不同的职位类别之中，避免了同时对数量非常大的数百上千种职位进行评价和分别定价。不过，职位等级描述编写起来非常困难，而且在运用这些职位等级描述的时候往往需要做出大量的判断。

3）要素比较法

要素比较法是排序法的延伸，只是排序的标准和方法有所不同。排序法是依据对职位的总体判断来进行排序，要素比较法则是根据不同的报酬要素对职位进行多次排序。它是一种比较复杂的职位评价方法，不再单纯地比较职位的相对价值大小，而且把新的薪酬因素加入进来。报酬要素的确定在职位评价中具有非常核心的地位，通常会运用相同的报酬要素对每一个职位在各个报酬要素方面的情况加以对比。报酬要素决定了一种职位如何与其他的职位进行比较，从而决定了每一种职位的薪酬。

报酬要素是指各个职位都具有的对职位价值起影响作用的因素。报酬要素一般从工作职责、工作技能、努力程度和工作条件四个方面考虑。要素比较法在使用过程中既有它的优势，又有它的不足。它的优点是：客观准确，能将人为因素的影响降至最低；每一步骤都有详细的说明，有助于评价人员做出正确的判断，也比较容易向员工解释。缺点是操作复杂，比较费时。

4）要素计点法

要素计点法是一种量化的职位评价方法，它要求确定两个方面的情况：一是报酬要素，而且每个报酬要素都要有几种程度不同的等级；二是这些报酬要素在每一个职位上表现出来的程度，以便将某一职位在所有报酬要素上得到的点数相加，从而得到某一职位的总点数。要素计点法的最终评价结果是对每一种职位都提供一个量化的评价点数,它是一种运用最为普遍的职位评价方法。

要素计点法是根据各个职位在报酬要素上的得分来确定它们价值的相对大小。

要素计点法的典型代表有翰威特职位评价系统、美世职位评价系统和合益职位评价系统。

其操作步骤如下:确定报酬因素;把每个报酬因素划分成不同的等级,并且对报酬要素和各个等级的含义做出清晰的界定;确定各个报酬要素及其内部各等级的点值;进行评价。

要素计点法在使用过程中既有它的优势,也存在不足。它的优点是:要素计点法是一种量化的方法,可以对不同性质的职位进行衡量比较,评价的结果更为准确,也更容易让员工接受。它除了可以比较出各职位相对的价值大小之外,还可以衡量出价值大小的差距,更有利于进行基本薪酬的设计。缺点是尺度的设计比较麻烦,操作起来也比较费时,并不能完全消除主观因素的影响,要素指标的选择、权重和点数分配也会受到主观判断的影响。

5)海氏三要素评估法

合益集团(Hay Group)的海氏系统法是美国工资设计专家 Hay 在 1951 年开发出来的,实质上是一种评分法,认为所有职位所包含的付酬因素可以抽象为三种具有普遍适用性的因素,即知能水平、解决问题能力和岗位责任,他设计了三套评价量表,最后将所得分值加以综合,算出各个工作职位的相对价值。该评估法认为,一个岗位之所以能够存在的理由是必须承担一定的责任,即该岗位的产出。那么通过投入什么才能有相应的产出呢?即担任该岗位人员的知识和技能。那么具备一定"知能"的员工通过什么方式来取得产出呢?是通过在岗位中解决所面对的问题,即投入知能,通过"解决问题"这一生产过程来获得最终的产出"应负责任"。体系的逻辑关系是投入—过程—产出,即投入知能来解决问题,完成应负的责任。

海氏评估法对所评估的岗位按照以上三个要素及相应的标准进行评估打分,得出每个岗位评估分,即岗位评估分=知能得分+解决问题得分+应负责任得分。其中,知能得分、应负责任得分都是绝对分,而解决问题的得分是相对分(百分值)。

利用海氏评估法在评估三种主要付酬因素方面不同的分数时,还必须考虑各岗位的"形状构成",以确定该因素的权重,进而据此计算出各岗位相对价值的总分,完成岗位评价活动。所谓职务的"形状"主要取决于知能水平和解决问题能力两因素相对于岗位责任这一因素的影响力的对比与分配。

从这个角度去观察,企业中的岗位可分为三种类型:①"上山"型。此岗位的责任比知能水平与解决问题能力重要。如公司总裁、销售经理、负责生产的干部等。②"平路"型。知能水平和解决问题能力在此类职务中与岗位责任并重,平分秋色。如会计、人事等职能干部。③"下山"型。此类岗位的责任不及知能水平与解决问题能力重要。如科研开发、市场分析干部等。

通常要由职务薪酬设计专家分析各类岗位的形状构成,并据此给知能水平、解决问题能力这两因素与岗位责任因素各自分配不同的权重,即分别向前两者与后者指派代表其重要性的一个百分数,两个百分数之和应为 100%。

（二）薪酬调查

薪酬调查，主要是指在进行薪酬设计时调查其他企业或部门支付的薪酬水平，为职位定价方面做重要铺垫。

薪酬调查可以是正式的，也可以是非正式的。一些有能力的大型企业一般会进行正式的薪酬调查，即直接从其他企业那里收集相关的薪酬信息，这些信息一般包括员工数量、加班政策、起薪水平以及带薪休假等。

1. 一般企业薪酬调查

企业一般会通过三种方式来使用薪酬调查。

(1) 标杆职位定价。标杆职位是企业的锚定职位，其他职位都会根据各自对于组织的相对价值，围绕这些标杆职位来确定它们的位置。企业会运用通过薪酬调查得到的数据先为标杆职位定价，再确定其他职位的价值。

(2) 直接确定。企业管理者进行了正式或非正式的薪酬调查，会在了解具有可比性的企业支付给那些具有可比性的职位的薪酬水平之后，直接确定薪酬水平。一般这种方法会应用于那些薪酬变动幅度大而且比较频繁的职位。

(3) 员工福利方面。通过薪酬调查，还可以收集保险、病假、带薪休假等员工福利方面的数据，从而为企业在员工福利方面的决策提供基础。

2. 商业类、专业类和政府类薪酬调查

商业类、专业类和政府类薪酬调查是指各类咨询公司、专业协会或政府机构进行的薪酬调查。很多企业会根据他们公布的调查数据来进行自己的企业内部职位定价。

企业一般会在缴纳费用之后参与这些商业类和专业类薪酬调查，参加这种薪酬调查有助于企业避免双重损失：一是支付给员工的薪酬过高，二是由于未能支付具有竞争力的薪酬而导致员工流失率过高。

3. 通过互联网进行薪酬调查

随着互联网的信息获取渠道的快速扩张，企业管理者越来越能够轻易得到公开发表的薪酬调查信息。这些网站能提供关于很多职位的全国薪酬水平的数据，这些数据会根据职位所在的地域的生活成本情况进行自动调整，所以现在的很多企业会通过一些比较受欢迎的、权威的薪酬调查信息发布网站来获取信息。

（三）建立薪酬曲线

薪酬等级设定好之后，下一步要做的就是为每一个薪酬等级定价，一般的方法是运用一条工资政策曲线（wage curve）来帮助设计适用于每一个薪酬等级的基本薪酬水平。

工资政策曲线描述了相对于每一个职位或职位评价等级所得到的点数或排序情况,以及目前处于每一薪酬等级中的职位实际获得的薪酬水平。

工资政策曲线的目的在于表明以下两组数据之间存在的关系,一是通过某种职位评价方法确定的职位价值,二是企业目前向某一薪酬等级中的所有职位支付的平均薪酬水平。

一般情况下,纵轴表示薪酬水平,横轴表示薪酬等级(用点数表示)。

薪酬曲线是各个职位的市场薪酬水平和评价点数或者序列等级之间的关系曲线。薪酬曲线建立方法是最小二乘法。

假设职位评价点数或序列等级设为 X,通过薪酬调查得到的市场薪酬水平设为 Y,运用最小二乘法进行拟合就可以解出系数 b 和常数项 a,即可得出薪酬曲线的方程 $Y=bX+a$。

一般来说,薪酬调查的结果和工作评价的结果,即外部公平性和内部公平性是一致的,也就是市场薪酬水平和评价点数或者序列等级确定的薪酬点数都分布在薪酬曲线周围。企业要根据自己的薪酬策略对薪酬曲线做出调整。当薪酬点数没有分布在薪酬曲线周围,偏离薪酬曲线时,表明内部公平性或外部公平性之间出现了矛盾。

运用工资政策曲线对职位进行定价分为以下几个步骤:①找到每一薪酬等级所对应的平均薪酬水平,这是因为在每一薪酬等级中往往包括很多职位。②将每一薪酬等级所对应的薪酬水平用散点描绘出来。③拟合出一条能够将上述各个散点联系起来的曲线,即所谓的工资政策曲线。在描绘这条曲线时,既可以采用随手描绘的方式,也可以采取统计学的方法。④对职位进行定价。在这方面,位于工资政策曲线上的薪酬水平就是每一个薪酬等级中的所有职位对应的目标工资或薪酬水平。如果企业当前支付给任何职位的薪酬水平大大高于或低于这条工资政策曲线,那么企业就需要采取提高该职位的薪酬水平或者冻结薪酬的措施,将其纳入正轨。

微贴 7-1: 薪酬结构具体组成

(四)设定薪酬等级

如果职位评价委员会通过职业评价确定了每种职位的相对价值,那么下一步的工作任务就是为每个职位确定薪酬水平。在此之前,通常首先需要将职位划分到不同的薪酬等级,也就是设定薪酬等级。

1. 设定薪酬等级的原因

对于规模比较大的企业而言,为每一个职位确定一个薪酬水平的薪酬方案较难管理,并且很多企业倾向于工资和薪资结构简单化。因此,职位评价委员会很可能会出于确定薪酬的目的将类似的职位分成组,划分到相应的职位等级中，这样一个企业就不需要同时处理数百种不同的薪酬水平，而只需管理 10～20 种不同的薪酬水平即可，这样会大大减少薪酬管理者的工作量。

案例 7-1：薪酬体系设计及分析

2. 设定薪酬等级的要求

同一个薪酬体系中包括的职位是通过职位评价发现的具有相似的难度或相似的重要程度的多个职位。①用要素计点法来进行职位评价，那么同一个薪酬等级中的职位都是所得到的总评价点数处于某个区间之中的所有职位。②用排序法进行职位评价，那么同一个时间轴等级中包括的职位是那些排序位置在相邻的两三个序号之内的职位。③用职位分类法进行职位评价，那么所有的职位当时就会被自动划分到不同的职等或职级之中。④用要素比较法进行职位评价，在同一个薪酬等级中包括的都是薪酬水平处于一个特定的薪酬浮动区间之内的职位。

3. 建立薪酬等级的步骤

第一，将职位划分成不同等级，划分的依据是职位评级的结果。

第二，职位等级确定以后，要确定各个等级的薪酬变动范围，即薪酬区间。

（五）薪酬调整

对薪酬水平的微调涉及两件事情：一是建立薪酬区间；二是对不正常的薪酬水平进行纠正。

1. 建立薪酬区间

大多数企业都不会对位于某个特定薪酬等级的其他所有职位仅仅支付一种水平的薪酬，相反，企业会为每一个水平的薪酬等级建立一个垂直的薪酬区间。比如，某企业有许多会计职员，从刚入门的员工到任职年限长的员工，显然，向这些员工支付相同的薪酬水平是不合理的，所以，薪酬设计者需要为每一个水平的薪酬等级建立一个薪酬区间。

薪酬区间(pay ranges)常常表现为每一个薪酬等级上的一个个垂直的小方盒，这个小方盒标注出了某个薪酬区间的最低薪酬水平、最高薪酬水平以及中间薪酬水平。如果我们需要对每个薪酬等级所对应的薪酬区间以薪档或薪级的形式来描述，就需要将每个薪酬等级中的每一个薪档所对应的薪酬水平都以表格的形式显示出来。

2. 纠正不正常的薪酬水平

在薪酬政策曲线表中，某一特定职位的薪酬水平有可能会远远落在工资政策曲线之外或者大大超出其所在的薪酬等级所对应的薪酬区间范围。这就意味着相对于其他职位而言，企业当前向这个职位支付的平均薪酬水平过高或过低。对于那些薪酬水平过低的职位解决措施一般是将他们上调到所在薪酬等级对应的薪酬区间的最低水平。而那些薪酬水平已经超过本薪酬等级所对应的薪酬区间的最高值的职位，可以通过以下几种方式进行调整：一是冻结此类员工的薪酬水平，直到企业的总体薪酬水平增长到使同一薪酬等级中的其他职位的薪酬水平也达到这水平为止。二是将这些员工调动或者晋升到应当得到当前这种薪酬水平的一些更为高级的职位。三是将这些薪酬水平冻结六个月，在此期间将这些薪酬水平过高的员工调配或者晋升到其他职位，或者将这类员工的薪酬水平降低到其所在薪酬等级对应的薪酬区间的最高水平。

微贴 7-2：如何给员工定薪

三 薪酬设计的影响因素

（一）法律因素

无论是在我国或是在其他国家，都有很多法律会对最低工资、加班工资水平以及福利等方面做出具体规定。所以，法律因素是我们在进行薪酬设计时必须要考虑到的因素之一。管理者需要对这方面法律知识有一定的了解，以免产生不必要的麻烦。例如，我国宪法第四十三条中有关劳动报酬问题的规定：中华人民共和国劳动者有休息的权利。国家发展劳动者休息和休养的设施，规定职工的工作时间和休假制度。

（二）企业战略与企业政策因素

管理者做薪酬计划是为企业的整体利益服务。所以，薪酬计划应当有助于推动企业战略目标的实现。这就要求管理层在制订薪酬计划时必须考虑企业的政策和竞争战略。

事实上，企业的薪酬战略总是体现在企业的薪酬政策之中。薪酬政策分为两种，一种是强调资历的薪酬政策，一般来说，资历是一种更客观的标准，但是这使得绩效优异者和绩效较差者所获得的加薪幅度都是一样的；另一种是强调绩效的薪酬政策，即把每一位员工的加薪幅度同他们的绩效联系起来。

(三) 外部因素

经济挑战时期,企业一般采取削减加薪幅度和实行绩效加薪的措施。充满挑战的环境一般会促使企业更为密切地关注高绩效员工,如很多企业都正在建立特殊的基金,以长期股票赠予计划和留任奖金的方式,来奖励那些高绩效的员工。

(四) 地理区位因素

不同的地理区域之间的生活成本存在差异,这也是薪酬政策中需要考虑的重要问题。企业通常采取以下几种方式来处理不同地区之间的生活成本差异:①向那些在不同地区之间调职的人支付一笔一次性的费用,通常一次性支付或者在1～3年内分期支付。②除了一次性支付的搬家费用,会对持续发生的成本差异给予补偿。例如,生活成本补贴、安家补贴、住房补贴、教育补贴及艰苦补贴。也有一些企业直接提高员工的基本薪酬。

以IBM公司的薪酬政策为例,了解一下管理者应当如何利用薪酬政策来支持战略目标实现。

(1) 根据市场支付薪酬。例如,公司管理层改变单一薪酬计划,针对不同的职位组(如会计师、工程师、程序员等)分别建立起不同的薪酬计划以及绩效加薪预算。这使得公司能够以一种更为市场化的方式针对不同职位的员工支付不同的薪酬。

(2) 等级更少的宽带职位。即将比较狭窄的薪酬等级更改为比较宽的薪酬等级带。可以根据技能、领导力要求及范围或影响把职位划分成新的薪酬系统。

(3) 让直接管理者实施管理。公司可以为直接管理人员提供一笔加薪预算及一些关于如何实施加薪方案的指导,影响直接管理者将绩效优异者和绩效平平者的薪酬拉开差距。

(4) 激励员工。将绩效奖励变成所有员工薪酬构成的一部分。

四　特殊性薪酬设计

(一) 管理类职位和专业类职位的薪酬计划

管理层属于新阶级,既不直接从事劳动生产,也不占有生产资料。因此,对于管理类职位薪酬的界定便成为一个难题。同样地,随着现代化的发展,分工愈发细化。有部分员工可能终生只从事某种事业,因此对于专业类职位薪酬的界定也是一个难题。

为管理类职位和专业类职位制订薪酬计划在很多方面与制订普通员工的薪酬计划是相似的。它们的基本目的都是吸引和留住优秀员工。而且,职位评价(对职位进行分类、排序、计点等)对管理类职位和专业类职位,以及对生产类和行政事务类职位是同样适用的。

管理类职位和专业类的职位与其他职位还是存在较大差异的。与生产类和行政事务类职位相比,这些职位往往更多强调判断力和问题解决能力等更难以量化的因素。企业一般更强调根据员工的绩效和能力向管理类和专业类人员支付薪酬,而不是根据工作条件等静态的工作要求向他们支付薪酬。另外,市场上对企业高层管理人员的竞争非常激烈,使得管理类职位的薪酬较高,所以对比管理类职位的年终奖、奖金、市场薪酬水平和福利等,职位评价显得并不是很重要。

1. 管理类职位的薪酬

大多数企业都使用职位评价来确定管理类职位的薪酬。基本做法是,将所有的高层管理职位及中层管理职位划分为一系列的等级,然后为每个等级设计一个相对应的薪酬区间;或者像一般职位评价一样,企业也可以根据高层和中层管理的职位之间的相互关系对它们进行排序,将那些价值相同的职位归为一组;或者也可以采用职位分类法和要素计点法来进行职位评价,他们通常采用的报酬要素包括职位的范围、工作的复杂性、工作难度等。职位分析、薪酬调查及围绕工资政策曲线进行的薪酬水平微调等,也同样起着非常重要的作用。

高层管理人员的薪酬通常包括以下四个主要组成部分。

(1) 基本薪酬。基本薪酬包括固定薪酬和一部分有保证的奖金(比如,不管企业到财务季度时是否盈利都可获得相当于基本薪酬10%的奖金)。

(2) 短期奖金。短期奖金通常是针对短期目标达成而支付的现金奖励或股票奖励(如根据年销售额增长率)。

(3) 长期奖金。长期奖励的目的是鼓励企业的高层管理人员采取有利于提高企业股票价值的行动,内容通常包括股票期权等。这些计划通常赋予高层管理人员在一个特定时期内以一个特定的价格购买股票的权利。

(4) 高层管理人员的福利和特权。高层管理人员的福利和特权可能包括高层管理人员的补充退休计划、人寿保险及健康医疗保险等。这些计划通常都不能得到税收方面的减免或者需要高层管理人员与企业共同缴费。

在此需要注意的是,高层管理人员的薪酬设计涉及许多复杂因素。因此,薪酬设计者应该清楚地知道自己的高层管理人员薪酬决策会带来哪些税收及证券、法律方面的问题。

对高层管理人员来说,一般的职位评价并不太适用。高层管理人员薪酬的决定因素为个人影响因素、企业方面、董事会等方面。

能够说明高层管理人员薪酬差异的管理人员的个人影响因素主要分为三个方面:①职位的复杂程度(控制幅度、直接负责的职能部门的数量、管理层级);②企业的支付能力(利润总额和投资回报率);③高层管理人员的人力资本状况(受教育程度、学习领域以及工作经验)。

企业规模及企业绩效等因素也会在一定程度上影响高层管理人员的薪酬。

在现实中，首席执行官等高层管理人员的薪酬是由董事会在综合考虑各种因素之后决定的。这些因素包括企业的经营战略、发展趋势，最重要的是企业希望自己在短期和长期各达到一个什么样的位置。股东的激进态度以及政府的严格监管会对企业支付给高层管理人员的薪酬产生更为严格的制约。

总的趋势来说，大多数企业，尤其是大型企业，正在越来越多地将高层管理人员的薪酬与企业的财务绩效挂钩。

2. 专业类职位的薪酬

向工程师、科学家这样的专业类员工支付薪酬具有一定的特殊性。因为这些职位是带有分析性质的职位，往往更为强调创造性和解决问题的能力，而这样一些报酬要素往往是不易比较和衡量的。

那么我们应该如何确定专业类员工的薪酬水平呢？

(1) 职位评价法。企业对专业的职位也可以采用职位评价的做法。一般采用的报酬要素往往倾向于强调解决问题的能力、创造性、工作的范围、技术知识和经验要求等。但是在现实中，企业很少采用传统的职位评价法来对专业类职位进行定价，因为很难对不同专业的职位中创造性等各种要素的差异水平进行量化衡量。

(2) 市场定价法。市场定价法是指根据市场状况首先确定一个企业能够承受的最优薪酬水平，同时确定标杆职位的价值，然后再把这些标杆职位及其他专业的职位插入某个薪酬结构中。每一个专业学科领域一般都会划分为 4～6 个等级，同时使每一个等级都对应一个浮动范围较大的薪酬区间。这样一来，如果企业雇用的专业人员在技能和成就方面的差异比较大或者企业雇用的是具有全球工作机会的专业人员，设置比较大的薪酬区间有助于企业保持自己薪酬水平的竞争力。

(二) 胜任素质薪酬

胜任素质薪酬(competency-based pay)是指企业根据员工掌握的技能和知识的广度、深度和种类，而不是员工所在的职位的名称来支付的薪酬，也称为“知识薪酬”或“技能薪酬”。薪酬专家把根据员工应当具备的胜任素质水平来确定薪酬的方法称为能力薪酬。比如，在实施能力薪酬体系的情况下，一位在第一类职位中任职的员工，如果有能力承担第二类职位的员工需要完成的工作，他就会获得与第二类职位上的员工相同的薪酬，而不是第一类职位的薪酬。

不同的组织用不同的方式来定义胜任素质。在这里，我们可以将胜任素质(competencies)简单地定义为能够促使绩效达成而表现出来的知识、技能或行为。在实践中基于胜任素质的薪酬体系通常是以下两种基本薪酬方案的一种或者两种的结合：基于知识的薪酬方案或者基于技能的薪酬方案。基于知识的薪酬方案适用于那些掌握与企业相关的工作知识的员工提供报酬。例如，当微软公司的新程序员学习了更多关于 Windows 的复杂知识之后，公司就会对他们加薪。以技能为基础的薪酬体系更适用于那些从事手工劳动的劳动者，比如，一个木匠如果能够熟练地打造橱柜，就能得到更多的薪酬。

1. 传统的薪酬体系和胜任素质薪酬体系的区别

传统的以职业评价为基础的薪酬计划在职位描述的基础上将员工的薪酬同职位的价值联系起来,这种薪酬是以职位为导向的;胜任素质薪酬体系则是将员工的薪酬同员工的胜任素质联系起来,因此薪酬更多的是以人为导向。员工凭借他们拥有的知识和做事的能力得到薪酬,即使他们并不是必须去做这些事情。

2. 使用胜任素质薪酬体系的原因

主要原因是如果企业的目标是建立一个高绩效的工作系统,那么传统的薪酬计划可能会起到相反的作用。高绩效系统的推进过程要靠鼓励员工以自我激励的形式工作,而企业达到这种目的的方式包括围绕工作团队开展工作,鼓励团队成员在多个职位之间自由轮换,把日常监督等责任更多地下放给员工,围绕项目或流程对工作加以组织。如果企业实现以上几种方式,那么各个职位之间的工作内容就混合在一起或者有所重叠。在这种体系下,企业很显然会希望员工对学习和在不同职位之间轮换工作充满激情。显然那种传统的职位评价法是简单地根据职位得到的评价点数把员工归入若干类定义范围非常狭窄的职位中,这样很可能会挫伤员工的工作激情和灵活性,所以就需要使用基于胜任素质的薪酬体系来进行薪酬设计。

专家认为企业之所以使用基于胜任素质而非工作职责的薪酬体系,主要有以下两个方面的原因:第一,根据胜任素质支付薪酬的做法有助于鼓励员工开发实现企业战略目标所需要的能力(例如,佳能公司需要员工拥有微型化和精细化的能力,以设计和生产数码相机和复印机。在这种情况下,佳能公司根据员工在这两个战略性的关键领域中所掌握的技能和知识来支付薪酬,就容易促使员工去学习这些能力)。第二,根据可衡量的及可以施加影响的胜任素质来支付薪酬有助于企业对绩效管理过程的关注(例如,在佳能公司,这种做法就意味着企业的甄选、培训和评价等都集中于那些具有较高水平的微型化和精细化生产能力的员工)。

3. 基于胜任素质的薪酬体系的组成

在实践中任何一种依据技能素质来支付薪酬的计划通常都包括以下五个主要部分:①一个用来确定要求具备的特点技能的体系;②一个能将员工的薪酬与其技能水平挂钩的流程;③一个能让员工获取这些技能的培训系统;④一个确切的技能测试系统;⑤一个能够让员工在不同职位之间转换从而使工作安排具有一定灵活性的工作设计系统。

第三节 薪酬管理的相关法律制度

在薪酬管理中,无论是国际还是国内,颁布相关的法律制度对薪酬中的各个方面做出具体规定对于员工和企业都是十分重要的。

一　国际相关法律制度——以美国为例

（一）1938年美国《公平劳工标准法》

《公平劳工标准法》最初是在1938年通过的，此后还经过了多次的修订，其内容包括最低工资、最高工时、加班工资、公平工资、工资记录及与童工有关的条款。

然而，确认哪些职位属于豁免性的职位仍然是一项不好处理的工作。除了一些比较好区分的职位，对那些不好判断是豁免性员工还是非豁免性员工的职位重新进行一番审视是非常重要的。

在美国，与《公平劳工标准法》中关于豁免性规定的诉讼案件还在持续增加。因此，在此要强调的是，员工是否为豁免性员工，应当由其实际从事的工作内容而非职位名称决定。自1938年以来，美国联邦政府通过以下两个法案，扩大了《公平劳工标准法》的适用范围。1947年《抵消补付法》对《公平劳工标准法》中出现的术语“工时数量”做了定义。表7-1列举了企业应当支付薪酬的一些工作活动。

表7-1　企业应当支付薪酬的工作活动

活动时间分类	具体说明
等待时间	如果员工本来从事的就是等待性工作或者事实上是在等待着去从事工作，则应当计为工作时间
随时待命时间	如果员工应雇主的事先要求而随时处于待命状态，这种随时待命时间也属于工作时间。如果员工被要求在家待命，这种待命时间多数情况下不属于工作时间。但如果对员工的自由施加额外的限制，员工可以要求将这些时间视为工作时间
休息和用餐时间	不超过20分钟的短期休息时间被视为工作时间。员工若未经允许擅自延长休息时间，则这些延长的休息时间不应视为工作时间。实际就餐时间通常无须作为工作时间付酬，但如果员工在进餐时被要求履行某些特定的职责，则无论当时他们是否在工作，他们的就餐时间都应当视为工作时间
睡眠时间	如果雇主要求一位员工的在岗工作时间不足24小时，员工在不忙时睡觉或从事其他个人活动的这些时间也应当算作工作时间。如果员工的在岗工作时间超过24小时，则员工可以与雇主达成一致，将不足8小时的一般睡眠时间排除在实际工作小时数之外，但雇主应当提供适当的睡眠设施，员工通常应享有不被打扰的夜间睡眠。如果不能保证至少5小时的睡眠时间，则不允许从工作时间中扣减这段时间

续表

活动时间分类	具体说明
讲座、会议及培训时间	因参加讲座、会议、培训项目以及类似的活动所花费的时间不应视为工作时间；这些活动发生在正常的工作时间之外；员工自愿参加；与工作不相关；在从事这些活动的同时未进行其他工作。应雇主要求参加的培训课程的时间是需要付酬的
家庭与工作地点间的行程时间	员工在工作日正式开始之前从家出发到工作地点，在工作日结束之后从工作地点返回家中，这些时间属于往返家庭和工作地点的正常时间，不属于工作时间
属于工作时间的行程时间	如果员工用于行程的时间是其主要工作活动的一部分，比如，在正常工作日需要从一个工作地点到另一个工作地点，则这段时间属于工作时间，必须作为正常工时提供报酬
出差时间	员工必须整夜离开家庭出去旅行的时间属于出差时间。超过员工一个正常工作日的出差时间属于工作时间。如果出差时间超出正常工作日的长度，则出差时间应当视为工作时间。这段工作时间不仅应当包括正常工作日内的出差时间，还应当包括非工作日内的出差时间

(二) 1963 年《公平薪酬水平》

1963 年，美国国会通过颁布《公平薪酬法》来解决私有部门中存在的较为严重的雇佣歧视问题。《公平薪酬法》规定，禁止对从事相同工作的员工在薪酬方面实施性别歧视。同时《公平劳工标准法》明确了使用童工的相关规定，对童工提供了几个方面的保护，防止他们超时工作，防止他们在存在潜在危险的环境中工作，防止因超时工作而侵占他们的受教育时间。这些方面的限制因年龄差异而有所区别。

(1) 雇主不得雇佣 14 岁以下的儿童。

(2) 14～15 岁的儿童可以在课余时间在安全的工作环境下从事不超过 3 个小时的工作(在每个学期，每周的工作时间不得超过 18 个小时)。学校放假时(如暑假)，儿童的每周工作时间不得超过 40 个小时。

(3) 对 16～17 岁的儿童没有工作时间限制，但不得从事危险工作，如使用过重的生产设备或者暴露于有害物质之中。

(三) 1974 年《员工退休收入保障法》

《员工退休收入保障法》使得一个由政府运营、由企业出资的法人组织诞生了，这个组织的目的是在企业建立的养老金计划出现问题时，对员工提供必要的保护。《员工退休收入保障法》的颁布是为了规范医疗、人寿、残障以及养老金等各种员工福利计划的实施。该法律的实质是保护员工获得福利的权利。

（四）1978 年《反怀孕歧视法》

1978 年《反怀孕歧视法》是 1964 年《民权法案》第七章的修正案。该法禁止在任何雇佣行为中对怀孕的女性实施差别影响性歧视。雇主必须给予员工怀孕与员工福利计划中规定的所有其他医疗条件同等对待。雇主必须以与对待其他伤残员工相同的方式对待孕妇和新生儿。另外，《反怀孕歧视法》还保护了因怀孕等相关原因而请假的女性。受保护的权利包括继续享有以前的服务、退休福利自然累积、资历继续累积。

除了上述法律，还有很多法律也会对薪酬决策产生影响。《反就业年龄歧视法案》就禁止企业在就业的各个方面对年龄达到或超过 40 岁的员工实施歧视，其中包括薪酬方面的歧视。《美国残疾人法案》也禁止企业在就业的各个方面，其中包括薪酬方面，对合格的残疾人进行歧视。

二 中国相关法律制度

（一）1995 年《中华人民共和国劳动法》

《中华人民共和国劳动法》(以下简称《劳动法》)是 1994 年在第八届全国人民代表大会常务委员会第八次会议通过的，自 1995 年 1 月 1 日实施，并于 2009 年、2018 年进行过修订。该法第四十六条规定工资分配应当遵循按劳分配原则，实行同工同酬。同工同酬是指用人单位对于技术和劳动熟练程度相同的劳动者在从事同种工作时，不分性别、年龄、民族、区域等差别，员工只要提供相同的劳动量，就获得相同的劳动报酬。这充分体现了公平在薪酬管理中的重要性。

(1)《劳动法》第十九条规定，劳动合同中必须约定劳动报酬，企业与员工就劳动报酬的相关约定必须以书面方式进行，且是劳动合同必须具备的条款。实际中，员工与企业即使签有约定协议，也是劳动合同的有效附件。

(2) 依据《劳动法》第二十八条的规定，以下五种情况解除劳动合同的，用人单位须向劳动者支付经济补偿金：

①经劳动合同当事人协商一致，劳动合同可以解除；

②劳动者患病或者非因工负伤，医疗期满后，不能从事原工作也不能从事由用人单位另行安排的工作的；

③劳动者不能胜任工作，经过培训或者调整工作岗位，仍不能胜任工作的；

④劳动合同订立时所依据的客观情况发生重大变化，致使原劳动合同无法履行，经当事人协商不能就变更劳动合同达成协议的；

⑤用人单位濒临破产进行法定整顿期间或者生产经营状况发生严重困难，确需裁

减人员的，应当提前三十日向工会或者全体职工说明情况，听取工会或者职工的意见，经向劳动行政部门报告后，可以裁减人员。

(3)《劳动法》第四十四条规定：

①安排劳动者延长工作时间的，支付不低于工资的百分之一百五十的工资报酬；

②休息日安排劳动者工作又不能安排补休的，支付不低于工资的百分之二百的工资报酬；

③法定休假日安排劳动者工作的，支付不低于工资的百分之三百的工资报酬。

这一条对于加班工资计算办法有了明确的规定，平常工作日延长、休息日和法定休假日分别计算。

(4)《劳动法》第五章中第四十六条至第五十一条共六条专门对工资进行了规定。第四十六条规定按劳分配、同工同酬；第四十八条规定工资不得低于当地最低工资标准；第五十条规定按月支付工资，不得克扣或者无故拖欠劳动者的工资；第五十一条规定劳动者在法定休假日和婚丧假期间用人单位应当依法支付工资。这几条对工资做了强制性的规定，可以说是工资支付底线。

(二) 2002 年《住房公积金管理条例》

中华人民共和国国务院令第 350 号颁布的《国务院关于修改〈住房公积金管理条例〉的决定》，自 2002 年 3 月 24 日起施行。该法律规定住房公积金的决策机构、用人单位和个人按比例缴纳等。《住房公积金管理条例》是国务院为了加强对住房公积金的管理，维护住房公积金所有者的合法权益，促进城镇住房建设，提高城镇居民的居住水平而制定的条例，适用于中华人民共和国境内住房公积金的缴存、提取、使用、管理和监督。

1. 住房公积金的性质

微贴 7-3：住房公积金购房贷款

(1) 保障性。建立职工住房公积金制度，为职工较快、较好地解决住房问题提供了保障。

(2) 互助性。建立住房公积金制度能够有效地建立和形成有房职工帮助无房职工的机制和渠道，而住房公积金在资金方面为无房职工提供了帮助，体现了职工住房公积金的互助性。

(3) 长期性。每一个城镇在职职工自参加工作之日起至退休或者终止劳动关系的这一段时间内，都必须缴纳个人住房公积金；职工所在单位也应按规定为职工补助缴存住房公积金。

2. 住房公积金的特点

(1) 普遍性。城镇在职职工，无论其工作单位性质如何、家庭收入高低、是否已有住房，都必须按照条例的规定缴存住房公积金。

(2) 强制性(政策性)。单位不办理住房公积金缴存登记或者不为本单位职工办理住房公积金账户设立的，住房公积金的管理中心有权责令其限期办理，逾期不办理的，可以按《条例》的有关条款进行处罚，并可申请人民法院强制执行。

(3) 福利性。除职工缴存的住房公积金外，单位也要为职工缴纳一定的金额，而且住房公积金贷款的利率低于商业性贷款利率。

(4) 返还性。职工离休、退休或完全丧失劳动能力并与单位终止劳动关系，户口迁出或出境定居等，缴存的住房公积金将返还职工个人。

(三) 2004 年《最低工资规定》

《最低工资规定》于 2003 年 12 月 30 日经劳动和社会保障部第 7 次部务会议通过，自 2004 年 3 月 1 日起施行。

最低工资标准是指劳动者在法定工作时间或依法签订的劳动合同约定的工作时间内提供了正常劳动的前提下，用人单位依法应支付的最低劳动报酬。

(1) 第五条规定："最低工资标准一般采取月最低工资标准和小时最低工资标准的形式。月最低工资标准适用于全日制就业劳动者，小时最低工资标准适用于非全日制就业劳动者。"

(2) 第七条规定："省、自治区、直辖市范围内的不同行政区域可以有不同的最低工资标准。"各地区最低工资标准不同，数据每年都有更新。

(3)《最低工资规定》第十二条第一款规定："在劳动者提供正常劳动的情况下，用人单位应支付给劳动者的工资在剔除下列各项以后，不得低于当地最低工资标准：(一)延长工作时间工资；(二)中班、夜班、高温、低温、井下、有毒有害等特殊工作环境、条件下的津贴；(三)法律、法规和国家规定的劳动者福利待遇等。"

(四) 2006 年《事业单位工作人员收入分配制度改革方案》

《事业单位工作人员收入分配制度改革方案》自 2006 年 7 月 1 日开始实施。方案提出要建立岗位绩效工作制度，事业单位要实行岗位绩效工资制度。岗位绩效工资由岗位工资、薪级工资、绩效工资和津贴补贴四部分组成，其中岗位工资和薪级工资为基本工资。其中，绩效工资主要体现工作人员的实绩和贡献。国家对事业单位绩效工资分配进行总量调控和政策指导。事业单位在核定的绩效工资总量内，按照规范的程序和要求，自主分配。事业单位实行绩效工资后，取消现行年终一次性奖金，将一个月基本工资的额度及地区附加津贴纳入绩效工资。该方案还提出要实行工资分类管理和完善工资正常调整机制等内容。

(五) 2007 年《职工带薪年休假条例》

《职工带薪年休假条例》是为了维护职工休息休假权利，调动职工工作积极性，根据劳动法和公务员法制定的条例。该条例明确规定:“机关、团体、企业、事业单位、民办非企业单位、有雇工的个体工商户等单位的职工连续工作 1 年以上的,享受带薪年休假(以下简称年休假)。单位应当保证职工享受年休假。职工在年休假期间享受与正常工作期间相同的工资收入。”条例还明确提到了哪些人可以享受年休假,年休假的天数又是多少,年休假和其他休假(如病假、事假)的关系等问题。

(六) 2008 年《中华人民共和国劳动合同法》

《中华人民共和国劳动合同法》(以下简称《劳动合同法》)是为了完善劳动合同制度,明确劳动合同双方当事人的权利和义务,保护劳动者的合法权益,构建和发展和谐稳定的劳动关系,制定本法。该法由第十届全国人民代表大会常务委员会第二十八次会议于 2007 年 6 月 29 日通过,自 2008 年 1 月 1 日起施行。2012 年 12 月 28 日第十一届全国人民代表大会常务委员会第三十次会议《关于修改〈中华人民共和国劳动合同法〉的决定》修正。

(1)《劳动合同法》第十七条规定,劳动合同应具备劳动报酬的条款。与《劳动法》第十九条的规定一致。

(2)《劳动合同法》第二十条规定:“劳动者在试用期的工资不得低于本单位相同岗位最低档工资或者劳动合同约定工资的百分之八十,并不得低于用人单位所在地的最低工资标准。”这一条比《劳动法》的规定更详细,对试用期工资进行了单独的约定。

(3)《劳动合同法》第二十二条至第二十五条共四条约定了用人单位可以追偿员工违约金仅限于“培训费用”和“竞业限制”。追偿金额中培训费用的违约金不得超过服务期尚未履行部分所应分摊的培训费用;竞业限制违约金为劳动者违反竞业限制约定的,应当按照约定向用人单位支付违约金。

(4)《劳动合同法》第三十条规定:“用人单位应当按照劳动合同约定和国家规定,向劳动者及时足额支付劳动报酬。用人单位拖欠或者未足额支付劳动报酬的,劳动者可以依法向当地人民法院申请支付令,人民法院应当依法发出支付令。”用人单位拖欠或者未足额支付劳动报酬可能会受到处罚。

(5)《劳动合同法》第四十六条规定,用人单位有下列情形之一的,应当向员工支付经济补偿金:

①劳动者依照本法第三十八条规定解除劳动合同的;

②用人单位依照本法第三十六条规定向劳动者提出解除劳动合同并与劳动者协商一致解除劳动合同的;

③用人单位依照本法第四十条规定解除劳动合同的;

④用人单位依照本法第四十一条第一款规定解除劳动合同的;

⑤除用人单位维持或者提高劳动合同约定条件续订劳动合同,劳动者不同意续订的情形外,依照本法第四十四条第一项规定终止固定期限劳动合同的;

⑥依照本法第四十四条第四项、第五项规定终止劳动合同的;

⑦法律、行政法规规定的其他情形。

(6)《劳动合同法》第四十七条规定:“经济补偿按劳动者在本单位工作的年限,每满一年向劳动者支付一个月工资标准的经济补偿。六个月以上不满一年的,按一年计算;不满六个月的,向劳动者支付半个月工资的经济补偿。劳动者月工资高于用人单位所在直辖市、设区的市级人民政府公布的本地区上年度职工月平均工资三倍的,向其支付经济补偿的标准按职工月平均工资三倍的数额支付,向其支付经济补偿的年限最高不超过十二年。本条所称月工资是指劳动者在劳动合同解除或者终止前十二个月的平均工资。”

第五十条第二款规定:“用人单位依照本法有关规定应当向劳动者支付经济补偿的,在办结工作交接时支付。”

这两条对用人单位支付给员工的经济补偿金计算标准和时间做了明确的规定。

(7)《劳动合同法》第八十二条规定:“用人单位自用工之日起超过一个月不满一年未与劳动者订立书面劳动合同的,应当向劳动者每月支付二倍的工资。用人单位违反本法规定不与劳动者订立无固定期限劳动合同的,自应当订立无固定期限劳动合同之日起向劳动者每月支付二倍的工资。”这条规定对未签订劳动合同的情况下的工资处罚做了明确界定。

(8)《劳动合同法》第八十五条规定:“用人单位有下列情形之一的,由劳动行政部门责令限期支付劳动报酬、加班费或者经济补偿;劳动报酬低于当地最低工资标准的,应当支付其差额部分;逾期不支付的,责令用人单位按应付金额百分之五十以上百分之一百以下的标准向劳动者加付赔偿金:

①未按照劳动合同的约定或者国家规定及时足额支付劳动者劳动报酬的;

②低于当地最低工资标准支付劳动者工资的;

③安排加班不支付加班费的;

④解除或者终止劳动合同,未依照本法规定向劳动者支付经济补偿的。

(七) 2014 年《中央管理企业负责人薪酬制度改革方案》

《中央管理企业负责人薪酬制度改革方案》最核心的内容是明确下一步央企高管薪酬采用差异化薪酬管控的办法,综合考虑国企高管当期业绩和中长期持续发展,重点对行政任命的央企高管人员及部分垄断性的高收入行业的央企负责人薪酬水平实行限高,以此来抑制央企高管获得畸高薪酬,缩小央企内部分配差距,使得央企高管人员薪酬增幅低于企业职工平均工资增幅。

三 对于薪酬管理的启示

无论是国内还是国外,我们都可以感受到公平性在薪酬管理中的重要性,在薪酬管理中管理者应该本着“同工同酬”的原则。管理者还应该密切关注与薪酬管理相关的法律法规,以此来完善自己的薪酬管理体系。在薪酬管理中,企业要高度重视《劳动法》实施对薪酬的影响,回避《劳动合同法》的风险。《劳动合同法》自 2008 年 1 月 1 日实施以来,对企业劳动关系和管理制度的完善都带来很多冲击。《劳动合同法》对薪酬管理究竟有哪些独特的影响,企业管理者必须认真分析,做到心里有数。

第四节 新形势下的企业薪酬管理

随着我国市场的不断发展,企业面临的竞争越来越激烈。企业发展需要的基本组成部分是工作人员,而薪酬最能激起工作人员的工作动力,因此,企业具有合理的人力资源薪酬管理是壮大企业管理的基本保障和必要前提。对于企业而言,做好工作人员管理就是保障企业正常运行的基础,而工作人员很大的一个工作动力就是收入的高低,就是薪酬。因此,企业做好薪酬管理工作才可以减少人才流失,提高企业竞争力。[①]

一 加强人力资源薪酬管理的意义

(一)提高企业的工作效率

建立高效的人力资源薪酬体系可以有效提高企业的管理效益。企业可以根据薪酬管理系统对各部门进行详细分配,建立任务明确的管理系统,各个部门有自己明确的任务,出现问题可以落实到每个部门的责任人。这样可以提高各部门的工作质量,不会造成对人力资源的浪费,有效提高企业的经营效益,相应的市场竞争力也会增强。

(二)增加员工的幸福感,提高员工动力

工作人员的工作动力与薪酬有着直接的联系,薪酬越高,工作人员的幸福感就会增强,积极性就越高,有助于提高工作效率。并且,薪酬越高,员工会越活跃,企业有了活力,创造性就会有大幅度的提高,就具备了超越其他企业的竞争力。在薪酬管理方面,企业也应该设立一定的奖惩制度,工作人员表现得好,可以有额外的奖励,反之,如果员工出现工作错误,企业就应该有相应的惩罚。将奖惩制度与薪酬管理有效结合,在具体实践过程中可以大幅度提高员工的幸福感,提高员工参与工作的积极性,提高工作效率,进而增强企业活力,提高企业竞争力。

---

① 林广禄:《新形势下加强企业人力资源薪酬管理的对策建议》,《商讯》,2021 年,第 9 期。

二　现今企业人力资源薪酬管理存在的问题

（一）薪酬管理理论落后

现在的大部分企业对薪酬管理并没有一个正确的认识，只是将薪酬视作员工的工资和奖金，对薪酬并没有统一的标准。有的企业对工作岗位没有准确的评价，以至于没有规范的岗位薪酬标准，企业薪酬管理工作有很大的障碍，没有准确的理念进行指导。

（二）企业的薪酬水平较低

充分认识人力资源薪酬管理的重要价值是企业开展薪酬管理的重要前提，但现如今多数企业对于人力资源的管理都只在人力调动与利用方面的管理，而没有重视企业的薪酬水平管理，企业在薪酬方面的决策大多都无法真正地落实。这样的管理会使员工缺少激励，对员工在企业中的贡献心理造成一定的打压。部分企业的薪酬水平较低，对于企业工作人员的积极性造成一定的影响，阻碍企业发展。虽然由于市场竞争力的提升，企业不得不在薪酬方面有所提高，但相较于市场中的薪酬标准，企业员工尤其是技术骨干力量的薪酬仍旧偏低，这使得企业在市场中缺乏足够的竞争力，并且技术核心人才逐步流失，进而降低了企业的竞争力。

（三）缺乏有效的绩效考核体系

我国大部分的企业在薪酬管理、绩效考核体系方面的建设非常落后，体现为绩效考核没有办法明显、准确地体现出员工在平常生活中的贡献和工作质量，其中也暴露出了很多问题。有效绩效考核体系的缺位严重阻碍了员工工作主动性的提高，忽略了员工各方面绩效的多层次体现，使得高层次管理部门忽略了对工作人员精神纪律和自身发展的提高和激励，同时也无法对员工的薪酬做出准确的判断和提高，挫伤了员工工作的积极性，对薪酬管理方面有所阻碍。

（四）薪酬管理过分科层制

大部分企业对于人才管理薪酬体系根据级别来进行薪酬制定，根据员工职务的大小、学历的高低、工作的年龄来作为定制薪酬的标准。企业中的薪酬管理方面并没有灵活的调整机制，同样的薪酬机制施行时间过长。在单一的制度之下，不同的工作效率和工作情况的员工想要得到更多的奖金，也只能靠提升自己的工作职务来进行加薪。这种传统的薪酬体系本身就忽略了员工自身的高技能、高知识、高能力，只看重员工的职务和工龄，导致企业在薪酬管理方面停滞不前。

三 加强人力资源薪酬管理建设的对策

（一）创新人力资源薪酬管理的理论指导

在市场运营新形势下，企业应该改变多年传统的薪酬管理模式，采用科学合理的薪酬理论来进行管理。具体而言，就是要把握企业的真实运营情况和具体管理特点，将先进的薪酬管理理论与企业运营实际进行结合，采取并引进科学的管理手段，对人力资源进行调整，改善相关的管理技术；对于引进的薪酬管理理论要进行一定的改造，要服从企业本身经营的战略方法，符合企业内部人力资源的现行管理政策，改造后的薪酬管理理论一定要支持企业本身的盈利经营战略和管理方法。市场在不断地变化，面对新的挑战，企业只有在内部不断地创新，不断地对运营和管理模式进行完善，与时代共同进步，薪酬管理才可以对企业内部开发和运营起到有效的作用，也才可以推动企业有效利用人力资源，从内部提高企业的竞争力，从而提高在市场上的运营竞争力。

（二）合理设计薪酬管理结构

员工是企业运行和发展的基础，企业如果想要在新形势下取得优先的市场竞争力，就必须给予员工幸福感，为员工提供较为合理的工作薪酬。企业采取的薪酬体系对员工的吸引力以及激励作用和吸引作用，都是维系企业内部优秀工作人员的重要基础，只有使员工提高工作满意度、提高自身的组织归属感，才可能会激励员工更好地完成相关的工作任务和目标，从而提高企业本身的竞争力。因此，企业要合理设计薪酬管理结构，可以对原有的薪酬管理具体制度进行细化和完善，薪酬结构的设计应该考虑企业内部各个岗位的特点，针对所有岗位设计出本质统一但形式不同的激励结构模式，建立并完善基础的企业薪酬结构，以工作人员的技能和岗位作为基础才可以更好地激励工作人员进行工作上的创新。

（三）多样制造员工福利

企业中的员工是有差别的，年龄不同、职位不同、阶层不同，需求的表现也是多方面的。企业中的员工在希望获得自己工作必要的薪酬之外，还希望能够在其他方面得到福利，福利不仅仅包括物质上的，还可能是精神上的福利或其他福利。比如，员工在岗位上发展优秀，那他就可能会渴望有更好的发展机会，也可能希望得到领导的尊重、关怀以及赞赏等。企业的薪酬管理要提高员工的幸福感，因此可以根据企业本身的运行和管理情况，对任意岗位、不同工作特点的员工进行深入了解，了解员工本身具有的技能技术、发展潜力、家庭条件等，以便于企业能够在不同的方面多样化提出员工福利，这也十分顺应我国福利标准和相应的福利机制。企业应该在员工薪酬的基础上，给予一定的福利，或者让员工自己挑选福利奖励制度，满足员工的福利要求，有效提高员工的工作动力，激励员工为企业创造出更多的价值，推动企业提高自身竞争力和收益。

（四）加强企业绩效考核制度

企业采取绩效考核是针对企业中员工的工作付出及工作劳动成果进行评价，这也是制定员工相应薪酬的主要凭借和依据。企业在进行薪酬管理实施过程中，必须要先有一套高效准确的绩效考核制度，才可以对员工本人的职位情况和具体工作效率进行反映。在考核的过程中要做到公平、公正、准确地收集员工在一定时间内做出的工作贡献和工作效益，并且企业所采取的绩效考核必须要考虑到不同岗位、不同级别员工的工作情况，参照每个岗位的主要工作任务、技术含量的高低、工作量的大小、承担风险的程度等，充分考虑到每个职业的各方面工作特点，将所有要素都纳入绩效考核评价过程中。对绩效考核结果做出准确评价之后，要应用于员工的升职、培训、调动、薪酬分配等多方面，这样才可以对员工的工作进行有效的调整，高效激励员工的工作主动性，挖掘员工的内在潜力，更好地为企业创造效益。

（五）完善增薪机制

对企业内部工作人员所设定的薪酬提升机制，要有一定的科学性和合理性。企业需要对相应的薪酬增长机制进行调查，在相关行业内获取各个企业的薪酬管理水平，收集社会发展和对相关劳动力的雇用情况等资料，进而制定出科学的增薪机制，并且在增薪机制部分增加对员工本身技能的评估，根据员工所具有的技能进行等级评定，这可以为员工增薪机制提供一定的科学依据，提高更新机制的灵活性和准确性。在员工可以优秀完成更高一级的工作任务时，企业就应该增加员工的薪酬，制定合理的增薪机制，这样可以让员工重视自身的能力提升，提高自己的工作水平和职务能力，进而提高企业内部人力资源的核心竞争力，使企业在市场上得到有效发展。

中英文关键术语

薪酬（compensation）
内在报酬（intrinsic reward）
外在报酬（extrinsic reward）
经济性报酬（financial rewards）
非经济性报酬（non-financial rewards）

薪酬设计(compensation design)

奖励性薪酬(incentive compensation)

复习思考题

1. 举例说明薪酬管理的影响因素。
2. 什么是绩效加薪? 对员工提供绩效加薪是一种好的做法吗?
3. 报酬要素和任职条件之间是什么关系?
4. 胜任素质薪酬与传统的薪酬体系有哪些区别?
5. 给员工定薪的影响因素有哪些?

本章自测题

本章拓展阅读材料

案例分析题

一、案例材料

小王在某中型公司内担任人力资源部经理一职,公司内部员工上百名。最近几天,他遇到了两件烦心事。

第一件事是由于近几年来经济的发展,公司数量增多,竞争加剧,开始出现了"招工难"的现象。公司为了维持自身的发展,不得不花重金招聘部分新人。这批新人的工资比熬了多年的老员工工资还要高,于是老员工不满意了,不是吵着加工资,就是消极怠工,极端的是离职走人,给企业的稳定和发展带来不小的影响。遇到这种情况,往往是老员工有老员工的委屈,新员工有新员工的价值底线,怠慢谁都不太好。

第二件事是小王所在的公司提倡人本管理,薪酬总成本中福利开支居高不下,但高福利所带来的效果却收效甚微。小王也了解到有的企业投入较少的福利则获得较好的激励效果,有的企业在福利开支上投入很大但却收效甚微。

为这两件事情,小王近期过得心烦意乱。

二、讨论题

1. 为什么会产生新老员工的工资矛盾? 如果你是小王,你该如何处理和平衡这种矛盾？

2．假如你是小王，你会如何处理福利方面的问题？又该如何设计福利制度，从而更好地激励员工？

第八章

员工关系与福利

本章引例

东航飞行员“集体返航”事件

2008年3月31日，中国东方航空股份有限公司(简称东航)云南分公司从昆明飞往大理、丽江、版纳、芒市、思茅和临沧留底的18个航班飞到目的地上空后，乘客被告知无法降落，航班又全部飞回昆明，从而导致昆明机场更多航班延误。虽然东航官方解释是“天气原因”，但是同一天飞往上述地区的其他航空公司航班则正常降落。之后，东航迫于压力，称集体返航事件有“人为因素”。集体折返的原因，据传是飞行员因为待遇低下而集体“罢飞”。无独有偶，3月份以来，民航业已发生多起类似事件：3月14日下午，同样认为受到了不公平待遇的上海航空公司40余位机长同时报请病假；3月28日，东星航空11名机长因与公司发生劳资等纠纷，集体“告假”导致多数武汉始发的航班停飞……

追根溯源，飞行员“罢飞”事件源于快速开发的民航投资闸门。2004年民营资本可以进入民航业筹建航空公司，但当时各航空公司飞行员总数仅1万多人，刚好能满足国内700多架飞机的配置需要。据中国民航局预测，到2010年，我国航空运输机将达1250架，需补充6500名飞行员，而我国每年培养飞行员的总数只有600～800名。由于民用航空公司的快速发展，需要大量的飞行员，而时间不允许民用航空公司自己培养飞行员，培训费又很高，最简便的方法就是去国有航空公司高薪挖人，而国有航空公司则坚决抵制，各种诉讼不断。但是索赔天价也挡不住飞行员的跳槽。国有航空公司为了留住飞行员，与飞行员签署的都是长期合同，有的甚至是长达99年的终身合同。中国民航局联合五部委发文要求“飞行员辞职必须征得原单位的同意”，要赔偿原单位“70万～120万不等的培训费”等，甚至飞行员支付了相关费用，跳槽也不容易。据说东航飞行员集体罢飞就是因为一些飞行员按规定支付了相关赔偿，但因原航空公司不放档案而难以到民营航空公司工作，在跳槽时遭遇阻力，而企业内部又没有有效沟通渠道。无奈之下，一些飞行员选择了罢飞这种极端手段。这次事件折射出企业与员工之间的矛盾与冲突。如何来处理这些矛盾与冲突、如何在员工与企业之间建立一个和谐的平台、如何协调企业和员工的利益已成为管理者、政府和劳动者共同面对的问题。

资料来源　中国新闻网：东航处理集体返航事件云南分公司总经理被免职 https://www.chinanews.com.cn/cj/kong/news/2008/07-02/1300479.shtml。

第一节 员工关系概述

企业因人而生，因人而盛。员工关系管理是人力资源管理的重要和核心内容，因此有必要首先明确员工关系及管理的概念内涵和外延。

一 劳资关系、员工关系、劳动关系概念厘清

在对企业与员工之间的关系进行概括和描述方面，存在三个相似概念，分别是劳资关系、员工关系和劳动关系。其中，劳资关系和员工关系在国际上是较常见的概念。

视频 8-1：工会的职责和运行模式

(一) 劳资关系与员工关系

1. 从劳资关系到员工关系

劳资关系，有三种英文表述，即 labor relation，industrial relation，labor & industrial relation，员工关系为 employee relation，而劳动关系则主要是中国采用的一种特定概念。①

马克思和恩格斯认为，劳资关系是资本主义制度的产物，在对 19 世纪中期英国、法国和德国等西方主要资本主义国家劳资冲突的实际进行概括和抽象的基础上，提出了劳资关系的理论。狭义的劳资关系是指代表全体工会会员的工会与雇主或雇主联盟(即资方)之间的集体关系，内容主要涉及工会组建、集体谈判及集体争议处理等方面的内容。而广义的劳资关系则涵盖与雇佣关系相关的所有各个方面的内容。它不仅包括狭义劳资关系中的所有内容，而且包括单个企业与作为非工会会员的本企业员工之间的关系，同时也包括企业制订和实施的可能会影响自己与员工之间关系的所有各项人力资源管理或人事管理政策和实践。②

随着科学技术的进步、生产力发展水平的迅速提高，社会结构的深刻变化，劳资关系呈现新的特征。20 世纪初西方学者从人力资源管理角度

① 刘昕、张兰兰：《员工关系的国际发展趋势与我国的政策选择——兼论劳资关系、劳动关系和员工关系的异同》，《中国行政管理》，2013 年，第 11 期。

② 刘昕、张兰兰：《员工关系的国际发展趋势与我国的政策选择——兼论劳资关系、劳动关系和员工关系的异同》，《中国行政管理》，2013 年，第 11 期。

提出用员工关系取代劳资关系。

2. 劳资关系同员工关系的联系与区别

员工关系是由企业管理方和员工之间的利益引起的权利和义务、管理和被管理的关系，具体表现为合作、冲突、沟通、激励等权利和义务关系的总和。[①] 目前国内外学术界对于员工关系没有统一明确界定，但大体上分为广义和狭义两种。狭义的员工关系不包括企业与工会之间的关系，它是企业与本企业所雇用的员工之间的一种组织内部关系，既不涉及工会，也不涉及政府，是企业和员工在一定的法律框架内形成的经济契约和心理契约的总和。而广义的员工关系概念与广义的劳资关系概念是一致的，它同样涉及与雇佣关系有关的各个方面的内容，不仅涵盖企业和员工之间的组织内部关系，而且涵盖企业与代表部分或全部员工的工会之间的关系。换言之，它涵盖了与工会会员及非工会会员都有关的全部雇佣关系。总的来说，通用的员工关系大多是指广义上的概念。[②]

劳资关系管理同员工关系管理之间从关系主体、解决方式、实现目标、研究内容和涉及学科等方面存在差异，具体见表 8-1。

表 8-1　劳资关系管理与员工关系管理的比较[③]

管理类型	关系主体	解决方式	实现目标	研究内容	涉及学科
劳资关系管理	劳动者个人或组织与雇主个人或组织	政府的法律法规与工会的集体谈判	缓和劳资矛盾	劳资冲突及解决办法	经济学 政治学 管理学 社会学 法学
员工关系管理	管理方（企业所有者、各级管理人员）与员工个体	企业内部显性的规章制度和隐性的企业文化、心理契约	实现企业内部和谐以及企业与员工的双赢	协调和解决企业与员工之间的矛盾	人力资源管理

（二）劳资关系与劳动关系

在马克思看来，劳资矛盾是资本主义社会情境下的剥削与被剥削关系。我国政治经济学中同样视劳资矛盾为资本主义社会矛盾之一，我国实行社会主义制度，历史和

① 史保金：《西方企业员工关系管理理论的逻辑发展》，《企业活力》，2006 年，第 6 期。

② 刘昕、张兰兰：《员工关系的国际发展趋势与我国的政策选择——兼论劳资关系、劳动关系和员工关系的异同》，《中国行政管理》，2013 年，第 11 期。

③ 史保金：《西方企业员工关系管理理论的逻辑发展》，《企业活力》，2006 年，第 6 期。

体制原因通常将劳动关系取代劳资关系。我国使用的劳资关系概念主要有两个层面的含义:第一种是抽象或宏观层面的劳资关系含义,它所代表的是西方资本主义国家的劳方与资方之间的矛盾,是对西方企业和劳动者之间对立和斗争关系的一种笼统指代;第二种是具体或微观层面的劳资关系含义,即西方国家的雇主或雇主联盟与作为劳方代表的工会之间的集体谈判、集体争议处理过程及其相关机制,这种定义基本上等于西方常用的劳资关系定义。[①] 劳动关系主要是指用人单位与劳动者之间在运用劳动能力实现劳动过程中形成的一种社会关系,是我国劳动法的基本调整对象。因此,劳动关系的概念强调的是用人单位与劳动者之间的关系应当遵循法律相关条款规定,但是并不涉及用人单位合法范围内具体如何实施管理的问题,不涉及用人单位同员工之间的在法律范畴内的管理关系,不涉及同劳动者之间的心理契约关系。

(三)员工关系与员工关系管理的含义

1. 员工关系的界定

本书侧重从人力资源管理角度来看,认为员工关系(employee relation)能更准确而全面地用来界定用人单位与员工之间形成的具体关系。员工关系是建立在劳动关系基础之上的(因为遵守法律是员工关系管理的一个最基本要求),员工关系管理的重点是企业如何通过一系列的人力资源管理政策和实践与员工达成双赢性质的组织内部关系。其核心是双方之间的经济契约和心理契约的总和。

2. 员工关系的特点

第一,以企业与员工之间的雇佣关系为基础。有了雇佣关系,才能在此之上而形成企业与员工、员工与员工之间的各种关系。第二,主要表现为企业内部的工作和人际关系。员工关系不局限于员工和企业之间,还表现在上级与下属、同事之间、员工与客户等方面。第三,以工作合作为纽带。第四,实质为冲突与合作。虽然员工关系非常复杂,但最终都可以归结为冲突和合作两个根本方面。在组织中,管理方与员工要共同生产产品和服务,并在很大程度上遵守一套既定制度和规则即是合作的表现。而劳资双方的利益、目标等总会存在分歧,甚至是背道而驰,这就形成了冲突。

3. 员工关系管理

员工关系管理(employee relation management)从广义上讲是企业在整个人力资源体系中,各级管理人员通过拟定和实施人力资源政策而实施的一种管理行为,目的是调节企业与员工、员工与员工之间的相互关系,达到实现组织目标的目的。从狭义上讲主要指柔性的激励措施,是通过提高员工的满意度,实现管理方和员工的和谐,达

① 刘昕、张兰兰:《员工关系的国际发展趋势与我国的政策选择——兼论劳资关系、劳动关系和员工关系的异同》,《中国行政管理》,2013年,第11期。

到企业增效、员工增收的双赢目的。员工关系管理具体包括企业内部员工人际关系管理、员工情绪管理、企业文化建设、员工关系管理培训、工作场所的安全和健康、员工援助计划(employee assistant plan,EAP)、危机处理等内容。

二 员工关系管理理论的发展

西方员工关系管理理论经过一百多年的发展,形成了较为完整的体系。总体来看,其发展经历了三大阶段。

(一) 19 世纪 40 年代到 20 世纪初以劳资关系为中心的传统员工关系阶段

这一时期,一方面资本主义经济迅速发展,开始出现垄断资本主义,社会财富集聚于大资本财团手中;另一方面,工人在恶劣的生产环境下劳动繁重,阶级意识开始觉醒,工人运动高涨,劳资矛盾尖锐。政府出于保护资本的目的,不断压制工人运动。社会结构呈现工人阶级和资产阶级的二元对立局面。工会组织倾向于以罢工的手段争取工人合法权益,员工关系体现为工会组织与行业联合会之间的谈判和斗争。

这一阶段员工关系管理理论主要以马克思主义的资本主义理论以及弗雷德里克·泰勒的科学管理理论为代表。马克思认为,劳资关系是资产阶级同普通雇佣工人之间的剥削与被剥削关系,二者是对立和对抗关系。泰勒则看到了对抗性的劳资关系对企业不利,并明确提出雇主与员工应当是一个利益共同体。① 他第一次从实验出发总结概括出了科学管理原理,并将经济人假设运用到企业管理实践中,提出了通过提高工资和奖金等经济手段激励员工积极性、提高劳动生产率的具体操作方法,即被后人称为“胡萝卜加大棒”的管理员工的方法。② 科学管理理论的贡献在于科学管理原则、方法的总结和对员工物质激励的手段的研究。

(二) 20 世纪 20 年代到 80 年代以人力资源管理为中心的员工关系转型阶段

两次世界大战以后世界各国政府工作重心转向经济复苏,形成了相对稳定的世界发展格局。经济危机爆发后,世界经济大萧条,政府意识到自由经济的问题并运用国家宏观调控手段干预经济,劳资矛盾依然尖锐,但这一阶段的员工关系不再是以阶级斗争、传统的劳资矛盾为主体,工会组织与资本家行业协会的矛盾逐渐缓和,集体谈判在确立和调整雇佣关系方面的角色逐渐被社会的福利政策及企业内部的人力资源管

---

① 刘昕、张兰兰:《员工关系的国际发展趋势与我国的政策选择——兼论劳资关系、劳动关系和员工关系的异同》,《中国行政管理》,2013 年,第 11 期。

② 史保金:《西方企业员工关系管理理论的逻辑发展》,《企业活力》,2006 年,第 6 期。

理制度所取代,非工会成员与工会会员两种雇佣关系同时存在,[①]政府主导的社会福利体系不断建立和完善。

这一时期,员工关系管理的中心开始转向组织内部管理,尤其是员工管理方面。行为心理学、管理丛林理论、人力资源管理等学科蓬勃发展。西方学者从企业这一微观层面来探讨造成工人劳动效率低下的原因。从梅奥的霍桑实验开始,经过马斯洛、赫茨伯格、弗鲁姆、麦格雷戈、沙因等管理学家数十年的努力,提出了“社会人”假设、人的需求层次理论、双因素理论、期望理论、X-Y 理论、“复杂人”假设等行为科学理论。人力资本理论则将人力资本作为一个与物力资本对等的概念提出来,它在一定程度上改变了劳动从属于资本的理念,使得原本不平等且主要以资方为中心的雇佣关系开始逐渐向劳动者方面倾斜。心理契约理论则认为,在员工与企业之间存在一种隐性契约,它强调了在员工的激励和保留方面,心理契约与经济契约一样起着非常重要的作用。社会交换论则强调,员工关系是建立在平等自愿基础上的一种交换关系。它在企业中通常表现为组织和成员之间及领导和成员之间的交换关系。这些理论从挖掘人的潜能,激发人的动机,重视人的多层次需要,强调“内在激励”和“外在激励”、公平的激励作用,以及士气和凝聚力的调动等方面探讨协调员工关系、调动员工积极性的方法与措施。

(三)以战略性人力资源管理为中心的现代员工关系阶段

这一阶段大致始于 20 世纪 80 年代,各发达国家中都不同程度地出现了经济结构的转型,即主导产业逐渐从生产制造业转变为服务业、科技和信息产业的发展背景下,人力资本对于经济增长的贡献越来越突出,劳动力队伍结构也发生了较大变化,知识性员工数量不断增大,工人个体的谈判能力增强。传统的全日制工作转变为弹性工作制、非全日制工作、远程工作、居家办公等多种形式并存的工作方式。

企业文化理论和战略性人力资源管理理论成为员工关系管理的重要理论基础。企业文化理论强调员工与企业之间应形成统一的价值观,然后在此基础上努力实现双方利益的最大化,它从价值观的层面将企业和员工之间的心理契约提升到一个新的高度,是对传统的对立型劳资关系的一种彻底扭转,指出员工关系可以成为一种和谐的人文关系。战略性人力资源管理理论强调,组织的人力资源管理活动必须与组织所处的外部和内部环境相适应,与组织战略相一致,同时要保持人力资源管理各职能之间的相互匹配性,它以一种权变的观点来审视员工关系,要求企业确保员工关系的灵活性,以便能够帮助组织赢得竞争优势。[②] 西方学者在新时期的企业管理实践中还概括出了诸如员工帮助计划、员工参与管理、员工持股计划、可雇性和终身就业能力、员工

---

① 刘昕、张兰兰:《员工关系的国际发展趋势与我国的政策选择——兼论劳资关系、劳动关系和员工关系的异同》,《中国行政管理》,2013 年,第 11 期。

② 刘昕、张兰兰:《员工关系的国际发展趋势与我国的政策选择——兼论劳资关系、劳动关系和员工关系的异同》,《中国行政管理》,2013 年,第 11 期。

信任和沟通等理论,[①]这些理论对于协调企业与员工的关系,提高工作效率具有重要的理论和实践意义。

三　员工关系的建立与管理

(一) 员工关系的建立

1. 制定政策、规则和工作程序

任何一个企业都需要制定规则,从而使每一个员工知道管理者对他们的期望。管理者需要不断地与员工进行沟通,进而使企业制定的政策、规则和工作程序能够得到下属的支持,并不断强化这些政策、规划和工作程序。就是说企业要通过建立制度而不是通过人治来建立积极正向的员工关系,从而避免在管理中的随意性。

2. 有效管理

管理者可以通过以下四种管理方式对下属进行有效的管理:首先,管理者应当以员工是否能够完成任务为标准来进行工作分配,关键是要知道员工的优势和劣势。为了增加员工对企业的认同,必须使他们感觉到他们的工作对企业来说是非常重要的。如果员工认为他们的贡献在某种程度上是独一无二的、特别的或具有创造性的,那么员工可能更加积极地工作,并且逐渐成为企业比较重要的资产。其次,管理者需要对自己的时间进行管理。拙劣的时间管理的后果是工作过程和程序不能按部就班地进行,这可能导致员工和外部顾客的不满。员工非常重视自己的时间,如果时间不能被很好地利用,员工可能感觉到管理者在浪费自己的时间。优秀员工和外部顾客可能就会消失。再次,管理者要善于对冲突进行管理。很多管理者由于工作繁忙而没有时间去思考解决冲突的最好办法,他们往往只做出被动反应而不会思考产生问题的原因。然而冲突肯定会影响企业的绩效以及目标的达成,管理者需要专心思考冲突的解决办法和如何防止冲突的产生。绩效改进辅导应当被认为是一种积极的行为,员工也有权知道他们应当怎么做。与员工积极地沟通需要改进的绩效是管理者的一项义务。最后,管理者要重视与离职者面谈。事实上,离职面谈是发现员工真实感受的一种好的方式,从而在日后的工作中采取合适的、正确的管理方式。企业必须能够接受批评并且不要惩罚批评者,但大多数员工不相信管理者会这么做,他们害怕受到惩罚,尽管以后将不在该企业工作。除非企业已经建立信任机制,否则的话,离职面谈就不能达到期望的效果。同时,离职面谈的反馈结果如果没有得到运用,那么离职面谈就毫无意义;企业如果能够合理运用离职面谈的话,离职面谈则可以作为识别企业中存在问题

---

① 史保金:《西方企业员工关系管理理论的逻辑发展》,《企业活力》,2006年,第6期。

的一种手段,进而促进问题的解决。

3. 招聘合适的人

雇用/招聘/配备是避免员工关系问题的非常重要的一个方面。预防性的措施包括良好的面试和实际工作预演。企业需要花费一定的时间把企业的政策、工作程序及员工与雇主的法律义务告知新员工。企业要想把合适的人引进到企业中来,招募与甄选是第一道关口,决定谁是合适的人不能完全依据经验与学历,还要考虑其个性、态度、沟通技能及其他与企业相匹配的行为特性。比如,在招聘或提拔管理者时,需要候选人具备较强的人际沟通技能。如果管理者沟通技能拙劣,那么以后可能会产生冲突和其下属的工作绩效较低的问题。

4. 确保良好的沟通

经验表明,建立自由沟通、和睦友好的气氛,可为企业实现管理目标提供精神支柱和思想动力。一般来讲,成员沟通交往机会多、信息沟通状况好的企业员工关系较好。比如,日本的许多优秀的企业(如丰田、松下等公司)在建立积极正向的员工关系方面做得非常出色,它们最主要的经验就是注意沟通,特别是双向沟通。双向沟通指信息的发生者和接受者的方向和地位不断更换,信息发出后会立即得到反馈。双向沟通的最大优点在于能达到真正意义上有效的人际沟通,可从多方面反应来对事物做出准确的判断,同时可增进彼此的了解,加深感情,特别是有助于了解员工的思想情绪及心理状态。沟通的内容不仅包括事实,还包括思想和感受,沟通双方在交流思想、分享感受的过程中加深了理解和信赖。所以,沟通不仅是信息传递的重要手段,还是建立良好员工关系的主要方法。

5. 公平对待和尊重员工

企业在制定员工奖酬制度时一定要公平对待和尊重员工。奖酬员工的方法有许多,其中一种方法是通过建立正式的奖酬制度来确保员工受到奖励。如果奖酬制度能够适当地执行,那么员工就会感觉自己受到了公平的对待,从而提高工作的积极性。奖励计划不应当只针对某些员工而把其他人排除在外,因为员工会很容易地发现企业的偏袒。企业应当精心设计报酬形式,因为任何形式的报酬或奖励都应当对员工有吸引力。只有这样,企业才能增加员工的满意度,更好地激励员工。

6. 设立员工帮助项目

员工帮助项目,或员工援助项目,就是组织为帮助员工及其家属解决职业心理健康问题,由组织出资为员工设置的一套系统的服务项目,是心理卫生服务的一种。员工帮助计划的目的在于通过系统的需求发掘渠道,协助员工解决其生活及工作问题,如工作适应、感情问题、法律诉讼等,帮助员工排除障碍,提高适应力,最终提升企业生产力。企业应当向员工提供有关员工帮助计划方面的信息并鼓励其在需要的时候接受服务。这项计划应当与其他任何计划(如医疗计划)一样受到企业的重视,例如,台积电制订的员工帮助计划的目标是追求物质和心灵并重，努力营造工作与生活融合的舒适环境，比如，公司设置了一个 24 小时的开放空间，员工可以在这里纾解工作压力。

案例 8-1：摩托罗拉的员工关系管理

企业可以通过制度、沟通和管理，以及招聘适当的人来建立良好的员工关系。短期激励不应当与建立良好员工关系而带来的长期回报相混淆。我们如果相信人力资源是人，以及公平地对待和重视他们的话，那么建立良好员工关系所付出的努力是值得的，因为没有什么能够替代良好的员工关系。

（二）员工关系管理的内容

员工关系管理工作的重点主要是人际关系管理、劳动关系管理、沟通与交流管理、民主参与、企业文化和企业精神管理。目前员工关系管理已成为企业主动倡导的工作。

（1）劳动争议处理。员工入离职面谈及手续办理，员工申诉、人事纠纷和意外事件的处理。

（2）员工人际关系管理。引导员工建立良好的工作关系，创建利于员工建立正式人际关系的环境。

（3）沟通管理。保证沟通渠道的畅通，引导企业与员工之间进行及时双向沟通，完善员工建议制度。

（4）员工情绪管理。组织员工心态、满意度调查，谣言和怠工的预防、监测及处理，解决员工关心的问题。

（5）企业文化建设。建设企业文化、引导员工价值观，维护企业良好形象。

（6）服务与支持。为员工提供有关国家法律、企业政策、个人身心等方面的咨询服务，协助员工平衡工作与生活的关系。

（7）员工关系管理培训。组织员工进行人际交往、沟通技巧等方面的培训。

此外，员工关系管理还包括工作场所的安全和健康、员工援助计划、工会关系的融洽、危机处理等。

（三）员工关系的影响因素

有些管理者认为对员工的积极正确评价是员工关系计划的基础。这些计划在一定程度上是有效的，但是这并不是员工关系的核心。员工关系的核心是一个不断建立关系的过程，企业需要花费时间、精力来着手员工关系的建立。企业要想建立积极正向的员工关系，首先要明确影响员工关系的因素有哪些，然后根据影响因素制定管理措施从而改进员工关系。

1. 沟通因素

企业如果沟通渠道不畅,缺乏必要的反馈,将会引起很多矛盾,进而导致员工工作热情和积极性下降,影响工作效率。不断进行的双向沟通将会增进员工关系,减少冲突,增加员工和企业之间的信任。反之,如果员工不信任管理者,上行沟通将会受到阻碍;如果管理者不信任员工,下行沟通将会受到影响。

2. 管理理念

如果员工不支持或不理解管理者的道德理念,他们将间接地对管理者的动机产生疑问。这将使员工产生压力,进而影响员工的工作绩效,同时也影响员工对企业的信念。在员工关系中,信念比现实更重要。员工将根据他们对企业的信念履行工作职责,员工应当被明确地告知工作的真实情况,尽管有时这对管理或员工是不合适的。员工的信念及其不确定性将会影响工作绩效。良好的沟通将确保员工的信念与企业的现实相关联。另外,重视和关心与工作问题有关的员工情感是建立员工关系的重要组成部分。

3. 冲突因素

冲突在工作群体或个人试图满足自身需要而使另一群体或个人受到挫折时发生。企业内冲突表现为由于双方的观点、需要、欲望、利益和要求的不相容而引起的激烈争斗。企业内部的冲突既可发生在个人与个人之间,也可发生在群体与群体之间,例如,上下权力层次间的冲突、同一权力层次各部门之间的冲突、职能部门和一线班组之间的冲突,等等。企业必须解决冲突从而避免不适当的压力对员工或绩效产生负面影响。

4. 期望的明确性

员工需要知道管理者对他们的期望是什么,员工如果知道管理者的期望,在一定程度上可以减少工作压力。

5. 公平性因素

公平可以简单地概括为在相同的情况下,企业对所有的员工都一视同仁,不存在厚薄。这并不意味着较高的绩效不应当得到较高的报酬。对员工来说,公平也意味着获得公平的工资和福利。

(四)员工关系的外部环境

影响员工关系的因素除了就业组织内部的因素之外,还有很多环境因素,这些因素被称为员工关系的外部环境。这些环境因素可以归纳为五方面:经济环境、技术环境、政策环境、法律和制度环境，以及社会文化环境。

1. 经济环境

经济环境，一般包括宏观经济状况，如经济增长速度和失业率，也包括更多的微观经济状况，如在某一特定产品市场上雇主所要面对的竞争程度。经济环境影响员工关系的例子很多。比如，作为经济外部环境因素的失业率如果很高，就会减少劳动者凭其技术和能力获得工作的力量，即减弱他们的劳动力市场力量，从而影响其对工作的预期。再比如，在同行业工资普遍上升的情况下，企业可能就会面临更大的员工要求增加工资的压力。

经济环境能够改变员工关系主体双方的力量的对比，一方面，经济环境可能来自劳动力市场的变化，直接影响双方的劳动力市场力量的消长；另一方面，经济环境也可能来自厂商所要面对的要素市场，那么，要素市场的变化通过影响雇主的生产函数和员工的消费函数来改变双方的成本收益，从而带来各种关系的力量的变化。同样，偶发的经济冲击，以及有规律的经济周期都影响就业组织内部的劳动关系调整机制。

经济冲击往往会造成产量的骤减，不同的企业会因为对未来预期的不同而制定不同的人力资源政策。在经济周期的影响下，就业组织内部的调整也会随着经济的起落而变化。一般来说，经济处于繁荣阶段，员工的力量就会强些，管理方会做更多的让步；而经济处于低谷阶段，管理方让步的空间很小，员工的力量相对较弱，在谈判和冲突中处于更为不利的地位。

经济环境往往会首先影响员工的工资福利水平、就业、工作转换，以及工人运动和工会的发展，其次会影响到产品的生产、工作岗位的设计、工作程序等，最后可能会间接影响劳动关系的整体状况。

2. 技术环境

技术环境的内容包括产品生产的工序和方式，以及采用这些工序和方式所必需的资本密度（人均资本投资量）、产品和工序是否容易受到新技术的影响、工作是否复杂、工作是否需要高水平的知识和技能。如果企业的产品易受新技术影响（如 IT 产业）或者企业是资本密集型的（如轿车生产商），那么员工不服从管理会给管理方带来更多的成本，因而员工岗位的力量就会增强。相反，那些不易受新技术影响（如民族手工编织业）或者低资本密集度的行业（如餐饮业），员工岗位的力量就弱些。同样，技术环境的变化也会改变劳动力市场上不同技术种类工人的供求状况，例如，近年来随着我国 IT 产业的兴起，计算机、网络方面的人才需求量成倍增加，这类人才的劳动力市场的力量上升，因而在员工关系中的优势更大些。

3. 政策环境

政策环境是指政府的各种政策方针，包括货币政策和财政政策、就业政策、教育和培训政策及其他政策。例如，作为政策环境的政府教育和培训政策，能够提高劳动力的素质和技术水平，最终影响由雇主提供的工作种类，以及工资和工作条件。

第一,在诸多政策环境中,就业政策对于劳动力市场及就业组织中的员工关系的影响最为直接。它往往通过对供求状况的调整来改变双方劳动力市场的力量,以经济激励和惩罚措施来改变双方在就业组织内部的关系的力量。例如,我国出台了促进残疾人就业的政策,对残疾人的比例达到一定标准的就业组织给予税收、费率等方面的优惠。这些政策从客观上促进了企业雇用更多残疾工人。

第二,教育和培训政策主要作用于人力资本投资的供求,改变劳动者的知识技术结构,从而改变不同种类的劳动力市场供求和企业的资本/劳动比重。因此,教育和培训政策对劳动关系具有更加长期的影响。

第三,货币和财政政策也会通过宏观经济环境来影响各营利组织的劳动关系。另外,这两种政策还可以通过影响资本的价格,改变资本和劳动的价格比率来影响企业的雇用决策和企业的劳动关系。

4. 法律和制度环境

法律和制度环境是指规范雇佣关系双方行为的法律和其他力量的机制,这些机制规定了双方的权利和义务,并具有相对的稳定性。比如,我国《劳动法》规定了集体谈判中双方的权利和义务、雇员的最低工资、健康和安全保护等。法律要求雇主承认工会,并同工会进行集体谈判,这一规定作为法律制度外部环境,提高了工会有效代表其会员的能力,进而影响了工会会员的工资和工作条件。市场经济国家在规范劳动关系、保护劳动者权益方面,制定了比较完善的法律体系,法律和制度是政府调整劳动关系的最基本形式。

5. 社会文化环境

社会文化环境由各国、各地区甚至各工种的主流传统习惯、价值观、信仰等组成。如果社会文化外部环境表现为笃信工会的重要性和积极作用,那么,政府和企业就会通过制定政策,提高工会的密度,扩大工会的影响力。文化的影响是潜在的、不易察觉的,它是通过社会舆论和媒介来产生影响,对违反社会文化规则的个人和组织的惩罚虽然不像法律那样具有强制性,但其作用却不可低估。

第二节 员工关系的确立与解除

一 劳动合同的管理

如前一节所述,目前国内外学术界和实践界对员工关系的概念没有统一明确的界定，在很多情况下，员工关系、劳动关系和劳资关系三者混用。事实上，这三者之间既有联系又有区别。学术界较为一致的看法是：特定企业与员工之间劳动关系的确立是员工关系建立的基础；而这种关系联结的纽带一般是劳动合同。[①] 因此，员工关系建立的基础是特定劳动关系的确立；而个别劳动关系的缔结需要以劳动合同为载体。因此，员工关系的确立问题需要从劳动合同问题谈起。

（一）劳动合同种类与内容条款

1. 劳动合同

《劳动合同法》第十条规定：建立劳动关系，应当订立书面劳动合同。已建立劳动关系，未同时订立书面劳动合同的，应当自用工之日起一个月内订立书面劳动合同。用人单位与劳动者在用工之前订立劳动合同的，劳动关系自用工之日起建立。《劳动法》第十六条规定：劳动合同是劳动者与用人单位确立劳动关系、明确双方权利和义务的协议。《劳动法》第十七条规定：劳动合同依法订立即具有法律约束力，当事人必须履行劳动合同规定的义务。

劳动者在与用人单位建立劳动关系时，要直接用书面文字形式表达和记载当事人经过协商而达成的协议。书面形式清晰有效地记载了双方的权利和义务，可以预防劳动争议的发生。

劳动合同按照不同的分类可以划分为以下几种。

（1）根据订立合同的具体目的不同，分为录用合同、聘用合同、借调合同、内部上岗合同、培训合同等。

（2）根据在同一份劳动合同上签约的劳动者人数，分为个体劳动合同、集体劳动合同。

（3）根据劳动合同的期限不同，分为固定期限劳动合同、无固定期限劳动合同和以完成一定工作任务为期限的劳动合同。

2. 劳动合同内容与条款

劳动合同的内容是指以契约形式对劳动关系双方的权利和义务的界定。由于权利和义务是相互对应的，一方的权利即为对方的义务，因此劳动合同往往从义务方面表示双方的权利义务关系。

劳动者的义务：①劳动给付的义务，包括劳动给付的范围、时间和地点。②忠诚的义务，包括保守用人单位在技术、经营、管理、工艺等方面的秘密；在合同规定的时间和地点，服从用人单位及代理人的指挥和安排；爱护所使用的原材料和机器设备。③附随的义务。由于劳动者怠工或个人责任，在劳动合同义务不能履行或不能完全履行时，应负赔偿责任。

---

① 李新建、孙美佳等：《员工关系管理》，中国人民大学出版社，2015年，第34页。

用人单位的主要义务:①劳动报酬的给付义务。即按照劳动合同约定的支付标准、支付时间和支付方式按时足额向劳动者支付劳动报酬,且不得违背国家有关最低工资的法律规定及集体协议规定的最低标准。②照料的义务。用人单位应为劳动者提供保险福利待遇,提供休息休假等,保障劳动者享有的职业培训权、民主管理权、结社权等,并为行使这些权利提供时间和物质条件保障。③提供劳动条件的义务。用人单位有义务提供符合法律规定的生产、工作条件和保护措施,如工作场所、生产设备等其他便利条件,提供劳动保护设备等。

劳动合同的必备条款是指法律规定的劳动合同必须具备的内容,包括:

(1) 用人单位的名称、住所和法定代表人或者主要负责人。这些内容明确了劳动合同中单位一方的主体资格,确定劳动合同的当事人。

(2) 劳动者的姓名、住址和居民身份证或者其他有效证件的号码。这些内容明确了劳动合同中劳动者一方的主体资格,确定劳动合同的当事人。

(3) 劳动合同期限。该内容与劳动者的工作岗位、内容、劳动报酬、劳动关系都紧密相关。合同期限不明确则无法确定合同何时终止,如何给付劳动报酬、经济补偿等。

(4) 工作内容和工作地点。工作内容,是指法律所规定的劳动者具体从事什么种类或内容的劳动,即工作岗位和工作任务或职责。这一条款是劳动合同的核心条款之一,是建立劳动关系的极为重要的因素。工作地点是劳动合同的履行地,它关系到劳动者的工作环境、生活环境及劳动者的就业选择,劳动者有权在与用人单位建立劳动关系时知悉自己的工作地点。

(5) 工作时间和休息休假。合同中规定的工作时间条款包括工作时间的长短、工作时间方式的确定(如是 8 小时工作制还是 6 小时工作制,是日班还是夜班,是正常工时还是实行不定时工作制)。休息休假是指企业等用人单位的劳动者按规定不必进行工作,而自行支配的时间,这是每个国家的公民都应享受的权利。

(6) 劳动报酬。劳动报酬主要包括:工资分配制度、办法;加班加点工资及津贴、补贴标准和奖金分配办法;试用期、假期工资待遇。

视频 8-2:约定条款

(7) 社会保险。社会保险是政府通过立法强制实施,由劳动者、劳动者所在的工作单位或社区及国家三方面共同筹资,帮助劳动者及其亲属在遭遇年老、疾病、失业等风险时,防止收入的中断、减少和丧失,以保障其基本生活需求的保障制度。

(8) 劳动保护、劳动条件和职业危害防护。劳动保护是指用人单位为了防止劳动过程中的安全事故,采取了各种措施来保障劳动者的生命安全和健康。劳动条件主要指用人单位为使劳动者顺利完成劳动合同约定的工作任务，为劳动者提供必要的物质和技术条件。职业危害是指用人单位的劳动者在职业活动中，因接触职业性有害因素而对生命健康造成的危害。

劳动合同的约定条款是指对于某些事项，法律不做强制性规定，由当事人根据意愿选择是否在合同中约定，劳动合同缺乏这种条款不影响其效力。比如，试用期、培训、保守商业秘密、补充保险和福利待遇等其他事项都属于法定可备条款。

（二）劳动合同的订立、续订和变更

1. 劳动合同的订立

一般规则为，用人单位提出劳动合同草案，劳动者如果完全同意，则视为承诺；如果劳动者对劳动合同草案提出修改或补充意见，双方要经过新的要约——再要约，就劳动合同的内容反复协商，直至最终达成一致协议后签名、盖章，劳动合同成立。

劳动合同的订立是指劳动者和用人单位经过相互选择和平等协商，就劳动合同条款达成协议，从而确立劳动关系和明确相互权利义务的法律行为。它一般包括确定合同当事人和确定合同内容两个阶段。在立法中，有的国家（如某些东欧国家在计划经济时期）只着重规定如何确定合同当事人；有的国家（如不少西方国家）只着重规定如何确定合同内容；有的国家（如日本、苏联等）则对如何确定合同当事人和合同内容都同样重视，我国现阶段立法亦如此。

2. 劳动合同的续订

劳动合同的续订是指有固定期限的劳动合同到期，双方当事人就劳动合同的有效期限进行商谈，经过平等协商一致而续延劳动合同期限的法律行为。劳动合同续订的条件是：

（1）提出续延劳动合同的一方应在合同到期前30天书面通知对方。

（2）在续订的劳动合同中不得约定试用期。

（3）在同一单位工作满十年，双方同意续延劳动合同的，用人单位根据劳动者提出的要求，签订无固定期限的劳动合同。

（4）有固定期限的劳动合同期限届满，既未终止又未续订，其劳动关系依然存在；双方按不少于一年或按原条件履行。

续订一般程序为，用人单位发出续订意向通知员工，让员工决定是否做出续订决定。如果员工决定续订，则在“劳动合同续订意向书”的回执上签署同意的意见，反馈给人力资源部门。用人单位与劳动者重新对合同的内容、条款进行考虑或协商，达成一致意见后双方签字、盖章，合同成立，续订程序结束。

3. 劳动合同的变更

劳动合同的变更是指劳动合同依法建立后，在合同尚未履行或者尚未履行完毕之前，经用人单位和劳动者双方当事人协商同意，对劳动合同内容做部分修改、补充或者删减的法律行为。

劳动合同的变更是原劳动合同的派生,是双方已存在的劳动权利义务关系的发展。劳动合同变更以平等自愿、协商一致为原则。

发生以下重大变化,劳动合同双方协商一致后可变更劳动合同:①订立劳动合同所依据的法律法规已经修改或者废止。②用人单位经上级主管部门批准或者根据市场变化决定转产、调整生产任务或者生产经营项目等。③劳动者方面的原因。例如,劳动者的身体健康状况发生变化、劳动能力部分丧失、所在岗位与其职业技能不相适应、职业技能提高了一定等级等,造成原劳动合同不能履行或者如果继续履行原合同规定的义务对劳动者明显不公平。④客观方面的原因,主要有:不可抗力使得原来合同的履行成为不可能或者失去意义;物价大幅度上涨等客观经济情况变化致使劳动合同的履行会花费太大代价而失去经济上的价值等。

变更劳动合同,一方应以书面形式提出劳动合同变更的要求,另一方在规定的期限内予以答复。合同双方签订变更协议后,变更后的劳动合同才能生效。此劳动合同文本由用人单位和劳动者各执一份。

4. 风险防范

劳动合同是劳动者权益保障的协议基础,在签订过程中,劳动者需要具备风险防范意识,这就需要员工注意以下几点。

第一,劳动合同文本应当由当事人双方各执一份。《劳动合同法》第十六条规定:"劳动合同文本由用人单位和劳动者各执一份。"经双方当事人签字的劳动合同一式两份,用人单位和劳动者应当各执一份,以利于劳动合同的履行。如果发生争议,书面的劳动合同可以作为双方权利和义务的有效证据。

第二,三方协议不是劳动合同。三方协议,也称就业协议,是明确毕业生、用人单位和学校在毕业生就业择业过程中权利和义务的书面协议。就业协议对于学校管理毕业生就业工作、规范用人单位和毕业生的行为、维护各方的合法权益发挥了一定的积极作用。不过,就业协议不是劳动合同,而是一种特殊的民事合同,并不直接接受劳动法的调整。毕业生到用人单位报到视为用工开始,用人单位应及时签订劳动合同,并将劳动合同条款与就业协议衔接。

第三,及时签订书面劳动合同,杜绝事实劳动关系。很多企业认为,临时工不需要签订书面劳动合同,试用期也不用签订书面劳动合同。但事实上,只要建立劳动关系,就应当及时签订劳动合同。按照法律规定,劳动者可以随时终止事实劳动关系,而无须提前 30 天通知用人单位。

第四,做好入职调查,避免形成双重劳动关系。用人单位和劳动者都需要秉承公平和诚实守信的基本理念来订立和履行劳动合同,在诚实信用的基础上建立劳动关系。任何一方违反诚实信用原则,向对方提供了虚假信息,就侵害了对方的知情权。

5. 劳动合同的订立、续订、变更的原则

我国《劳动法》第十七条规定:订立和变更劳动合同,应遵循平等自愿、协商一致的

原则，不得违反法律、行政法规的规定。该规定明确了劳动者与用人单位签订劳动合同必须遵循的三项基本原则。

（1）平等自愿原则。平等指双方当事人法律地位平等，都有权选择对方并就合同内容表达各自独立的意志。自愿指劳动者与用人单位自由表达各自意志，主张自己的权益和志愿，任何一方都不得强迫对方接受其意志。凡采取欺诈、胁迫等手段，把自己的意愿强加给对方，均不符合自愿原则。对双方当事人来说，平等是自愿的基础和条件，自愿是平等的表现，二者相辅相成、不可分割。平等自愿原则是劳动合同订立的基础和基本条件。

（2）协商一致原则。在订立合同的过程中，劳动者与用人单位双方对劳动合同的内容、期限等条款进行充分协商，达到双方对劳动权利、义务的条款表示一致。只有协商一致，合同才能成立。

（3）合法原则。合法原则指遵守国家法律、行政法规的原则。劳动者和用人单位在订立劳动合同时，不能违反国家法律、行政法规的规定，这是保证劳动合同有效并受法律保护的前提条件。

微贴 8-1：订立劳动合同的几项要求

（三）无效劳动合同

所谓无效劳动合同是指当事人违反法律规定订立的不具有法律效力的劳动合同。无效劳动合同从订立时起就没有法律约束力，不能继续履行，不受法律保护。

1. 无效劳动合同种类

按合同内容来划分，无效劳动合同分为：①违反法律、行政法规的劳动合同，包括劳动合同的主体、内容、形式和订立程序与法律法规相抵触或滥用法律、法规。②采取欺诈、威胁等手段订立的劳动合同，指一方故意捏造虚假情况，或歪曲、掩盖事实真相，致使另一方陷于错误而签订的合同。③用人单位免除自己的法定责任、排除劳动者权利的劳动合同。免除自己法律责任是指用人单位通过合同的约定不承担按照有关法律规定应当承担的义务；排除劳动者权利是指用人单位在劳动合同中限制或剥夺劳动者依法应当享受的法律权利。

2. 无效劳动合同的处理

首先，需要确认劳动合同是部分无效还是全体无效。对于全体无效的合同确认书，制作无效劳动合同，终止仲裁审理程序。确认劳动合同部分无效的，如果不影响其余部分的效力，其余部分仍然有效。

至于劳动者的报酬，可以参照《劳动合同法》第二十八条，该条文规定：劳动合同被确认无效，劳动者已付出劳动的，用人单位应当向劳动者支付劳动报酬。劳动报酬的数额,参照本单位相同或者相近岗位劳动者的劳动报酬确定。劳动合同被确认为无效时,劳动者如果并未提供劳动,无论劳动合同效力如何,都不能获得劳动报酬。

另外,在当事人和用人单位双方均同意并且法律允许的情况下,双方可以重新建立合法有效的劳动合同关系。

(四)劳动合同的终止和解除

视频 8-3:劳动合同终止情形及后果

1. 劳动合同的终止

劳动合同的终止是指劳动合同关系的消失,即劳动关系双方权利和义务的终止。劳动关系终止分为自然终止和因故终止。

(1) 自然终止类:

①定期劳动合同到期;

②劳动者退休;

③以完成一定工作为期限的劳动合同规定的工作任务完成,合同即为终止。

(2) 因故终止类:

①劳动合同约定的终止条件出现,劳动合同终止;

②劳动合同双方约定解除劳动关系或者一方依法解除劳动关系;

③劳动主体一方消灭(企业破产、劳动者死亡);

④不可抗力导致劳动合同无法履行(战争、自然灾害等);

⑤劳动仲裁机构的仲裁裁决、人民法院判决亦可导致劳动合同终止。

2. 劳动合同的解除

视频 8-4:劳动合同解除情形、后果及义务

劳动合同的解除是指劳动合同签订以后,尚未全部履行之前,用人单位和劳动者双方或者其中一方因一定事由的出现,提前终止劳动合同的法律行为。劳动合同解除分为以下三种类型。

1) 双方协商解除

双方协商解除是指用人单位与劳动者在完全自愿的情况下,经过协商一致后解除关系。

2) 用人单位单方面解除

用人单位单方面解除,包括因员工过失的过失性解除、因员工本人特殊原因而不能胜任工作的非过失性解除、依照法律法规进行正常裁员等。

用人单位单方面解除的具体要求如下。

(1) 符合下列情况,可随时解除,不承担经济补偿:

①劳动者在试用期间被证明不符合录用条件的,此种情况在试用期满后不再适用;

②劳动者严重违反劳动纪律或用人单位的规章制度；

③劳动者严重失职、营私舞弊，对用人单位的利益造成重大损失；

④劳动者被追究刑事责任的。

（2）符合下列情况，需提前 30 天通知并给予经济补偿：

①劳动者患病或非因工负伤、医疗期满后，不能从事原来工作，也不能从事用人单位另行安排的工作；

②劳动者不能胜任工作、经过培训或者调整工作岗位，仍不能胜任工作的；

③劳动合同订立时所依据的客观情况发生重大变化，致使原劳动合同无法履行，经当事人双方协商一致达成协议的。

（3）依法正常经济性裁员的两个条件：

①用人单位濒临破产进行法定整顿期间；

②用人单位生产经营发生严重困难确需裁减人员；

3）劳动者单方面解除

劳动者单方面解除是指劳动者依据法定程序，可以在规定时间内单方面解除劳动合同。员工关系建立的基础是特定劳动关系的确立，个别劳动关系的缔结需要以劳动合同为载体，而员工的离职则意味着员工关系的解除。

劳动者单方面解除的具体要求如下。

（1）符合以下情况，可随时向用人单位提出解除劳动合同：

①在试用期内，劳动者可以提出解除劳动合同，并且无须说明理由或承担赔偿责任；

②用人单位未按劳动合同的约定支付劳动报酬或提供劳动条件；

③用人单位以暴力、威胁、非法限制人身自由的手段强迫劳动。

（2）符合以下情况，需提前 30 天通知用人单位解除劳动合同，如有违反劳动合同的约定，应赔偿用人单位下列损失：

①用人单位招收和录用所支付的费用；

②用人单位支付的培训费用；

③劳动合同约定的其他赔偿费用。

第三方招用未与原用人单位解除劳动合同的劳动者对原单位造成损失的，除该劳动者承担直接赔偿责任外，该用人单位承担连带赔偿责任。

（五）改善员工关系的途径

（1）依法制定相应的员工关系管理规章制度，进行法制宣传教育，明确全体员工各自的责权利。

（2）培训经营管理人员。提高其业务知识与法律意识，树立良好的管理作风，增强经营管理人员的劳动关系管理意识，掌握相关的原则与技巧。

（3）提高员工的工作生活质量，进行员工职业生涯设计，使其价值观与企业的价值观重合，这是改善劳动关系的根本途径。

(4) 员工参与民主管理。企业的重大决策,尤其涉及员工切身利益的决定,在员工的参与下,可以更好地兼顾员工的利益。

(5) 发挥工会或职代会及企业党组织的积极作用。通过这些组织协调企业与员工之间的关系,避免矛盾激化。

(六) 正确处理与不断改善员工关系的意义

(1) 保障企业与员工的互择权,通过适当的流动实现生产要素的优化组合。

(2) 保障企业内部各方面的正当权益,开发资源潜力,充分调动积极性。

(3) 改善企业内部员工关系,创造尊重、信任、合作,以及心情舒畅的工作环境。

(七) 员工关系管理的常见误区

1. "包论"

包论就是只要是员工的事,就什么都管。上管祖宗,下管子孙,外管世界观,内抓潜意识。从员工进入企业到离开企业,不仅管结果,更是管过程。很多人认为企业就应当对员工的生老病死、吃喝拉撒睡都管起来,就应当大包大揽,结果不仅分散精力,效果也未必理想,人际关系也是越来越复杂,给企业带来了巨大的压力。这样不仅不能提高企业的效益,而且严重分散企业的资源配置,削弱企业的核心竞争力。更为严重的是,这样的管理遥遥无穷期,犹如雪球,越管越多,越管越大,越管越杂,而且企业与企业之间、员工与员工之间相互攀比,不仅给企业管理带来巨大的压力,甚至埋下不安定的隐患,给经营带来不稳定的因素。

2. "均论"

在企业管理中,大数定律表明,20%的人做了80%的工作,但是如果是20%的人拿了80%的报酬,员工则不能平衡,企业管理者也难以取舍,尽管这是对贡献的肯定,但绝对是对现有分配机制和分配思想的挑战。

正因为如此,以稳定、安定为前提,对绩效的认可还是停留在平均的基础上,肯定20%的人而得罪80%的人成为管理的一个雷池,管理者不敢轻易逾越。20%的人事做得多,工作中与人接触时的摩擦也就相应增多,群众关系本来就有些微妙,管理者如果还分配不均,无异于火上浇油,陷自己于麻烦之中。因此,激励一旦陷入平均主义的人际旋涡,不仅难以挣脱,而且还会形成一种后挫力,加深这一旋涡。

3. "文凭论"

通过员工关系管理,大力提高员工素质,成为企业员工关系管理的共同目标。很多人认为,提高员工的素质,关键在于提高员工的文化素质,而提高员工文化素质的手段,就是提高员工的文凭级别,从初中到高中,高中到大专,大专到本科,本科到研究生，以此类推。似乎文凭一高，素质就完全提高了，只要有文凭，就会有水平。把学历结构作为衡量员工素质的标准，这显然有些片面。

二　员工离职

员工离职的内涵有两种不同的界定，分为广义和狭义。广义地来说，离职可指员工个体作为组织成员状态的改变。广义离职包括两种状况：第一，员工离开现有组织；第二，员工离开或转换现有岗位（如晋升、降级、组织内的平级转岗等）。狭义地来说，离职可概括为从组织中获取物质利益的个体终止其组织成员关系的过程或行为，即指员工在离开就职组织的同时，与组织终止了雇佣关系。

（一）离职类别及影响

1. 离职类别

1）按员工离开组织的意愿分为主动离职、被动离职与自然离职

主动离职（即辞职）是指员工做出最终离职决定的离职行为。主动离职可分为功能性离职与非功能性离职。功能性离职，是指员工个人想离开组织而组织也不可以挽留的情况下的离职行为；非功能性离职也称功能不良性离职，是指员工个人想离开组织，但组织希望挽留的离职行为。

被动离职是指解雇、开除、辞退、裁员等原因造成的离职，离职的决策主要由组织做出，员工在组织要求下不得不离开组织。

自然离职是指员工与组织的雇佣合同到期，员工到达退休年龄或由病残、死亡等自然原因引起的离职行为。

2）按照员工的行为分为显性离职和隐性离职

显性离职，是指员工事实上已经中断了与企业的契约关系，包括主动离职和被动离职。

隐性离职，是指员工没有与组织终止雇佣关系，但又不在本组织内任职的行为。包括：临时下岗；不符合法律规范的内退；将人事关系挂靠在组织内，但在其他组织任职和获取报酬。

2. 离职造成的影响

根据默顿的功能分析，系统各个部分的功能需要同时考虑正功能和反功能。员工的离职需要同时考查其正面影响和负面影响两方面。另外，员工的离职不仅同员工个人与组织密切相关，同时也对宏观社会造成一定的影响。以下分别从员工、组织、社会三个层面探讨离职产生的正面影响和负面影响，具体如表 8-2 所示。

表 8-2 离职造成的正、负面影响

主体	正面影响	负面影响
员工	寻找新的发展机会 实现个人职业生涯目标 满足员工个性化需求	增加心理压力 增加流动成本与风险
组织	有利于员工竞争 促进人-职匹配 提高员工素质和能力	造成人才短缺 人力资源的流失 对未离职员工造成负面影响
社会	促进人才流动 增进知识、技能的交流与扩散	影响劳动力市场秩序 影响社会稳定

（二）离职率

1. 离职率的计算方式

员工离职率一般用某一特殊时期的离职百分比来表示。按照不同的离职类型，可将离职率分为主动离职率、辞退率、可避免离职率。

（1）主动离职率是指某一特定时期内员工主动离职发生频率的计算指标。

主动离职率＝期内主动辞职人数/同期平均员工数×100％

（2）辞退率是指某一特定时期内企业辞退员工发生的频率。

辞退率＝期内被辞退者人数/同期平均员工数×100％

（3）可避免离职率是指组织通过协调、管理等行为可以避免的主动离职率的计算指标。

可避免离职率＝期内可避免的离职人数/同期平均员工数×100％

2. 总离职率

总离职率的衡量包括期内离职人数占同期平均员工数的百分比、期内任用员工数占同期平均员工数的百分比、期内离职人数与任用人数平均数占期内平均员工数的百分比，不包括临时离职的离职人数占期内平均员工数的百分比。

企业在分析员工离职现象的时期变化时，需要对总离职率进行跟踪和定期测量，并进行长期的趋势分析和同业比较，在使用时还应注意排除季节性及其他临时性变动因素的影响。

3. 离职成本测量

离职成本是指由于员工离职而发生的或将要发生的企业经济利益的总流出。

离职成本主要包括离职补偿金（或赔偿金）、违约赔偿金、解雇安置费、离职前的低效成本和职位空缺成本等。

离职成本测量属于管理会计的成本范畴。需要说明的是，离职成本是基于事件的成本，在时空上包括过去、现在和将来的时空范围，它可以在离职期间的任何一个时点进行。

（三）离职管理

组织虽然采用各种方法和手段，规避员工的主动离职行为的发生，但随着我国劳动力市场的不断发展，员工流动成为一种越来越普遍的现象，离职行为不可避免。为了保障组织良性运行，人力资源管理部门需要建立一整套完善的相关制度，以规范员工的离职行为，减少组织损失，保障组织正常运行。员工离职一般包括以下步骤。

（1）辞职申请。要明文规定员工提交辞职报告的时间、辞职报告接收人和辞职报告的基本内容。

（2）挽留程序。直接主管应当与该员工进行沟通，了解其辞职的原因，寻找解决的办法，最大限度地挽留人才。

（3）辞职审批。挽留无效或没有必要挽留的员工则进入辞职审批流程，按照组织相关程序进行审批。

（4）工作交接。

（5）证件和办公用品收回。工作证、名片、钥匙等非低值易耗办公用品，以及借阅图书、资料、宿舍、车辆等都应悉数归还。

（6）财务结算。财务部门要与离职员工做好各项结算。

（7）劳动关系解除。办理退工手续、转调认识关系、档案、党团关系和保险关系等。

（8）后续管理。离职后员工对组织仍然具有价值。做好后续工作，不仅能为组织树立良好的形象，还可以成为日后组织重要的社会资本。

第三节　员工安全与健康

一　员工安全管理

（一）员工安全管理的内涵

1. 员工安全

员工安全包括两层含义：第一，避免安全事故，保障企业生产和经营活动的正常进行;第二,保障员工的生命安全和身心健康,为员工创造一个良好的工作环境。

2. 员工安全管理的意义

(1) 安全管理是人力资源管理的一个重要环节。随着企业科学管理的发展和人事管理的规范化,由于产业安全与员工健康问题紧密相连,员工安全问题成为人事管理的一项主要任务。随着企业人事管理向人力资源管理的转变,安全管理进入了一个新的阶段,它更加紧密地与企业战略、人本管理和全球经济一体化联系在一起。

(2) 安全投资是企业一项重要的人力资本投资。安全投资可以降低安全事故的直接成本,降低企业支付的事故损失费。而且,安全投资可以提高员工的工作绩效。员工有了健康的身体和积极向上的心态及乐于为企业奉献的精神,才能提高组织绩效。安全投资还可以开发员工的工作潜能,增强企业凝聚力,发展优秀的企业文化,树立良好的企业形象。并且,安全投资有利于人才的吸引。安全管理作为一项福利政策,可以吸引优秀的人才。

(3) 安全管理是现代人本管理的体现。现代的思想注重以人为本,注重每一个人自身的价值。人本管理的核心是爱惜生命,保护包括人力资源在内的一切资源。

3. 员工安全管理的特点

(1) 安全问题的普遍性与易被忽视性。

(2) 安全事故的严重性及损失的间接性。

(3) 安全事故的可避免性。

(二) 员工安全管理制度化

国家法律和政府监管机制要求企业必须完善对安全生产的制度化管理,逐渐完善企业安全管理制度。

(1) 安全管理责任制度。包括:雇主责任;管理者责任;劳动者责任。

(2) 安全卫生技术管理制度。包括:企业编制生产、技术、财务计划时,必须包含安全技术措施计划;企业物资、技术供应计划必须列入安全技术措施所需的设备、材料计划;每项安全卫生措施计划都应该确定实现的期限和负责人;劳动安全卫生措施必须符合国家标准。

(3) 劳动安全卫生设施"三同时"制度。"三同时"是指企业新建、改建、扩建工程的劳动安全卫生设施必须与主体工程同时设计、同时施工、同时投入生产和使用。

(4) 劳动安全卫生培训制度。包括对员工进行劳动安全卫生的法律法规、基本知识、操作技术、管理规则的培训制度,对新招工人的培训制度,对特殊工种员工的培训和资格认证制度,对从事新岗位、新工种员工的培训制度,对各级行政和技术人员的培训制度等。

(5) 劳动安全卫生检查制度。包括经常性检查、定期检查、抽查和特殊情况下的监督监察。

（6）劳动防护用品管理制度。

（7）伤亡事故和职业病统计报告处理制度。

（三）员工安全管理准则与流程

1. 员工安全管理准则

员工的安全管理准则为“安全第一，预防为主”；以管理为核心；以人为本。

2. 员工安全管理目标

员工安全管理目标包括工作条件和工作环境管理目标；专业培训目标；企业安全管理投入目标。

3. 员工安全管理流程

（1）工作分析阶段的安全管理。企业通过工作分析可以确定某一特定工作的特征，同时也规定了该岗位对所需人员特征的要求。在工作分析中加入安全分析，有助于确定员工安全的影响因素，并采取有效的预防措施，降低事故风险。

（2）员工安全管理计划的制订。该计划的制订通常分为三个阶段进行：第一阶段，分析问题、提出规划阶段。结合企业发展战略，分析影响企业员工安全的内部和外部因素，制订与企业总体计划相一致的安全管理计划。第二阶段，预测需求阶段。按照企业发展所需要的各类资源状况和规划，进行安全管理的成本效益预测。第三阶段，方案制定阶段。配合企业的短期计划（如年度、月度计划）制定员工安全管理的具体实施方案，包括员工培训、安全考核及招聘安全测评等。

微贴 8-2：员工的安全健康管理的三个层次

（3）对招聘、录用员工进行安全分析。招录工作是决定安全保障的关键。在招录过程中，每一步都应该按照安全计划，以寻找到适合企业安全生产的员工为宗旨。

（4）员工安全培训的实施。职业安全培训有不同层次，分为基础培训、进修培训、高级培训和补充培训等。培训对象包括高级领导、安全专职管理人员、一级经理及全体员工。

（5）绩效考核中的安全行为考核。在绩效考核中需要引入安全行为考核的内容，即员工安全绩效考核，主要对员工和各级管理者的安全行为进行评价。

二 安全风险与事故预防

(一) 安全风险

众所周知,在人们的工作活动或工作环境中,总是存在潜在的危险源,这些危险源可能会损坏财物、危害环境、影响人体健康,甚至造成伤害事故。这些危险源有化学的、物理的、生物的、人体工效和其他种类的。人们将某一或某些危险引发事故的可能性和其可能造成的后果称之为风险。风险可用发生概率、危害范围、损失大小等指标来评定。现代职业安全健康管理的对象就是职业安全健康风险。

风险引发事故造成的损失是各种各样的,一般分为以下几方面:

(1) 员工本人及其他人的生命伤害;

(2) 员工本人及其他人的健康伤害(包括心理伤害);

(3) 资料和设备设施的损坏、损失(包括一定时期内或长时间无法正常工作的损失);

(4) 处理事故的费用(包括停工停产、事故调查及其他间接费用);

(5) 组织、员工经济负担的增加;

(6) 员工本人及其他人的家庭、朋友的精神、心理、经济伤害和损失;

(7) 政府、行业、社会舆论的批评和指责;

(8) 法律追究和新闻曝光引起的组织形象伤害;

(9) 投资方或金融部门的信心丧失;

(10) 组织信誉的伤害、损失,商业机会的损失;

(11) 产品的市场竞争力下降;

(12) 员工本人和其他人的埋怨、牢骚、批评等。

(二) 安全风险分类

1. 与生产过程有关的职业性有害因素

(1) 化学因素。主要包括生产性毒物和生产性粉尘。

(2) 物理因素。主要包括:不良的气候条件,如高温、高湿、热辐射、严寒等;异常气压如高气压、低气压等;生产性噪声、振动;非电离辐射,如紫外线、红外线、微波、无线电波、激光、高频电磁场等;电离辐射,如X射线、α射线、β射线、γ射线等。

(3) 生物因素。主要指病原微生物和致病寄生虫,如炭疽杆菌、布氏杆菌、人脑炎病毒等。

2. 与劳动过程有关的职业性有害因素

(1) 劳动强度过大或劳动安排与劳动者生理状态不适应。

(2) 劳动组织不合理,劳动时间过长或休息制度不合理。

(3) 长时间处于某种不良体位,长时间重复某一单调动作。

(4) 个别器官或系统过度紧张。

3. 与作业场所环境有关的职业性有害因素

(1) 作业场所设计不符合有关卫生标准和要求。如厂房小、厂房建筑及车间布置不合理等。

(2) 缺乏必要的卫生技术设施。如缺少通风换气设施、采暖设施、防尘防毒设施、防噪防振设施、防暑降温设施,照明高度不足等。

(3) 安全防护设施不完善,使用个人防护用具方法不当或防护用具本身存在缺陷等。

原机械工业部对重点企业死亡事故的分析研究表明,从物质原因来看,主要是:①触电;②高处坠落;③火灾爆炸;④起重伤害;⑤物体打击;⑥机器工具伤害;⑦车辆伤害。从组织原因来看,主要是:①违反操作规程;②对现场缺乏检查或指导有误;③不懂操作技术和安全知识。其他原因还有:机器设备有缺陷;防护、保险、信号、标志等装置缺乏或有缺陷;劳动组织不合理或缺乏监护等。

(三) 事故预防

事故的预防主要可以归结为两方面的活动:①减少不安全的工作条件因素;②减少不安全的行为。

1. 减少不安全的工作条件因素

安全工程师应当通过工作设计来消除或减少工作中的物理风险。企业可以更多地利用计算机辅助工具设计更加安全的设备。从员工个人来讲,员工应该有防护用具,同时,让员工参与安全计划决策及强调舒适性的问题,有利于提高员工使用防护设备的意愿。

2. 减少不安全的行为

企业应当通过以下方面来减少不安全的行为:招聘时审慎地选择员工,对员工进行安全培训,通过各种海报、奖励计划等激励手段,行为安全教育,员工参与,安全健康的审计与检查等。

三 心理健康管理

(一)心理健康的内涵

心理健康是指个体的心理活动处于正常状态下,即认知正常、情感协调、意志健全、个性完整和适应性良好,能够充分发挥自身的最大潜能,以适应学习、生活、工作和社会环境的发展与变化的需要。

(二)心理健康的内容

员工心理健康的内容主要包含两方面,一是排除和缓解压力源,二是防止心理性疾病和精神障碍性疾病的发生。

1. 排除和缓解压力源

压力是一把双刃剑。这就要求管理者要正确地运用压力管理,发挥压力管理的优势,尽量避免其负面影响。消除压力负面影响最有效的办法是排除和缓解压力源,或者增强员工的抗压能力。对员工本人来说,改变行为方式,开展各种形式的运动休闲活动,以及采取医学治疗手段等都是有效的。对管理者来说,应当寻找压力与工作要求及控制程度之间的最佳结合点,调整管理和控制方式,使得压力可以恰当地起到激励作用。

2. 防止心理性疾病和精神障碍性疾病的发生

防治心理疾病最有效的办法就是消除紧张情绪,增强员工的自信心并帮助他们进行人格塑造。管理者应当设计一个具体的方案,来缓解员工的紧张情绪,以形成良好的心态。该方案应该注重员工职业生涯的开发,帮助员工进行目前和将来工作所必需的培训和开发;同时,应该通过公平的报酬制度和奖励机制,实施员工激励措施;创造科学舒适的工作环境,营造良好的工作氛围;还应该以良好的企业文化作为导向,引导员工的正确价值观。

四　职业安全与健康

（一）制订基本的安全计划

1. 分析现有的危险水平

企业应该在安全专家的帮助下，评估企业的安全状况，包括六个方面：前台进入通道、内部安全、官方参与、邮件处理、撤离疏散、备份系统。

2. 注意改善工作场所安全状况的三个方面

（1）自然安全，是指利用工作场所的自然或人工条件来减少安全隐患。

（2）机械安全，是指运用先进的安全系统，有效降低人员监控的需要。

（3）组织安全，是指利用优良的管理来提高安全水平，如对安全人员的培训和激励、鼓励员工参与各种安全活动等。

（二）人员疏散计划

由火灾、爆炸等类似原因引发的紧急事件，要求企业应当有相应的告知和人员疏散计划。这就需要企业在平时做好对员工的安全知识培训、提高员工的安全技能，同时应当做好火灾、地震等安全演练，防患于未然。

第四节　员工福利

星巴克这家成功的公司拥有其独特的员工福利政策——这家公司的每一位合伙人都有一个专属的总薪酬和福利“特别配方”，其中包括卫生保健福利、退休储蓄福利等。我们不难发现，在现代化企业的薪酬体系中，员工福利是非常重要的一个组成部分。完善的福利体系对于吸引和保留员工都非常重要，也是公司人力资源管理系统健全的一个重要标志。[①]

① 曾湘泉：《薪酬管理》(第 3 版)，中国人民大学出版社，2014 年，第 161 页。

一 当前国内福利概况

(一) 我国员工福利的发展

1949年以来,我国员工福利的发展受计划经济与市场经济体制改革的影响,人们将其划分为统包阶段、过渡阶段和创新阶段。①

第一,统包阶段(1949—1978年)。在1951年,我国颁布了《中华人民共和国劳动保险条例》,为企事业单位员工和国家机关工作人员建立了正规的退休计划。1954年以后,伴随着国有企业"大锅饭"分配制度的形成,统包式员工福利也逐渐发展起来,在此期间,所有相关福利的费用全部由国家或企业承担。在当时看来,这体现了社会主义制度的优越性。

第二,过渡阶段(1978年至20世纪90年代中期)。受改革开放的影响,我国福利形式逐渐增多,国家也颁布了一些相关的法律规定。在这一阶段,从企业到员工的福利意识明显增强,但是传统体制的惯性仍在延续,新型福利体系尚未健全。

第三,创新阶段(20世纪90年代中期以来)。自20世纪90年代中期以来,随着社会的不断发展,我国员工福利制度建设开始进入体制和制度创新阶段。例如,我国的社会养老、医疗保险制度的覆盖面逐步扩大,社会和企业的福利也在日益发展。

(二) 福利概况

福利是指员工因为保持与企业之间的雇佣关系而获得的各种间接的经济性或非经济性的报酬,是任何一位员工的薪酬收入中的一个非常重要的组成部分。② 在此,我们把福利大致分为以下三个部分:保险福利、补充性薪酬型福利及弹性福利。

二 保险福利

保险福利主要包括养老保险、工伤保险、医疗保险、失业保险和生育保险。

(一) 养老保险

在我国,养老保险是国家和社会根据一定的法律和法规,为劳动者或全体社会员

---

① 曾湘泉:《薪酬管理》(第3版),中国人民大学出版社,2014年,第161页。

② 加里·德斯勒:《人力资源管理》(第12版),刘昕译,中国人民大学出版社,2012年,第507页。

微贴 8-3:“五险一金”新变化

工建立的老年收入保障制度，是在劳动者达到国家规定的解除劳动义务的劳动年龄，或因年老丧失劳动能力退出劳动岗位后，为解决其基本生活保障问题所做的一项强制性的制度安排。经过多年的改革与实践，我国终于建立了新型社会养老保险制度。1997 年，国务院颁布了《国务院关于建立统一的企业职工养老保险制度的决定》，这一决定的出台标志着我国新型社会养老保险体系的正式确立。为了保证参保人员跨省流动并在城镇就业时的基本养老保险关系顺畅地转移接续，2009 年 12 月，国务院召开会议，通过了人力资源和社会保障部、财政部的《城镇企业职工基本养老保险关系转移接续暂行办法》，并于 2010 年 1 月 1 日起实施。2014 年 2 月，人力资源社会保障部办公厅发布了关于贯彻实施《城乡养老保险制度衔接暂行办法》有关问题的通知。

在缴费型养老金计划中，员工需要向养老金计划中缴纳一定的保险费，而在非缴费养老金计划中，企业会在养老金计划中缴纳全部费用。在享受税收优惠的养老金计划下，企业向养老金计划中缴纳的费用可以享受相应的税收优惠，如所缴纳的保险费可以在纳税时作为成本扣减，而在无税收优惠的养老金计划中，员工和企业在缴纳养老保险费用时能够得到的优惠很少。在固定收益制计划中，员工可以提前知道他们将来在退休时能享受到的养老金福利水平(该福利是“固定的”或者是由某种公式确定的)。而固定缴费制计划只确定企业各员工分别应当在员工的退休基金或储蓄基金中缴纳的保险费数额。①

(二) 工伤保险

工伤保险是国家依法建立的，对在生产、工作等经济活动中遭受事故伤害和从事有损健康的工作从而患职业性疾病的劳动者及其家属提供医疗救治、生活保障、经济补偿、医疗和职业康复等物质帮助的一种社会保障制度。我国最早的工伤保险制度是按照劳动部 1996 年颁布的《企业职工工伤保险试行办法》实施的。国务院于 2003 年 4 月 16 日颁布了《工伤保险条例》，自 2004 年 1 月 1 日起实施。这说明工伤保险已经从部委规章上升到国务院法规的高度，工伤保险正式被纳入法律体系。② 根据 2010 年 12 月 20 日《国务院关于修改〈工伤保险条例〉的决定》，国务院颁布了新修订的《工伤保险条例》，于 2011 年 1 月 1 日起正式实施。

工伤保险福利仅仅试用于因工受伤或患上与工作有关的疾病这两种情况，因此，只有员工是在工作岗位上受伤或者患病时，才能享受工伤保

① 加里·德斯勒:《人力资源管理》(第 12 版)，刘昕译，中国人民大学出版社，2012 年，第 523-524 页。

② 曾湘泉:《薪酬管理》(第 3 版)，中国人民大学出版社，2014 年，第 167-168 页。

险。至于工伤的责任是否在于员工本人则无关紧要。如果工伤事故发生时,员工确实是在工作岗位上,那么他就有资格获得工伤保险。

工伤保险福利的提供方式既可以是货币型的,也可以是医疗服务型的。如果员工因工伤而死亡或致残,那么,企业应当向员工的抚养对象或赡养对象支付一笔现金。如果员工因工伤而致残,那么即使员工可以重返工作岗位,企业仍然需要根据法定的伤残条款,向员工支付一些额外的福利。除了这些现金福利,企业还必须向员工提供各种必要的医疗、手术和护理的费用。

控制工伤保险的成本有两种途径。第一是控制员工提出的工伤保险申请数量。在实践中,有几种方法能够帮助企业有效地减少员工提出的工伤保险索赔案件数量。首先,可以在录用员工时就将那些容易发生事故的人筛掉。其次,可以减少工作场所中存在的各种事故隐患。再次,还可以采取相关措施来减少可能引发员工提出索赔的各种事故以及职业健康问题。最后,管理人员必须注意那些典型的欺诈性索赔的危险信号,如模糊的事故细节描述、小事故引起大伤害的情况等。第二是让受伤的员工尽快重返工作岗位。这是因为员工因受伤而不能返回工作岗位的时间越长,工伤保险的成本就越高。①

(三)医疗保险

医疗保险是指由国家立法规定并强制实施的,为了分担疾病风险带来的经济损失而设立的一项社会保险制度,由国家、用人单位和个人集资(缴保险费)建立医疗保险基金,在人们生病或受到伤害后,由社会医疗保险机构给予一定的物质帮助。1998年,国务院颁布的《关于建立城镇职工基本医疗保险制度的决定》,奠定了新时期职工医疗保险制度的框架。为了进一步做好农民工的医疗保障工作,人力资源社会保障部于2006年颁发了《关于开展农民工参加医疗保险专项扩面行动的通知》,以便积极将农民工纳入医疗保险制度的范围。② 在美国,还存在健康维护组织和自选医疗服务组织这两种与医疗保险相关的组织。

许多企业把加入健康维护组织作为提供住院或医疗保险的一种替代方式。健康维护组织本身是一个医疗组织,该组织向员工提供的医生是需要从主治医生那里获得批准任命的执业医生。健康维护组织会根据员工的人数向企业(或员工和企业双方)收取固定的年费,而不论它们是否为员工实际提供了医疗服务。

自选医疗服务组织是介于健康维护组织和传统的医生—病人模式之间的一种医疗服务提供系统。它们是与企业、保险公司或第三方支付人签订合同,以降低收费的形式提供医疗服务的健康服务提供者团体。③

---

① 加里·德斯勒:《人力资源管理》(第12版),刘昕译,中国人民大学出版社,2012年,第516-517页。

② 曾湘泉:《薪酬管理》(第3版),中国人民大学出版社,2014年,第166-167页。

③ 加里·德斯勒:《人力资源管理》(第12版),刘昕译,中国人民大学出版社,2012年,第518页。

（四）失业保险

失业保险是指国家通过立法强制实行，集中建立失业保险基金，对因失业而暂时中断生活来源的劳动者提供物质帮助，维持基本生活的社会保障制度。1999 年，国务院颁布了《失业保险条例》，这是我国目前执行的失业保险制度的法律依据。①

在美国，还有一种补充性失业福利。在有些行业，如汽车制造业，为减少存货或改变机器设备而关闭生产线是一件常见的事。2009 年，美国国会向这些汽车公司提出了一些补充性失业福利。提出补充性失业福利的目的在于帮助那些员工在失业时期维持基本的生活水平。企业通常在临时性解雇、周工作时间压缩以及企业迁址这三种情况下向员工支付国家法定失业补偿之外的补充性失业福利。②

（五）生育保险

生育保险是国家根据立法筹集保险基金，对怀孕、分娩、生育子女期间暂时丧失劳动能力的女职工给予一定的经济补偿、医疗服务和生育休假福利的一项社会保险制度。其宗旨在于帮助她们恢复劳动能力，重返工作岗位。1994 年，劳动部颁布了《企业职工生育保险试行办法》，这是与我国经济体制转型相适应的一部生育保险规章。不仅如此，2012 年 11 月 21 日由中华人民共和国人力资源和社会保障部、中华人民共和国国务院法制办公布的《生育保险办法（征求意见稿）》就明确了生育保险将实现各类职工人群的全覆盖。③

三　补充性薪酬型福利

补充性薪酬型福利又称非工作时间薪酬，是大多数企业的福利计划中所占比重较大的一种福利。最常见的非工作时间薪酬包括员工在公休假日和法定假日、带薪休假、病假、产假等非工作时间所享受的薪酬，以及向被临时解雇或永久解雇的员工支付的失业保险金。④

（一）公休假日和法定假日

目前我国实行每周休息两天的公休日制度。国务院《全国年节及纪念日放假办法（2013 年修订）》规定，我国全体公民放假的节日共 11 天：元旦，放假 1 天（1 月 1 日）；

---

① 曾湘泉：《薪酬管理》（第 3 版），中国人民大学出版社，2014 年，第 167 页。
② 加里·德斯勒：《人力资源管理》（第 12 版），刘昕译，中国人民大学出版社，2012 年，第 515 页。
③ 曾湘泉：《薪酬管理》（第 3 版），中国人民大学出版社，2014 年，第 168-169 页。
④ 加里·德斯勒：《人力资源管理》（第 12 版），刘昕译，中国人民大学出版社，2012 年，第 508 页。

春节,放假3天(农历正月初一、初二、初三);清明节,放假1天(农历清明当日);劳动节,放假1天(5月1日);端午节,放假1天(农历端午当日);中秋节,放假1天(农历中秋当日);国庆节,放假3天(10月1日、2日、3日)。

在公休日和法定节日加班的员工,分别应当享受相当于基本工资双倍和三倍的津贴补助。

(二)带薪休假

带薪休假是指员工工作满一定的时期后,可以带薪休假一定的时间。《劳动法》第四十五条规定:国家实行带薪年休假制度。劳动者连续工作一年以上的,享受带薪年休假。

(三)病假

员工因为身体疾病而不适不能正常工作时,应当享有病假。一般情况下,员工需要出示医院的诊断证明病假才能被批准。大多数公司的病假政策都允许员工在一个规定的病假期内享受全额的薪酬待遇。但是支付病假工资也有很多的麻烦,有些员工尽管没有生病,也会把病假当成事假来休。

当然,企业也可以采取相应的措施来减少上述情况的发生。首先,对于员工可休而未休的病假,企业按照正常的日薪酬水平向员工支付报酬。但缺点是,它可能会鼓励员工即使是在真的生病的情况下,仍然带病工作。其次,一些企业则组织那些在一个月中出全勤的员工进行抽奖,抽中的可以获得相应的现金奖励。另外,还有一些企业则会对请病假的员工进行突击检查,查看他们是否真的生病了。在美国,大约66%选择了带薪休假储蓄计划。带薪休假储蓄计划是指将病假、休假、事假整合在一起,提供每年的总休假天数,然后让员工自己决定怎么休假。①

(四)产假

无论在什么企业,产假是一项非常重要的福利。在今天的员工队伍中,有很多是女性,在她们当中又有很多人会在工作期间怀孕。在美国,为了吸引女性员工在结束产假后回到员工岗位,一些企业将它们的产假计划设计得更加丰富。这方面的策略包括:对相关福利和支持计划进行前瞻性的沟通;在整个产假期间与员工保持沟通;提供差旅时间和工作时间都有所减少的弹性工作机会;提供获取奖金和奖励性薪酬的公平渠道;提供更长的假期等。

① 加里·德斯勒:《人力资源管理》(第12版),刘昕译,中国人民大学出版社,2012年,第511页。

（五）遣散费

遣散费是指当企业与员工终止雇佣关系时向员工支付的一种一次性补贴。企业发放遣散费有三个好处：①有利于塑造良好的公共关系；②有利于避免那些心怀不满的被解雇员工起诉企业；③有助于使企业裁员后留下的员工感到更放心。

四　弹性福利

弹性福利制又称为自助餐式的福利，员工可以从企业所提供的各种福利项目中选择更加适合自己的、更需要的福利。这样的福利计划更加具有灵活性。这种福利计划有两个约束条件。第一，企业必须严格限定每个员工的福利计划包所能够到达的总成本定额；第二，在每个福利计划包中都必须包含一些特定的福利项目，如工伤保险和失业保险等。①

弹性福利设计有三大设计原则：

（1）设计要符合企业的支付能力。

（2）做好充分的需求调查，调动员工参与的积极性。

（3）清晰界定不同项目之间的关系。

中英文关键术语

员工关系(employee relation)

员工关系管理(employee relation management)

员工援助计划(employee assistant Plan，EAP)

劳动合同(contract of labour)

沟通(communication)

心理契约(psychological contract)

职业健康安全(occupation health safety)

保险福利(insurance benefits)

补充性薪酬型福利(supplementary salary type benefits)

弹性福利(flexible benefits)

---

① 加里·德斯勒：《人力资源管理》(第12版)，刘昕译，中国人民大学出版社，2012年，第533页。

复习思考题

1. 劳动关系、劳资关系与员工关系三者的联系与区别?

2. 西方员工关系管理理论发展包括哪三个阶段?

3. 完整规范的劳动合同需要具备哪些内容条款?

4. 员工离职的规范化管理对于人力资源管理的意义是什么?

5. 心理契约的理论基础是什么?它对人力资源管理有何启示?

6. 怎样做好员工健康和安全的日常培训与管理工作?

7. 完善的福利体系对于吸引和保留员工都非常重要,其中包括弹性福利,在设计弹性福利时需要遵循的三个原则是什么?从中你有什么感悟?

本章自测题

本章拓展阅读材料

案例分析题

一、案例材料

劳动者试用期的权利

案例一

2020年12月,小孙应聘到一家房地产开发公司工作,双方签订了3年期限的劳动合同,其中试用期为5个月。一个多月后,由于公司经营状况不佳,小孙在试用期未满便收到了公司解除劳动合同的决定,理由是小孙"不符合录用条件"。

小孙认为,试用期尚未结束,其业绩欠佳是受市场行情影响,并非其工作能力低下。因此,他要求留任,但多次交涉无果。无奈,小孙起诉到法院,请求法院撤销公司的解聘决定。法院经审理,判决公司继续履行与小孙的劳动合同。

案例二

谭某经试用合格后正式入职一家广告公司工作,期间双方签订了为期一年的劳动合同。合同期满后，广告公司又与孙某续签一份为期一年的书面劳动合同。该合同再次届满之时，公司提出再签订一份一年期的劳动合同。

而在此时，谭某要求公司与他签订无固定期限劳动合同，公司则明确予以拒绝。于是，谭某将公司告到法院。

二、讨论题

1. 时下，劳动者遭“廉价试用”的现象不在少数。遇到此类情况，劳动者如何依法维权？

2. 谭某和公司之间是否存在无固定期限劳动合同关系？

第九章

公共部门人力资源管理

本章引例

J省测绘地理信息局人事处招收了一名人力资源管理专业的毕业生小王，试用期三个月。在试用期内，领导发现小王工作找不到重点，沟通能力较差，对测绘行业的业务也是一窍不通，这引起了直线领导和职能部门的不满。单位延长了小王的试用期，也给小王换了其他工作。

第一节　公共部门人力资源概论

公共部门是在一个国家中承担提供公共产品和公共服务责任的组织体系。公共部门的特殊性质和任务特点决定了其人力资源管理与企业组织的人力资源管理既有共同之处，也有明显的相异之处。在人力资本理论的推动下，现代人力资源管理的理念和方式已经大大区别于传统人事行政管理。公共部门所处的内外部环境对人力资源管理活动的目标、功能、任务、发展方向都有着重要的影响和制约，形成了公共部门人力资源管理互动与整合的系统。[①]

一　公共部门人力资源管理的性质

公共部门人力资源管理(human resource management in public sector)就是公共部门中的各类公共组织依据人力资源开发和管理的目标，对其所属的人力资源开展的战略规划、甄选录用、职业发展、开发培训、绩效评估、薪酬设计管理、法定权利保障等多项管理活动和过程的总和。

整体上讲，公共部门人力资源管理包括宏观管理和微观管理两部分。前者是在整个公共部门系统中，为了保证其组织目标实现与人力资源整体结构相互匹配以及发展的需要，而对公共部门内外的人力资源供求状况进行中长期统计、预测和规划，制定人力资源管理的基本制度、政策、管理权限和管理标准，维持公共部门人力资源管理、流动和人才市场秩序的管理，其目的是奠定公共部门人力资源管理和发展的基础。微观的公共部门人力资源管理是指，每个具体的公共组织依法对本组织内现实的人力资源

① 孙柏瑛、祁凡骅:《公共部门人力资源开发与管理》(第3版)，中国人民大学出版社，2012年，第3页。

进行开发、管理的活动和过程。宏观的公共部门人力资源管理与微观的公共部门人力资源管理不是截然分离的两个体系,而是有机地结合在一起的,它们互为条件、互相保障,共同形成公共部门人力资源管理系统。

(一)公共部门人力资源管理的内涵和特性

1. 公共部门人力资源管理的内涵

公共部门人力资源管理是指公共部门依照法律和法规的规定,有效地规划、获取、维持和开发管辖范围内的人力资源等一系列管理行为。公共部门人力资源管理的内容广泛,具体涉及公务员的条件、权利与义务、职务与级别、录用与聘任、考核与奖惩、职务任免与升降、培训、交流与回避、工资福利保险、辞职辞退退休、申诉控告等方面。[①]

2. 公共部门人力资源管理的性质

公共部门人力资源是整个国家人力资源总体中的一部分,除了具有人力资源的一般特性之外,还具有由国家政权组织自身的性质所决定的特殊性质。

(1)政治性。公共部门人力资源掌握着国家和公民赋予的公共权利,执行着国家的法律和重大决策,在整个国民经济和社会发展中起着重要的作用。这就要求公共部门人力资源必须拥有较高的理论水平、政策水平、法制观念和政治水准。

(2)品质性。公共部门人力资源自身所处的位置和作用,决定了其行为及结果直接影响到政府的地位与形象,公共部门人力资源的政治品德和职业道德素质直接影响到国家政府的作用与形象。因此,公共部门人力资源的政治素质和道德品质要高于国家人力资源整体的平均水平,这要求国家公职人员要有高尚的职业道德、热情的工作态度和良好的工作作风。

(二)公共部门人力资源管理的目标与任务

1. 公共部门人力资源管理的目标

获取和开发政府行政管理工作需要的各类、各层级人才,建立政府组织与公职人员之间良好的合作关系,从人力资源上满足社会经济发展对政府提出的要求,满足政府组织管理和发展的目标,同时满足公职人员个人成长和发展的需求。

2. 公共部门人力资源管理的基本任务

(1)建立、开拓和完善公共部门人力资源选择、使用、发展的有效秩序和良好环

① 李鹏:《公共管理学》,中共中央党校出版社,2010年。

境。公共部门人力资源管理的环境或秩序包括三个方面：①人力资源管理的基本原则；②公共部门人力资源管理体制；③公共部门人力资源管理的各种管理机制。

（2）求才。一方面，公共部门运用了公开考试、公平竞争、择优录用的人才选拔方式；另一方面，公共部门开辟了功绩考核、晋升唯功的人才发展路线。

（3）用才。组织设计了职位分类、人事任用、考核考绩、职务升降、奖励惩戒管理环节和措施。

（4）育才。主要方式是人力资源的培训和继续教育。

（5）留才。通过有效的管理措施，将优秀人才留在公共部门，防止出现人才大量外流给公共组织带来的人才短缺的状况。

二　公共部门人力资源管理的环境与发展

（一）公共部门人力资源管理的环境

影响公共部门人力资源管理的环境因素有一般环境和交关环境。

1. 一般环境

主要包括以下几方面：

（1）文化环境。包括一个国家或地区的社会历史背景、意识形态、价值观念和社会准则等。

（2）人口与教育环境。人口环境指一个国家或地区可向社会提供的人力资源的性质、数量、质量、分布、结构、年龄、性别等；而教育环境包括一个国家或地区的居民的普遍文化水平、教育制度的完整程度和专业化程度，以及受过高等教育和专门训练的人所占的比例。

（3）技术环境。包括社会上科学与技术发展水平，以及科学技术作为新的知识或技术手段被社会广泛应用的程度。

（4）社会环境。包括一个国家或地区的社会结构、社会制度、社会阶层、社会团体、社会组织、贫富差距、社区发展、社会变迁及社会管理水平等。

此外还有自然环境、经济环境等。

2. 交关环境

（1）政治制度与行政体制。

（2）行政改革、行政发展与政府组织的目标。

（3）组织文化与组织气候。

3. 公共部门人力资源管理环境的性质

（1）复杂性：构成要素的广泛性。

(2) 变动性:时间、空间和要素的变化。

(3) 差异性:各国的独特性。

(4) 综合性:系统特征。

(二) 公共部门人力资源管理的发展趋势

(1) 公共部门人力资源管理法制化。目前公共部门人力资源管理中存在着法规体系不健全、公务员整体法制观念淡薄等问题,严重阻碍着政府管理的规范化。因此法制化成为今后公共部门人力资源管理的必然要求。

(2) 公共部门人力资源管理人性化。随着组织对知识员工的大量雇用,组织对员工有更高的绩效期望,员工也对工作有更高的期望值,越来越多的员工关注工作要求、工作时间对其家庭及个人生活的影响。

(3) 公共部门人力资源管理伦理化。近年来,有些公职人员的不道德行为导致政府威信下降,导致公民对政府官员产生"信任赤字",严重影响了政府的权威和公信力,在此背景下,强调公务员的伦理责任而重振政府的威信,成为未来公共部门人力资源管理的一个显著特征和趋势。

(4) 公共部门人力资源管理电子化。随着互联网的飞速发展和普及,以及网络技术的优势,人力资源管理从繁杂的事务性工作中解放出来。节约管理成本,提高管理效率,已经成为公共部门人力资源管理技术、管理手段创新的一个重要方向。

(5) 专家治理以及政策管理职业化。随着知识经济和信息社会的来临,政府管理工作的复杂性增加,对大量信息的需求上涨。随着政策管理日趋技术化和专门化,政府管理对专门性的需要更加强烈。这一切均导致了知识工作者的兴起。

(6) 政策人力精简与小而能的政府。从 1990 年以后,各国的文官改革都把人力精简和紧缩管理作为主要措施。美国 1999 年精简全职公务人员 27.29 万人,庞大的政府组织规模已成为过去时。随着小政策观念的深入人心,人力精简继续成为公共部门人力资源管理的一个基本趋势。

(7) 人力资源管理与新型组织的整合。在信息技术的冲击下,传统的金字塔型的组织结构正在让位于更合乎新信息社会需要的组织结构。为了适应环境的变化,提高效率,符合创新的要求,发挥公共部门人力的专业才能,有效运用科学技术,组织的弹性化、灵活化、临时性扩大授权已成为必然趋势。

(8) 强化绩效考核和职位分类。在考核方式上,不再简单地以公共产品的产出量为考核的重点,而应该更加注重产品的质量。在考核方法上,全面完善薪酬制度,通过"个人表现金"和"全勤奖金"等方式,将绩效评价结果最大限度地与个人工资进行挂钩,增强员工工作的积极性。此外,可以加强工作职位的分级,详细确立每个职位的工作内容和权责,建立起简单易行的岗位升迁机制,最大限度地调动公务员的工作热情。

第二节 公共部门的人力资源战略管理

一 公共部门人力资源战略管理概述

（一）人力资源战略管理对于公共部门的价值

随着国家与国家、地区与地区之间的竞争日益加剧，公众对公共组织提供的公共服务质量和水平的期望不断提高，而公共治理所依赖的公共资源却越来越稀缺。在这样的环境下，公共组织对国家治理人才的渴求也就越来越迫切。从战略层面上规划和引导公共部门的人力资源管理，以有效的战略管理途径实现公共部门的人力资源管理与公共管理战略目标之间的对接，是构成成功的公共事务治理之道中不可或缺的策略之一[①]。

微贴 9-1：公共部门人力资源与私营部门人力资源的比较

第一，人力资源战略管理有助于公共部门更加理性地对待其人事管理事务及过程。人力资源战略管理最为重要的作用之一就是将组织人力资源管理的视野引到外部环境，引向公众对公共部门服务品质的需要，而不是仅仅拘泥于组织内部的需要。这样一种思路需要公共部门理性的精神，即理性地分析环境状况对公共部门提出的挑战，及时回应公众对公共部门生产力水平的期待。

第二，人力资源战略管理为公共部门人力资源管理活动指引了方向。如前所述，人力资源战略管理作为一种目标引导机制，将人力资源管理活动与组织战略目标的实现有机结合起来，人力资源管理事务将在战略方案的指导下展开。

第三，人力资源战略管理使得公共部门更加注重与时俱进的长期性人力资源开发。人力资源战略管理的着眼点是人力资源管理如何能够支撑组织的可持续发展，它应该为组织的长期发展能力贡献什么。

第四，人力资源战略管理突出了公职人员核心能力与综合素质挖掘在人才成长中的重要地位。战略管理的中心是组织核心能力的提升，以

① 孙柏瑛、祁凡骅：《公共部门人力资源开发与管理》（第 3 版），中国人民大学出版社，2012 年，第 86 页。

此形成组织的可持续发展效应。提高组织核心能力的要求将员工核心或者独特能力的发掘提高到人力资源管理的重要位置上，成为人力资源发展的主旨，在政府组织中更是上升到与国家执政能力密切相关的高度。

第五，人力资源战略管理成为推动公共部门变革的重要动力之一。人力资源战略管理也是推动公共部门自主变革的工具之一。战略管理检视了公共部门人力资源现实状况与环境以及战略目标之间的不适应性，提出了人力资源面对的问题，从而促使公共部门应对问题，通过组织结构重组和人力资源管理模式调整，来寻求既有问题的解决，推动组织发展。

(二) 公共部门人力资源战略管理的任务

第一，扫描公共部门人力资源管理的现状，界定人力资源管理的问题。这是人力资源战略管理的起点，目的在于发现现实人力资源管理与组织内外部环境之间的不适应，识别管理中的差距，以寻求未来的改革发展方向。[①]

第二，人力资源管理战略分析，明晰人力资源管理面对的环境特征。人力资源战略分析的重点是组织内外部环境的影响，找到各种环境要素对组织人力资源管理的影响，发现人力资源管理面对的机会、威胁及组织自身的优势和劣势，从而确定适应组织发展的人力资源管理方向。

第三，人力资源规划与方案选择，明确公共部门人力资源总体配置和开发目标，确定人力资源发展的着力点。通过公共部门人力资源管理的中长期规划，预测未来几年组织人力资源的供求关系，选择有效、可行的实施方案，把握人力资源管理制度和政策变革重点。

第四，人力资源管理战略方案实施，将战略方案与日常管理行动有机联系起来。通过人力资源管理的各个环节，将战略管理的思路分解、融合到人力资源具体管理的政策和实施之中，形成组合的战略性人力资源管理模式。

第五，人力资源管理战略监控与评估，实现人力资源战略管理的有效性，达成预期的管理目标。为了防止人力资源管理活动偏离战略管理目标，公共部门需要对人力资源实施战略规划的效果进行评估，及时追踪管理产生的结果，调整或修正原有方案，保证人力资源管理的正确方向。

(三) 公共部门人力资源战略管理机制与前景

公共部门人力资源战略规划(public sector human resource strategic planning)是指，公共部门为了适应纷繁复杂的内外部环境变化的需求，根据本部门人力资源的数量、质量、结构及部门自身发展战略而制订的关于人力资源开发和管理的长期性、纲领性人力资源开发计划。公共部门人力资源规划的基本任务在于，有效地预测公共部门

---

① 孙柏瑛、祁凡骅:《公共部门人力资源开发与管理》(第3版)，中国人民大学出版社，2012年，第89页。

的人才需要状况与结构，以此指导人力资源管理的各个环节和各项活动。随着政府职能的转变和管理方式的更新，公共部门人力资源规划与配置方式也由计划型转变为市场型，其特点是具有层次性、长远性、稳定性和整体性。

（1）绩效管理机制。绩效管理是指为了达到组织所定的目标，通过持续开放的沟通过程，形成组织目标所预期的利益和产出，并推动组织和个人做出有利于目标达成的行为。其任务是促使组织整体绩效水平的提高，从而保证组织战略目标的全面落实到位。公共部门的人力资源的绩效管理，强调以顾客服务为目标取向，以公众的满意程度作为评估绩效的主要标准，明确每个岗位的责、权、利，通过建立一个评价度量系统，给每个单位、每个部门设立关键考核指标（KPI），把 KPI 和工作目标考核方式结合起来，对每个公职人员进行考核，并将考核结果与公职人员的报酬、待遇及发展结合起来，从而形成一个重工作结果而不是重工作过程的高效率、低费用的工作机制。

（2）选贤任能机制。按照德才兼备的标准和人的能力大小、等级的高低，在公共部门中选拔任用公职人员时摒弃传统的任人唯亲方式和裙带作风，严格按照岗位要求考查人员的素质，以贤能为准则，择优录取符合德才兼备条件者。要发展新时期的用人之道，树立与时俱进的用人观，以敏锐的政治眼光选贤任能。其主要形式有选任制、委任制、考任制、聘任制等。

（3）竞争激烈机制。随着改革开放的深入和市场经济的发展，竞争意识已越来越深入人心，成为每一个现代人的基本观念。在人力资源管理中引入竞争机制，已是一种历史发展的必然趋势。而公共部门要获得优秀人才，激发公职人员的进取精神和创新精神，采用竞争机制是真正解决用非所长、责权利不统一、人员结构不合理、各类专业人才比例失调等人才矛盾的途径，也是市场法则在公共部门人力资源管理中的应用。它能造就一个人才优胜劣汰、竞争发展的环境，从而形成公共部门人力资源管理系统的动态优势。竞争机制可以广泛应用于公共部门人力资源管理的各个环节，如公开考试、择优录取、考核考绩、工资晋级、劳酬相符，等等。

（4）激励机制。人才的竞争必然要求公共部门人力资源管理建立相应的激励机制作为配套措施，竞争虽然是激励机制建立的基础，但是只有同时制定了相关的激励政策，竞争的环境和结果才能得到根本的保证。对于公共部门而言，竞争和激励是一枚硬币的两个方面，不可分割。激励可以有物质激励和精神激励、直接激励和间接激励、内激励和外激励。激励机制可以通过以下管理环节和措施来保证：人事奖惩、考核考绩、职位升降、在职培训、工资晋升等。

（5）系统保障机制。公共部门人力资源管理是一个相互联系、相互作用的人力资源管理系统，在这当中，如何选人、进人、用人、培养人是工作的重点，同样，如何安置人、保护人、保障人也是应该重视的环节。只有建立和维持最佳的群体结构，充分发挥系统内各要素的作用，保障其利益不受侵害，才能最大限度地实现系统的整体效益。公共部门要保证公职人员队伍的稳定性、连续性，并能够吸引更多的优秀人才，就必须充分保障其工作和生活的基本条件，满足他们生产、再生产及自我实现的不同层次的需要。

二 公共部门人力资源战略管理过程

(一) 公共部门人力资源战略分析

人力资源战略分析(human resource strategy analysis)是指组织在制定人力资源战略规划前,对组织所处的内外部环境,以及相对于其他组织所具有的人力资源的优势和劣势、面对的机会和威胁进行客观描述,并确定组织人力资源发展的未来预期、目标和愿景,从而为人力资源战略制定及其战略实施提供客观的依据。①

人力资源战略管理是一个系统的战略制定和实施过程,人力资源战略分析是公共部门制定和实施人力资源战略的前提和基础,只有进行充分有效的人力资源战略分析,清楚地界定人力资源战略所面临的问题,才能够更好地解决问题。

任何一个战略的制定都是基于对组织内外部环境的分析的,包括组织所处的政治环境、经济环境、法律环境、文化环境、世界环境等外部环境,以及组织内部人才结构、组织结构、财务状况、创新能力、技术结构、组织文化等内部环境。通过对组织内外部环境的分析,识别组织自身的优势和劣势,识别组织正面临的和将面临的机会与威胁,包括组织相对于其他组织所具有的某种资源优势和劣势(人才、财务、产品等)及我们经常忽略的文化理念优势和劣势(团队精神、创新精神、合作精神、公平竞争精神、积极进取精神等),组织将发现自身的机会,把握机会,防范组织的劣势,以规避由此带来的风险和威胁。

(二) 公共部门人力资源战略分析的基本思路

有关战略管理的理论十分丰富,不同的战略管理学派拓展了人们的思维和视野。归纳起来,按照战略分析的依据,可将战略分析分为理性战略设计和战略认知过程两种基本途径。②

1. 理性战略设计途径——分析与控制

将战略形成作为理性设计过程的学者认为,战略是通过理性思维和逻辑推进进行设计的,战略设计是管理者充分理性的反映,是把握各种可控因素影响的结果,这些可控因素是可以通过理性分析来获得的。

(1) 组织及分析人员具有充分理性。

(2) 外部环境是可控的并具有可分析性。

---

① 孙柏瑛、祁凡骅:《公共部门人力资源开发与管理》(第 3 版),中国人民大学出版社,2012 年,第 88 页。

② 孙柏瑛、祁凡骅:《公共部门人力资源开发与管理》(第 3 版),中国人民大学出版社,2012 年,第 89 页。

(3) 可通过理性分析来获取战略评估的信息,评价其优劣得失。

(4) 战略是深思熟虑地设计和构建的有意识的过程(数据)。

(5) 战略由组织最高统帅制定。

理性战略设计学派包括战略设计学派、战略计划学派、战略定位学派。理性战略设计通过各种战略分析工具,如 PEST 分析、利益相关者分析、SWOT 分析、产品定位分析等进行战略设计。

2. 战略认知过程途径——作为认知、学习过程的战略获取

将战略形成视为认知过程的学者认为,人类的充分理性是不存在的,战略设计过程是一个不断学习、调整战略的过程,管理实践中存在太多不可控因素,人的认知能力、时间等都是有限的,组织只能通过适应不断变化的管理实践的认知来对战略进行持续改进、调整。

(1) 环境千变万化,人的理性程度不足以完全控制环境。

(2) 分析总会有偏差和遗漏(分析的不可靠)。

(3) 战略的获取要么靠领导者超凡脱俗的智慧和远见卓识,要么靠组织成员应对风险时的共同体验和学习,要么靠人们基于利益的协商和妥协。

(4) 战略方案也是一种文化的选择。

战略认知过程学派包括企业家学派(领导远见)、认识学派(信息处理、概念、计划、构建过程)、学习学派(渐进发展、共同学习、共享愿景)、权力学派(战略是利益相关人讨价还价的过程)等。

(三) 公共部门人力资源战略分析的工具

1. SWOT 分析

所谓 SWOT 分析,S(strengths)是优势,W(weaknesses)是劣势,O(opportunities)是机会,T(threats)是威胁。运用这种方法,可以对研究对象所处的情景进行全面、系统、准确的研究,从而根据研究结果制定相应的发展战略、计划及对策等。按照竞争战略的完整概念,战略应是一个企业或部门“能够做的”(即组织的强项和弱项)和“可能做的”(即环境的机会和威胁)之间的有机组合。

2. 平衡计分卡

平衡计分卡的设计包括四个维度:财务、客户、内部业务流程、学习与成长。这几个维度分别代表组织中的三个主要的利益相关者:管理者或股东、客户、员工。每个角度的重要性取决于角度的本身和指标的选择是否与组织战略相一致。

最好的平衡计分卡不仅仅是重要指标或重要成功因素的集合。一份结构严谨的平衡计分卡应当包含一系列相互联系的目标和指标,这些指标不仅前后一致,而且互相强化。例如,投资回报率是平衡计分卡的财务指标,这一指标的驱动因素可能是客

户的重复采购和销售量的增加,而这二者是客户的满意度带来的结果。因此,客户满意度被纳入记分卡的客户层面。通过对客户偏好的分析显示,客户比较重视按时交货率这个指标,因此,按时交付程度的提高会带来更高的客户满意度,进而引起财务业绩的提高。于是,客户满意度和按时交货率都被纳入平衡计分卡的客户层面。而较佳的按时交货率又通过缩短经营周期并提高内部过程质量来实现,因此,这两个因素就成为平衡计分卡的内部经营流程指标。进而,组织要提升内部流程质量并缩短周期又需要培训员工并提高他们的技术,员工技术成为学习与成长层面的目标。这就是一个完整的因果关系链,贯穿平衡计分卡的四个层面。

平衡计分卡通过因果关系提供了把战略转化为可操作内容的一个框架。根据因果关系,可以将组织的战略目标划分为实现组织战略目标的几个子目标,这些子目标是各个部门的目标,同样各中级目标或评价指标可以根据因果关系继续细分,直至最终形成可以指导个人行动的绩效指标和目标。

(四)公共部门人力资源战略规划与实施

1. 公共部门人力资源战略规划的两种途径

根据人力资源战略规划的起点不同,可将人力资源战略规划分为自上而下的制定过程和自下而上的制定过程。

自上而下的制定过程是由组织高层管理者发起和进行的,然后经由组织的垂直管理系统将之贯彻实施。自上而下的战略规划可以为团队和组织提供必要的战略框架,用来指导各职能部门的业务活动。自上而下的人力资源战略规划是通过将人力资源战略目标不断分解成更多具体的部门战略目标来实施的。这种途径通常更为系统宏观,更加具有战略视野和前瞻性,但是也更容易忽视组织的细节,使战略停留在宏观空洞的层面上,在实施中的阻力也相对较大。

自下而上的制定过程是人力资源问题和目标不断清晰化的过程。它通过基层人力资源管理者发现部门内部的人力资源问题,并将之纳入长期计划中,使之成为组织人力资源战略的一部分。自下而上的人力资源战略规划过程不是将大的战略逐渐分解成为具体的战略,而是将具体战略集合起来,发展成为意义深远、内容丰富的战略。这种途径通常考虑得更为具体,贴近管理实践,以解决管理实践中的问题为导向,在实施过程中也更容易推行,但是,其实践的宏观性、前瞻性较自上而下的制定过程要稍微逊色。

实际上,任何一个组织的人力资源战略规划过程都不是一个简单的自上而下或自下而上的制定过程。人力资源战略规划者往往会通过各种手段和工具进行综合考量,将基层管理者的战略问题同高层管理者的战略导向相结合,从而制定既富有前瞻性又具有执行力的战略规划。[①]

2. 公共部门人力资源战略实施

一个优秀的战略如果得不到有效的贯彻实施将一文不值。沃克认为："人力资源战略的实施不是次要的管理重点，而是一种主要职责，因为它将是组织最主要的竞争优势的来源。同样，问题不仅仅是要制定良好的人力资源战略，更是要彻底有效地实施之。"[②]

公共部门人力资源战略实施是指组织将制定好的人力资源战略构想转变成现实的绩效管理及其他管理行动，以实现预期的战略目标的过程。战略规划与战略实施之间存在着紧密的联系，同时又有区别：人力资源战略是战略实施前的行动部署，而实施则是实际的组织管理行为过程；战略规划侧重其目标体系的科学性和完整性，而战略实施则侧重其目标达成的有效性，关注效益；战略规划是一种思维过程，更多的是管理者的行为，而战略实施则是行动过程，需要所有组织成员的广泛参与。公共部门人力资源战略实施首先要建立人力资源战略实施的推进团队，其次要推进公共部门人力资源战略理念，进行文化引导，塑造员工期望，使其与战略一致。

人力资源战略管理的过程是人力资源战略实施推进团队进行战略管理的过程：①人力资源战略应在决策层获得共识，进而形成一支坚定的拥护和推进人力资源战略的精英团队。要保证组织人力资源战略能够获得较好的实施，首先必须保证精英团队对组织人力资源战略能够有统一的认知，避免组织成员对战略认知产生歧义和误解。②人力资源战略实施推进团队必须具有强有力的战略推动能力。推进团队的建立是战略实施成功的关键，强有力的战略推动能力可以保证战略实施的有效性。因此，一个合格的人力资源战略管理推进团队必须推进组织人力资源战略所需要的组织权力；了解组织的整体运作，熟悉组织各个职能领域的运作；拥有关于人力资源战略管理的专业知识和相关技术。③人力资源战略实施推进团队由委员会和工作小组构成，由组织最高领导参与，以增强人力资源战略实施的权威性，增强人力资源战略实施的执行力。组织领导者即使不能直接参与人力资源战略实施的具体环节，至少应该给予人力资源战略实施部门充分的支持和认同，这都将减少人力资源战略实施的阻力，增强人力资源战略的合法性和权威性。

任何一项战略的实施都建立在一定的理念基础上，理念有助于战略推进者进行战略诠释，也有助于组织员工理解战略。在战略实施之前，组织有必要对制定的人力资源战略进行理念宣传，引导组织文化，形成有助于战略实施的认知和文化。

3. 公共人力资源战略的实施要素

公共部门人力资源战略实施除了建立推进团队和塑造组织战略理念外，还有组织

---

① 詹姆斯·W. 沃克：《人力资源战略》，吴雯芳译，中国人民大学出版社，2001年，第62页。

② 詹姆斯·W. 沃克：《人力资源战略》，吴雯芳译，中国人民大学出版社，2001年，第62页。

建设与能力开发、人员配置、流程再造、绩效管理等战略实施要素。使雇员的期望与战略保持一致是进行人力资源战略实施的第一步,而组织建设与能力开发、流程再造、绩效管理是组成人力资源战略实施的主体要素。

1) 组织建设与能力开发

组织能力开发(organizational capability development)是一个复合概念,它是指组织全方位能力的提升。组织能力开发既包括开发有效的组织管理者,又包括培育和塑造优秀的组织员工,还应该包括组织自身的发展。培育和塑造优秀的组织员工是指对组织员工进行定期的或者不定期的知识更新、理念更新、技能更新等,塑造具有不同知识技能的组织员工,提高组织员工的素质。而组织自身的发展则是指组织制度的完善、组织结构的改进、组织工作流程的再造和改善。学习型组织是组织学习和能力开发的有效模式。我们应当将学习看作个人能力(创造和生产成果能力)的拓展。学习型组织是 20 世纪 90 年代的理想,在那个时代,组织管理人员不断投资于组织成员学习,使他们能够不断成长。与此同时,组织成员也用一种新的忠诚(对学习、成长和贡献的相应承诺)来回应,他们共享一种共同愿景和目标。

2) 流程再造

根据美国管理大师汉默和钱皮对流程再造的诠释,流程再造(process reengineering)意味着对组织流程的基本问题进行反思,并对它进行彻底的重新设计,以便在成本、质量、服务和速度等衡量组织绩效的重要尺度上取得重要的改善。詹姆斯·哈林顿认为,流程再造是一种以预防为导向的企业管理方法,从源头上预防错误产生。组织人力资源战略实施不仅取决于组织员工的主观因素,而且取决于组织的客观因素。即使管理者和员工都能很好地理解和把握战略,并愿意为此努力,如果没有一个有效的生产流程,效率是会大打折扣的。流程再造将使战略实施顺利畅通,合理的工作流程意味着效率和效益。我们在进行人力资源战略实施过程中有必要对组织流程进行更为彻底的改善,以保证战略实施可以畅通无阻。

3) 绩效管理

绩效管理(performance management)是管理者为确保员工工作活动及工作产出能够与组织的目标保持一致而设计的一个监控与激励的过程,绩效管理系统由绩效的界定、绩效的衡量及绩效的反馈三部分组成。绩效管理与人力资源战略实施密切相关、不可分割、相互促进。如前所述,组织通过目标管理、平衡计分卡工具等将战略目标分解为具体的可以衡量、可以评价的部门、项目和个人绩效管理目标,可见,组织制定人力资源战略的过程就是确定组织绩效指标的过程,战略的制定对于建立绩效指标体系是十分重要的。绩效管理与绩效评估目标是否正确、设计是否有效,将直接影响到组织战略能否达成。运用好绩效管理对于公共部门人力资源战略的成功实施有着积极作用,使雇员能够创造高绩效。

4. 公共部门人力资源战略规划发展

《中共中央国务院关于进一步加强人才工作的决定》指出:“小康大业,人才为本。

适应国内外形势的发展变化，完善社会主义市场经济体制，提高党的领导水平和执政水平，牢牢掌握加快发展的主动权，关键在人才。”公共部门，尤其是各级政府如何科学地开发与管理人力资源，不仅对自身工作质量与效率的提高有着举足轻重的作用，而且对全社会人力资源的开发和利用有着重要的影响。

1）提高人力资源的重要性，加强对现代人力资源理论的系统认识

未来的竞争是人才的竞争，人才对于一个组织的生存与发展至关重要。公共部门为外界公众提供优质的服务和管理，必须依靠人力资源。由于多种原因，我国公共部门对现代人力资源理论的认识还十分有限，“人力资源是第一资源”的观念还未树立，因此，加强对现代人力资源理论的学习与认识十分重要。

2）建立人力资源管理体系，实施现代人力资源管理技术，引入规划管理

现代管理理论一致认为，人力资源管理是取得更好效率和更高业绩的最强有力的管理工具之一。在诸如工作设计与分析、绩效考核与管理、薪酬激励等方面，现代的人力资源管理技术和方法将有助于建立更富有成效的公共管理组织。人力资源规划要解决公共组织不断提出的更高的要求，既要为组织选择和提供适当的人才及储备，发展和提升组织和个人的创新能力，还要及时发现人才方面存在的问题，提供综合解决问题的方案，对有关人力资源的特定问题建立专家“会诊”制度，以及传递专家的咨询意见的渠道等。

3）建立科学的、适合国情的职位分类制度

职位分类以职位为基础，通过职位分析来确定职责、权限、任职者资格等要素，形成职位描述和职位规范，建立组织结构和人力资源管理系统。例如，加拿大政府对公务员制定的“通用分类标准”，该标准按照责任、技能、努力程度、工作条件等四个因素，对职位进行衡量，将所有的公务员职位分为八大类，这种标准具有简单、通用、公平的特点，使管理更为有效，并为公务员创造了更多的流动机会。我国应借鉴国外的先进方法，结合本国国情，制定一套适合我国公共部门的科学的职位分类制度。

4）加强教育培训，实现知识管理，努力塑造学习型组织

新时代的公共部门必须拥有学习精神，建立一个不断突破自我的学习型组织，才能适应新的环境。以往人事管理把组织中的人视为一种成本，因此只注重人员的使用，而不注重人员的知识技能的进一步开发。教育培训是公共部门人力资源管理和开发的重要方式和内容，它把着眼点放在智力开发和提高工作人员素质上。公共部门应加强教育培训，提高人员政治和业务素质，改善公共部门从业人员的专业结构，使其合理化、科学化。通过教育培训，使公共部门的工作人员更新知识、提高技能，在挖掘潜能的同时，有效提高其政治觉悟、道德品德、法律观念，有效开发创造性能力，培养创造精神，树立创新意识，更好地为公众服务。

第三节 公共部门的人员招募与甄选

一 公共部门人员招募与甄选的概念

公共部门人员招募是指公共组织在人力资源规划的基础上，依靠人力资源供需信息，通过一定渠道和手段吸引并获取求职者补充组织空缺职位的活动和过程，这是人力资源管理的“入口”环节。招募过程包括制定人力资源规划、制订和审批人力资源获取计划、发布招募信息和对申请职位的求职者进行登记等一系列管理活动。

公共部门人员甄选是指公共组织通过一定的人事测评手段，从应聘候选人中挑选出符合组织职位性质，具备职位所需的知识、能力、技能要求、胜任工作职责和任务要求的人员的过程。人员甄选包括应聘候选人的资格审查、初试、笔试、面试、心理测试、体检等管理环节。

二 公共部门人员招募与甄选程序

（一）公职人员的招募

1. 招募前的准备程序

公共部门在开展其招募工作之前，必须为之做好充分的准备，主要分为以下两步。

第一步是工作分析和人力资源预测和规划。通过工作分析，了解需要招聘的职位、部门、数量、时限、类型等因素；通过人力资源预测和规划可以了解需要多少和需要什么样的公职人员来执行这些工作。

第二步是招聘计划的制订和审批。对招聘的岗位、人员数量、岗位的具体要求、招聘的具体步骤等因素做出详细计划，使招聘活动更加科学有效。

2. 公职人员招募分类

由于招聘岗位的不同、人力需求数量和质量的不同、新公职人员到位时间和招聘费用限制的不同，招聘对象的来源与范围、招聘信息的发布方式、时间与范围也就不同，从而决定了公共部门在实施公职人员的招聘过程中，必须因地制宜地选择适当的招聘方式。对招聘方式最常见的分类方式是根据招聘对象来源的不同,将招聘分成内部招聘和外部招聘。内部招聘又可分为提升、工作调换、工作轮换、重新聘用。

(二) 公共部门人员的甄选

1. 人员甄选方法与技术

(1) 笔试。以书面文字问答的形式考查应试者的知识水平、理论水平,以及文字表达、分析、判断、思维等方面的能力。

(2) 面试。通过面试可以判断应聘者运用知识分析问题的熟悉程度、思维的敏捷性、语言的表达能力。通过应聘者面试过程中的行为举止,可以了解到应聘者的外表、气质、风度、情绪的稳定性等特质。面试的种类一般有非引导式面试、定型式面试、结构式面试、系列式面试、陪审团式面试、压力面试、模式化行为描述面试。

(3) 测试。测试分为智能测试和心理测试。智能测试是为了科学地、客观地了解被测试者的智能而设计出来的检查手段,1905 年由比内特首创,它侧重的是对应聘者现有能力的测试,包括智力测试、技能测试、专业测试和情景模拟测试。心理测试是对应聘者潜力的测试,包括职业能力倾向性测试、个性测试、价值观测试、职业兴趣测试和情商测试。

(4) 工作抽样法。工作抽样法是指将空缺职位所涉及工作的几个关键环节抽样出来,让应聘者在无预先准备和无人指导的情况下,进行实地操作,以考查其实际工作能力和绩效。

(5) 评价中心。评价中心是指将应聘者集中起来,采用多种评价方法进行集体评价,然后从中甄选出合格人员的过程,其项目有分内工作、无主持的群众讨论、管理竞赛、口头报告、客观测试、面谈。

2. 我国公务员的考试

(1) 录用制度。公共部门人力资源的获取是通过招聘与录用进行的。公共部门人员的招聘和录用是寻找、筛选及录用适当人选出任组织职位空缺的过程。

目前在我国公共部门中,政府行政机关招聘与录用公务员已逐步形成一整套严格的操作规范,具有典型的意义,对其他公共部门人员的招聘录用起到了示范的作用,以我国《公务员法》规定为例,公务员招聘和录用的基本含义包括三个方面:一是适应范围只限于补充担任主任科员以下非领导职务的国家公务员。行政机关以外在职人员进入公务员队伍担任领导职务或助理调研员以上非领导职务的,不采取录用的方式,而是属于交流的范畴。二是公务员必须通过公开考试和严格考核的方法择优录用。通过考试全面测验报名者的文化知识和专业技术水平及适应职位要求的基本能力,通过考核全面考查考试合格者的政治思想、道德品质、工作能力及其他方面情况。三是公务员的招聘录用必须按照法定的条件和程序进行。法定条件是指对有关人员的条件要求(如报考条件和正式录用条件,以及政治条件、业务条件和自然条件等)和对用人单位的条件要求（如职位空缺）。法定程序是指发布报考公告、进行资格审查、考试考核、拟定录用人员名单、审批录用等程序。

一般来说，公务员招聘和录用的整个过程包含了制订招募计划、实施招募和甄选、组织考试、选录试用几个步骤。

（2）公共部门人员考试录用的原则。公共部门人员考试录用的原则包括公开原则、平等竞争原则、择优原则，除此之外，公职人员在录用过程中，还应该遵循因事择人原则、德才兼备原则、用人所长原则、民主集中制原则、回避原则和竞争性原则。

（3）考试的基本内容。公共部门人员考试录用的内容主要有知识测验、智力测验、技能测验。知识测验包括基础知识和专业知识两部分。基础知识主要指担任公职人员所必须具备的基本通用性知识，包括政治、经济、法律、行政管理、公文写作、外语等。如我国公职人员笔试的公共科目内容通常有马克思主义哲学、建设中国特色社会主义理论、社会主义市场经济理论、法律、行政管理、中国国情与国策、公文写作等几部分。专业知识主要指从事某一专业或职位所必备的专门业务知识和技能。基础知识和专业知识都是笔试中公共科目的综合考试内容。智力测试（或能力测试）是指借助文字、符号、数字、推理等手段设计出成套的测验卷，对应试者的空间能力、数字能力、记忆能力、分析观察能力、综合归纳能力、文字表达能力等一般能力进行的测验，一般通过笔试中的职业能力倾向测验来考查。技能测验主要包括应试者处理实际问题的质量和效率，测试其对知识和技能的应用程度和能力，需要借助面试中的实际操作或模拟操作来进行测试。

微贴 9-2：特殊职位公务员的录用

第四节 公共部门人力资源的激励与开发

一 公共部门人力资源的激励

面对全球范围内日趋激烈的国家间的竞争，以及新技术革命和经济全球化带来的严峻挑战，公共部门人力资源综合开发能力是决定一个国家的政府公共部门能否生存、高效运作和长期持续发展的关键因素。政府组织在选择激励途径时，应以有效利用为重点，坚持合理开发与有效利用并举的发展思路，通过深化体制改革和实施各项政策，促使现有的人力资源结构调整，优化组合，以各种激励尽可能地释放其潜能。

(一) 公共部门人力资源激励概述

1. 激励的内涵

公共部门人力资源激励(public sector human resources incentive)是指公共部门采取激发人的动机和动力的手段或策略,调动公共部门人力资源的积极性,使其朝着实现公共部门目标的方向前进的管理活动过程。

2. 激励的作用

(1) 发掘公务人员的潜力。人都具有潜在的能力,一经发掘便会释放出巨大的能量。美国哈佛大学教授威廉·詹姆斯的研究发现,在缺乏激励的环境中,人员的潜力发挥 20%~30%,如果受到充分激励,其能力可以发挥 80%~90%。这就意味着,一个人平常的工作能力水平与激发后的工作能力水平之间存在约 60%的差距。充分发掘公务人员的潜力,既充分利用了人力资源,也节约了行政成本。

(2) 提高工作效率。工作效率、工作绩效的高低,取决于两个基本因素:一是是否胜任某项工作,是否具有承担某项工作的能力和资格;二是从事某项工作意愿的强度,即积极性。在给定的工作环境和工作条件下,两个能力相仿的人,他们的工作绩效高低取决于积极性的高低,而积极性的高低又取决于激励方法运用的好坏。

(3) 提高人力资源的质量。良好的职位设计、福利、社会保障可以使公务人员处于有利的发展环境中,但还应注重人力资源的培训和学习。“投资人力资源,实施优先发展”已成为大多数国家的战略共识。

(4) 弥补物质资源的不足。激励也是降低管理成本的手段之一,通过激励制度的设计,激发公务人员的积极性,可以弥补物质条件的不足,并达到人力资源开发的预期效果。

(二) 激励的理论基础

20 世纪 20 年代以来,管理学家和心理学家从不同的角度研究了怎样激励人的问题,并提出了许多激励理论,如马斯洛的需求层次理论和赫茨伯格的双因素理论,它们对解决当前公共部门普遍存在的激励匮乏问题,仍起着积极的指导作用。

(三) 公共部门人力资源管理和企业人力资源管理中激励的差异

根据激励的理论基础,公共部门这样的非营利性组织和企业等营利性组织的员工都有相同的需要,但这些需要的具体表现形式可能不同。在这两种类型的组织中,需要被满足的过程从外界刺激到目标行为都有着明显区别。这些区别主要是组织环境的不同所决定的,政府等公共非营利组织和企业等营利性组织在使命、愿景、组织架构、运作方式等方面各不相同,导致在人力资源管理方面的一系列差异,最终决定了它们必然各自适用于两种类型的激励体系。

两种激励体系的区别主要体现在目标导向和分配形式。[①]

1. 目标导向

任何形式的正式组织都可以通过定义自己的使命和目标来明确自己的努力方向。企业可以围绕利润去制定目标;相应地,公共部门则主要致力于社会效益。这一区别预示着在公共部门中把组织目标与个人目标统一起来更为困难。企业员工的所得往往与企业的经营状况密切相关,因此企业的员工比较容易理解他们的利益和企业的利益是高度一致的;然而公共部门的分配属于再分配环节,直接与国家财政关联,故而员工的所得与其所在部门创造的社会效益难以建立一种直接、灵敏、有效的联系。因此,若要将组织目标根植于公共部门的员工心中,必然意味着艰巨的努力。如果缺乏这种努力,员工的个人目标和组织的目标将严重脱节,从而扭曲所有试图利用愿景进行激励的尝试。

2. 分配形式

相对于企业而言,公共部门的分配形式灵活性较低。企业可以根据各自的情况量身定制薪酬体系,而公共部门则不能。在分配问题上,公共部门往往受制于既定的法律、政策、规定,通常同一系统、同一部门要遵循相同的规范。

1) 绩效的评价

由于企业是独立核算的经济实体,因此企业中绩效的评价通常可以采用相对直接的指标,个人对组织的贡献也能相对清楚地反映在企业的业绩上;但公共部门作为一个庞大的社会服务体系,其员工的绩效评价往往只能采取一些间接性的指标,因为公共部门所创造的社会效益通常要在一个比较长的周期内才能体现出来,且有时无法以货币性的指标去衡量。

2) 约束机制

一个成功的组织离不开对员工不尽职(甚至渎职、败德)行为的约束。这里涉及两个问题,一个是对这类问题的有效发现;另一个是对这类问题的有效惩戒。对于第一个问题,公共部门解决起来可能更为困难,因为对公职人员的行为进行监督往往代价高昂,且难以靠一个部门本身来完成;而企业却可以直接去考查结果,再从结果推出问题。对于第二个问题,企业和公共部门在手段上的取向也有所不同,公共部门倾向于采取行政性处分,而企业在更多情况下倾向于采取经济性处分。

---

① 夏亮、丁建华:《公共部门人力资源管理中的激励问题》,《中国人力资源开发》,2004年,第6期。

（四）我国公共部门人力资源激励的现状、问题及解决路径

1. 我国公共部门人力资源管理激励机制现状

1）干部人事任免

除了物质需要外，公共部门工作人员的精神需要的内容主要是权力需要和成就需要，而权力需要和成就需要的满足又能满足其自身的物质需要。与成就需要相比，权力需要更重要，由此可见晋升的重要作用。公共部门公务人员的晋升是公共部门人力资源管理系统中最有效的激励手段，是公共部门公务人员行为动力的重要来源，其功能主要表现在精神激励功能、物质激励功能、引导和示范功能、促进竞争功能。

2）薪酬管理

薪酬制度是公共部门激励机制的重要形式。薪酬是公共部门人力资源管理的重要内容，良好的薪酬制度是组织有效地吸引、保留和激励公共部门工作人员的关键。作为一项重要的激励机制，它与行政管理效率的提高密切相关。西方国家的工资报酬制度一般遵循定期加薪原则、同工同酬原则、行业平衡原则、与物价挂钩原则及综合定额原则。薪酬管理在满足物质和精神需要上起到了重要的作用，主要包括保障功能、激励功能、协调功能、预防功能。

3）考核制度

公务员考核制度是公务员制度的“中枢”，是人事行政的重要一环，是发现和选拔优秀行政管理人才的重要途径，同时又为人事决策科学化和改进人事制度提供指导。考核内容一般有考勤和考绩两个方面，其中以考绩为重点。考核制是各国国家公务员制度的重要组成部分，其功用在于可以了解和识别国家公务员，为国家公务员的奖励和晋升提供客观依据，可以发现和选拔优秀的国家公务员，合理地使用人才，可以激励公务员奋发向上的精神，调动公务员心理中的积极因素，保证行政工作效率的提高，增强人事行政体系的生机和活力。

2. 公共部门人力资源激励存在的主要问题

1）组织目标的迷失

组织目标的迷失包括两层意思。第一是组织本身目标的错位和混乱。我国的公共部门对自身的使命定位服务性较少，有些部门希望通过公众对自己的遵从来建立一种秩序，而较少对自身进行反思，这种观念本身对于激励就是十分有害的。第二是员工目标总是与组织目标严重脱节。员工缺乏对组织的使命感和认同感，无法使个人目标和组织目标达成一致。这些现象使组织目标的激励作用受到限制。

2）流动机制的僵化

人力资源应当是一种有流动性的资源，而我国的公共部门长期以来对人力资源的流动持保守态度，这在制度和观念上有着充分的体现。流动机制的僵化一方面是横向流动的僵化，即缺乏合理的进出规则；另一方面是纵向流动的僵化，即缺乏合理的升迁

规则,典型的表现就是能升不能降。激励的目标在很大程度上是通过被激励者的流动来实现的,被激励者一旦发现没有合理的途径可以实现其所向往的流动,便容易转向不合理的途径。于是,在流动机制僵化的同时,投机性的流动大行其道,给有效的激励带来很大的困难。

3) 激励手段的苍白和匮乏

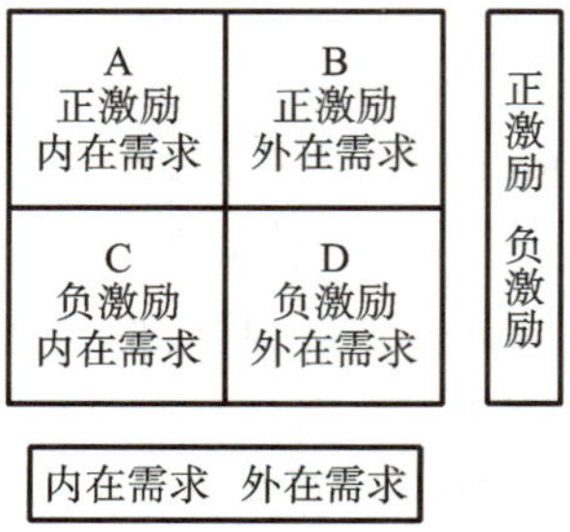

图 9-1 激励方式的组合

激励有正向和负向之分,通俗的理解就是"胡萝卜"和"大棒"。人的需要分为外在需求和内在需求。外在需求不能在工作活动本身中求得满足,能满足外在需求的资源存在于工作之外,控制在组织、领导与同事手中;而内在需求的满足是通过工作活动中的体验才能实现的,如领会工作活动中的趣味及任务完成时的成就感等,满足此种需求的资源就存在于工作过程之中。基于对激励和需求的分类,我们可以有多种激励方式的组合,图 9-1 描述了基本的激励方式组合。

在合理的激励机制下,A、B、C、D 四种激励组合都应当发挥积极的作用。目前在我国的公共部门人力资源管理领域,除 B 外的另外三种激励组合都没能得到足够的关注。可以说我国在公共部门人力资源管理的激励环节上,内在需求经常被忽视,更谈不上对其进行利用了,这使得 A、C 两个区成为盲点。另外,负激励的作用在我国公共部门中通常发挥不了应有的作用,约束机制一来本身苍白无力,二来得不到有效的贯彻。我们经常感到我国的公务人员危机意识不高,因为一部分人的心中根本没有"大棒"。此外,在我国之所以难以全面和高效地应用各种激励组合,一个深层次原因是缺乏合理的绩效评估体系。

3. 解决公共部门人力资源激励中问题的可能路径

1) 思路

解决上述问题,既要重视刚性规范的建立,又要注重柔性规范的建立。刚性规范侧重于制度,即在公共部门系统逐步确立一整套合理有效的激励制度,并使制度能够得到坚决的贯彻和执行;柔性规范侧重于意识,就是通过改变公务人员的旧有观念、提高公务人员的道德素养,使之认同并乐于接受合理的激励规范。当这两种规范都发挥作用时,我国公共部门的激励问题才可以期望得到解决。①

2) 可能的路径

基于以上分析,提出解决我国公共部门人力资源管理中激励问题的若干设想。

(1) 逐步废除公职人员的终身雇佣制,打破职务常任。

引入优胜劣汰的选择机制,从而使人员流动的激励功能被严格地定位于个人潜能的发挥,使公职人员的选择趋向于敬业。目前公共部门内大范围的终身雇佣制难以让相当一部分人产生危机感和责任感,也使得一批庸庸碌碌的公职人员尸位素餐。只有

① 夏亮、丁建华:《公共部门人力资源管理中的激励问题》,《中国人力资源开发》,2004 年,第 6 期。

打破这种格局，才能为有效激励创造条件。

从管理实践看，过去曾恪守职务常任制的美国，自 1993 年以来裁减公务员近 30 万人，其使用的手段包括公共部门转制、提前退休、一次性补贴等。美国的一些州甚至规定新进入政府的公务人员不再享有职务常任的制度保护。此外，美联邦政府已开始效仿私营部门，以越来越多的临时工替代专职公务员，美国现有 15.7 万政府雇员是临时工，这既降低了管理费用，又增加了灵活性。我国近几年机构改革中，大量政府公务人员的分流也说明职务常任制已过时。

（2）提高公职人员的平均工资水平。

提高平均工资水平并非解决问题的灵丹妙药，却是实现有效激励的必由之路。工资水平直接关系到在社会中人对自己职业的归属感和自豪感，也有助于安全感的确立。假如一个人因为工资水平对自己职业的评价不高，那么很难想象其他的激励手段会是有效的。从世界范围来看，我国公职人员的相对工资水平确实还有较大的提升余地。在公务员制度发达的国家，如新加坡，公职人员有着令人羡慕的工资水平，在社会中也享有较高地位，因此他们都有较强的归属感。

（3）建立科学公正的绩效评估体系。

现行的公务人员考核制度是工业经济下考核制度的延续，与新时期的要求相差甚远，急需改革和完善，主要表现在以下两方面。第一是考勤制度。在传统的人力资源考核中，公务人员的出勤状况是考核的主要内容之一。然而，在新的经济条件下，网络技术的发展使办公出现虚拟化，公务人员在家里同样可以完成自己应完成的任务。在美国一些州，公务员在家上班已司空见惯，对人员的考核变成任务中心型，只要按时、按质、按量完成任务，就算出勤合格。第二是绩效评估制度。传统的绩效评估大多以个人绩效为核心，并把评估结果作为个人评判的依据。在新的经济形势下，组织内部的团队合作、力量整合成为应付复杂多变环境的必要手段。因此，绩效评估应以组织绩效为核心，个人绩效的评估应以组织绩效的优劣为前提。同时，绩效评估已不是个人评判的工具，而是提高业务能力的过程，强调以学习为基础的小组合作式业绩管理。

（4）严格公职人员的约束机制。

激励有正向激励和负向激励之分。公共部门的非营利性和强烈的集体业绩性决定了正向的激励只能在一定范围内进行，而无法像在企业中那样采取跨度极大的正向激励。在这种前提下，负向激励就显得尤为重要，而负向激励的关键是建立一套严格的约束机制。这一措施并不是为了让公职人员人人自危，而是为了使他们清楚自己所肩负的责任和使命，以及一个公职人员的职业道德规范。这一机制也能适时和有效地惩处那些违反职业规范的人，有助于摆脱目前公职人员权责不对等的问题，充分实现激励目标。

4. 公共部门人力资源激励的措施

新修订的《公务员法》确立了公务员职务与职级并行制度。推行公务员职务与职级并行、职级与待遇挂钩制度，是党的十八届三中全会做出的重大改革部署，目的是调动广大公务员的积极性、主动性和创造性，完善公务员制度机制，推进公务员分类管理，加强专业化建设，拓宽公务员尤其是基层公务员的职业发展空间，实现对公务员的持续激励,有利于解决非领导职务设置存在的属性界定不清晰、设置不科学合理等问题。为落实中央要求,新修订的《公务员法》在具体的制度设计上有以下变化。

一是重新设置了职级序列,规定综合管理类公务员职级序列由高至低依次为一级巡视员、二级巡视员、一级调研员、二级调研员、三级调研员、四级调研员、一级主任科员、二级主任科员、三级主任科员、四级主任科员、一级科员、二级科员。与原来的非领导职务相比,增加了 4 个层级。

二是对职级晋升条件和程序做出原则规定。

三是明确专业技术类、行政执法类公务员职级设置根据《公务员法》由国家另行规定,留出制度接口。之前,这项制度在天津市和教育部等部分地方和中央部委开展了试点工作,受到了普遍欢迎,取得了明显成效,已经具备在全国推行的基础和条件。

新修订的《公务员法》在坚持从严管理公务员的同时,加强正向激励、关心和关爱,除了建立公务员职务与职级并行制度外,围绕充分调动和激发广大公务员的积极性,还提出了以下几个方面的措施。

一是健全考核评价机制。新增专项考核方式,规定考核指标根据不同职位类别、不同层级机关分别设置,着力解决"一把尺子量到底"的问题。加强考核结果的使用,明确"定期考核的结果作为调整公务员职位、职务、职级、级别、工资以及公务员奖励、培训、辞退的依据","公务员在年度考核中被确定为不称职的,按照规定程序降低一个职务或者职级层次任职",进一步强化考核的"指挥棒"作用。

二是健全奖励机制。规定公务员奖励要坚持定期奖励与及时奖励相结合,突出奖励时效性;将"勇于担当"作为奖励的重要情形,树立崇尚担当作为的良好导向;规定"可以向参与特定时期、特定领域重大工作的公务员颁发纪念证书或者纪念章",以进一步提升公务员的职业荣誉感。

三是完善权益保障机制。针对公务员工作任务重、压力大,经常加班加点的情况,规定公务员在法定工作日之外加班的,应当给予相应的补休,不能补休的按照国家规定给予补助。按照公务员养老保险与社会保险相衔接的要求,对公务员的保险规定做了相应修改。进一步完善了公务员申诉控告条款,明确公务员不因申请复核、提出申诉而被加重处理,保障公务员提出批评、申诉、控告或者检举的权利,明确规定不得对批评、申诉、控告、检举进行压制或者打击报复。同时,规定对捏造事实,诬告、陷害他人的公务员,依法追究法律责任。

二 公共部门人力资源的开发

(一) 公共部门人力资源培训与开发概述

1. 公共部门人力资源培训与开发的含义

人力资源培训与开发是公共部门人事管理系统的一项基本的管理职能。公共部门的人力资源培训与开发(简称培训),是指公共部门为了使其员工获得或改进与工作有关的知识、技能、动机、态度和行为,提高其员工的绩效,增大员工对组织目标的贡献而做出的所有有计划的、有系统的各种努力。

2. 公共部门人力资源培训的重要意义

科技革命、信息社会与知识经济时代的到来,使公共部门人力资源管理面临着前所未有的挑战;日益严峻的社会问题强化了公共事务的管理者们接受培训的客观需要;行政改革与行政发展对公共部门人力资源的素质提出了严格的要求;从战略高度看,国家已经将公共部门人力资源开发与培训纳入整个社会、经济发展的长期规划之中。

3. 公共部门人力资源培训活动的目标

(1) 培养公共部门中高层员工的领导能力。

(2) 全方位培养员工的认知、思维方法,拓展其价值观,巩固理想信念。

(3) 培养员工学习知识的方法和分析问题、解决问题的能力,逐步走向综合的素质教育。

(4) 培养员工积极竞争、进取的意识,同时培养员工在组织中合作的精神。

(5) 提高员工的生活水平和质量,培养健全的人格。

(6) 培养员工学会思考自我职业生涯发展计划,促进个人的发展和价值的实现。

(7) 努力改进工作方式,提高公共部门的服务质量与工作绩效。

(二) 公共部门人力资源培训与开发的实践

公共部门人力资源培训的类型有初任培训、在职培训、晋升培训和专门业务培训。公共部门人力资源培训的方式主要有学校培训、部内培训、部际培训、交流培训、工作培训和选择培训。公共部门人力资源培训的方法是指,培训的教育机构在实施培训的过程中,按照一定的教育思想,设计和采用一定的教学形式或教学辅助形式,对员工进行知识与技能培养的一整套方法。其具体包括:第一,比较传统的教学方法,如课堂讲授、作业和课堂讨论等;第二,行为主义的教学方法;第三,将现代科技手段运用于教学的方法;第四,以人格素质为中心的培训方法。

公共部门人力资源培训评估的目的在于:测量学员在接受培训后的结果,评估培训规划的总体状况;测量和追踪培训过程的各个环节,提出改进措施;研究培训中一些非量化的或不可测量的因素。公共部门人力资源培训评估的标准比较直接,是培训的投资回报率。

(三) 完善我国公共部门人力资源培训与开发制度

1. 公共部门人力资源培训的主管机构

(1) 由一级政府的人事主管机构进行统一的管理，各级政府的工作部门负责本部门的国家公务员培训管理工作。

(2) 在政府首脑之下或首脑领导的委员会下设计专门主管公务员培训的部门。

(3) 将公职人员培训主管机构设在一级政府的某个职能部门中。

(4) 公共部门内部的自主性培训主管体系。

2. 公共部门人力资源培训的教育机构

(1) 国家级行政学院及各级地方政府的行政学院。

(2) 管理干部学院。

(3) 高等院校。

3. 公共部门人力资源培训的保障支持系统

(1) 公共部门人力资源培训的制度设计与法律保障。

(2) 公共部门人力资源培训的经费来源和保障。

(3) 公共部门人力资源培训的组织保障。

(四) 当前我国公共部门人力资源开发存在的问题[①]

当前，我国公共部门的人力资源开发虽然取得了一定的成果，但整体效益不容乐观，远没有达到应有的开发目标，主要体现在以下几方面。

1. 公共部门人力资源开发制度不健全

虽然西方国家自新公共管理运动以来进行过反对制度过度化的改革，但我国公共部门人力资源管理面对的主要问题不是简单的制度过度化的问题，而是制度不健全、不规范、不到位、不合理的问题，因此，不能盲目照搬西方的改革范式。实现人力资源开发的制度化，关键是要建立与社会主义市场经济相配套的人力资源管理体制。而目前我国人事管理体制还没有完全从“进、管、出”的传统模式中走出来，公务员制度还不够健全，尤其是在公务员考试录用的公平性和科学性上还需进一步加强，在任职后的管理上也存在诸多人治、不公平、不合理的问题，相关重要领域的配套改革也比较滞后，主要体现为人力资源开发缺乏战略性、绩效评估与激励机制不健全和公共培训体系有待完善。

---

① 刘绪晶:《公共部门人力资源开发的效应及提升途径》,《中共云南省委党校学报》,2010 年,第 3 期。

2. 外部宏观公共管理体制滞后

从实际情况看，我国公共管理体制明显落后于时代发展的要求，阻碍了市场经济的健康有序发展。一是在职能行使上，政府职能不明确，越位、缺位、错位及与民争利现象时有发生；机构臃肿，层次复杂，效率低下。二是在权力运行上，权力过于集中，监督机制不健全。三是在思想观念上，官本位严重，人治盛行，法制意识淡薄。整个宏观行政体制从根本上制约了公共部门人力资源开发效果的产生，使公务人员在职业社会化的过程中产生强烈的心理反差。

3. 领导层的模范带头作用有待强化

公共部门的性质和领导者的地位，决定了公共部门领导的一言一行受到下属和公民的广泛关注，其言行对他们起着示范的作用，具有很强的渗透力，其影响范围也极其广大，领导者的恶德可以使千百万人遭受不幸。如果领导者带头知法犯法、以权谋私、不负责任，那又怎能期望其下属遵纪守法、清正廉洁？正所谓"上行下效"，"上梁不正下梁歪"，领导者对下属的影响是潜移默化的。

4. 公务人员的内在品行和修养有待提升

外部环境对公务人员的影响具有不确定的一面。公务人员的心灵、信仰、思想价值观、行为动机、工作态度等内在的东西都是很难控制的，制度和法律不可能是完美无缺的，制度是死的，人是活的。公务人员在其专业领域可谓是一个专家，掌握着一般人无法获知的信息，而这些信息通常是决策的重要基础。由于公务人员有特殊的专业知识和信息，他们比监督者更有优势，加上公务人员比一般的民众面临更多的诱惑和刺激，只要其想钻法律和制度的空子并规避其着力点，就可以躲避外部的控制和监督，所以，公务人员的自身道德修养水平就成为影响人力资源开发效应的至关重要的因素，而我国公职人员的品行和素养总体来说参差不齐，同时官僚主义、贪污腐化等违法乱纪、作风不正现象也存在于政府体系中。

（五）提升公共部门人力资源开发效应的途径

1. 建章立制，提升公共部门人力资源的开发效应

任何先进的人力资源管理思想都需要科学的制度来固化，从而达到有效和公平的目的，避免人治和混乱的弊端。目前，我国人力资源管理制度建设的重点要在合理度、繁简度、透明度、稳定度上下功夫。制度的建立规范了公务人员的言行，使其自觉地围绕公共部门的管理目标运作。人力资源开发制度化的关键，是要建立与社会主义市场经济相配套的人事管理体制，适应两个转变，把传统的人事管理调整到整体性人力资源的开发规划上来，建立较完备的公务员制度，重点抓好公务员考试录用的公平性和科学性及入职后的管理，使其逐步走上法治、民主、科学的轨道，同时，必须进行相关重

要领域的配套改革。第一,实现人力资源开发的战略化。随着国际国内竞争的加剧,公共部门必须适应新形势,有效地预测组织的人才需求状况与结构,科学制定公共部门的人力资源规划,以此适应当地的社会经济发展状况。第二,实施有效的人力资源管理绩效评估与激励。全面的人力资源绩效评估是公共部门进行人力资源开发的保证。鉴于我国传统绩效评估制度的弊端,应从评估主体、评估方式、评估指标、评估内容等几方面进行改革。实行评估主体的多元化,评估方式多样化、灵活化。评估内容上,除了经济业绩外,应该综合考虑社会公平和发展、资源消耗、环境保护等多方面的因素,坚持科学发展观。第三,建立科学的公共培训体系。科学有效的培训是提高公共部门人力资源开发水平的重要途径。我国公共部门的一些领导对公职人员培训的重要性缺乏必要的认识。要加强对公职人员培训需求的分析,按级别和职位,实行分类培训,提高培训的针对性。同时,要建立严格的培训评估和动力机制,可考虑把培训结果作为奖惩的依据之一。最后,培训的方式可以更多样化、灵活化。

2. 加快外部公共管理体制的改革,强化公共部门人力资源的开发效应

宏观行政体制从根源上制约了公共部门人力资源开发效果的产生,因此,我们要加快公共管理体制改革,建设公共服务型政府,明确政府职能,逐步形成行为规范、运转协调、公正透明、廉洁高效的行政管理体制。政府职能的合理、科学定位,从根本上能遏制政府部门的自我利益膨胀,并且使各部门之间互相合作和监督,为公务人员的工作创造一个人性、法治、科学、有序的整体外部环境,从而有效地提升公共部门的人力资源开发效应。

3. 从内部提升公共部门人力资源的开发效应

要提高别人的素质,首先要提高自己的素质,因此,领导层要做好表率。领导者对下属的影响和渗透力是毋庸置疑的,政府和领导者要想改变下属和公众的行为,他们本身就必须通过自己的思想价值观和实践为下属和公众树立榜样。领导要为下属树立一个有追求、开明、具有各种美德、有人情味的形象。只有这样,领导才能真正树立起自己的政治权威和形象,对下属的品行和能力产生更强烈的影响,更好地达成人力资源开发目标。

4. 通过自律,保持公共部门人力资源的开发效应

公务人员的思想品行、素养等内在的东西是很难控制的,因此,公共部门即使付出大量的监督成本也可能效果不佳。这些内在的东西只能靠自觉来控制,但公务员比一般的民众面临着更多的诱惑和刺激,这就要求公务人员必须有高于一般民众的品德和素养,能够在自己力所能及的范围内抵制外界的诱惑,安身立命、静心修身,踏踏实实地走好每一步。

总之,以上四大途径在现实中是相互联系、相互作用的,每一条途径的加强都有利于其他三条途径的顺利开展,而任何一条途径遭受抵制,都会制约其他途径的进展。因此,我们要努力整合这四个方面,形成合力,从而提升公共部门人力资源开发的效应。

第五节 公共部门绩效、福利与保险制度

一 公共部门绩效管理概述

（一）公共管理中的绩效概述

所谓绩效（performance），是效率（efficiency）和效能（effectiveness）的总和，其中效率是对投入与产出的比率进行测量，效能则是将实际成果与原定的预期成果进行比较，前者适用于一切能将投入和产出量化或货币化的场合，后者则可用于那些收益无法用货币来计量的场合。公共管理的绩效概念包含以下三方面的内容。

1. 公共管理的成本或目标

公共管理成本（public administration cost）指的是行政活动中消耗的人力、物力、财力、信息、空间、时间、权威、信誉等各种有形资源与无形资源的总称。与其他很多资源一样，公共管理的资源也是稀缺的。因此，公共管理绩效一定会受到成本的限制和约束，公共管理成本必须与可能产生的绩效联系起来考虑。

公共管理的目标则是指公共部门通过自己的管理活动希望达到的预期结果。

2. 公共部门的产出与效益

公共部门的产出是指公共管理活动所形成的结果，它可能是有形的，也可以是无形的。公共管理的效益指的是公共部门的产出对社会所产生的影响。公共管理效益可以分成不同的类型：第一，根据时间跨度，公共管理效益可以分为近期效益、中期效益和远期效益；第二，根据内容和范围，公共管理效益可以分为经济效益、政治效益和社会效益；第三，根据效益的方向，公共管理效益可以分为正面效益和负面效益；第四，根据人们的认识程度，可以将公共管理效益分为显性效益和隐性效益。

3. 公共管理成本（或目标）与收益（或后果）的比较

将公共管理的收益（或后果）与公共管理成本（或目标）相比而得到的结果，就是公共管理绩效。

(二) 公共服务中的绩效管理

1. 绩效管理的概念及内容

绩效管理(performance management)是在设定公共服务绩效目标的基础上,对公共部门提供公共服务的全过程进行追踪监测,并做出系统的绩效评估的过程。绩效管理是公共管理者的主要职责。绩效管理过程一般包括三个最基本的功能活动:绩效指标化(performance measurement)、绩效监控(performance monitoring)、绩效评估(performance evaluation)。公共部门的绩效管理是收集绩效信息、确定评估目标、划分评估项目、进行绩效测定、使用评估结果的行为体系,是持续提高管理绩效、不断促进有效管理的过程。

绩效管理的作用主要有:使公共管理的责任落到实处;能较好地满足服务对象的不同要求;体现了公共管理的结果导向的精神;满足了评估组织绩效和个人绩效的双重要求。从实践的角度看,绩效管理为当代公共管理建立了一种诱因机制(incentive mechanism),激发人的工作热情和动力,也提供了一种管理工具。

2. 公共部门绩效管理的主要内容

(1) 公共部门绩效评估指标的选择。常见的评估是用反映公共部门绩效的价值取向的"4E"(economic,efficiency,effectiveness,equity)概念来构建指标体系。经济(economic)指标要求的是以尽可能低的投入或成本,提供与维持既定数量和质量的公共产品或服务。效率(efficiency)可以简单地理解为投入与产出之间的比例关系,效率关心的是手段问题,而这种手段经常以货币方式体现。效率可以分为两种类型:一类是生产效率(productive efficiency),另一类是配置效率(allocative efficiency),指组织所提供的产品或服务是否能够满足不同偏好。效率作为衡量指标,仅适用于可以量化或货币化的公共产品或服务,而许多公共服务在性质上很难界定,更难量化,不适用于效率指标。在这种情况下,效能(effectiveness)便成为衡量公共服务的一个重要指标。效能指公共服务符合政策目标的程度,通常以产出与结果之间的关系加以衡量。公平(equity)作为衡量绩效的指标,它关心的主要问题在于接受服务的团体或个人是否受到公平的待遇,需要特别照顾的弱势群体是否得到更多的社会照顾。不过,公平作为一个绩效评估指标,存在的具体困难是公平在市场机制中难以界定,在现实中也比较难以测量。在确定公共部门绩效评估指标时,还应满足以下五个要求:客观性、可比性、时效性、易操作性、综合性。

(2) 公共部门绩效评估指标体系的建构。建立公共部门绩效评估体系,应包括三方面的内容:第一,建立一套有效的绩效评估制度,包括目标任务的确定、考核指标的计算、分析评估、奖惩措施及监督工作的实施等方面的内容;第二,建立科学合理的绩效评估指标体系;第三,把公共部门的绩效评估置于全社会监督之下。

(3) 公共部门的绩效评估标准主要体现在四方面:数量标准、质量标准、时效标准、费用标准。而公共部门绩效的测评方法主要有四种:职能测定法、费用测定法、标准比较法、要素分析法。

(三)基于公平与效率探讨公共部门薪酬管理问题

公平和效率之间存在永恒的矛盾关系,这一对矛盾关系也存在于薪酬管理中。为了提升公共部门人员的工作效率,可以采用激励的方式,但过高的薪酬收入差异,又会影响社会公平与正义;如果过分强调薪酬收入的公平性,又不可避免地会影响效率的提高。因此,对薪酬管理中效率和公平两个因素进行分析,可以为现行公共部门薪酬管理的改进和完善提供更多的建议。

1. 外部公平和外部效率

外部公平是指公共部门的薪酬收入标准和其他机构相比较所具有的竞争优势,主要强调机构与机构间薪酬收入标准的高低比较。而外部效率是指两个机构处于相同薪酬收入标准时各自所产生效益的比例,如吸引人才能力方面、机构知名度和美誉度等。这说明外部其他机构是影响公共部门薪酬水平的重要因素,如果要维持公共部门薪酬收入制度外部的竞争力,其薪酬收入标准应尽可能与外部其他机构持平。现阶段,我国公共部门薪酬管理机制所产生的外部公平与外部效率问题,主要体现在以下三个方面:首先,公共管理部门人员薪酬收入水平普遍低于其他社会组织;其次,我国东部地区经济较西部地区发达,因此公共部门人员薪酬水平呈现东部地区高于西部地区的差异性现状;最后,不同类型的公共部门薪酬收入水平也存在较大差异,重要程度高的公共部门收入更高。公共部门外部公平和外部效率的问题如果不能引起足够的关注而愈发严重,将导致公共部门不仅不能吸收到优秀的人才,而且优秀的人才会流出公共部门,甚至导致公共部门的腐败问题更为严重。

2. 内部公平和内部效率

内部公平指的是以公共部门人员工作内容和需要的工作技能为依据,来决定薪酬收入水平的高低,表现的是薪酬体系内部的一致性。内部效率在公共部门薪酬管理中包含两个层面的含义,即公共部门工作人员个人的工作效率和部门运作的整体效率,内部效率反映了薪酬结构的管理、应用对公务员和部门整体所能产生的积极作用。

3. 个人公平和个人效率

公务员在公共部门中担任同等工作时,对其获得的薪酬水平进行比较,即可评价个人公平性。公共部门工作人员获取的薪酬水平与他们对部门的工作贡献相匹配时,个人间的公平性才得以实现。个人效率说明的是工作人员自身特点和优势对决定薪酬收入水平的影响,公共部门薪酬管理还应该尽可能反映公务员自身优势对薪酬收入的影响。

(四)我国公共部门绩效评估问题探究

绩效是一个包含多维要素的系统结构,通常包括经济,即要求组织以尽可能低的投入或成本,提供与维持既定数量和质量的公共产品或服务效率。公共部门绩效管理通常是指公共部门在积极履行公共责任的过程中,在讲求内部管理与外部效应、数量与质量、经济因素与伦理政治因素、刚性规范与柔性机制相统一的基础上,获得公共产出最大化的过程。绩效评估是一种正式的员工评估制度,是绩效管理中一个重要的环节,它通过系统的方法、原理来评定和测量员工在职务上的工作行为和工作成果,绩效评估执行的效果直接影响绩效管理的成效。公平、反应性、责任成为绩效评估的主流要素。

二 公共部门福利与保险制度

(一)公共部门福利与保险制度管理

福利(welfare)可以从狭义和广义两个方面理解。广义的福利几乎概括了人们所享受的一切物质待遇,当然也囊括了社会保险、社会救助、社会优抚等内容,几乎成为社会保险的同义语,它是指所有有关改善员工生活质量的公益性事业及其采取的措施。狭义的福利则专指社会保障体系中除社会保险、社会救助和社会优抚之外改善员工生活质量的诸种措施。在这里,公职人员的福利是指公共部门为改善和提高政府及其公共部门员工的生活质量而采取的一系列措施。社会福利的功能有:吸引优秀员工;激励并提高公职人员的生活水平;降低公职人员的流动率;提高公共部门的工作效率。

社会保险是以国家为主体,通过立法对社会劳动者在暂时或永久丧失劳动能力,或者虽有劳动能力而无劳动机会,从而失去收入来源的情况下,给予一定程度的收入损失补偿的社会事业。保险制度的功能是使社会劳动者达到基本生活水平,从而保证劳动再生产和扩大再生产,维持社会安定。社会保险针对的风险是劳动者的收入损失,保障的程度是劳动者在失去收入来源时的基本生活水平,而不是百分之百的完全收入补偿。实施社会保险政策的主体是中央政府或地方政府,它以强有力的法律手段作为后盾。一般来说,社会保险的项目主要有养老保险、失业保险、医疗保险、工伤保险、生育保险等。

（二）公共部门福利与保险制度的主要内容

1. 公共部门福利制度设计的原则

公共部门福利制度设计应符合以下原则：第一，公职人员的福利水平要与国家的经济发展水平相适应，并符合国家法律、法规和政策；第二，福利要符合组织的战略目标规划，并与组织承受能力相适应；第三，要正确处理工资与福利的关系。工资在国民收入分配中占有主导地位，福利只是辅助分配形式。

2. 我国公共部门现行福利制度的主要内容

1）福利补贴和补助制度

中国社会福利制度是指政府出资为那些生活困难的老人、孤儿和残疾人等特殊困难群体提供生活保障而建立的制度。为保障特殊困难群体的生活权益，国家颁布了《中华人民共和国老年人权益保障法》《中华人民共和国残疾人保障法》《农村五保供养工作条例》等法律法规。有关法律法规规定：对城市孤寡老人、符合供养条件的残疾人和孤儿实行集中供养，对农村孤寡老人、符合供养条件的残疾人和孤儿实行集中供养与分散供养相结合；集中供养一般通过创办社会福利院、敬老院、疗养院、儿童福利院等福利机构进行；对于残疾人，通过政府的优惠政策来兴办多种形式的社会福利企业，帮助适合参加劳动的残疾人获得就业机会。

2）国务院关于职工探亲待遇的规定

《国务院关于职工探亲待遇的规定》由中华人民共和国第五届全国人民代表常务委员会第十七届会议批准，以适当地解决职工同亲属长期远居两地的探亲问题。凡在国家机关、人民团体和全民所有制企业、事业单位工作满一年的固定职工，与父亲、母亲都不住在一起，又不能在公休假日团聚的，可享受探望父母的待遇。职工在规定的探亲假期和路程假期内，组织按照本人的标准工资发放工资。

3）休假制度

休假制度是指为保障职工享有休息权而实行的定期休假的制度，各国一般均由劳动法做出规定。根据我国《劳动法》等规定，现行休假制度包括的内容有公休假日、法定节日、探亲假、年休假，以及由于职业特点或其他特殊需要而规定的休假。按现行制度，各种休假日均带有工资。

4）集体生活福利设施

集体福利主要指企事业单位、社会团体和农村乡镇集体组织为满足本组织成员的需要，依据国家有关规定，在本组织范围内实施或者通过社会服务机构举办的、供雇员集体享用的福利性设施和服务。

职工集体福利事业是由企业、事业单位、行政机关方面兴办的，包括职工食堂、浴室、托儿所、医务室及生活供应等各项集体事业。

集体福利的形式主要包括：住房福利，是指国家为解决职工的住房问题，改善职工的住宿环境而采取的一系列的福利措施和补贴方式;交通福利,其具体形式有发放交通补贴,或用班车接送员工上下班等;饮食福利,指供应免费午餐或提供误餐补贴,发放茶水、果品、点心等;教育培训福利,其形式有教育补贴、送员工脱产进修等。

此外,还有医疗保健福利,包括医疗保险,免费体检、免费健身房或发放健身俱乐部会员卡等;文化旅游福利,如为员工过生日、集体郊游、各种庆祝会、发放书报补贴等。

3. 我国公共部门社会保险制度

1) 养老保险

养老保险(endowment insurance)是国家依据相关法律法规规定,为解决劳动者在达到国家规定的解除劳动义务的劳动年龄界限或因年老丧失劳动能力而退出劳动岗位后而建立的一种保障其基本生活的社会保险制度。其目的是以社会保险为手段来保障老年人的基本生活需求,为其提供稳定可靠的生活来源。养老保险是在法定范围内的老年人"完全"或"基本"退出社会劳动生活后才自动发生作用的。所谓"完全",是以劳动者与生产资料的脱离为特征的;所谓"基本",指的是参加生产活动已不成为其主要社会生活内容。其中法定的年龄界限才是切实可行的衡量标准。2015 年 1 月 14 日,国务院下发《关于机关事业单位工作人员养老保险制度改革的决定》,养老保险"双轨制"成为历史。改革后,基本养老保险费由单位和个人共同负担。单位缴纳基本养老保险费的比例为本单位工资总额的 20%,个人缴纳基本养老保险费的比例为本人缴费工资的 8%,由单位代扣。从各地情况看,均按照此规定执行。改革同时提出建立职业年金制度。机关事业单位在参加基本养老保险的基础上,应当为其工作人员建立职业年金。单位按本单位工资总额的 8%缴费,个人按本人缴费工资的 4%缴费。

2) 失业保险

失业保险是指国家通过立法强制实行的,由社会集中建立基金,对因失业而暂时中断生活来源的劳动者提供物质帮助进而保障失业人员失业期间的基本生活,促进其再就业的制度。

在我国,失业人员在满足非因本人意愿中断就业;已办理失业登记,并有求职要求;按照规定参加失业保险,所在单位和本人已按照规定履行缴费义务满一年这三个条件后,方可享受失业保险待遇。根据《失业保险条例》对失业保险费缴纳的规定,城镇企业事业单位应按照本单位工资总额的 2%缴纳失业保险费,单位职工按照本人工资的 1%缴纳失业保险费。城镇企业事业单位招用的农民合同制工人本人不缴纳失业保险费。

3) 医疗保险

医疗保险同其他类型的保险一样,也是以合同的方式预先向受疾病威胁的人收取医疗保险费,建立医疗保险基金,当被保险人患病并去医疗机构就诊而发生医疗费用后,由医疗保险机构给予一定的经济补偿。因此,医疗保险也具有保险的两大职能:风险转移和补偿转移。即把个体身上的由疾病风险所致的经济损失分摊给所有受同样风险威胁的成员,用集中起来的医疗保险基金来补偿由疾病所带来的经济损失。商业医疗保险可分为报销型医疗保险和赔偿型医疗保险。赔偿型医疗保险是指患者明确被医院诊断为患了某种在合同上列明的疾病，由保险公司根据合同约定的金额来给付，让患者用于治疗及护理，一般分单项疾病保险与重大疾病保险。

4）工伤保险

工伤保险，又称职业伤害保险，是指劳动者在工作中或在规定的特殊情况下，遭受意外伤害或患职业病导致暂时或永久丧失劳动能力或死亡时，劳动者或其遗属从国家和社会获得物质帮助的一种社会保险制度。劳动者因工负伤或因职业病暂时失去劳动能力，不管什么原因，责任在个人或在企业的都享有社会保险待遇，即补偿不究过失原则。工伤保险是通过社会统筹的办法，集中用人单位缴纳的工伤保险费，建立工伤保险基金，当劳动者在生产经营活动中遭受意外伤害或患职业病，并由此造成暂时或永久丧失劳动能力以及死亡时，给予劳动者或其遗属必要的经济补偿的一种社会保障制度。这种补偿既包括医疗、康复所需费用，也包括保障其基本生活的费用。

5）生育保险

生育保险（maternity insurance）是国家通过立法，在怀孕和分娩的妇女劳动者暂时中断劳动时，由国家和社会提供医疗服务、生育津贴和产假的一种社会保险制度，是国家或社会对生育的职工给予必要的经济补偿和医疗保健的社会保险制度。我国生育保险待遇主要包括两项：一是生育津贴，二是生育医疗待遇。生育保险是通过国家立法规定，在劳动者因生育子女而导致劳动力暂时中断时，由国家和社会及时给予物质帮助的一项社会保险制度。其宗旨在于通过向职业妇女提供生育津贴、医疗服务和产假，帮助她们恢复劳动能力，重返工作岗位。

中英文关键术语

公共部门人力资源（public sector human resources）

公共部门人力资源管理（human resource management in public sector）

人力资源战略管理（human resource strategy management）

公共部门人力资源战略规划（public sector human resource strategic planning）

人力资源战略分析（human resource strategy analysis）

组织能力开发（organizational capability development）

流程再造（process reengineering）

绩效管理（performance management）

工作分析（job analysis）

工作描述（job description）

工作规范（job requirement）

公共部门人力资源激励（public sector human resources incentive）

公共管理成本（public administration cost）

复习思考题

1. 简述公共部门人力资源管理和企业人力资源管理的区别。
2. 公共部门人力资源管理的基本任务是什么?
3. 简述人力资源战略管理及其特征。
4. 公共部门人力资源战略管理的机制与前景是什么?
5. 简述公共部门人力资源战略分析的两种工具。
6. 简述公共部门人力资源战略规划的两种途径。
7. 公共部门人力资源有哪些激励方法?
8. 公共部门中绩效管理的作用是什么?

本章自测题

本章拓展阅读材料

案例分析题

一、案例材料

阅读以下材料,并进行小组讨论。

(1) 以人为本,以能为本。新经济理论认为人是生产力诸多要素中最积极、最活跃和最具有能动性的因素,是经济增长的真正源泉。诺贝尔经济学奖获得者卢卡斯也认为,技术进步与人力资本结合所形成的资本积累(即人才资源)才是经济增长的真正源泉。因此,在公共部门管理中,我们要牢固树立以人为本的新观念,改变传统的将人作为工具、手段的管理模式,突出人在管理中的地位,实现以人为中心的管理。

(2) 德才兼备,注重实绩。坚持德才兼备,就是在选拔使用人才时,既要考查人才的思想觉悟和政治品质,又要考查人才的文化水平和领导才能。首先,在选拔人才时,应将德与才看成是一个完整的统一体,不能割裂,不可偏废。其次,德和才相比较,德是第一位的。德是才的方向和灵魂,是才发展的内部动力。只有在正确的政治方向指导下,人才的聪明才智才能更好地为人民的事业服务。因此,在坚持德才兼备的前提下,应注重对德的考查。

(3) 用其所长,用其所愿,用当其时。知人善任、用其所长、用其所愿、用当其时是用人之道的核心。用其所长,就是使用人才要扬长避短,兼收并蓄;把人才放在最能充分显示其才能的位置上，让其尽展其才。用其所愿，就是根据使用对象的兴趣、爱好和个人的意愿来使用人才。因为兴趣和热情是人们对一定事物的积极态度，是推动人们积极认识事物，从事活动的内在驱动力。用其所愿有利于个人自身价值的实现和公共部门管理目标相统一。用当其时，就是使用人才要抓住最佳的时机。人的才能和人自身一样，从萌发到鼎盛再到衰退，其发展轨迹犹如一条抛物线，都有其发展的顶端。因此，要充分珍惜人才才华的绩优期和其工作的最佳年龄，打破论资排辈、求全、平衡、照顾的束缚，适时"起用"。

(4) 鼓励竞争，优胜劣汰，人尽其才。用人的目的是"激活"人，而非"管住""管死"人。要做到人尽其才，必须鼓励竞争，优胜劣汰。公共部门用人如果缺乏甚至拒绝竞争，不仅会造成用人的高额成本，而且工作只会死水一潭，直接影响到公共部门的服务质量，甚至阻碍社会的发展。因而鼓励竞争不仅能促进公共部门人员能上能下、能进能出和让优秀人才脱颖而出的用人机制的形成，在存优汰劣、升优汰劣的同时，也有利于促进平庸者的成长与发展，在这种压力下，他们会努力向优秀靠拢、转化。

(5) 优化资源，合理配置。公共部门掌握公共权力，对社会公共事务进行管理的同时，为民众提供公共服务。而公共权力是由众多员工在不同的岗位分担掌握的，其员工配合程度如何，直接影响其为民众服务的质量。因此，在公共部门人力使用上，优化资源、合理配置的意义重大。优化资源、合理配置，重要的是要做到人岗匹配。

二、讨论题

结合中西方人力资源的理论与经验，联系实际，讨论公共部门如何更好地用人？

第十章

人力资源管理现代化

本章引例

腾讯公司人力资源管理三支柱模型的实践

从4000名到2万名员工，腾讯只用了4年。快速发展的腾讯，要求人力资源必须跟上公司的发展，甚至应该超前半步。因为随着企业规模的扩大，按照功能模块进行部门划分的人力资源部，其官僚主义特点就越发明显。戴维·尤里奇提出，人力资源部门应当像企业一样运营，并提出了人力资源部门的组织架构的三角模型，即人力资源业务伙伴(human resource business partner，HRBP)、人力资源专家中心(human resource center of expertise，HRCOE)和共享服务中心(human resource shared service center，HRSSC)。

为了让人力资源部门能够真正帮企业创造更多附加价值，腾讯对人力资源部门的架构进行了重新调整，让人力资源工作者深入事业群内部，建立懂业务的HRBP团队，与业务捆绑。腾讯HRBP从满足部门各项日常人力资源事务需求入手，落实总部和业务部门的重点人力资源工作，集部门管理协作者、员工关系代言人、公司/业务部门人力资源重点工作的落地人、部门日常人力资源工作执行人于一身。

腾讯HRBP的挑战既有来自业务持续快速发展的要求，也有来自部门经理更高的要求与员工更多的期望，HRBP不仅要在人力资源领域是专家，更要能够精通业务，这样才能与业务对话。

资料来源　藏悦帆：《人力资源三支柱模型在企业的实践启示》，《劳动保障世界》，2019年，第5期。

第一节 人力资源管理现代化概论

一 人力资源管理现代化的概念

人力资源管理现代化就是用科学的管理方法与高精尖的技术对人力资源进行合理的组织、培训、调配,充分发挥个体人力资源的主观能动性和潜力,适应时代发展,以便最大限度地发挥出人力资源的优势,实现人力资源的有效利用。在这之中,包括现代化管理发展所带来的形式创新与技术革命所带来的技术创新,两者相辅相成。

二 人力资源管理现代化的内容

得益于21世纪信息科学与技术的迅速发展,人力资源管理开始迅速变化。主要变化有以下几点:由之前的人事管理转变为人本管理;从本地化的管理方式向国际化、全球化转变;由人力资源业务从全部自己完成到部分甚至全部外包;由六大模块,选、用、育、留等人力资源管理方式向人力资源三支柱转型。以价值创造者为本,以业务驱动HR;从传统向高度电子化、大数据的人力资源管理转变,对人力资源从业者要求提高。

三 人力资源管理现代化的原因

人力资源管理的发展,主要得益于21世纪信息科学与技术的迅速发展。随着信息的迅速传播与交流,人力资源管理的最新理论能在第一时间内被传播至世界各地并得以实践发展。例如,人力资源管理HR的三支柱模型,由IBM公司最先开始运用。全世界许多著名的大公司纷纷开始学习、模仿、实践三支柱模型,开始了新一轮的人力资源转型。

首先,由于大数据时代的到来,人们生活行为的点点滴滴都将计入电脑数据库,HR可以根据这些数据,很方便地推断出个人的性格并订制相应的成长计划等,这有效地改变了被诟病已久的员工与HR之间信息不对称的问题。

其次,由于现代化的发展,社会分工愈发细致。人力资源外包公司开始出现,公司部分人力资源业务开始剥离。

最后，由于全球化的发展，需要的 HR 也从单一方面要求向全面化、国际化、全球化转变。HR 既要能处理本地问题，也要可以处理跨国问题与文化冲突等，还要考虑企业的全球化。

第二节　人力资源全球化

一　人力资源国际化的大趋势及其复杂性

20 世纪 80 年代以来，经济全球化、全球一体化的发展已经成为不可抗拒的潮流，这促使跨国公司内部的人力资源跨国转移。为快速有效地做出反应，达成企业经营的整体效率，必须将国际人力资源问题与环境因素、国际经营战略和内部因素相联系，从而提升到战略层次来探讨，以实现国际人力资源的整合与一致性，使跨国公司赢得持续竞争优势。多数企业在实现跨国经营的同时面临着人力资源管理国际化的多方面挑战。任何一种跨国战略的成功都离不开恰当的国际人力资源管理方式，战略国际人力资源管理主要从跨国公司的全球战略角度来探讨有效的人力资源政策的组合。成功的跨国公司对国际人力资源管理导向的选择主要取决于是否能最好地支持其跨国战略的实施，于是战略国际人力资源管理在国际人力资源管理和战略人力资源管理的基础上发展起来，成为近年来跨国公司研究领域中一个新兴的研究分支。

微贴 10-1：新时代人才强国战略

一般概念上的国际化，是指走向国际、国际通用或国际认可。人才国际化则包括宏观和微观两个层面，宏观层面上的人才国际化强调全球范围的人才流动和配置；微观层面上的人才国际化则强调为实现人才的国际流动和配置，个体不断提升能力素质，以适应国际化标准、要求的过程。宏观层面的国际化以区域为核心，表现在人才市场国际化、人才环境国际化、人才构成国际化及人才活动空间国际化等方面。微观层面的人才国际化以个体为核心，体现在个体的思想视野国际化、职业素质国际化、专业能力国际化和产出水平国际化等方面，与之相对应的则涉及人才培养、评价、使用、回报等人才开发环节。

二 国际人力资源管理面临的问题及策略

跨国公司在国际化发展过程中遇到了很多人力资源管理问题,主要表现在企业文化冲突、母公司人力资源外派、人力资源管理体系不完整等。多元化的国家背景和不同文化基因的员工使一些跨国公司开始重新思考自己的人力资源管理系统。跨国公司进行战略国际人力资源管理面临的主要问题有以下三点。

(一)文化冲突

战略国际人力资源管理的首要问题是处理文化冲突。母国文化与东道国文化之间的差异越大,文化冲突就越明显。从宏观上看,母国文化和东道国文化在价值观念、态度以及行为方式上的差异导致了微观上各个跨国公司在人力资源管理上的摩擦。文化的差异导致企业理念的传播受到阻碍,员工难以认同企业文化,会给企业造成不必要的隐性成本,降低员工的整体士气,强化当地员工与母公司驻外人员的对立情绪,最终影响企业的经营效率,甚至会导致整个企业人心涣散。

(二)劳务外派的人力资源风险

随着跨国公司的发展,跨国公司在人力资源管理模式上出现了一个新趋势,即以高层管理者为主要对象,从母公司向子公司,以及子公司之间人力资源共享的劳务外派活动。劳务外派可以使母公司进一步加强对东道国企业的管理,加强与子公司的联系,同时能够提升当地管理人员的水平和综合素质。然而,如果不能处理好由文化差异、体制差异等外部环境所造成的障碍,就有可能导致劳务外派失败或外派人员流失等风险。外派人员可能因难以适应东道国的环境而无法展开工作,或者可以展开工作但可能无法完成预期目标,没有起到提升当地管理人员水平的作用,母公司和子公司岗位责任不对等而造成人力资源流失。在这些问题中,尤为突出的就是外派人员回国后的安置问题,包括在国外获取的知识如何发挥,回国后的岗位如何安排,应该升职还是保持原有岗位不变,以及可能会出现的“文化休克”现象。

(三)知识和信息共享

跨国公司中知识和创新的传播与转让也是让管理者最为头疼的事情之一。要使组织内部的所有部门都能够同时提供和获取信息,共享新知识,分享新技能,不仅需要打破文化的壁垒,也需要突破员工的心理障碍。

Osland 等在分析中美洲战略人力资源管理时认为,跨国公司跨文化管理可采取三种方法:适应性方法、探索性方法、整合方法。根据这些方法,跨国公司进行战略国际人力资源管理时可以采取以下策略。

案例 10-1：跨国公司宝洁的成功本土化策略

1. 本土化策略

根据"思维全球化和行动当地化"的原则进行跨文化管理，在国外需要雇用一部分当地员工，因为当地员工熟悉当地的风俗习惯、市场动态和当地政府的各项法规，并且与当地的消费者容易达成共识。雇用当地员工不仅可以节省部分开支，更有利于跨国公司在当地拓展业务、站稳脚跟。

2. 跨文化策略

根据不同文化相容的程度，跨文化策略又可分为两种策略，第一种是文化平行相容阶段策略，这是文化相容的最高形式，也可称为"文化互补"。这样，两种文化互为补充，同时运用于公司的操作中，充分发挥跨文化的优势。第二种是隐去两者主体文化的和平相容策略，即管理者在经营活动中模糊文化差异，隐去两者文化中最容易导致冲突的主体文化，保存两者文化中比较平淡的部分，使得不同文化背景的人在同一企业中和睦相处，双方即使发生分歧，也容易通过双方的努力进行协调。

3. 创新性策略

将母公司的企业文化与国外分公司的当地文化进行有效的整合，通过各种途径促进不同文化的相互融合，从而在母公司文化和当地文化的基础上构建一种新兴的企业文化，以这种新兴文化作为国外分公司的管理基础。这两种文化的有机结合，不仅能使全球化经营企业适应不同国家的文化环境，而且还能大大增强竞争优势。

4. 渗透策略

跨国公司派到东道国工作的管理人员，基于其母国文化和东道国文化的巨大不同，并不应该在短时间内迫使当地员工服从母国的人力资源管理模式，而是凭借母国强大的经济实力所形成的文化优势，对公司当地员工进行逐步的文化渗透，使母国文化在不知不觉中深入人心，使东道国员工逐步适应这种母国文化，并逐渐成为该文化的执行者和维护者。

5. 全球化策略

跨国公司顺应一体化交流融合的趋势，使自己融入国际社会，成为特定行业的世界公民。这样有利于海纳百川，兼容并蓄，充分吸收各种文化优点，有利于企业的跨国发展。

第三节 人力资源外包

一 人力资源外包的概念与特点

(一)人力资源外包的概念

外包(outsourcing)是于1990年提出的,一般是组织把自己做不了的、做不好的交给专业公司去完成,利用它们的专长和优势达到降低成本、提高生产率和增强包发商竞争力的一种管理模式。其核心理念是"做自己做得最好的,其余的让别人去做"。传统的外包形式主要是指信息技术外包(IT outsourcing)。2006年,我国为了鼓励、支持服务外包行业的发展,实施了"服务外包'千百十工程'"。相关通知指出:服务外包业务是服务外包承包商向客户提供的信息技术外包服务和业务流程外包服务。随着网络技术的发展和全球化程度的加深,发包商不再局限于将直接的IT业务进行外包,而是将其拓展到承包商业务流程领域,也就是业务流程外包。

而所谓的人力资源外包是指企业根据发展的需要,将一项或几项人力资源管理工作或职能的一部分或全部委托给其他企业进行管理,以降低人力成本,实现效益最大化的一种人力资源管理模式。正式的人力资源外包过程应当包含的要素有:外包提出方有外包项目需求说明;外包承接商有外包项目计划书;外包双方经协商达成正式协议和合同;外包提出方按照协议和合同规定的绩效标准和工作方式完成所承接的活动,外包提出方按照协议和合同规定的收费标准和方式付费;外包双方中任意一方违反协议或合同规定,外包关系即行终止;外包提出方如果对外包承接方的服务不满意并有相应的事实证明,可以提出终止外包关系。

外包的服务在内容上主要是不涉及企业核心决策与机密、要求具有较强专业性、程序较烦琐和经常性的人力资源管理工作。国外人力资源外包实践证明,适合外包的项目有薪酬管理、组织发展与人员配置、员工培训、国际外派人员管理、人力资源信息系统方面、遵守劳动法规和企业规章制度方面等,而不适合外包的项目主要有人力资源规划(包括制订人员增长和扩展计划、人员精简计划、增长发展计划等)、人事管理(包括人事记录保管、员工日常状态变化管理及非技术性人力资源信息系统维护)、员工关系管理等方面。

（二）人力资源外包的特点

外包行业首先是从制造业的外包开始发展的。最初的外包是为了降低生产成本，在地区或全球范围内实现资源优化配置，利用自己的优势发展全球经济。外包最初的目的同样是降低成本。随着信息技术的发展，培训外包逐步成为企业的重要选择。培训外包有以下六个特点。

1. 专业化水平更高

承接外包的培训机构一般都是某个领域的专家级承包商。实际上他们的核心竞争力就是他们所能够提供的培训服务。从这一点上来说，他们对承包的业务比培训外包方更加具有专业性。另外，作为一个培训服务行业来说，他们的服务水平也会更高。

2. 对人力资源要求更高

培训是一个系统的工程。要使培训高效，必须认真分析企业的状态、员工的水平及工作状态、岗位需求，而且还要分析得尽可能细致到位。这是一项非常复杂的工作，必须要求从业人员有相当的实践经验和相关的培训教育经历，因此，培训外包属于知识密集型产业。培训服务行业并非像制造业一样，只要对员工进行简单的技能培训。培训外包这一行业要想做到专业化，对人力资源的要求是非常高的。

3. 低成本，高附加值

从收益上来看，培训外包的附加值非常高。培训外包所花的总成本往往比企业自己组织培训所花的成本要低一些，而达到的效果会更好。对于承包商来说，同样的投入也能获得更多的利益，加入外包行业是很好的选择。

4. 突破企业原来的管理模式，给员工带来新思想和新意识

通常情况下，企业发展到一定阶段，都会遇到瓶颈。这时候如果实行培训外包无疑是跨过瓶颈的最佳方式之一。专业的培训机构拥有专业全面的管理理念，能够快速找到企业发展的瓶颈，并且针对企业的瓶颈开展实用有效的培训，给企业带来新的机遇和生命力。在培训外包的同时也引入了新的管理理念，能够培养员工的创新意识和创新思维，开阔员工的视野，给企业带来新的技术，增加企业源动力。

5. 低消耗，无污染，并且不受地域限制

培训外包像所有的服务外包行业一样，对有形资源的消耗比制造业低了许多，也不会有废弃物的排放，运用的就是知识，可以说是一个非常环保的行业。

6. 成果无形化，难以量化评估

培训外包的最终结果不是实物化的产品，只是员工知识的增加和技能的提升，培

训外包效果如何,难以进行可靠的量化评估。

二 现代化的人力资源管理外包

(一)概念

如今的时代是一个大数据时代,管理愈发趋向数据化。人力资源外包也随之发生了变化与发展。数据化背景下的人力资源外包已经超越传统的外包模式,是在数据化支撑的基础上为企业提供人力资源的数据收集、数据挖掘和数据分析,并提供招聘、培训、薪酬、绩效和人力资源规划的个性化及教练式服务。

(二)数据化背景下人力资源外包模式创新

数据化使人力资源的管理模式发生了巨大的变化,同时也给人力资源外包公司的商业模式变革带来了巨大的机遇和挑战。人力资源外包公司在充分挖掘和分析企业信息和数据的基础上,对企业真实需求的甄别与判断、个人信息的筛选和描述、互联网时代个人学习和组织学习的跟踪反馈,都为企业的战略目标实现给出更准确的判断依据。在此数据挖掘上的优化和创新,将是人力资源外包公司的服务模式创新基础和商业模式创新与设计的方向。

1. 精准信息对接模式

精准信息对接模式的关键在于企业信息与个人信息的深入挖掘与分析。传统招聘网站上的企业信息不透明,因为这些信息都是企业人力资源部门提供的,不够客观。如今人们能够通过网站发布与获得更多来自企业内部员工对企业的评价,更加真实可靠,是寻求信息对等和雇主与雇员之间信息沟通的渠道。可以借鉴的模式主要有Glassdoor、分智、Simply Hired 和 ResumUp 等,这几家人力资源外包公司都提供企业评价、评级、薪水报告、面试问题、招聘启事等信息。Glassdoor 的核心产品是提供包括公司内部情况、薪酬、公司内幕和工作环境之类的信息。在这里注册的求职者资历通常较深,因此更愿意推广自己,并展示自己给企业带来的利益。与 Facebook 整合后,Glassdoor 还可以告诉你应该结识一家公司中的哪些人,由于 98%的 Glassdoor 用户都与 Facebook 账户进行了关联,该网站还可以帮助雇主通过社交数据确定求职者适合的职位,从而实现精准定位。分智的核心产品可以提供薪水查询服务,提供详尽的工资待遇信息、工作地点、所在公司、工龄、工作时间以及工作职位。Simply Hired 将Google 地图、薪酬研究网站 PayScale、社交网络社区 LinkedIn、Myspace 等机构提供的内容整合在一起,借助社交网络的便利,提供查看某公司内部资讯、查看某公司内部

“是否有自己认识的人”，甚至能够查看某公司对员工婚姻状况是否存在“潜规定”等特色内容。ResumUp 的核心功能是个人的职业规划，提醒个人用户如果想达到某个职位，便要按照 ResumUp 提供的一个“Step-by-step”职业路线图去奋斗。用户查看后会清楚地知道如果想得到更好的晋升机会，他们需要做什么、需要学习什么知识、提高什么技能等。ResumUp 的数据来源于 Facebook 和 LinkedIn，就产品设计角度而言，ResumUp 解决方案的特点是从根本简化了用户体验。

2. 精准雇员筛选模式

个人信息的深入挖掘使企业选聘的目标更明晰。传统的招聘网站上的个人信息不透明，都是应聘候选人自己编辑上传的文字，如今大数据技术可以实现从社交网络上来查询并深入挖掘应聘候选人的信息，让企业更清晰地了解应聘候选人的情况。大数据时代，有效的数据收集和分析工具在人们获取数据时是至关重要的。可借鉴的模式是 TalentBin 公司提供针对社交网络的职业搜索引擎服务，收集应聘者在社交网络上的信息，整理编辑出一个以人为中心的数据库。想招聘某种人便可以去 TalentBin 搜索。Identified 公司提供基于 Facebook 的职业搜索引擎，对企业提供服务，可以对求职者进行打分，它的核心功能是通过工作经历、教育背景和社交网络三项指标信息给人们打分，这些信息都来自 Facebook，用户还可以添加更多信息。Identified 类似于 Google PageRank 的人物版本。

3. 精准人才测评模式

采集候选人数据与职位数据，真正做到人岗匹配。招聘过程的最根本诉求是解决企业职位与应聘候选人之间匹配的问题，而大数据技术恰恰能更高效精准地完成这个匹配过程。从用户上传的简历和社交网络上提取候选人的总量数据，然后用大数据技术进行分析，通过考查数千个数据点，给求职者和空缺职位的匹配度评分，分值越高则匹配度越高。可借鉴的模式主要有 Bright 和 ResumUp，它们提供对空缺职位和求职者的匹配度评分的服务功能。Bright 能帮助企业和求职者有效地缩短应聘时间，为他们提供更好的服务。Path. To 网站的用户需要输入他们所擅长的工作，或者从 LinkedIn 导入自己的工作经历，而且还要回答一些关于他们喜欢怎样工作的问题。Path. To 通过独特算法完美匹配员工与雇主，这一点与 Bright 相似，Path. To 的算法是它的竞争优势。通过 Path. To 网站寻找职位是免费的，但是企业发布职位信息则要支付一定的费用。这些基于数据挖掘和数据分析的人力资源外包增值模式对很多有成功欲望的企业有很大的吸引力，它们将不增值的或常规性的事务逐步外包给数据挖掘和数据分析能提供独特价值和服务的人力资源外包公司，以增加企业自身的竞争力。而这种人力资源外包也会达到双赢的目的，这也是数据化人力资源外包的价值和魅力所在。

经典案例 10-1

一、案例材料

索尼的人力资源外包

索尼电子在美国拥有14000名员工,人力资源专员分布在7个地点。尽管投资开发PeopleSoft软件,但索尼仍不断追求发挥最佳技术功效,索尼最需要的是更新其软件系统,来缩短其预期状态与现状之间的差距。

在索尼找到翰威特之前,索尼人力资源机构在软件应用和文本处理方面徘徊不前,所有人力资源应用软件在各地统一化的比率仅达到18%。索尼人力资源小组意识到,他们不仅需要通过技术方案来解决人力资源问题,还需要更有效地管理和降低人力资源服务成本,并以此提升人力资源职能的战略角色。正是基于此,索尼电子决定与翰威特签订外包合同,转变人力资源职能。翰威特认为这将意味着对索尼电子的人力资源机构进行重大改革,其内容不仅限于采用新技术,翰威特还可以借此契机帮助索尼提高人力资源的质量、简化管理规程、改善服务质量并改变人力资源部门的工作日程,进而提高企业绩效。

在这样的新型合作关系中,翰威特提供人力资源技术管理方案、主机和人力资源用户门户,并进行内容管理。这样索尼可以为员工和经理提供查询所有的人力资源方案和服务内容提供方便。此外,翰威特提供综合性的客户服务中心、数据管理支持及后台软件服务。索尼与翰威特合作小组对转变人力资源部门的工作模式寄予厚望。员工和部门经理期望更迅速、简便地完成工作,而业务经理们则期望降低成本和更加灵活地满足变动的经营需求。

此项目最大的节省点在于人力资源管理程序和政策的重新设计及标准化,并通过为员工和经理提供全天候的人力资源数据、决策支持和交易查询服务,使新系统大大提高效能。经理们将查询包括绩效评分和人员流动率在内的员工数据,并将之与先进的模式工具进行整合和分析。这些信息将有助于经理制定更加缜密、及时的人员管理决策。经理们可以借此契机提高人员及信息管理质量,进而对企业经营产生巨大的推进作用。

项目启动后,索尼电子与翰威特通力合作,通过广泛的调查和分析制定了经营方案,由此评估当前的环境并确定一致的、优质的人力资源服务方案对索尼经营结果的影响。索尼电子实施外包方案之后,一些结果已经初见端倪。除整合、改善人力资源政策之外,这一变革项目还转变了索尼80%的工作内容,将各地的局域网、数据维护转换到人力资源门户网的系统上。数据接口数量减少了2/3。新型的汇报和分析能力将取代原有的、数以千计的专项报告。从未来看,到第二年，索尼电子的人力资源部门将节省15%左右的年度成本，而到第五年时，节省幅度将高达40%左右。平均而言，5年期间的平均节资额度可达25%左右。

索尼现在已经充分认识到通过外包方式来开展人力资源工作的重要性，因为可以由此形成规模经济效应并降低成本。此外，人力资源外包管理将人力资源视为索尼公司网络文化的起点。人力资源门户将是实施索尼员工门户方案的首要因素之一。索尼也非常高兴看到通过先行改造人力资源职能来进行电子化转变。

二、阅读并思考

1. 结合本案例，谈谈人力资源外包如何推动公司绩效的提升？
2. 人力资源外包可能给索尼带来哪些方面的风险？如何规避？

微贴 10-2：IBM 商业价值研究院

第四节　HR 三支柱模型

一　HR 三支柱模型的由来

（一）HR 急需转型的原因

根据 IBM 商业价值研究院分析，进入 21 世纪以前，人力资源工作者把 65%的时间花在基本的行政管理事务上，20%用于人力资源专业服务，仅有 15%的时间用于人力资源战略和政策的制定。杰克·韦尔奇曾说过“人力资源负责人在任何企业中都应该是第二号人物”，但在中国，99%的企业都做不到。有些人说人力资源部门是“秘书”，有人说人力资源部门是“警察”，少有人认为人力资源部门是“业务伙伴”。

研究证明，人力资源部门可以成为业务驱动力，关键是 HR 自身要转型。人力资源部门成为业务的驱动力，首先要把人力资本当成一项业务来经营。为此，人力资源部门需要重新定位,从职能导向转向业务导向。目前中国企业人力资源部门的运作模式是按职能块划分(如薪酬、培训等)的——每个职能块同时负责政策制定、政策执行以及事务性支持(如发薪、入职手续)的工作。在这种模式下,企业规模越来越大,HR却高高在上,离业务越来越远;中基层业务主管和员工需要 HR 支持,却很难获取;HR 往往只对上不对下,政策缺乏业务所需的针对性和灵活性,业务主管更多感受到的不是价值而是管控;HR 大量时间聚焦在事务性工作上,不能对业务主管进行有针对性的辅导,不能提供业务需要的客户化、集成的解决方案。

HR 要提升效率和效能,就要像业务单元一样运作。在这个业务单元里,有人负责客户管理,有人负责专业技术,有人负责服务交付,这就出现了人力资源转型的需要。

(二)HR 向三支柱模式转型

人力资源转型,简单来讲就是将 HR 的角色一分为三。实践证明,这种运作模式能够显著提升 HR 的效率和效能,这就是在领先企业中常见的 HR 三支柱模式,如图 10-1 所示。

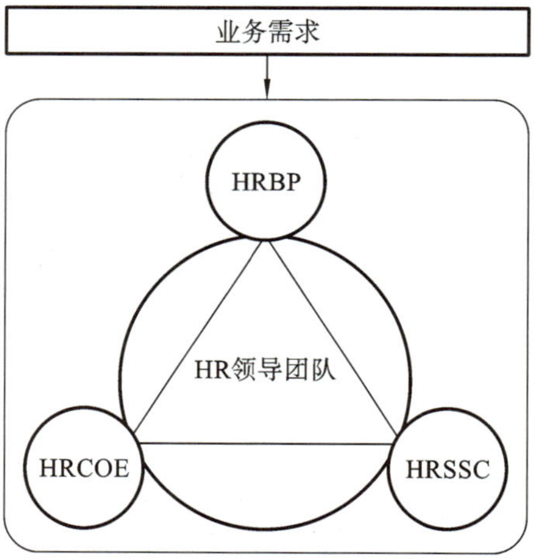

图 10-1 HR 三支柱模型

像业务部门一样运作,人力资源部首先要回答的是我的客户是谁,需求是什么?从图 10-1 来看,人力资源部门通过满足内部客户(业务部门)的需求,从而间接实现外部客户需求的满足。借用营销的客户细分理论,HR 可以把自己的目标客户分成三类。

(1) 高层管理人员。他们的需求主要围绕在战略执行所需的组织、人才、文化及变革管理等方面的支持。

(2) 中层管理人员。他们的需求主要围绕在人员管理所需的咨询、辅导及工具、数据支持。

(3) 员工。他们的需求主要围绕在解答政策方面的疑问,并提供便捷的服务,如劳动合同、入职手续、薪资发放等。其中第一类客户的需求高度定制化，第三类客户的需求高度标准化，第二类客户介于二者之间。

HR 的运作模式要服务于客户需求的满足。同服务外部客户一样，最难满足的是定制化需求，为此 HRBP（人力资源业务伙伴）角色应运而生。这一角色定位于业务的合作伙伴，针对内部客户需求，提供咨询服务和解决方案。他们是确保 HR 贴近业务需求的关键。

但是，提供解决方案意味着需要同时精通业务及 HR 各领域知识。寻找一群样样精通的人才是不现实的。在这种情况下，就出现了专业细分的需要，这就是 HRCOE（人力资源专家中心）。HRCOE 的角色定位为领域专家，借助本领域精深的专业技能和对领先实践的掌握，负责设计业务导向、创新 HR 的政策、流程和方案，并为 HRBP 提供技术支持。

如果希望 HRBP 和 HRCOE 聚焦在战略性、咨询性的工作，他们就必须从事务性的工作中解脱出来。同时，HR 的第三类客户——员工，其需求往往是相对同质的，存在标准化、规模化的可能。因此，这就出现了 HRSSC（人力资源共享服务中心）。HRSSC 是 HR 标准服务的提供者，他们负责解答管理者和员工的问询，帮助 HRBP 和 HRCOE 从事务性工作解脱出来，并对客户的满意度和卓越运营负责。

二 HR 传统六大模块与三支柱的区别与联系

（一）区别

1. 划分方式不同

（1）人力资源管理六大模块，是通过专业模块划分的方式对企业人力资源管理工作所涵盖的内容进行的一种总结，划分依据来自职能的划分与合并。

（2）三支柱是按照解决方案划分的，划分依据则来自流程的再造与合并。

2. 内容不同

（1）人力资源管理六大模块具体是指人力资源规划、招聘与配置、培训与开发、绩效管理、薪酬福利管理、劳动关系管理，每个模块下有具体的细分内容。

（2）三支柱中 HRCOE 制定集团政策，提供专业咨询，HRBP 贴近业务，解决业务问题并确保政策落地，HRSSC 集中处理基础的事务性工作。

3. 适用企业不同

（1）六大模块的划分方法便于初级工作者掌握工作方法、磨炼工作技能，因此教学中也常用。六大模块在中小企业中普遍适用。

(2) 三支柱被一些大型企业运用,比如腾讯。

(二) 联系

两者都是人力资源管理的运作模式和工具。三支柱模型并不比传统 HR 体系具备优越感,六大模块和三支柱模式相互联系,就像一块蛋糕,你俯视它是一块蛋糕,你平视它也是一块蛋糕。我们可以把工作内容分为横向和纵向两个维度。横向维度就是传统的六大模块,横向排列为人力资源规划、招聘与配置、培训与开发、绩效管理、薪酬福利管理、劳动关系管理这些基础人力资源工作业务内容。纵向维度就是在每一个模块中做事在层面上的区别。拿绩效为例,高层是要制定绩效的策略、体系、制度;中层是要推行绩效的体系,发现绩效管理循环中的问题并实施对策;底层是要推行日常的绩效考核表的收集、统计、数据整理等。而高层、中层、基层也就是 HR 三支柱的 HRCOE、HRBP 和 HRSSC。

三 HRBP:业务的合作伙伴,确保 HR 业务导向

(一) HRBP 的角色和职责

战略伙伴:在组织和人才战略、核心价值观传承方面推动战略的执行。

解决方案集成者:集成 COE 的设计,形成业务导向的解决方案。

HR 流程执行者:推行 HR 流程,支持人员管理决策。

变革推动者:扮演变革的催化剂角色。

关系管理者:有效管理员工队伍关系。

HRBP 往往贴近业务进行配置,通过"将指导员配到连队",确保管理人员得到有效支持。业界往往根据 BP 或全职员工服务率配置 BP;不同的企业 HR 对业务的支持程度不同,业务的复杂度也不同,BP 服务率存在差异。

(二) 在中国实施 HRBP 的关键成功因素

一项针对已经推行了 HRBP 的企业的全球调研发现,有 53%的企业认为 BP 在本公司的推行是不成功的,原因在于——仅仅改个名字并不代表转型成功。HRBP 的关键成功因素是什么?

1. 选拔和使能优秀的 HRBP

如前所说,HRBP 既需理解业务,又要掌握通用的人力资源知识。在业界实践中,选拔和使能 HRBP 有两种路径:一是从 HR 群体中选拔有全面 HR 知识、具备咨

询技能和影响力的人才，并通过在岗实践提升业务敏锐度；二是从业务主管中选择有成功人员管理经验的人才，并通过系统的使能方案提升角色认知和人力资源技能。这两种模式就像爬喜马拉雅山一样，可以从南坡爬，也可以从北坡爬，都可能成功。前一种模式在业界更普遍，后一种模式更适合存在 HR 和业务职业转换土壤的组织。

微贴 10-3：HRBP 的职能设置的类型

2. 帮助业务主管的做好准备

HRBP 推行不成功的第二个原因是业务主管不知道 HRBP 到底应该干什么，因此还是回到老路来要求 HRBP，所以，在推行之前，企业应该与业务主管清晰地沟通 HRBP 的角色，HRBP 会做什么，不会做什么，并做好业务主管的期望管理。很多企业因为 HRBP 到底应该向谁汇报而困惑，在最开始推行 HRBP 时，建议 HRBP 向业务主管汇报，这样可以确保业务主管将 HRBP 当成是自己人，充分发挥 HRBP 的作用。

3. 帮助 HRBP 从事务性工作解脱出来

HRBP 推行不成功的第三个原因是共享服务中心的建立往往需要 3～5 年的时间，在过渡期 HRBP 有大量的事务性工作还要自己承担，导致他们产生挫败感。解决这个问题的办法是在 BP 团队中设立一些承担事务性工作的初级角色，他们帮助有经验的 BP 去分担事务性角色，让他们聚焦在高端工作，而在共享服务中心充分建立后，这些角色将逐步转移到共享服务中心。

四　HRCOE：HR 的领域专家，确保设计一致性

（一）HRCOE 的角色和职责

HRCOE 可以作为以下角色。设计者：运用领域知识设计业务导向，创新的 HR 政策、流程和方案，并持续改进其有效性；管控者：管控政策、流程的合规性，控制风险；技术专家：对 HRBP/HRSSC、业务管理人员提供本领域的技术支持。

对于全球性/集团型的大型企业来说，由于地域/业务线的复杂性，HRCOE 需要为不同的地域/业务线配置专属资源，以确保设计贴近业务需求。其中，总部 COE 负责设计全球/全集团统一的战略、政策、流程和方案的指导原则，而地域/业务线 COE 则负责结合地域/业务线的特点进行定制，这样的 COE 设置可以实现在全公司一致的框架下，允许业务所需的灵活性。

(二)在中国实施 HRCOE 的关键成功因素

HRCOE 成功推行的难度不亚于 HRBP。HRCOE 推行的关键成功要素有如下几点。

(1) HRCOE 和 HRBP 形成沟通闭环。HR 政策对企业的影响是敏感、广泛和深远的。如果 HRCOE 和 HRBP 的沟通不畅,将无法确保 HR 政策支持业务发展。这就需要二者把沟通变成习惯,并将几个关键沟通节点流程化,形成闭环:制订年度计划时,和 HRBP 共同完成规划;设计时,将 HRBP 提出的需求作为重要的输入;实施时,指导 HRBP 进行推广;运作一段时间后,寻求 HRBP 的反馈,从而作为改进的重要输入。

(2) HRCOE 能力的提升。成功的设计需要对业务需求的充分理解,更需要在本领域精深的专业技能。对中国企业来说,HR 团队通才居多,专才不足,部分专业技能的缺失意味着无法在内部培养人才。为了快速提升 COE 团队的整体素质,需要 buy、borrow 和 build 三管齐下,即从业界招募有丰富经验的 COE 专家(buy),和领先的顾问公司合作(borrow),以及选拔有设计经验的专才加以培养(build)。除了人员能力,HRCOE 的能力提升还需要提升管控(governance)、政策(policy)、流程(process)、方案(program)及 IT 应用等硬件系统的综合改进,这往往是一个漫长的、需要耐心的过程。

(3) HRCOE 资源的共享。往往专家资源是有限的,每个业务单元/部门都配备专职 HRCOE 专家,意味着巨大的人才数量需求,在这种情况下,人才质量难以保证,政策的制定高度割裂,难以实现一致性。因此,必须实现 HRCOE 资源的共享。Aon Hewitt 的全球调研也支持这一观点,和 HRBP 不同(几百名员工可以配备 1 名 HRBP),往往是几千名员工才能配备 1 名 HRCOE 专家,这就意味着每层组织都配备专职 HRCOE 是不现实的。基于 Aon Hewitt 2009 年全球调研数据,77%的全球化公司仅在全球或下一级组织(如事业部/区域)设置 HRCOE,而不会在更低层级的组织设置 HRCOE。而资源共享的最大障碍是汇报关系,中国企业往往在不同层级的组织都配备 HR,且向业务主管汇报。实现资源共享,需要决心和行动,需要更加注重质量而非数量。

五 HRSSC:HR 的标准服务提供者,确保服务交付的一致性

(一)HRSSC 的角色

员工呼叫中心:支持员工和管理者发起的服务需求。

HR 流程事务处理中心:支持由 HRCOE 发起的主流程的行政事务部分(如发薪、

招聘)。

HRSSC 运营管理中心:提供质量、内控、数据、技术(包括自助服务)和供应商管理支持 HRSSC 是 HR 效率提升的驱动器,其使命是为 HR 服务目标群体提供高效、高质量和成本最佳的 HR 共享服务。为此,HRSSC 通常需要一个分层的服务模式来最大化工作效率,如图 10-2 所示。

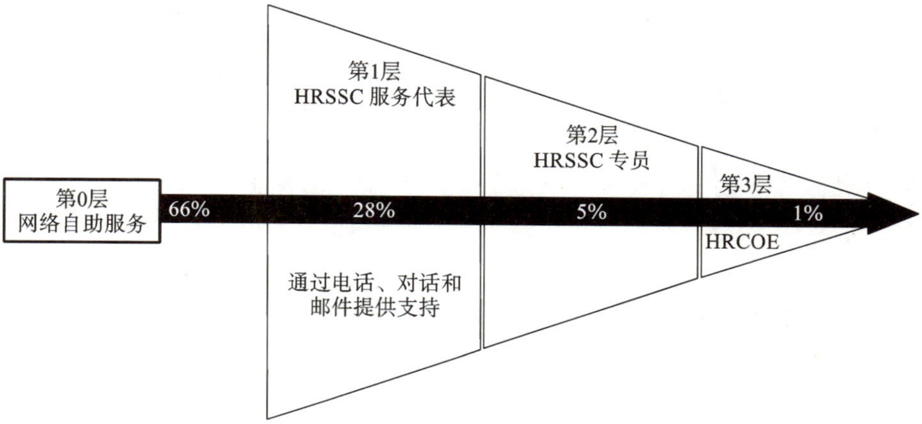

图 10-2　HRSSC 管理模型

第 0 层:网络自助服务。在这一层,管理者和员工,通过网页自助服务解答 HR 问题和完成 HR 事务处理;基于领先实践,这一层通常可以处理 66%的问题。

第 1 层:HRSSC 服务代表。在这一层,接受过综合培训的 HRSSC 代表将解决涉及领域较为宽泛的一般问题,他们通过电话、邮件进行问题处理;这一层通常可以处理 28%的问题。

第 2 层:HRSSC 专员。在这一层,升级到第 2 层的查询将由在特定 HR 领域掌握专业技能的 HR 专员负责处理,本地 HR 和/或 HRBP 可能根据具体的查询内容选择介入;这一层通常可以处理 5%的问题。

第 3 层:HRCOE。升级到第 2 层的复杂查询,由 COE 或职能专家负责处理。这一层需要处理的工作量不应该超过 1%。

(二) 在中国实施 HRSSC 的关键成功因素

(1) 逐步转移,最小化风险。如前文所说,HRSSC 无法一夜建成,在过渡期,很多企业的 HRCOE 和 HRBP 仍要承担事务性工作,导致 HR 业务模式的转变遭到很多质疑。解决这个问题的方法是在 HRCOE 和 HRBP 中设立过渡性的岗位,这些岗位员工专职承担事务性工作,并根据 HRSSC 业务转移的进程,逐步实现人员转移。

(2) 提升网络自助服务功能。中国的员工更加习惯于"面对面"(high touch)而非"自助式"(high tech)的服务,主要原因是 IT 技术没有得到充分运用。为了达到领先公司的效率水平,中国企业需要提升网络自助服务功能,并实施有效的变革管理,转变服务目标群体以面对面为主的服务获取习惯。

（3）正确选择 HRSSC 服务范围。并不是所有的事务性工作都适合纳入 HRSSC（这也意味着建立了 HRSSC 后，HRCOE 和 HRBP 仍会有少量的事务性工作）。适合纳入未来 HRSSC 的工作往往具备量大、事务性、容易标准化/集中化、能够清晰定义并文档化、要求高合规性、可自动化处理、能量化等特性；而不具备这些特征的工作就不适合放到 HRSSC 中运作。

（4）选址。成功的选址事半功倍。在制定选址决策时，中国企业应该重点关注如下 4 个因素：①规模效益。集中运作的 HRSSC 可发挥规模优势，降低运营成本及管理难度；如果企业存在其他共享中心，共址建设成本更低。②人才。需要重点考虑可供选择人才的数量和质量、语言能力（全球运作公司尤为重要）、离职率和工资成本等。③基础设施。包括电信质量、电力质量和稳定性、房产等。④业务展望。业务开展难易度，政治和自然灾害、税收、7×24 小时运营、数据/IP 保护、供应商成熟度等。

六　人力资源转型的价值

总而言之，HR 向三支柱转型的价值在于以下几个方面。

微贴 10-4：三支柱、三职责

（一）提升 HR 效能

HRBP：贴近业务配备 HR 资源，一方面提供统一的服务界面，提供端到端的解决方案；另一方面“将指导员配到连队”，为企业核心价值观的传承和政策落地提供组织保障。

HRCOE：建立 HR 专业能力，提升企业人力资源政策、流程和方案的有效性，并为 HRBP 服务业务提供技术支持。

（二）提升 HR 效率

HRSSC：提供标准化、流程化的服务，使主管和 HR 从操作性事务中解放出来，提升 HR 整体服务效率。

七　人力资源转型实施路径

冰冻三尺，非一日之寒。人力资源部门实现真正的“三支柱”转型至少需要 5～8 年时间，其中涉及的 HR 的组织结构调整，HR 共享服务中心建设、HR 流程再造、HR IT 系统集成和 HR 能力提升等。从业界实践来看，人力资源转型之旅往往遵循一套系统的模式，如图 10-3 所示。

（1）早期更加关注“建立基础”。包括初步建立 HRBP、HRCOE 和 HRSSC 的角色，加快建设共享服务中心；对于跨国公司来说，需要加强 IT 系统在区域层面的集成等。

微贴 10-5：11 项“互联网＋”重点行动

（2）中期更加关注“强化核心”。包括三支柱角色的持续优化，提升 HRSSC 事务性流程的精益化运作水平及价值增值流程的专业度，实现 HR 门户系统集成等。

（3）后期更加关注“聚焦领先”。包括关注带来业务结果、端到端的流程整合和全球 IT 系统集成等。

当然，不同的企业业务紧迫度和 HR 成熟度不同，实施策略存在千变万化，有的更关注效率提升，有的更关注效能展现。如何平衡业务“速赢”和夯实“基础”是人力资源总监必须把握的艺术。①

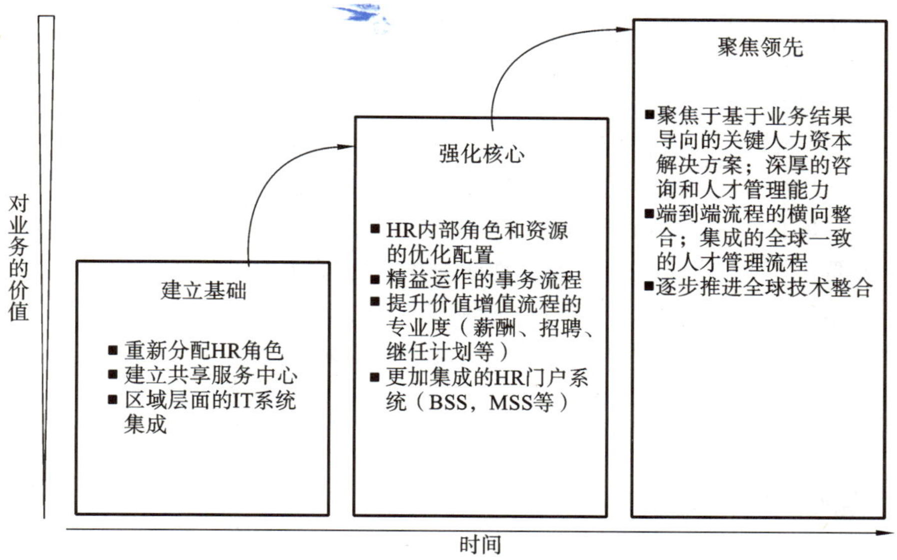

图 10-3　人力资源转型模式

第五节　“互联网＋”下的人力资源管理

一　“互联网＋”的概念与特征

“互联网＋”是互联网思维的进一步实践成果，它代表一种先进的生产力，推动经

① 一文读懂人力资源三支柱体系（COE · BP · SSC），https://www.sohu.com/a/472112760_121124319。

济形态不断地发生演变,从而带动社会经济实体的生命力,为改革、创新、发展提供广阔的网络平台。通俗来说,"互联网+"就是"互联网+各个传统行业"。比如,余额宝、理财通以及 P2P 投融资产品等;又如互联网医疗,传统的医疗机构因互联网平台的接入,使得人们在线求医问药成为可能。这些都是最典型的互联网+的案例。

"互联网+"有六大特征:一是跨界融合。"+"就是跨界,就是变革,就是开放,就是重塑融合。敢于跨界了,创新的基础就更坚实;融合协同了,群体智能才会实现,从研发到产业化的路径才会更垂直。融合本身也包含身份的融合,客户消费转化为投资,伙伴参与创新等,不一而足。二是创新驱动。中国粗放的资源驱动型增长方式早就难以为继,必须转变到创新驱动发展这条正确的道路上来。这正是互联网的特质,用所谓的互联网思维来求变、自我革命,也更能发挥创新的力量。三是重塑结构。信息革命、全球化、互联网业已打破了原有的社会结构、经济结构、地缘结构、文化结构。权力、议事规则、话语权不断在发生变化。互联网+社会治理、虚拟社会治理都与传统治理有很大的不同。四是尊重人性。人性的光辉是推动科技进步、经济增长、社会进步、文化繁荣的最根本的力量,互联网的力量之强大,最根本的也来源于对人性的最大限度的尊重、对人体验的敬畏、对人的创造性发挥的重视。五是开放生态。关于"互联网+",生态是非常重要的特征,而生态的本身就是开放的。我们推进"互联网+",其中一个重要的方向就是要把过去制约创新的环节化解掉,把孤岛式创新连接起来,让研发由人性决定的市场驱动,让努力创业者有机会实现价值。六是连接一切。连接是有层次的,可连接性是有差异的,连接的价值是相差很大的,但是连接一切是"互联网+"的目标。[①]

二 "互联网+"与 e-HR

e-HR 英文全称为 electronic human resource management,是指在人力资源管理中借助计算机和网络等电子技术,利用高速、大容量硬件和先进的软件,通过集中式的信息库、自动处理信息、员工自主服务、外协以及服务共享,提高工作效率,降低人力资源管理成本,提高人力资源管理质量和服务水平,改进人力资源管理的运作模式。

互联网技术发展很快,在这样的趋势下,我们的工作和生活都发生了广泛而深刻的改变。例如,云计算已经在 e-HR 领域开始了局部应用,一些测评软件、招聘软件开始实施云计算。云计算在许多方面较之传统方式会更受欢迎,所以云计算将成为 e-HR 技术发展趋势,但目前国内企业正处于管理变革期,因此大规模应用云计算还存在着一定障碍。移动应用对于 e-HR 的影响也是非常深刻的。以往,我们都是局限在台式机、笔记本电脑上处理工作,如今,移动设备已成为终端用户获取信息的重要途径,大家都可以利用智能手机等移动设备随时随地处理业务。用户习惯的改变,要求 e-HR 提供移动互联的支持,否则,e-HR 将无法与企业员工的行为方式相匹配。另

① 严川:《人力资源的互联网思维》,《人力资源》,2014 年,第 6 期。

外，移动应用也使以前不敢想象的事情成为现实，促使企业不同层级、不同类型的人员可以通过移动设备随时参与到人力资源的管理活动中，及时了解企业动态，根据管理需要实时配合人力资源部进行管理，比如移动考勤、休假申请等，满足企业对新生代员工的管理与沟通，实现人力资源管理的全员化、精细化、智能化和人性化。这些都是技术演变的结果。

近年来 e-HR 发展比较快，一是平台化，二是移动互联网化。平台化是指通过 e-HR 平台，将人力资源管理各模块有效打通，实现人力资源管理的敏捷高效。例如，绩效评估的结果直接与薪酬挂钩，自动计算绩效工资，大幅度缓解 HR 工作者的工作强度；绩效与能力评估的结果进入"九宫格"或"加薪矩阵"，满足加薪晋级的公平性；绩效评估的短板产生培训需求，根据能力短板自动推送课件到员工桌面，让员工利用碎片化时间学习，持续、低成本地给企业输送具备胜任力的人才，等等。未来的软件都应该是平台化的，当管理需求有变化的时候，可以通过平台进行配置以适应管理的变化。

移动互联网化是指通过智能终端参与人力资源的各项活动，通过移动端的使用，使人力资源信息化管理无障碍、人性化，同时保证了工作的及时性。通过移动互联网的双向互动功能，建立起双方紧密的情感纽带，真正以员工需求为出发点，彻底改变员工与企业之间的沟通方式，加强员工与企业的互动。员工对企业投入精力和时间，企业对员工积极回馈，最终会让员工产生依恋感、归属感，从而产生为企业奉献和付出的意愿。同时对于管理者而言，可以借助移动应用随时随地查阅数据，快速反应可能出现的管理问题，实现轻松、实时的管理梦想。

三　人力资源在"互联网＋"模式下的改变

（一）冲击和挑战

在以知识为主宰的经济时代，人力资源与知识资本优势成为企业重要的核心能力，人力资源的价值成为衡量企业整体竞争力的重要标志。网络技术的发展使人力资源管理经历着前所未有的冲击和挑战。

（1）组织的扁平化。原来科层式的组织结构是权衡管理幅度和管理效率的结果，因层次多、信息传递速度慢而不能适应多变市场的要求。网络技术对企业的组织结构产生了深远的影响，使组织扁平化变得可能并正成为一种趋势。

（2）人员流动性增强。网络的发展使员工的流动性大大增强，一方面，企业可以在全球范围内进行招聘，寻找企业业务发展需要的人才；另一方面，人们也可以通过互联网把自己的所学专业、具备的技能、想寻找的职业和岗位等信息发布出去。

（3）工作方式改变，工作团队虚拟化。通过网络，人们可以不再聚集在一个固定的场所处理工作，也不需要固守于固定工作时间的限制，工作安排更为灵活；员工所从事的工作也不一定是一项工作，他可能同时受雇于多家企业，从事多份工作；企业将工作外包、向非本企业员工购买所需的服务成为常事,这样企业能够有更多的时间和精力专注于自己的核心领域,塑造核心专长;团队工作方式,特别是知识型工作团队,其工作模式是跨专业、跨职能、跨部门,有时并没有固定的工作场所,而是通过信息、网络组成虚拟工作团队或项目团队。

网络时代人力资源管理有着不同于传统的内容和方式,首要问题是对其工作核心进行重新确定。核心能力是指某一个组织内部一系列互补的技能和知识结合,它具有使一项或多项业务达到竞争领域一流水平的能力。工作核心的确定就是为了培育企业自身的核心能力,这可以从以下三个因素来考虑:①工作的价值。如果某项职能或工作有利于企业获得竞争优势或增强核心竞争能力,那么它就具有较高的价值。对于价值高的工作,适宜保留在企业内部,由人力资源管理部门施行,反之,适宜将这部分业务外包给外部组织和专家。②工作的稀缺性。如果某项职能或活动很难通过在市场上购买而获得,则此项工作就具有较高的稀缺性,适宜保留在企业内部,由自己人力资源管理部门施行,并可考虑向企业外部提供此项服务,反之,适宜将这部分业务外包。③工作的独特性。如果某项职能或活动为企业所特有,则此项工作就具有较高的独特性,适宜保留在企业内部,反之,适宜将这项业务外包出去。对于工作的价值、稀缺性、独特性,可以分别划分为高、中、低三个档次,组合成九个管理方格,据此对人力资源管理部门的工作或职能进行分类并确定核心工作,决定哪些职能留在企业内部,哪些职能外包出去。①

(二)互联网时代赋予人力资源新内涵

1. 互联网企业人力资源供求分析

供给分析:结合本企业实际,将人才划分为运营管理人才、技术人才和销售人才。运营管理人才主要由基层提拔组成,专业、执行力强而管理经验薄弱,未来会有更多高端人才进入行业。技术人才主要由各大高校计算机专业供给,销售人才普遍由广告行业培养供给。高校设立互联网专业之后,人才供给针对性提高、人才匹配度将加大。

需求分析:根据互联网企业的战略发展规划,选用现状规划法、经验预测法和趋势外推法三者结合来预测企业未来三年的人力资源需求。管理人员需求主要集中在高端管理人员与深度了解互联网的复合型管理人才上。高端技术人才的需求将提升,基层技术人员需求将大大减少。销售人员需求持续增长中,需求以深度了解互联网与营销的复合型人才为主。

供需平衡:根据以上供给状况与需求状况预测分析,主要问题在于人才供需时间断层和结构性失衡。应加大人才吸引力度,使更多优秀管理人才投身于互联网市场与商业研究,并加大高层次技术人才培养,优化团队控制人员成本。不拘一格引进各行业营销人才,并注重绩效管理,使之快速适应互联网环境,从而带来高产出。以满足这

① 王利华:《网络时代的人力资源管理策略》,《经济师》,2003年,第8期。

三类人才需求为目标，制定人力资源各模块策略，落实企业的人力资源战略。[①]

2. 互联网时代赋予人力资源新内涵

1）员工：从“经济人”到“知识人”的转变

虽然在现代人力资源管理研究中，已经明确了人力资源对于企业发展的重要贡献，且企业在人才的选、用、育、留等环节不遗余力，然而，工业革命时期延续下来的传统管理逻辑仍然本着“以最小的人力资本投入和最低的报酬获得最大化收益”的经济学思维。在这个过程中，企业始终把员工当作经济学意义上的“人”，其实质是把人当作可以量化的物体，因而人力资源管理者往往更注重追求人才的性价比，企业不一定要找最聪明的人，而是找最合适的人，总是试图用三流的薪水留住二流的人才，并通过企业内部的绩效激励及培训，让这些人做出一流的贡献。互联网时代下，为了保证对业务战略的准确执行，企业的人才管理变得尤为重要。从腾讯、百度、阿里巴巴，以及苹果、谷歌、亚马逊等国内外众多企业的成功实践来看，成功的互联网模式有一条共同的特征：拥有一支优秀的技术、管理、市场等人才队伍，真正以用为本，以人为本，唯才是用，对人才要求较高，招聘最优秀的人才，并为优秀的人才施展才华提供最好的舞台。互联网时代的员工已经从“经济人”转变为“知识人”。知识型员工不仅满足一个企业在高速成长时对优秀人才的迫切需要，也符合互联网时代很重要的理念：简约、速度与极致。

2）管理者：从“命令者”到“合伙人”的转变

传统的人力资源管理理论中，企业管理者往往拥有绝对的权力：他们设计并制定企业战略，通过各类管理工具对员工的贯彻执行进行控制与监督；他们制定各项规章制度，提出文化理念，规范员工行为；他们对组织负有贡献的责任，是能够实质性地影响该组织经营及达成成果的能力者。然而，互联网时代的员工拥有独立的思想和价值观，企业管理者试图掌控一切的愿望变得不切实际。一切固定的角色、关系、流程及制度都因时代的改变被重新定义。企业管理者的职能从单向规划、强制改造、英雄主义向交互共生、促进聚合、舆论引导过渡。以阿里巴巴为例，阿里巴巴的人力资本合伙人主要来自两方面，一方面是马云自己培养的合伙人，还有一方面是空降的技术人才。在互联网时代不一定要控股，只要你通过知识、能力，通过人力资源的付出，把企业做大，把企业价值做大，同样可以获得极大的财富和价值。领导者的角色逐步从传统的“命令者”走向“合伙人”。[②]

3. 互联网人力资源管理策略

（1）互联网企业的组织架构、岗位设置及岗位职责将随着企业经营目标及商业模式经常性的调整而频繁地调整。与传统行业较为固定的组织形式不同，互联网企业必须建立相对柔性灵活的组织，包括部门和岗位的设置、职责等。

---

① 秦清：《支持企业经营战略 科学构建互联网人力资源管理体系》，《人力资源管理》，2011 年，第 1 期。

② 宗月琴：《浅论互联网时代对人力资源管理的影响》，《人力资源管理》，2015 年，第 6 期。

(2) 互联网企业需要树立"以人为本"的人力资源管理理念。互联网企业从业人员普遍都是"80后",个性鲜明,独立性强,传统行业的管理方式已经不再适用。企业需要把人力当成组织中最大的资本,当成能带来更多价值的价值来对待,尊重人、理解人、关心人、爱护人、帮助人、造就人,这是实施一系列人力资源管理工作的前提。

(3) 互联网企业在用人策略上需要更加重视后备人才的发掘和培养。由于互联网行业发展时间短,从业人员平均年龄普遍较低,行业工作经验较少,企业更应注重从内部发掘有潜质的员工并加以重点培育,要敢于任用年轻员工担任关键岗位和管理岗位,在历练中培养出自己的管理者队伍。这种内部培养和提拔机制也能不断地激励士气,形成积极向上的团队氛围。

(4) 营造良好的企业文化氛围。互联网企业需要花大力气营造凝聚力强的组织文化氛围,同时创造、建设多变和适应性的文化。正因为互联网企业的多变性,更需要企业及早找到并确立企业始终坚持的宗旨是什么,持续强化人才队伍对不变的价值理念的认同。否则,将导致组织在发展道路上迷茫、涣散和人员流失。此外,针对员工的需求特点,要采取兼顾物质经济保留和事业激励相结合的管理政策。

(5) 制定适合企业战略发展的人才战略。培育人才一定要紧扣企业的人才需求,对企业需要何种人才做到心中有数,有的放矢。企业要弄清有什么工作要人去做,做到因事用人;要弄清对人才的结构需求,包括年龄结构、专业知识结构、性别结构、气质结构等,做到结构合理;要弄清对人才的层次需求,做到搭配得当;要弄清对人才的数量需求,做到总量平衡。企业在摸清人才需求的基础上,有针对性地培育人才,如果对各类人才需求较多,必须超前培养,及时预见企业人才需求的走势,做好人才培养中长期规划并狠抓落实,保证有充足的人才资源可调配。

(三)人力资源在"互联网+"模式下的创新措施

1. 网络招聘

在互联网的时代,网上招聘比起传统招聘更加方便快捷。企业可以在网上发布招聘信息,经过初试、复试和面试等过程,在这个过程中,每个面试者的资料和信息可以保存下来,以便于作为以后招聘的信息库。同时,招聘对于职位的分析定位也可以有据可循。如果出现职位突然空缺的情况,企业可以在内部网络直接发布招聘的信息,如果增加新的职位,可以在以前的信息库里寻找。

2. 在线评估和培训

一些企业在全国甚至全世界都有分公司,在每年年末的时候,利用互联可以更加方便地完成对每个员工的工作评估,员工在线递交工作的反馈信息,在线评估可以及时地分析出员工的工作报告及对员工的工作考核,而且可以把员工的资料直接输入员工的档案当中，完成资料的统计。在线培训比起传统的培训最大的优点就是省时、省力、省钱。传统的线下培训，员工需要在每年集中培训，花费较高的费用和时间，但是在线培训没有这种问题。在线培训的资源更加丰富，手段更加多元化，企业可以聘请专家进行线上培训，也可以线上发布企业的培训资料和信息。

3. 考勤和福利体系

传统的薪资是根据职位和年限制定工资，不能达到激励员工的作用。第一，薪资最好和员工的业绩有关，成为员工的动机。第二，实行个性化的福利待遇。千篇一律的福利待遇不能够留住人才，每个人的需求都不同，企业最后根据员工的个人需求发放福利。年龄大的员工喜欢养老金多一些，年轻的员工更加希望机会多一些，企业可以设计几个不同的福利菜单，让员工自己选择。

4. 沟通与员工的关系

在人力资源管理当中，和员工的沟通是一个重要的部分，有效的沟通可以促进人力资源更好地完成工作，尤其是关系到员工切身利益的时候。在网络时代，网络使沟通更加方便，原来只能面对面地交流，现在企业可以建立自己内部的聊天室和论坛。企业的领导能够直接了解到员工的心声，也能收到员工对企业的反馈，这增加了员工和高层沟通的机会，使员工及时了解到企业的变革。[①]

5. 文件和档案管理

信息化和大数据时代给社会带来了翻天覆地的变化，文件和档案一体化管理改变了原有的工作方式和思维模式，由原来的全人工操作转变为更加方便快捷的实时归档、提前鉴定、提前著录等。在如今的互联网环境下，原有的文件和档案工作人员的素质还有待提高，很多在职工作人员的工作方式和思维方式都难以满足组织机构现代化的发展需求，所以必须要加强文件和档案工作的人力资源管理。工作模式的改变不只体现在技术上，更体现在思想观念上，互联网环境要求机构内的每个人都要转变观念。管理者提高对电子文件和档案管理一体化的重视程度，加大对文件和档案工作的资金和技术投入，加强对文件和档案工作人员的管理；文件和档案工作人员也要充分了解组织的发展需求，不断更新自己的知识结构和思想观念，对互联网技术多进行了解学习，紧跟时代的脚步，以实现组织的发展目标，共同迎接电子时代的挑战。[②]

---

① 沈奇、徐帆：《互联网经济时代下人力资源管理与创新》，《商场现代化》，2015 年，第 5 期。

② 王洪涛：《浅析互联网环境下文件和档案工作的人力资源管理》，《人力资源》，2019 年，第 6 期。

第六节 跨国公司人力资源管理

一 跨国公司介绍

跨国公司实际上指的就是在本国拥有独立的公司，并在其他国家建立多个子公司，在全球领域范围内进行销售和经营，以此获取更为丰富的资金和资源，全面实现公司整体战略目标的大型企业。跨国公司结合本公司的实际发展情况和战略目标在全球领域内对资源进行合理的分配，制订生产计划，以此获得垂直的和水平的分工利益及规模经济效益，提升其在国际经济市场中的核心竞争能力，享受接近垄断状态的优势利益。

跨国公司人力资源管理具有以下特点。

(1) 人力资源管理的跨文化性。在多数跨国公司当中，由于其员工来自不同的国家，受不同文化的影响，他们的文化理念和工作方式等存在较大的差别，这些差别会导致跨国公司在管理过程中常常出现矛盾和冲突，影响公司的正常经营和发展。所以，在跨国公司人力资源管理工作中，管理人员着重关注的便是不同员工之间跨文化的交流和沟通问题，同时这也是提升跨国公司人力资源管理质量的首要条件。

(2) 管理人员选拔途径的多样性。在本国的企业招聘中，管理人员主要来源于两方面，一种是外部招聘，另外一种是员工晋升。而对于跨国公司来说，其人员选拔的途径和范围更加广泛，主要包括三个途径，一是总公司分派，二是从本地招聘，三是招聘其他国家的职业经理人。跨国公司管理人员选拔途径的多样性对人力资源管理质量提出了更为严格的要求。为了保障人才选拔的正确性，必须深入分析各种选拔方式的优点和缺点，只有充分认识到其中的利弊，才能做出正确的选择，助力跨国公司生存和发展。

(3) 人力资源管理组织结构的扁平化。随着时代的发展与进步，信息化技术得到了广泛的应用和发展，同时对跨国公司的人力资源管理组织结构也产生了一定的影响。企业内部的组织结构进行了相应的调整和升级，也就是企业流程再造。在实际实行过程中减少纵向的组织结构，增加横向各个组织之间的联系与沟通，人力资源管理组织结构更趋向于扁平化发展，不仅缩减了跨国公司人力资源管理系统的处理流程，还能最大限度地保障各项信息的真实性和准确性，提升信息的利用效率，有利于提升跨国公司人力资源管理的效率，保障其决策的科学化和合理化。

二　跨国公司人力资源管理中存在的问题

1. 存在阶层矛盾

一般来说，跨国公司在国外子公司的领导人员均由本国员工负责担任，而生产工人和其他普通员工则多聘请当地人员负责。但是，在管理的过程中，由于受不同国家文化、习俗和理念等方面的影响，管理人员和普通员工之间常常存在矛盾，矛盾主要体现在思想观念和价值观念上。这些因素将会使管理人员与普通员工在同一件事情上存在较大的分歧，造成普通员工难以准确、及时落实管理人员的相关指令。此外，由于受自身文化和理念的影响，管理人员和普通员工难以有效适应其他国家观念的影响和管理，严重者还会出现逆反心理，影响跨国公司人力资源的管理质量。

2. 缺乏内部交流沟通

跨国公司内不同部门的员工来自不同的国家和地区，所接受的文化教育等均有所不同，在语言和文字应用方面存在较大的差异，导致管理人员与普通员工、普通员工与普通员工之间存在沟通障碍，影响工作进展效率。由于跨国公司缺少内部交流和沟通，员工无法准确理解管理人员所下达的指令，或者出现理解失误的现象，致使很多较为重要的决策和命令无法及时落到实处，影响跨国公司的正常运转和经营。举例来说，某国公民受教育程度普遍偏低，性格较为懒惰，在工作中缺少积极性，员工与员工之间因存在语言与文化的障碍，导致在日常工作和交流过程中很可能由于理解不透彻而出现摩擦和误会，影响各部门与各个员工之间的关系，导致跨国公司内缺少凝聚力和集体精神，企业在跨国经营中难以取得较好的发展空间。

3. 管理制度不完善

由于跨国公司内部各部门和各个员工之间存在较大的文化差异，企业内部的经营管理以及管理制度等更加复杂多样。文化背景存在不同，因此，企业不能直接套用本国的人力资源管理方式。跨国公司如果只是将生产作为第一目标，为了达成生产目标，采用连轴转以及轮班制的管理方式，导致本地员工缺少足够的专业培训，会对生产效率和质量造成影响。鉴于跨国公司的性质，人力资源管理制度应当结合实际情况合理开展，确保异国员工能够接受管理方式，避免影响跨国公司的生存和发展。

三　跨国公司人力资源管理问题改善对策

1. 建设科学合理的人力规划策略

人力资源规划策略的科学性直接影响着跨国公司的经营效果，在实际管理过程中将企业发展战略目标和组织战略有机结合在一起，不仅能够提升企业的经营效率，还能在一定程度上降低企业的经营成本,提升企业的竞争能力。跨国公司的经营发展必须依靠满足企业发展的高素质人才。在工作分析的前提下,明确岗位的基本信息,针对不同岗位的职责和工作内容,制定有针对性的职业生涯规划,并建立科学的、合理的绩效考核体系及培训体系,全面推动跨国公司的生产和发展。在此过程中最重要的一点就是,跨国公司应当根据本土地区的文化及人们的思维方式制定相应的策略,尽可能降低矛盾的产生。需要从以下几方面着手:首先,跨国公司的管理者应当具备大局观念,树立多元化发展观念,保障企业决策的合理性和有效性;其次,根据企业实际情况构建多元化的企业制度,采用相应的奖惩方式鼓励员工增加对不同国家民俗、文化等方面的理解,并对表现优异的员工进行奖励;最后,构建多元化的员工队伍,将不同国家的员工有效结合在一起,吸收和借鉴不同国家和文化的优点,充分发挥集体的作用。

2. 建立多元化员工管理模式

随着跨国公司的不断发展、外籍员工的不断加入,企业内员工队伍逐渐呈现多元化趋势,为原有的人力资源管理方式造成了较大的阻碍。现有的人力资源管理方式主要针对的是本国国籍的员工,企业如果直接生搬硬套,外籍员工恐怕难以接受。因此,针对多元化的员工队伍,企业应当结合自身的实际情况构建具有差异性和有效性双重特点的多元化员工管理模式,让持有不同价值观念的员工接受同一种观念和规则,不断地整合和规划,在企业内形成高度集中的团队凝聚力,以优带劣,共同进步。

3. 提高文化素养和工作意识

根据其他跨国公司成功的管理经验,将跨国公司的文化培训与企业政策有机结合在一起,不断提升企业内员工的文化意识和国际意识,始终坚持“走出去”的发展战略,跨国公司管理人员应当保持包容、平等、开明的态度去对待不同国籍的员工,接受并吸收具备不同文化理念的员工,采取有效的方式提升员工的文化素养和专业技能。举例来说,跨国公司有时会为了提升生产效率而采用轮班制的工作方式,员工缺少足够的时间和精力接受培训,导致专业技能和综合素质无法得到有效的提升。基于此种情况,管理人员应当结合实际情况制定有效的措施,通过培训、讲座等方式尽可能地提升员工的文化素养和工作意识。

4. 打造客观公正的工作环境

公平能够保障员工努力工作,相信自身的价值能够得到有效的回报。为了有效提升所有员工的工作积极性,企业管理人员应当打造客观公正的工作环境,合理运用绩效考核制度和公平选拔的机会,让所有的员工处于同一起跑线,有效提升员工的满意度,为企业发展贡献力量。

5. 重视企业文化熏陶作用

企业文化的建设并不是一蹴而就的事情,需要反复的倡导和训练,在此过程中企业领导应当对企业内部的事项进行控制和管理,并采取公平公正的评价方式;若发生紧急事情,及时采取有效的方式进行应对;树立典型,充分发挥榜样的作用,重视吸收成员、选拔干部、调动工作的标准等企业文化形成的重要机制。长此以往，外籍员工能够在企业内部感受到关爱和公平，自己的劳动成果受到重视，其对企业的归属感也会大大增强，从而能够有效提升工作热情和积极性。重视企业文化的熏陶作用，在良性的循环下加强本国员工与外籍员工之间的交流与沟通，助力企业在激烈的国际市场竞争中占据一席之地。

四　对于跨国公司人力资源管理的启示

由于内部员工接受的文化教育和风俗习惯的影响，跨国公司的人力资源管理面临着较大的难度。因此，跨国公司管理人员应当认真分析两国之间的文化差异，吸收和借鉴不同文化对员工的促进作用，并对现有的人力资源管理方式进行调整和更新，确保其符合现有的发展情况，有效提升跨国公司在国际市场中的竞争力。①

中英文关键术语

人力资源现代化管理(modern human resource management)
人力资源国际化(human resource internationalization)
外包(outsourcing)
e-HR(electronic human resource management)
HRBP(human resource business partner)
HRCOE(human resource center of expertise)
HRSSC(human resource shared service center)
"互联网+"(Internet+)

复习思考题

1. 人力资源管理的国际化主要体现在哪方面？
2. 人力资源管理在国际化过程中会遇到哪些问题？我们应如何应对？
3. 国际人力资源管理对即将开展国际化经营的中国企业而言意味着什么？
4. "互联网+"给传统的人力资源管理带来了哪些冲击和变化？
5. 新时代下的人力资源管理发展趋势有哪些？

本章自测题

本章拓展阅读材料

① 李文佳：《跨国企业人力资源管理中问题探讨》，《全国流通经济》，2020年，第10期。

案例分析题

一、案例材料

HR 三支柱激活老牌央企巨头

中海油服,亚洲最具规模的综合型油田服务供应商,服务贯穿海上石油及天然气勘探,开发及生产的各个阶段。然而 2014 年的油价断崖式下跌重塑了全球能源市场版图,给石油行业特别是油田服务企业带来重创。

经过二十年的发展,中海油服在对标国际一流油田服务公司、持续向国际化发展的过程中,虽有清晰的战略目标与方略指引,然而"盘子"大了,发展过程中逐渐出现了机构臃肿、决策效率低、流程烦琐等问题。

由于一直固守 HR 传统体系职能、被动适应公司战略,中海油服的人力资源管理模式已无法适应中海油服转型需要,主导公司整体改革的 HR 部门的管理目标却与公司战略目标匹配度和关联度都不强。中海油服最终决定向创新发展合作模式转变,并着手用人力资源三支柱模型重新为 HR 管理赋能。

中海油服人资管理转型的第一步,是推进人力资源共享模式的构建与落地。人力资源共享服务职能的成功建立,不仅可实现人力资源职能体系的根本性改变,还可以通过结构化调整,使人力资源显著提高运作效率,且更加聚焦业务。

中海油服从集团总部开始试点,为不断加强人力资源指标与公司战略目标的匹配,在和致众成顾问团队的帮助下,首先对人力资源数据指标进行了顶层设计,并通过 ROI 测算,预测未来转型目标,再进行转型规划和共享建设,稳步推进了 HR 三支柱转型。

中海油服人力资源转型项目共包含六个阶段:调研与诊断、人力资源数据指标顶层设计、人力资源运营扫描、人力资源转型规划、共享中心试点详细设计、共享中心试点落地辅导。

中海油服人力资源部总经理赵璧说:"当下的改革,从微观看是为实现既定发展目标打通各个关键环节,着眼全局则是企业自身经营管理的一次厚积薄发,是积极应对行业大势的又一次战略转型。"

二、讨论题

1. 你如何评价中海油服的转型?
2. 如果你是 2021 年的中海油服人力资源部总经理,你会如何实施转型?

参考文献

一、著作类

[1] 彼得·德鲁克.卓有成效的管理者[M].许是祥,译.北京:机械工业出版社,2019.

[2] 陈国海.员工培训与开发[M].北京:清华大学出版社,2012.

[3] 陈洪权.人力资源管理[M].北京:清华大学出版社,2013.

[4] 冯光明,等.人力资源开发与管理[M].北京:机械工业出版社,2013.

[5] 冯虹.现代企业人力资源管理[M].经济管理出版社,2021.

[6] 傅航.基于创新视角下人力资源管理的多维探索[M].北京:北京工业大学出版社,2020.

[7] 付维宁.人力资源管理[M].北京:电子工业出版社,2014.

[8] 葛秋萍.现代人力资源管理与发展[M].北京:北京大学出版社,2012.

[9] 侯韶图.管人不如管文化——企业文化生命力解析[M].经济管理出版社,2015.

[10] 贺新闻.战略人力资源管理[M].北京:高等教育出版社,2014.

[11] 胡鹰.人力资源管理规范化实务[M].北京:企业管理出版社,2013.

[12] 加里·德斯勒.人力资源管理[M].12版.刘昕,译.北京:中国人民大学出版社,2012.

[13] 杰森·福克斯.重新设计工作[M].李龙乔,译.北京:清华大学出版社,2017.

[14] 雷蒙德·A.诺伊.雇员培训与开发[M].徐芳,译.北京:中国人民大学出版社,2007.

[15] 李宝元,于然,李静.现代人力资源开发学[M].北京:北京师范大学出版社,2013.

[16] 李新建,孙美佳.员工关系管理[M].北京:中国人民大学出版社,2015.

[17] 李维刚,李冰.人力资源管理[M].2版.北京:清华大学出版社,2013.

[18] 李舟安.预见人力资源:新时代HR的进化方法论[M].北京:人民邮电出版社,2018.

[19] 林丽,张建民,陶小龙.现代人力资源管理[M].北京:机械工业出版社,2018.
[20] 刘昕.人力资源管理[M].2 版.北京:中国人民大学出版社,2012.
[21] 林忠.绩效管理[M].大连:东北财经大学出版社,2008.
[22] 刘雪梅.人力资源管理[M].北京:北京大学出版社,2020.
[23] 刘小平,邓靖松.现代人力资源测评理论与方法[M].2 版.中山:中山大学出版社,2006.
[24] 刘亚萍.绩效管理方法与工具[M].北京:中国劳动社会保障出版社,2013.
[25] 马海刚,彭剑锋,西楠.HR+三支柱:人力资源管理转型升级与实践创新[M].北京:中国人民大学出版社,2017.
[26] 孟祥林.人力资源管理[M].北京:机械工业出版社,2014.
[27] 莫寰,张延平,王满四.人力资源管理——原理、技巧和应用[M].北京:清华大学出版社,2007.
[28] 企业人力资源管理师命题研究组.企业人力资源管理师(三级)(2015 版)[M].西安:西北大学出版社,2014.
[29] 秦杨勇.平衡计分卡与绩效管理:中国企业战略制导[M].2 版.北京:中国经济出版社,2009.
[30] 秦志华.人力资源管理[M].4 版.北京:中国人民大学出版社,2014.
[31] 施恩.职业的有效管理[M].仇海清,译.北京:生活·读书·新知三联书店,1992.
[32] 苏华.人力资源管理心法与实战:经营人才、激活价值[M].北京:人民邮电出版社,2018.
[33] 孙柏瑛,祁凡骅.公共部门人力资源开发与管理[M].3 版.北京:中国人民大学出版社,2012.
[34] 汪成,赵应文.人力资源管理[M].武汉:湖北人民出版社,2014.
[35] 王改弟,牛建高.中小企业人力资源管理[M].北京:中国农业出版社,2021.
[36] 王昕.人力资源管理[M].北京:中国人民大学出版社,2012.
[37] 王玉娇.人力资源管理[M].北京:清华大学出版社,2013.
[38] 魏钧.人力资源管理实训[M].2 版.北京:科学出版社,2019.
[39] 颜爱民.中国情境下人力资源管理十二讲[M].北京:北京大学出版社,2021.
[40] 杨明娜.绩效管理实务[M].北京:中国人民大学出版社,2008.
[41] 余清泉.企业人力资源管理师考点地图及真题讲解(一级)[M].北京:机械工业出版社,2013.
[42] 杨河清.人力资源管理[M].3 版.大连:东北财经大学出版社,2013.
[43] 詹姆斯·W.沃克.人力资源战略[M].吴雯芳,译.北京:中国人民大学出版社,2001.
[44] 张建国,夏青.新编人力资源管理[M].成都:西南财经大学出版社,2012.
[45] 张培德,肖建安.现代人力资源开发与 E 时代[M].北京:中国书籍出版社,2012.

[46] 赵曙明.人力资源战略与规划[M].3版.北京:中国人民大学出版社,2012.
[47] 赵永乐,李海东,张新岭,等.人力资源规划[M].2版.北京:电子工业出版社,2014.
[48] 曾湘泉.薪酬管理[M].3版,北京:中国人民大学出版社,2014.
[49] 赵中利,马彩凤.人力资源管理:理论·实务·工具[M].2版.南京:南京大学出版社,2019.
[50] 中国就业培训技术指导中心.企业人力资源管理师(三级)[M].3版.北京:中国劳动社会保障出版社,2014.

二、期刊论文类

[1] 白光林,彭剑锋.IBM的人力资源管理演变[J].中国人力资源开发,2014(14):61-70.
[2] 陈慧君.从信息化人力资源管理到大数据人力资源管理的演进——以腾讯为例[J].中国管理信息化,2019(1):89-91.
[3] 陈维维.乡村振兴战略下农村人力资源管理变革与创新[J].中国农业资源与区划,2021(9):271,282.
[4] 程豹,于晓彤,蒋建武.持续导向型人力资源管理量表开发与验证研究[J].管理学报,2022,19(4):534-544.
[5] 盖艳梅,张之源.资源型企业创新型人才管理机制研究[J].学习与探索,2018(12):57-62.
[6] 高玉梅.高校校园招聘活动简论[J].教育探索,2011(2):151-152.
[7] 郭颖梅,蒋永宁.心理契约在人力资源管理中的运用[J].科技进步与对策,2004(8):52-53.
[8] 黄昱方.员工安全健康与人力资源管理[J].中国科技信息,2005(24):366.
[9] 姜梅,姜涛."规划中的沟通"与"作为沟通的规划"——当代西方沟通规划理论概述[J].城市规划学刊,2008(2):31-38.
[10] 栗继祖.职业压力对安全与健康的危害[J].现代职业安全,2014(11):116-118.
[11] 刘思亚.组织变革感知、心理契约违背与知识创造绩效的关系[J].中国科技论坛,2014(9):90-94.
[12] 刘昕,张兰兰.员工关系的国际发展趋势与我国的政策选择——兼论劳资关系、劳动关系和员工关系的异同[J].中国行政管理,2013(11):56-60,99.
[13] 刘绪晶.公共部门人力资源开发的效应及提升途径[J].中共云南省委党校学报,2010(3):150-152.
[14] 刘追,刘佳.基于ADDIE模型的系统培训模式研究[J].中国人力资源开发,2012(9):47-50,78.
[15] 罗元.企业员工沟通管理技巧与方法探析[J].青年与社会:下,2013(12):100.
[16] 彭剑锋.从二十个关键词全方位看人力资源发展大势[J].中国人力资源开发,

2015(2):6-11.

[17] 秦清.支持企业经营战略科学构建互联网人力资源管理体系[J].人力资源管理,2011(1):23-24.

[18] 邱茜,李姝婷.数字时代公共部门的人力资源管理:机遇、挑战与应对策略[J].中国行政管理,2021(12):44-51.

[19] 尚航标,杨学磊,李卫宁.战略人力资源管理策略如何影响组织惯例更新——基于员工情感反应视角的解释[J].管理世界,2022(3):162-182.

[20] 邵芳,李珊,王林雪.科技型非公有制企业组织——员工关系软实力内涵及作用机理研究[J].科技进步与对策,2015(4):150-155.

[21] 沈奇,徐帆.互联网经济时代下人力资源管理与创新[J].商场现代化,2015(5):134.

[22] 施叶.我国国有企业对外承包工程中人力资源配置研究[D].北京:对外经济贸易大学,2013.

[23] 史保金.西方企业员工关系管理理论的逻辑发展[J].企业活力,2006(6):78-79.

[24] 苏方国.跨国经营与国际人力资源战略研究[J].现代管理科学,2014(8):54-56.

[25] 孙连才.数据化管理趋势下人力资源外包模式创新[J].中国人力资源开发,2015(7):6-10,52.

[26] 孙锐,孙彦玲.中国工程科技人才职业化、国际化开发问题与对策[J].中国科技论坛,2015(4):118-123.

[27] 唐棠.试析人力资源离职成本[J].财会月刊,2006(5):65-68.

[28] 王陆海.解决现代企业人才需求的有效方式[J].开发研究,2008(3):148-151.

[29] 魏丹霞,赵宜萱,赵曙明.人力资本视角下的中国企业人力资源管理的未来发展趋势[J].管理学报,2021(2):171-179.

[30] 吴冬梅,曾丽娜.人力资源协同管理下的HR三支柱构建[J].企业经济,2018(4):110-116.

[31] 吴少华.企业人力资源规划的控制与评价[J].中国商贸,2010(8):57-58.

[32] 谢世杰.员工帮助计划与员工心理健康管理[J].安全、健康和环境,2011(7):47-48.

[33] 徐滢.人力资本管理平台建设与员工持股激励探讨[J].中国商贸,2015(2):37-39.

[34] 严川.人力资源的互联网思维[J].人力资源,2014(6):29-31.

[35] 叶一娇,何燕珍,朱宏,等.柔性人力资源管理对组织技术创新的影响及作用机制研究[J].南开管理评论,2020(2):191-202.

[36] 于东阳.如何有效实施网络招聘[J].中国人力资源开发,2004(3):42-46.

[37] 张敏,赵宜萱.机器学习在人力资源管理领域中的应用研究[J].中国人力资源开发,2022(1):71-83.

[38] 张婷婷.现代企业人力资源管理中薪酬管理体系存在的问题及对策研究[J].现代工业经济和信息化,2020(10):133-134.

[39] 张义德,丁道师.互联网思维下的人员招聘选拔——以北京速途网络科技有限公司为例[J].中国人力资源开发,2015(6):6-11.

[40] 赵曙明,何光远.人力资源视角下的共同富裕与人的全面发展路径探究[J].中国人力资源开发,2022(2):49-58.

[41] 赵曙明,张敏,赵宜萱.人力资源管理百年:演变与发展[J].外国经济与管理,2019,41(12):50-73.

[42] 赵洋,蔡璐璐.企业管理中的员工健康管理[J].经济论坛,2009(11):94-95.

[43] 赵源.新时代地方政府人力资源管理评价体系研究[J].中国行政管理,2019(5):96-100.

[44] 郑子林,丰婷,唐辛欣.烟草企业员工关系与行为风险的相关性研究[J].武汉理工大学学报(社会科学版),2013(6):875-879,915.

[45] 周凯.石油企业职业健康管理存在的缺陷及改进措施[J].科技与企业,2013(24):48.

[46] 朱洪杰.浅谈知识经济环境下企业的人力资源管理[J].人力资源管理,2015(2):33-34.

[47] 朱晓晨.心理健康管理为企业安全生产保驾护航[J].东方企业文化,2014(12):174.

[48] 宗月琴.浅论互联网时代对人力资源管理的影响[J].人力资源管理,2015(6):35-37.

与本书配套的二维码资源使用说明

本书部分课程及与纸质教材配套数字资源以二维码链接的形式呈现。利用手机微信扫码成功后提示微信登录，授权后进入注册页面，填写注册信息。按照提示输入手机号码，点击获取手机验证码，稍等片刻就会收到 4 位数的验证码短信，在提示位置输入验证码成功，再设置密码，选择相应专业，点击“立即注册”，注册成功。（若手机已经注册，则在“注册”页面底部选择“已有账号？立即注册”，进入“账号绑定”页面，直接输入手机号和密码登录。）接着提示输入学习码，需刮开教材封面防伪涂层，输入 13 位学习码（正版图书拥有的一次性使用学习码），输入正确后提示绑定成功，即可查看二维码数字资源。手机第一次登录查看资源成功以后，再次使用二维码资源时，在微信端扫码即可登录进入查看。